Mathematical Confidence
about God

하나님에 대한 수학적 확신

수학의 언어로 진리를 탐구하다

서진택 지음

쿰란출판사

Mathematical Confidence
about God

하나님에 대한 수학적 확신

수학의 언어로 진리를 탐구하다

서진택 지음

나를 언제나 깊이 사랑해 준
아내 윤미경에게 감사드립니다.

추천의 글

　서진택 교수의 저서 《하나님에 대한 수학적 확신》은 현대 과학과 수학의 관점에서 하나님의 성품과 능력, 창조와 섭리, 구원하심과 심판을 논리정연하게 소개했다. 저자는 수학적 지식이 부족한 독자들을 위해 복잡한 과학 공식과 수학 이론을 알기 쉽게 풀어 설명하고, 그 이론을 근거로 성경의 진리를 신학적 방식이 아닌 과학적 방식으로 해석하고 적용하여 독자들이 성경의 진리를 새로운 시각으로 바라볼 수 있게 한다. 과학 기술의 발달과 무신론주의의 영향으로 성경의 진리가 비과학적이라고 오해하는 현대인들에게 이 책은 창조주 하나님의 존재와 성경의 진리를 분명하게 깨닫게 한다. 더 나아가 저자는 과학 기술의 발달을 범죄의 기회로 삼지 말고, 회개하여 복음을 받아들이라고 촉구한다.

　평소 저자는 일제강점기에 신사참배를 반대하다가 옥고를 치른 고(故) 서정환 목사의 손자답게 그동안 말씀 중심의 확고한 신앙과 뜨거운 전도의 열정, 그리고 겸손한 인격으로 성도들에게 귀감이 되는 신실한 그리스도인으로 살아왔다. 자신의 전문 분야를 통해 하나님을 영화롭게 하기를 소망했던 저자는 이 책을 통해 하나님이 주신 탁월한 지적 능력과 쉽고 간결하게 설명하는 커뮤니케이션 능력을 유감없이 발휘한다. 과학제일 주의에 흔들리고 있는 현대 그리스도인들이 《하나님에 대한 수학적 확신》을 통해 성경의 진리를 분명히 깨닫고 믿음을 더욱 확고히 하는 계기가 되기를 바라면서 일독을 권한다.

신성열
(대구성산교회 목사, 고신대학교 교수)

서진택 교수님의 《하나님에 대한 수학적 확신》은 수학과 수학의 원리로 기독교 신앙을 변증하고 있다는 점에서 특별한 저작이라고 생각합니다. 한국에서 사상이나 철학, 혹은 자연과학이나 비교종교학을 통하여 기독교 신앙을 변호하거나 변증하는 경우는 있었으나, 수학의 원리로 기독교 신앙을 해명한 경우는 이 책이 처음이라고 생각됩니다. 이러한 점에서 서진택 교수의 이번 저서 《하나님에 대한 수학적 확신》은 고유한 가치를 지니며, 한국에서의 기독교 변증 혹은 험증(驗證)의 새로운 지평을 개척했다고 생각합니다. 이보다 더 훌륭한 저작은 기대하기 어렵다고 봅니다.

이상규
(백석대학교 석좌교수, 전 고신대학교 교수)

추천의 글

　이 책은 수학의 언어로 우주의 질서를 쉽게 정리하면서 복음으로 우리를 이끌고 있습니다. 우주를 수학으로 표현이 가능하다면 곧 우주는 어떤 질서가 있다는 뜻입니다. 그러나 그 우주의 질서를 수학으로 표현하기까지 오랜 시간이 걸렸고 아직도 수학의 언어로 표현할 수 없는 부분이 있습니다. 그 까닭은 저자가 밝히는 것처럼 우주가 인간이 이해할 수 있는 3차원을 넘어설 뿐만 아니라 최신 우주론에 따르면 11차원까지 존재하기 때문입니다. 그럼에도 수학의 발전을 통해 우주가 어떤 원리로 구성되어 있는지를 인류는 밝혀가고 있습니다. '원리'는 '질서'를 전제로 합니다. 저자는 이러한 우주의 다양한 질서를 구체적인 수학의 언어로 풀어 내면서 하나님의 존재를 매우 아름답게 변증하고 있습니다.

　컴퓨터공학 전공자, 게임 개발자, 게임학과 교수로 살아온 저자는 서정환 목사님의 손자이십니다. 서정환 목사님은 일제시대 신사참배를 끝까지 거부하며 7년여간의 옥살이 끝에 1945년 8월 17일 해방을 맞고서야 출옥하셨습니다. 서 목사님은 순교의 각오로 신사참배를 거부하면서도 삶으로 일본 순사를 감화시켜 예수를 믿도록 하셨던 분이십니다. 그 신앙을 이어받은 저자는 성경을 사랑하고 늘 참 믿음에 대하여 고민하고 그렇게 살기 위해 몸부림치는 분이십니다. 또 가까운 지인들이 그리스도께 인도되기를 마음 아파하며 기도하는 분입니다. 그뿐 아니라 하나님이 맡겨주신 학생들을 바로 세우기 위해 혼신을 다해 교육하는 분이십니다. 저자의 삶은 모래알을 품에 안고 진통하는 조개의 모습과 같습니다. 그러한 의미에서 《하나님에 대한 수학적 확신》은 저자의 인생을 통해 나온 또 하나의 진주라 하겠습니다. 탁월한 수학적 지식과 지고지순한 신앙, 그리고 말씀을 사랑하여 따라 실천하고자 하는 저자의 저서《하나님에 대한 수학적 확신》은 오늘날 과학시대에 하나님을 믿지 못해 멸망으로 가는 영혼을 사랑하는 마음이 담겨 있습니다. 복음을 전하고자 쓴 이 책이 많은 영혼을 하나님께로 인도하는 귀한 도구가 될 것을 믿어 의심치 않으며 추천을 드립니다.

최민구
(동서대학교 교목)

저자의 글

과학 특히 진화론 때문에 성경의 천지창조 기록을 믿지 않거나, 과학과 믿음을 분리한 채로 살아가는 크리스천들이 있습니다. 만약 성경의 천지창조 기록이 사실이라면, 과학도 천지창조의 결과물이기에 과학을 이해하는 것은 천지창조를 이해하는 수단이 될 것입니다. 필자는 대학에서 컴퓨터공학을 전공하고, 게임 개발자로 16년간 일하다가 지금은 대학의 게임학과에서 학생들을 가르치는 일을 하고 있습니다. 게임 개발에 필요한 수학과 인공지능을 다루면서, 저는 수학이 성경에서 모순이라고 느꼈던 많은 개념을 변증하는 데 사용될 수 있다는 것을 알게 되었습니다.

이 책을 통해 수학이나 과학에 흥미를 가진 독자들을 대상으로 **"수학적인 사고로써, 믿기로 작정한 사람에게는 확신을, 믿지 않는 사람에게는 의문"**을 던져주고 싶었습니다.

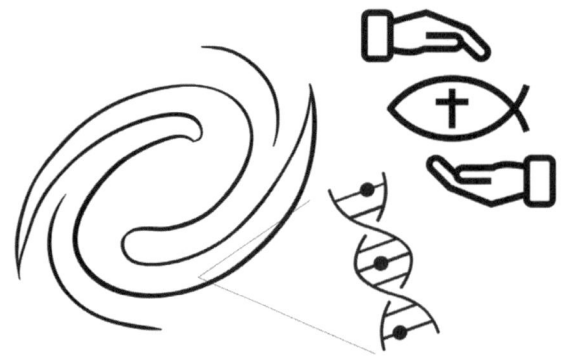

우주와 생명을 만든 누군가가 존재하는 것은 아닐까?

많은 사람들이, 수학적 지식이나 최신 물리학에 대한 지식을 자신의 신념을 정당화하기 위해 사용합니다. 하지만 어떤 과학 법칙이나 물리적 사실도 절대자의 존재를 증명하지는 못합니다.

우리는 다양한 경로를 통해 하나님을 만납니다. 이 책에서 이야기하는 방식으로 하나님을 만나는 사람은 극히 적은 수일 것입니다. 하지만 저는 이 방식이 과학(science) 때문에 종교를 부정하는 사람을, **무신론자**(atheism)에서 **유신론자**(theism)로, 아니 최소한 **불가지론자**(agnosticism)로 만들기에는 충분하다고 생각합니다.

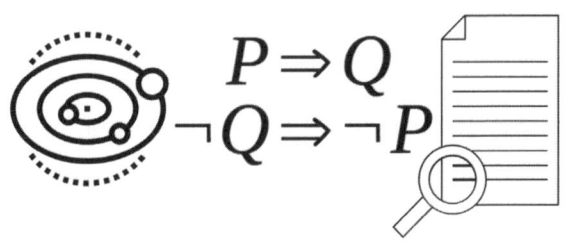

신 존재증명(proof of existence)은 불가능합니다.

절대자에 대한 존재증명을 한다는 많은 주장들이 있지만, 모두 잘못된 주장입니다. 왜 그러한지 **수학의 논증**(proof)과 명제의 개념으로 설명할 수 있습니다. 전제와 결론으로 구성된 문장을 참(true)과 거짓(false)으로 나눌 수 있으면 **명제**(proposition)라고 합니다. 명제는 **필요조건**(necessary condition)과 **충분조건**(sufficient condition)으로 구성됩니다. 전제를 P라고 하고 결론을 Q라고 하면 논증은 다음과 같이 화살표 ⇒ 를 사용한 식으로 표시할 수 있습니다.

$$P \Rightarrow Q \text{ (논증1)}$$

위 (논증1)은 "*P*이면 *Q*이다(if P, then Q)"라고 읽습니다. 예를 들면, "자연수(P)이면 실수이다(Q)"라는 논증에서 "자연수이면"이 P에 해당하고, "실수이다"가 Q에 해당합니다. 명제의 중요한 사실은 $P \Rightarrow Q$가 참이라고 해서, 역(converse)인 $Q \Rightarrow P$가 항상 참인 것은 아니라는 것입니다. 즉, "실수(Q)이면 자연수이다(P)"가 항상 참은 아닙니다. 이때 Q를 P의 필요조건(necessary condition)이라고 합니다. $P \Rightarrow Q$에서 Q가 필요조건이라면, 아래의 문장은 항상 참입니다.

$$P \Rightarrow Q$$
Q는 P의 필요조건이다.
Q가 참이라면 P일 <u>수도</u> 있다. (논증2)
Q가 아니라면, P도 아니다. (대우, contrapositive)
P는 Q의 충분조건이다.

$P \Rightarrow Q$를 이용한 절대자의 존재 증명은 일반적으로 다음과 같이 시작합니다.

절대자가 있다면(P), 창조된 우주는 조화로울 것이다(Q). (논증3)

(논증3)에서 Q는 P의 필요조건입니다. 그러므로 Q가 참인 것을 보인다고 해서, P가 참인 것을 말해주지 않습니다. 우주가 조화로운 것을 관찰한다(Q)고 해서 그것이 절대자가 존재한다

(P)는 것을 의미하는 것은 아닙니다. 하지만 여기서 우리가 놓치지 말아야 할 사실은 (논증2)입니다. (논증2)는 항상 참은 아니지만, "참일 가능성"에 대한 것입니다. **우주가 조화로운 것을 관찰한다(Q)면, 절대자가 존재한다(P)는 것이 참일 가능성이 있는 것입니다**. 이렇게 여러 개의 필요조건 Q를 제시하면서, P가 참일 가능성을 보이려는 시도를 "**변증(apologetics)**"이라고 합니다.

일반적인 수학책은 하나님에 대한 변증을 포함하지 않고, 하나님에 대해서 변증하는 책은 구체적인 수학 정보를 포함하고 있지 않습니다. 그래서 이 책은 구체적인 수학 내용을 전달하면서, 절대자에 대한 변증을 포함하도록 구성하였습니다. 이 책을 통해, 수학이나 철학을 공부하는 사람은 일반적인 수학 정보를 얻고, 어떤 대상을 수학적으로 생각하는 방식에 대한 기초적인 지식을 얻을 수 있을 것입니다. 어떤 분들이 자신의 신념을 정당화하기 위해 상대성 이론이나 양자역학을 도구로 사용하는 경우가 있습니다. 그때 그러한 주장이 유사과학(pseudo-science)인지 아닌지 판단하는 데 이 책의 내용이 도움이 되었으면 좋겠습니다.

꽃이나 그림을 보고 아름다움을 느끼듯, 자신을 희생하며 헌신하는 사람에게서 아름다움을 느끼듯, 수(number)로 구성된 수식에서 아름다움을 느끼는 것이 가능할까요? 리처드 파인만(Richard Phillips Feynman)이 "**수학에서 가장 비범한 식(the most remarkable formula in mathematics)**"이라고 했던 그 수식에 대해, 독자분들도 이 책을 통해 그 "아름다움"을 함께 느낄 수 있었으면 좋겠습니다. 그래서 식이 의미하는 규칙성과 한계를 통해, 우리 우주에 변환되어 나타나는 설계의 그림자를 인정하고, 그림자의 실체가 있을 수도 있다는 것을 받아들였으면 좋겠습니다.

1965년 노벨물리학상을 수상한 파인만은, 1985년 양자 컴퓨터의 등장을 예견했습니다. (출처: Wikimedia Commons)

수학의 기본함수를 구성하는 **"다섯 개의 기본 수"**가 있습니다. 이 다섯 개의 기본수로 이루어진 **"아름다운 공식"**은 다음과 같은 사실을 우리에게 알려줍니다.

① 우주에는 규칙이 있다.
② 과학에는 한계가 있다.

저는 이 아름다운 공식을 이해하면서, 인간이 가질 수밖에 없는 한계에 대해서 공학적인 이해를 할 수 있었습니다. 또 공학적인 한계가 있는 우주에 살면서, 수학적으로는 한계가 없는 것을 상상하고 이해한다는 것 자체가 참 놀라웠습니다. 책에서 다루는 내용은 수학이나 물리학을 전공하는 분들이 배우는 어려운 내용이 아닙니다. 그러한 것들을 위한 기초지식 정도로 이해하면 될 것 같습니다. 하지만 이것만으로도 수학을 이용한 철학적 사고력을 기르는 데 충분하다고 생각합니다.

3D 게임에서 물체의 위치, 크기, 회전을 나타내기 위해 내부적으로 **변환**(transformation)을 사용합니다. 변환은 성경의 **삼위일체**(trinity)를 이해하기 위한 도구가 될 수 있습니다. 변환이 삼위일

체를 증명하지는 못합니다. 어떠한 사실도 절대자의 존재를 증명할 수는 없습니다. 하지만 최소한 변증의 도구는 됩니다. 논의에서 제외시켜 버릴 수는 없다는 의미입니다. 변환은 다음과 같은 사실을 우리에게 알려줍니다.

> ① 우리는 사물의 본질을 관찰할 수 없다.
> ② 삼위일체는 참이거나 거짓이다.

과학은 우리 우주가 138억 년쯤 되었다고 주장합니다. 이것은 멀리서 오는 별빛으로부터 정교하게 거리를 측정할 수 있는 기술의 발달 덕분입니다. 현재 우리 인류가 정의한 시간의 속력이 빅뱅 직후부터 지금까지 바뀌지 않았다고 가정하면 우리 우주에서 인류가 관측하는 우주의 나이는 정확하게 138억 년입니다. 하지만 시간의 흐름이 서로 상대적인 사실에 대한 이론인 **특수 상대성 이론**(Special relativity)을 이해하면, 우리 우주가 약 1만 년 되었다는 주장이 사실일 수도 있을 가능성을 알게 됩니다. 특수 상대성 이론을 이해하면 다음과 같은 사실을 받아들일 수 있습니다.

> ① 우리 우주는 138억 년이면서 동시에 1만 년일 수 있다.
> ② 하나님의 전지전능과 인간의 자유의지는 모순이 아니다.

이 책은 수학의 **사칙연산**(basic four arithmetic operation)과 **집합**(set) 그리고 **일차식**(linear equation)**의 전개**(expansion) 정도의 개념만 알아도 처음부터 끝까지 읽는 데 무리가 없도록 구성하였습니다. 하지만 사람마다 차이가 있어서 어떤 사람은 처음부터 끝까지 수식을 이해하는 데 전혀 막힘 없이 읽을 수 있을 것이고, 어떤 사람은 중간에 막히는 부분이 있을 수 있습니다.

중간에 막히는 부분이 있다면, 이해가 되지 않더라도 전체적으로 처음부터 끝까지 읽어볼 것을 추천합니다. 막힌 부분은 다시 읽어보면 이해할 수 있을 것입니다. 이 책은 다른 책을 참고하지 않아도 이해할 수 있도록 구성하였습니다.

이 책의 마지막 3부에서는 인류의 미래와 개인적 종말 전에 우리가 준비해야 할 것들에 대해 이야기합니다.

> ① 절대자는 인류 모두를 심판할 것이고, 그날은 멀지 않았다. 하지만 우리는 이 심판을 벗어날 방법이 있다.

저는 게임 개발자로 일하면서, 고등학교 수학의 대부분이 **하나의 아름다운 수식**으로 표현된다는 사실을 알게 되었을 때의 그 감격을 잊을 수가 없습니다. 마치 우주의 비밀을 이해한 기분이 들었고, 실제로 그 수식은 우주의 비밀의 일부입니다. 이 책을 읽는 여러분들도 제가 느꼈던 그 감격을 함께 공유했으면 좋겠습니다.

이 책은 수필집이 아닌 실제 수학책입니다. 그런데 책의 전체를 읽는 데 복잡한 수식이 사용된다면, 수학에 흥미를 느끼게 하는 데 실패할 수 있습니다. 그래서 필자는 수식을 기술하는 데 있어서, 가능한 경우 기존의 수학기호가 아닌 충분히 직관적인 기호를 사용하여 먼저 설명하고, 이어서 실제 수학기호를 보이는 방식으로 내용을 전개하였습니다. 본문에서는 수학적인 개념의 이해에 집중하고, 개념을 이해한 후 보다 어려운 내용은 **"표준 수학"**이라는 제목의 섹션(section)에 제시하였습니다. 수학 내용이 아니라, 수학을 이용한 논리적 사고에 관심이 있는 독자들은 적절하게 수학 내용은 건너뛰면서 책을 읽으면 될 것 같습니다.

이 책을 읽는 우리는 우주의 비밀을 푸는 게임의 주인공입니다. 게임을 시작한 우리의 인벤토리(inventory)는 비워져 있습니다. 인벤토리에 항목을 하나씩 채워가면서, 스토리를 완성해 간다면 우리는 정말 아름다운 하나의 수식을 만나게 될 것입니다.

이 책을 읽기 위한 전제 조건이 있습니다. 그것은 수를 대상으로 한 **사칙연산**(basic four arithmetic operators)을 할 수 있어야 한다는 것입니다. 어떤 임의의 수 a와 b가 주어졌을 때 다음의 식들의 의미를 이해하고 있어야 합니다. 각각은 덧셈, 뺄셈, 곱셈, 나눗셈을 의미합니다.

$$a+b$$
$$a-b$$
$$a \times b$$
$$a \,/\, b$$

그리고 기본적인 **집합**(set)의 의미를 이해하고 있어야 합니다. 다음과 같은 집합 A와 B를 고려해 봅시다.

$$A = \{1, 3, 5, 7, 9\}$$
$$B = \{2, 4, 6, 8\}$$

A는 0과 10 사이의 **홀수**(odd)를 나타내는 집합이며, **원소**(element)의 개수는 5입니다. B는 0과 10 사이의 **짝수**(even)를 나타내는 집합이며, 원소의 개수는 4입니다. A와 B의 **합집합**(union)은 다음과 같이 나타냅니다.

$$A \cup B = \{1, 2, 3, 4, 5, 6, 7, 8, 9\}$$

A와 B의 **교집합**(intersection)은 다음과 같이 나타냅니다. 이 경우 교집합은 **공집합**(empty set)입니다.

$$A \cap B = \emptyset$$

변수 x를 가지는 다음의 **일차식**(linear equation)을 고려해 봅시다.

$$(x+2)$$

위 식은 변수 x에 대해서 2를 더한 값을 의미합니다. 예를 들어서 $x=2$라면 $(x+2)=4$입니다. 다른 일차식 $(x+3)$이 있어서 이제 $(x+2)$와 $(x+3)$을 곱하는 연산을 생각해 볼 수 있습니다. 그것은 다음과 같습니다.

$$\begin{aligned}&(x+2)(x+3)\\&=x \times x+3 \times x+2 \times x+2 \times 3\\&=x^2+3x+2x+6\\&=x^2+5x+6\end{aligned}$$

이 책에서 수학적인 정의를 다룰 때 엄격한 수학적 정의와 증명보다는, 읽으면서 이해하기 쉽도록 구성하였으므로 정의와 증명에서 보이는 허점들이 있지만 전체적인 이해에는 무리가 없다고 생각됩니다. 참고문헌에 위키 자료를 많이 포함하였습니다. 논문이라면 위키 자료를 참고문헌에 명시하는 것은 허락되지 않지만, 대부분이 이미 알려진 수학 내용에 대한 것이므로 특별한 오류는 없을 것이라 생각합니다.

7장 특수 상대성 이론의 논리 전개에 오류가 없는지 검토해준 경북대학교 박종구 교수님, 7장 DNA에 대한 논리 전개에 오류가 없는지 검토해준 신승우 박사님, 8장의 심판과 복음에 대한 기술에 잘못된 부분이 없는지 검토해준 고신대학교의 신성열 교수님께 감사를 드립니다.

이 책이 과학 때문에 천지창조를 믿지 않는 것이 아니라, 과학 덕분에 믿음을 더욱 확고히 다지는 도구가 되었으면 좋겠습니다.

2023년 여름
저자 서진택

차례 Contents

추천의 글 _ 6
저자의 글 _ 10

I부 수학의 아름다움

1장 게임의 시작: 함수

수식, 식, 방정식과 함수	30
좌표계와 차원	35
$f(x)=x^2$ 함수 그리기	42
지수의 성질	49
$f(x)=x^2$의 역함수	52
– 역함수 그리기	56
무한에 대한 직관	58
$f(x)=x^2$의 접하는 직선	69
시간에 대한 직관	74
[표준수학] 루트(root, $\sqrt{\ }$)	81

2장 기본함수: 파워함수

파워함수(Power Function)	84
파워함수의 역함수	87
파워함수의 접하는 직선 함수	89
선, 직선조각, 반직선(line, line segment, ray)	93
벡터(Vector)	97
베이시스(기저, Basis)	104
선형 조합(Linear Combination)	108

공간은 물리적 대상인가?	114
복잡한 수(complex number)	118
[표준수학] 미분 연산자	129
[표준수학] 미분의 역함수의 의미	132
– 간격(Interval)	132
– 미분의 결과식에서 원래 함수를 찾기	134

3장 기본함수: 지수함수

지수함수(Exponential Function)	146
– 희귀한 지구	156
지수함수의 역함수	162
지수함수의 접하는 직선 함수	167
이상한 수 e	175
[표준수학] 로그함수와 로그의 성질	183

4장 기본함수: 호의 길이에 대한 투영된 선분의 길이 함수

호에서 투영한 선분의 길이 구하기	188
이상한 수 π(pi, 파이)	194
삼각함수(Trigonometric Functions)	200
– $\sin c(x)$ 함수	205
선분의 길이에서 호의 길이 구하기	209
– 삼각함수와 복소수	212
접하는 직선의 기울기 구하기	214
[표준수학] 코사인의 법칙(Law of cosines)	218
[표준수학] 삼각함수의 법칙	220

[표준수학] $\lim_{x \to 0} \frac{\sin(x)}{x} = 1$의 증명   226

[표준수학] $\cos'(x) = -\sin(x)$의 증명   232

5장 하나의 아름다운 수식

벡터의 추가적인 연산: 내적   236
선형 조합의 간단한 표기법   250
행렬(Matrix)   259
- 일반식에서 행렬 표현식을 찾기   266
- 연산자로 사용하는 행렬   270
- 행렬과 인공지능   275
결정요인(Determinant, 행렬식)   280
- 소행렬식(마이너, Minor)   288
벡터의 추가적인 연산: 외적   292
- 이차원 벡터에 대한 외적   303
복소수의 곱셈   308
오일러의 공식(Euler's Formula)   313
- 오일러 공식의 증명   317
- 아름다운 오일러 공식의 응용   323
- 함수 개념의 확장   330
- 소수(prime number)의 규칙과 오일러 공식   336
수학에서 가장 아름다운 표(table)   343
- 우리의 일상과 오일러의 항등식   344
- 공학과 과학의 한계   347
[표준수학] 미분 공식   350

II부 변환

6장 변환

이야기의 흐름	361
실세계를 인식하는 방법	362
클래스(Class)와 인스턴스(Instance)	365
─인스턴스의 구조	375
시공간의 종료조건	379
변환의 실재	383
변환(Transformation)	394
─ 쉬어 변환(Shear Transform)	396
─ 크기 변환(Scale Transform)	397
─ 회전 변환(Rotation Transform)	399
─ 선형 변환(Linear Transformation)의 특징	403
─ 하나 이상의 벡터 입력에 대한 표현	404
─ 행렬의 역 구하기	406
─ 여인자 행렬과 수반행렬	408
─ 역행렬(Inverse Matrix)의 정의	410
─ 동차함수(Homogeneous Function)	411
─ 선형 시스템(Linear System)의 해석	413
─ 동차행렬(Homogeneous Matrix)	417
─ 어파인 변환(Affine Transformation)	419
─ 삼차원으로의 확장	424
투영 변환(Projection Transform)	427
─ 차원 사이의 변환	432
─ 창조의 시간	440
─ 사건에 대한 인식	444

7장 시간의 상대성

세상에서 가장 아름다운 방정식	447
공간과 시간의 상대성	449
– 초기 우주에 대한 사고실험	457
사차원 시공간의 표현	462
아인슈타인 변환	482
동시성의 상대성	491
– 공존하는 과거와 미래	494
– 전지전능과 자유의지	497
시간의 상대성	501
두 가지 기록	503
– 기본입자	506
– 우주의 역사	522
설계(Design)	526
– 컴퓨터가 정보를 표현하는 방법	526
– 사진수와 DNA	529
– 컴퓨터의 구조	531
– 세포의 구조	534
– 유전자 조작	538
– 이진열 데이터 조작	541
– 이진열 코드 조작	544
– 우연히 만들어진 DNA OS	545
– 요약 및 DNA 해석 방향	546
– 동물과 구분할 수 없는 로봇을 만드는 것이 가능한가?	547
– 외계 생명체는 존재하는가?	548
물질의 이중성	550
– 우주 진화와 생명 진화의 확률	558
– 창조자의 침묵	568

III부 복음

8장 심판, 복음

인간이 겪는 세 단계 시험	574
4차 산업혁명과 메타버스	578
고대인의 미래에 대한 묘사	584
악한 목적으로 사용되는 컴퓨터	598
– 포르노 중독(Porn addiction)	600
부재반대와 존재반대(Absence Opposite vs. Existence Opposite)	605
– 본질적인 불가능	611
법칙과 규칙: 자연법	614
– 법칙(Law)과 규칙(Rule)	614
– 하나님께서 처하신 상황	623
초대	626

과학이 하나님을 찾다(Science Finds God) (출처: Newsweek)

1998년 〈뉴스위크〉(Newsweek)지의 표지에 "과학이 하나님을 찾다(Science Finds God)"* 라는 제목이 실렸습니다.

오늘날 과학계에서는 신앙을 경멸하며, 자신을 신자로 드러내는 것을 꺼리는 경향이 있습니다. 그럼에도 불구하고, 어떤 과학자들은 왜 그들이 연구하는 과학을 통해서 창조자의 존재를 인정하는 것일까요? 1부의 목표는 그들이 수학과 과학에서 느끼는 아름다움을 직접 체험하는 것입니다. 그들에 비할 바는 아니지만, 제가 전율을 느꼈던 그 아름다운 수식에 대해서 저와 같은 방식으로 독자들도 우주를 기술하는 언어인 수학의 아름다움을 함께 느낄 수 있으면 좋겠습니다. 1부는 거의 수학적인 내용을 다루고 있어서, 어렵다고 느낄 수 있습니다. 그렇지만 연습문제가 없고 이해를 위한 많은 기술이 있으므로 쉬운 수학책입니다.

2부에서는 우주의 나이가 138억 년인데, 왜 성경의 창조 기록은 6일인가에 대한 수학적인 답의 후보**를 제시합니다. 이러한 질문이 평소에 궁금했던 분들은 2부의 내용을 이해하기 위해 1부의 내용을 백 퍼센트 이해해야만 합니다.

---

* 과학이 하나님을 찾다, https://www.washingtonpost.com/wp-srv/newsweek/science_of_god/scienceofgod.htm

** 답이 아니라 답의 후보입니다.

제1부

수학의 아름다움

1장 게임의 시작: 함수

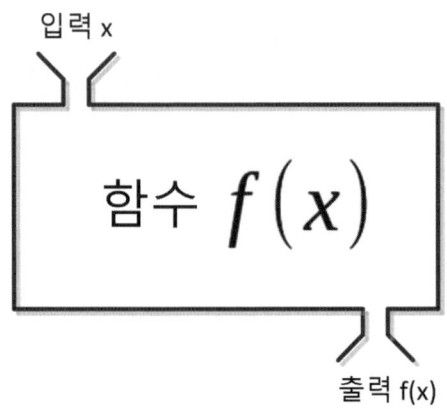

수식, 식, 방정식과 함수
좌표계와 차원
$f(x)=x^2$ 함수 그리기
지수의 성질
$f(x)=x^2$의 역함수
– 역함수 그리기
무한에 대한 직관
$f(x)=x^2$의 접하는 직선
시간에 대한 직관
[표준수학] 루트(root, $\sqrt{\ }$)

1장부터 5장은 수학 내용이 대부분을 차지합니다. 1장은 수학에 대한 개론이며, 2장부터 4장은 세 개의 기본함수를 하나씩 설명합니다. 그리고 5장에서는 아름다운 수식을 설명합니다. 1장부터 4장까지의 내용을 작성하면서, 5장의 이해에 직접적인 관련이 없는 부분을 많이 들어냈습니다. 사실 이 부분이 좀 걱정이기는 합니다. 오히려 생략함으로써 5장을 이해하는 데 방해가 될 수도 있기 때문입니다. 하지만 분량의 문제가 있어서 부득불 그러한 편집을 수행하였습니다.

　가장 걱정이 되는 부분은 미분과 적분에 대한 설명입니다. 수학, 그중에서도 미분과 적분은 많은 고등학생들이 가장 싫어하는 수학의 주제이기 때문입니다. 안타깝게도 미분과 적분 없이 아름다운 수식을 설명하는 것은 거의 불가능합니다. 독자분들이 넘어야 할 산입니다.

　필자는 기본적인 사칙연산만 아는 중학생도 이 책을 읽을 수 있도록 내용을 구성하였다고 생각합니다. 하지만 수학에 어느 정도 익숙한 저의 관점이기 때문에 수학이 익숙치 않은 독자들은 책의 내용에 어려움을 느낄 수 있습니다. 그래도 포기하지 말고 읽어 내용을 모두 이해하여, 자연경관을 보면서 느꼈던 장엄한 아름다움을 5장에서 제시하는 수식에서도 함께 느낄 수 있었으면 좋겠습니다.

● 수식, 식, 방정식과 함수

함수의 정의를 살펴보기 위하여, 먼저 수식(numerical expression), 식(expression), 방정식(equation) 및 함수(function)의 정의에 대해서 알아봅시다.

우리는 **사칙연산(basic four arithmetic operators)**[1]에 대해서 알고 있습니다. 예를 들어서 3을 2번 곱하는 것을 다음과 같은 **수식(numerical expression)**으로 나타낼 수 있습니다.

$$3 \times 3 \text{ (식 1-1)}$$

위 (식 1-1)의 평가 결과는 9입니다. 우리는 지수(exponential number)를 이용하여 위 (식 1-1)을 다음과 같이 간단하게 표현할 수 있습니다. 지수는 오른쪽 위에 작은 **첨자(superscript)**로 표현합니다.

$$3^2 \text{ (식 1-2)}$$

위 (식 1-2)에서 3을 **밑(base)**, 2를 **지수(exponent)**라고 합니다. 이제 3을 4번 곱하는 것을 식으로 나타내면 다음과 같습니다.

$$3 \times 3 \times 3 \times 3 = 3^4 \text{ (식 1-3)}$$

수식을 구성하는 일부분이 **변수(independent variable, 독립변수)**[2]가

---

[1] 수학 용어는 대한수학회의 표준 용어를 거의 대부분 따르려고 했습니다. 하지만 일부 용어는 영어의 발음을 차용하였습니다. 예를 들면 멱함수(power function)는 파워함수로 사용하였고, 함수가 값을 돌려주는(return) 것도 리턴한다는 표현을 사용하였습니다.
[2] 정해지지 않은 값을 변수(variable)라고 하는데, 수학적 모델에서 입력 값이나 원인을 나타내는 변수를 독립변수(independent variable)라고 하고, 독립변수에 의해서 결정되는 값을 가지는 변수를 종속변수(dependent variable)라고 합니다.

되면, 이제 수식(numerical expression)은 일반적인 **표현식(expression)**이 됩니다. (식 1-3)에서 밑을 변수 x로 바꾸면 다음과 같은 표현식을 구성할 수 있습니다.

$$x^4 \quad \text{(표현식 1-4)}$$

위 (표현식 1-4)의 의미는 어떤 변수(variable) x를 4번 곱한다는 의미입니다.

$$x \times x \times x \times x$$

표현식에 등호(=) 기호를 사용하여 식을 만족해야 할 조건을 명시하면, **방정식(equation)**이라고 합니다. 다음에서 (표현식 1-5)를 이용해 (방정식 1-6)으로 나타낼 수 있습니다.

$$x^2 \quad \text{(표현식 1-5)}$$
$$x^2 = 9 \quad \text{(방정식 1-6)}$$

(방정식 1-6)의 의미는 어떤 수 x를 **제곱(square)**하면 9가 된다는 의미입니다. (방정식 1-6)을 풀이하면 x의 값이 3이 되어야 하므로, (방정식 1-6)의 **해(정답, solution)**는 3입니다.

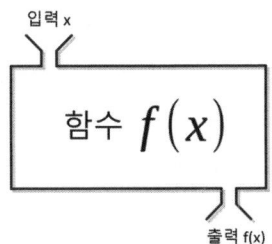

[그림 1-1] 함수 $f(x)$는 입력으로 x를 받아, x를 이용한 계산 결과 $f(x)$를 리턴(return)합니다.

표현식이 주어졌을 때, 각 독립변수의 입력값(input)에 대응하는 표현식의 출력값(output)을 **대응(사상, mapping)**시킨 것을 **함수(function)**라고 합니다.

[그림 1−1]은 함수 f가 입력값 x에 대해서 출력값 $f(x)$를 가지는 것을 그림으로 표현한 것입니다. 일반적으로 임의의 함수를 적을 때 영문 function의 첫 글자에 해당하는 f를 사용하는 경우가 많습니다. (표현식 1−5)를 이용해서 함수 f를 다음과 같이 정의할 수 있습니다.

$$f(x)=x^2 \quad \text{(함수 1-7)}$$

위와 같이 함수를 정의했을 때 f를 **함수 이름(function name)**, x를 **인자(파라미터, parameter)**라고 하고, 등호(=) 뒤에 정의된 부분을 **함수 몸체(function body)**라고 합니다. 그리고 함수의 계산 결과를 평가하고 함수를 종료하는 동작을 "**함수가 값을 돌려준다(리턴, return)**"고 합니다. 함수가 실수 값을 리턴하면, 그 함수는 실수가 사용되어야 하는 곳에 사용할 수 있습니다. 예를 들면 (식 1−7b)의 $f(x)+2$처럼 사용할 수 있는데, $f(x)$의 **리턴값(returned value)**과 2를 더한다는 의미입니다.

$$f(x)+2 \quad \text{(식 1-7b)}$$

함수의 인자가 가질 수 있는 수의 집합을 **정의구역(domain)**이라고 하고, 함수를 정의할 때 함께 정의해 줍니다. 함수를 평가한 결과, 즉 리턴값이 가질 수 있는 수의 집합을 **치역(range)**이라고 합니다. $f(x)=x^2$ 함수의 경우 정의구역은 무한기호(infinite symbol) ∞를 사용하여, −∞에서 +∞의 모든 실수이고, 치역은 0보다 크거나 같은 모든 실수입니다.

어떤 함수가 주어졌을 때, 함수의 성질을 이해하기 위해 세 가지 분석을 할 수 있어야 합니다. 첫 번째는 함수를 그리는 것(drawing)입니다. 두 번째는 함수의 **역함수**(inverse function)를 찾고 의미를 이해하는 것입니다. 마지막으로, 함수의 임의의 입력 독립변수에 대해서 그 위치에서의 **접하는 직선**(접선, tangent line)을 계산하는 식을 찾고, 접하는 직선의 기울기의 의미를 이해하는 것입니다.

① 함수를 그린다.
② 함수의 역함수를 찾는다.
③ 함수의 접하는 직선을 구하는 식을 찾는다.

왜 이와 같은 특징을 파악해야 할까요? 함수를 그린다는 것은 함수의 전체적인 의미를 시각적으로 이해할 수 있기 때문입니다. 또 이 과정을 역으로 적용하면, 어떤 분석 결과를 그려서 표현했을 때, 그림으로 표현된 결과의 원래 식을 유도하기 위해서 사용할 수 있습니다.

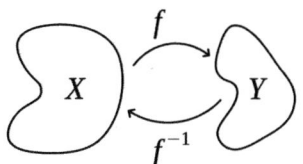

[그림 1-1b] 역함수는 출력에 대한 입력을 찾는 함수입니다. f^{-1}은 f의 역함수를 의미합니다.

함수의 역함수는 함수의 출력을 알고 있을 때, 출력을 이끌어내기 위한 입력 독립변수의 값을 찾는 일반적인 함수를 구한다는 것을 의미합니다. (함수 1-7)의 $f(x)=x^2$에서 x가 주어지면 $f(x)$를 구할 수 있습니다. 예를 들어 x가 3이라면, $3^2=3\times3$

이므로 $f(x)$는 9입니다. 그런데 우리가 함수의 출력 $f(x)$를 알고 있을 때, 입력 x를 구해야 하는 경우가 있습니다. 이것을 함수로 구할 수 있다고 가정하고, 그 함수를 g라고 합시다. 그러면 역함수 $g(9)$의 의미는 $f(x)$ 즉 x^2의 출력값이 9일 때, 입력값 x를 찾는 함수입니다. $3 \times 3 = 3^2 = 9$이므로 $g(9)=3$입니다. 역함수는 일반적으로 위첨자 -1을 표시하여 나타냅니다. 그러므로 $f(x)$의 역함수는 $f^{-1}(x)$라고 적을 수 있습니다.

$$f^{-1}(9)=g(9)=g(3^2)=3 \quad \text{(방정식 1-8)}$$

[그림 1-1c] 그래프의 접하는 직선을 찾는 문제는 매우 빈번하게 이용됩니다.

함수의 접하는 직선을 구하는 것은 모든 공학 분야에서 아주 빈번하게 사용합니다. 주어진 함수의 정의가 명확하면, 접하는 직선의 의미는 수학적으로 명확하게 정의될 수 있습니다. 예를 들어서 $f(x)$가 시간 x에 대해서 특정한 방향에 대한 위치를 나타낸다고 가정해 봅시다. 그러면 시간 x에 대한 그래프의 접하는 직선을 구한다는 것은, 시간 x에서 **순간 속도**(instantaneous velocity)를 구한다는 의미입니다. 왜냐하면 시간에 따라서 위치가 변하는 정도를 속도라고 하고 접선(tangent line)은 아주 짧은 간격의 위치의 변화를 의미하기 때문입니다.

이제 $f(x)=x^2$에 대해 ① 함수를 그리고, ② 함수의 역함수를 찾고, ③ 함수의 접하는 직선 함수를 찾는 것을 차례대로 살펴보도록 하겠습니다.

● 좌표계와 차원

먼저 함수를 그리는 것을 이해하기 위해 **좌표계**(Coordinate system)와 **차원**(dimension)의 개념에 대해 살펴보도록 하겠습니다.

[그림 1-2] 르네 데카르트(René Descartes)(Frans Hals 작품, 출처: Wikimedia Commons)

함수를 그리기 위해 철학자이자 수학자였던 르네 데카르트(프랑스어, René Descartes)가 고안한 직교 좌표계(Orthogonal Coordinate System)를 사용할 수 있습니다. 데카르트의 라틴어 이름은 Renatus Cartesius인데, 이러한 이유로 그가 고안한 좌표계를 **데카르트 좌표계**(Cartesian coordinate system)라고 합니다. 영어로 읽을 때는 "카티젼"이라고 읽습니다. 데카르트 좌표계를 **표준 좌표계**(Standard coordinate system)라고도 하는데, 표준 좌표계에서는 각 좌표축은 서로 직각(orthogonal)이며 단위 길이(unit length)를 가집니다. 이 차원(two dimension)인 경우 가로축(horizontal axis)을 x축, 세로축(vertical axis)을 y축으로 나타냅니다.

$f(x)$ 함수처럼 독립변수가 한 개뿐이면, 독립변수 x를 가로축에,

출력값 $f(x)$를 세로축에 표시하여 **그래프(Graph)**로 나타낼 수 있습니다. $f(x)=x^2$ 함수에 대해서 $f(x)$를 y로 나타내면, $y=x^2$이므로, 각 x값에 대응(mapping)하는 y값을 얻을 수 있고 이것을 표준 좌표계상에 점으로 그릴 수 있습니다. 모든 x값에 대해서 대응하는 y값을 점(point)으로 그리면 선(line)으로 된 그래프를 얻습니다.

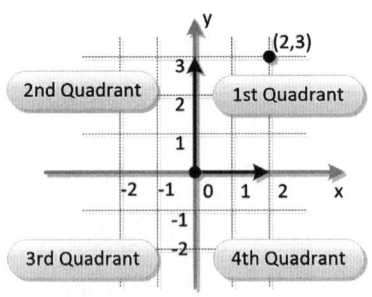

[그림 1-3] 데카르트 좌표계(Cartesian coordinate system)와 사분면(quadrant).

[그림 1-3]은 이차원 표준 좌표계의 예입니다. 표준 좌표계에서 **특정한 지점**(좌표, coordinate)을 나타내기 위해 순서가 있는 **수쌍**(ordered number of pair)을 사용할 수 있습니다. 예를 들어 (2, 3)은 표준 이차원 좌표계에서 x축 방향으로 2단위, y축 방향으로 3단위에 위치한 점을 나타냅니다. x축과 y축은 한 곳에서 만나는데, 만나는 지점을 **원점(origin)**이라고 하며, 원점의 좌표는 (0, 0)입니다. 평면의 두 축은 하나의 평면을 네 개의 부분으로 나누는데, x축이 반시계 방향으로 90도(degree) 회전할 때마다 나타내는 평면을 **사분면(quadrant)**이라고 합니다. x값과 y값이 모두 양수인 첫 평면을 1사분면이라고 하고, 차례대로 2사분면, 3사분면 그리고 4사분면이라고 합니다.

좌표계상에서 위치를 기술하는 데 필요한 최소 파라미터의 개수를 **차원(dimension)**이라고 정의할 수 있습니다. 함수를 이용하여 차원을 정의해보면, 위치를 결정하기 위해 필요한 입력의 개수 즉, 위치 함수(position function)의 최소 인자의 수가 차원입니다. 예를 들면 지구상에서 특정한 사람의 위치를 나타내기 위해 우리는 지구의 중심을 표준 좌표계의 원점으로 가정해서 위치를 나타낼 수 있습니다. 만약 시간이 흐르지 않는다고 가정하면 서로 직각인 세 개의 축을 이용해서 위치를 나타내므로 삼차원 좌표계를 사용한 것이 됩니다.

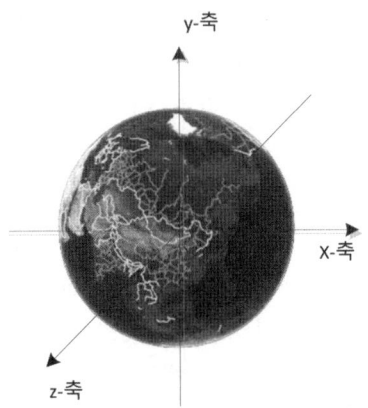

[그림 1-4] 표준 삼차원 좌표계: 시간이 흐르지 않는 지구에서는 삼차원 좌표계를 사용하여 위치를 나타낼 수 있습니다.

하지만 실제로 **우리가 사는 우주(Our Universe)**는 삼차원이 아니어서 보다 높은 차원을 나타내는 좌표계가 필요합니다.

우리가 사는 우주에는 시간이 흐르고 있어서, 위치를 나타내기 위해서는 시간 t를 포함하여, 4개의 파라미터가 필요한 것 같습니다.

$$(x, y, z, t)$$

(x, y, z, t)에서 t는 시간을 나타냅니다. 이 표현은 x, y와 z

의 단위는 길이(length)이고, t의 단위는 시간(time)이므로 일관적이지 않지만 일단 무시합니다. 파라미터가 4개이므로 우리 우주가 사차원이라는 결론을 내려서도 안 됩니다. 우리 우주는 최소한 사차원 이상의 우주입니다.

알베르트 아인슈타인(Albert Einstein)에 의해서 움직이는 물체는 서로 시간이 다르게 흐른다는 것이 밝혀졌는데, 이것을 기술하는 법칙이 **특수 상대성 이론**(Special relativity)입니다. 현대물리학에서는 **로렌츠 변환**(Lorentz transformation)을 이용하면 서로 다르게 흐르는 시간을 사용하는 물체 간의 움직임을 정확하게 기술할 수 있습니다. 로렌츠 변환은 우리가 이 책에서 배울 기본함수로만 구성되며, 그것은 로렌츠 변환을 이해하는 것이 그렇게 어렵지 않다는 것을 의미합니다.

관성(inertia)은 어떤 물체에 작용하는 힘(force)의 총합이 0일 때, 물체의 운동상태를 유지하려는 경향을 말합니다. 운동상태를 유지한다는 것은 가만히 있는 물체는 계속해서 가만히 있고, 움직이는 물체는 계속해서 움직인다는 것을 의미합니다. 뉴턴(Newton)의 운동법칙 중 제1법칙이 **관성의 법칙**(the law of inertia)인데, 관성의 법칙을 만족하는 좌표계를 **관성좌표계**(inertial coordinate system)라고 합니다. 상대성 이론에서는 물체의 움직임을 기술하기 위해서 하나의 좌표계(coordinate system)를 사용할 수 없습니다. 모든 움직이는 물체는 자신의 좌표계를 가지는데, 이렇게 여러 좌표계 중에서 특정한 물체가 사용하는 좌표계를 **참조 프레임**(Frame of reference)이라고 합니다.

참조 프레임에 해당하는 표준 물리용어는 **기준계**(Frame of reference)인데, 이것은 원점, 방향 및 크기(scale)가 참조점(reference point)의 집합에 의해 정의되는 가상의 좌표계(coordinate system)입니다. 표준물리학 용어를 보면 영어 system에 대해서도 계(系)를 frame에 대해서도 계(系)를 한국어 용어로 사용합니다. 계(system)를 사용하면, 데이터에 대한 표현과 데이터에 대한 동적인 특성을 모두 언급하는 것입니다. 그러므로 관성계(inertial system)라고 하면, 물체의 위치를 표현하는 좌표계가 정의되고, 가속 운동을 하지 않는 좌표계에서 정의된 물체들의 동적인 특성을 만족하는 체계(system, 계)라는 의미입니다.

로렌츠 변환을 이해하면, 우리 **관성계(관성틀, 관성기준계, inertial frame of reference)**에서 138억 년처럼 보이는 우리 우주가 다른 관성계에서는 1만 년일 수 있다는 결론을 내릴 수 있습니다.[3] 우리는 "로렌츠 변환"을 다룰 때, **우리 우주가 138억 년이면서 동시에 1만 년이라는 것이 가능함을 변증(dialectic)**하도록 하겠습니다. 변증은 어떤 사실에 대한 증명이 아니라, 참일 수도 있는 것에 대한 제안이라는 것을 염두에 두세요.

[그림 1-5] 알베르트 아인슈타인(Albert Einstein) (출처: Wikimedia Commons)

---

3) 어떤 분들은 성경에 의하면 인류의 역사는 약 6,000년이므로 우주의 역사는 1만 년 정도라고 주장합니다. 하지만 가장 멀리서 오는 별빛을 관측한 결과 우주의 나이가 138억 년이라는 것은 거의 확실합니다. 과학 역시 하나님이 주신 것이므로, 과학이 주장하는 결과를 무시하는 것은 난센스입니다. 하지만 현재 시간의 단위로 사용하는 원소는 빅뱅 이후 약 30만 년 뒤에 생성되었는데, 시간을 만드는 과정을 시간으로 측정하는 불가피한 오류가 발생한다는 것을 염두에 두어야 합니다. 창조에 걸린 시간에 대해서는 우리 책 7장에서 자세히 살펴볼 예정입니다.

우리 우주는 특수 상대성 이론뿐만 아니라, **일반 상대성 이론**(Theory of General Relativity)도 성립합니다. 일반 상대성 이론은 사실이며 이것은 우리가 사는 우주의 **시공간**(spacetime)이 굽어 있다는 것을 말해 줍니다.

이차원 표준 좌표계가 무한히 평평하다면 평평한 이차원 종이는 이차원에 존재할 수 있습니다. 하지만 종이가 굽어 있다면 굽어 있는 평평한 종이가 존재해야 할, 보다 높은 공간 차원이 필요합니다. 이와 마찬가지로, 우리가 인식하는 사차원 시공간이 굽어 있다면, 보다 더 높은 차원을 필요로 합니다. 사차원 시공은 우리가 경험하지 못하는 높은 차원(벌크 차원, bulk)으로 굽어 있습니다. 그러므로 우리는 우리 우주가 최소한 5차원 이상이라고 생각하며, 최신 우주론은 우리 우주가 11차원이라고 이야기합니다.[4]

[그림 1-6] 굽은 시공간: 우리 우주의 시공간은 굽어 있으며, 그것은 우리 우주가 5차원보다는 높다는 의미입니다.

필자가 책의 앞부분에 실린 "저자의 말"에서 이야기했듯이 이 책의 목표 중 하나는 대학교 1학년 수준의 수학을 기술하는 **하나의 아름다운 수식**을 이해하는 것입니다. 놀랍게도 이 수식은 방

---

[4] Bergshoeff, Eric; Sezgin, Ergin; Townsend, Paul (1987). "Supermembranes and eleven-dimensional supergravity." Physics Letters B. 189(1): 75-78.

정식이 아니라 수식(numerical expression)입니다. 그것은 변수 없이 수로만 구성된 식이라는 의미입니다. 이 수식은 필자가 **기본수**(Elementary numbers)라고 부르는 다섯 개의 수로 구성되어 있으며, 과학기술이 첨단으로 발전된 지금도 그 수를 무한대로 정확하게 아는 것은 불가능하며, 이것은 인간 과학기술의 한계가 있음을 보여주는 것입니다. 물론 무한의 시간을 사용하면 그 수 값을 정확하게 알 수 있으므로 수식 자체는 수학적으로 정확하게 기술되지만, 구현에 있어서 공학적인 한계가 반드시 존재한다는 의미입니다.

[그림 1-6b] 기본수(elementary number) 다섯 개 중 우리는 이미 0과 1을 알고 있습니다.

[그림 1-6b]에 다섯 개의 기본수 중에 두 개를 나타냈습니다. 그것은 0과 1입니다. 필자가 이것을 기본수라고 부르는 이유는 다섯 개의 수에 규칙을 정하면 이 세상의 모든 수를 나타낼 수 있으며, 나머지 세 개의 수가 **기본함수**(elementary function)를 정의하면서 하나씩 발견할 수 있기 때문입니다. 우리는 이제부터 세 개의 추가적인 기본수를 발견할 것인데, 이 과정을 통해 우리는 수학의 규칙과 과학의 한계를 알 수 있습니다.

사실 기본함수는 네 가지입니다.[5] 하지만 네 번째 기본함수는 세 번째 기본함수와 매우 유사하기 때문에 이 책에서는 세 가지 기본함수만 고려할 것입니다.

---

5) Elementary Function, https://en.wikipedia.org/wiki/Elementary_function

● $f(x)=x^2$ 함수 그리기

이제 (함수 1-7)의 $f(x)=x^2$에 대해서 ① 함수를 그리고, ② 역함수를 찾고, ③ 접하는 직선을 찾아보도록 하겠습니다. 먼저 함수를 그리는 방법을 알아보겠습니다.

x의 범위가 -2부터 $+2$까지에 대해서 그래프로 그려보도록 하겠습니다. -2와 $+2$ 사이에는 무한개의 점이 존재하므로 모든 점을 표현하는 것은 불가능합니다. 그래서 -2부터 1씩 증가시키면서 다섯 개의 점만을 그려보도록 하겠습니다. x가 -2, -1, 0, 1, 2일 때 $f(x)$는 4, 1, 0, 1, 4입니다. 이것을 표준 좌표계에 점으로 그려보면 다음과 같습니다.

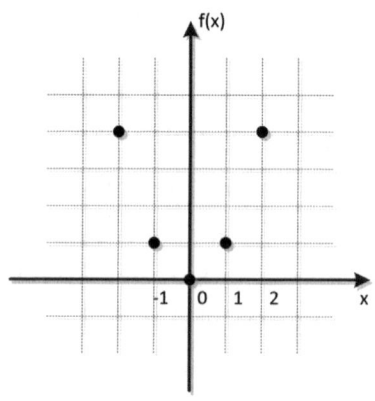

[그림 1-7] x에 대응하는 값을 y축에 점으로 표시합니다.

이제 이 점들 사이를 선으로 이어보면 다음 [그림 1-8]과 같은 그림을 얻습니다.

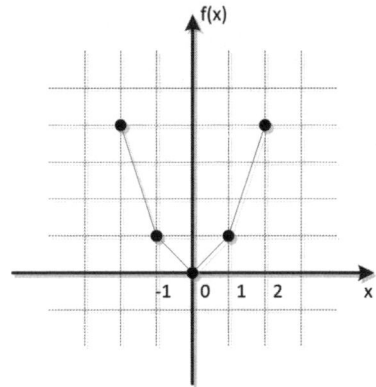

[그림 1-8] 연속하는 점들을 선으로 이어서 그리면 그래프를 얻을 수 있습니다.

$f(x)=x^2$의 그래프는 [그림 1-8]과 정확하게 일치하지는 않으며, 선은 무한개의 점으로 이루어져 있으므로, 정확하게 그래프를 그리는 것은 불가능합니다. 그래서 사람이 눈으로 보기에 적당한 정도로 그래프를 그리는 것입니다.

컴퓨터를 이용하면 함수의 그래프를 쉽게 그릴 수 있습니다. 필자의 경우는 SpeQ라는 도구를 주로 사용하는 데 독자들도 이 공개 소프트웨어를 다운받아서 그래프를 그리는 데 사용하면 됩니다.[6]

---

6) SpeQ 프로그램 다운로드 링크, https://speqmath.com/download.html

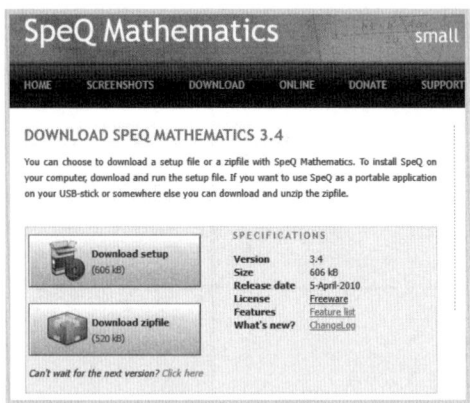

[그림 1-9] SpeQ를 사용하면 다양한 그래프를 손쉽게 그릴 수 있습니다. (출처: https://speqmath.com/download.html)

이제 SpeQ를 사용해서 (함수 1-7)의 $f(x)=x^2$을 그려보도록 하겠습니다. SpeQ를 설치하고 프로그램을 실행합니다. 그러면 [그림 1-10]과 같은 실행화면을 볼 수 있습니다.

이제 [그림 1-11]처럼 프로그램의 텍스트 박스에 다음과 같이 입력합니다.

Plot(x^(2))

Plot은 그림을 그리라는 명령이고, 그려야 할 함수를 괄호 안에 명시합니다. x^2에 해당하는 표현이 x^(2)입니다. 컴퓨터 툴에서는 일반적인 텍스트로 지수를 표현할 수 없으므로, 일반적으로 **캐럿(^, caret)** 기호를 사용하여 지수를 나타냅니다.

그리고 툴바에 있는 초록색 화살표 계산버튼(Recalculate sheet button)을 선택합니다.

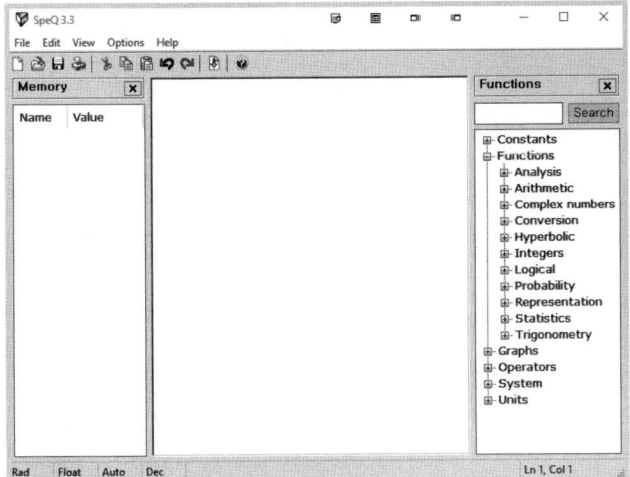

[그림 1-10] SpeQ 실행화면

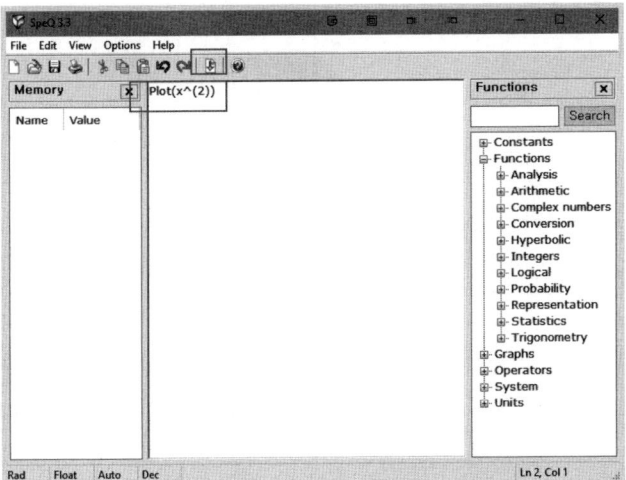

[그림 1-11] Plot(x^(2))를 입력하고, 계산 버튼을 선택합니다.

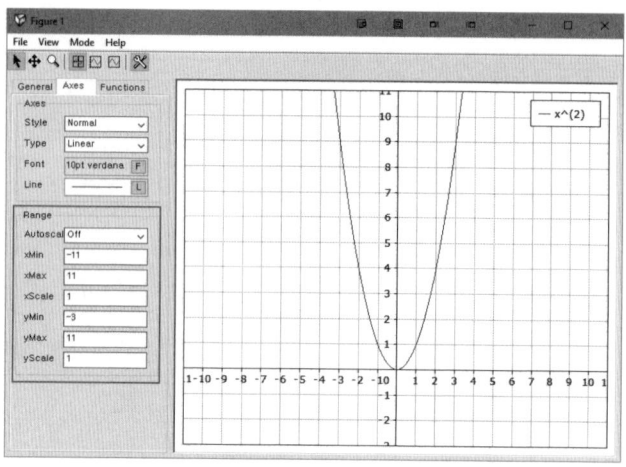

[그림 1-12] Axes탭을 선택하여 범위 값을 조정할 수 있습니다.

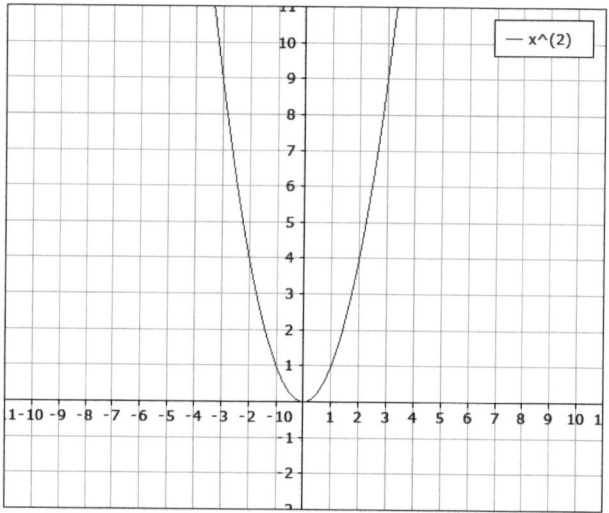

[그림 1-12b] $f(x)=x^2$의 그래프입니다

[그림 1-12]처럼 [Axes]탭을 선택해서 x와 y의 범위 및 격자선의 간격을 설정할 수 있습니다.

[그림 1-12b]는 $f(x)=x^2$의 그래프를 보여줍니다. 그래프를 보면 다음과 같은 매핑이 성립한다는 것을 알 수 있습니다.

$$\begin{aligned}
&\cdots\\
x=-3 &\Rightarrow f(-3)=9\\
x=-2 &\Rightarrow f(-2)=4\\
x=-1 &\Rightarrow f(-1)=1\\
x=0 &\Rightarrow f(0)=0\\
x=1 &\Rightarrow f(1)=1\\
x=2 &\Rightarrow f(2)=4\\
x=3 &\Rightarrow f(3)=9\\
&\cdots
\end{aligned}$$

그래프는 주어진 범위에서 시각적으로 사상(mapping)을 표현하는 훌륭한 툴(tool)입니다. 기본함수를 모두 배우고 나면, 기본함수가 어떤 그래프 모양을 가지는지를 알 수 있습니다. 반대로 그래프가 주어졌을 때, 어떤 기본함수가 가장 비슷하게 그래프를 나타내는 함수인지를 파악할 수 있어야 합니다.

그래프를 그리거나 다양한 수학적 결과를 얻기 위해 **울프램알파(WolframAlpha) 사이트**[7]를 이용할 수도 있습니다.

---

[7] 울프램알파(WolframAlpha) 사이트, https://www.wolframalpha.com/

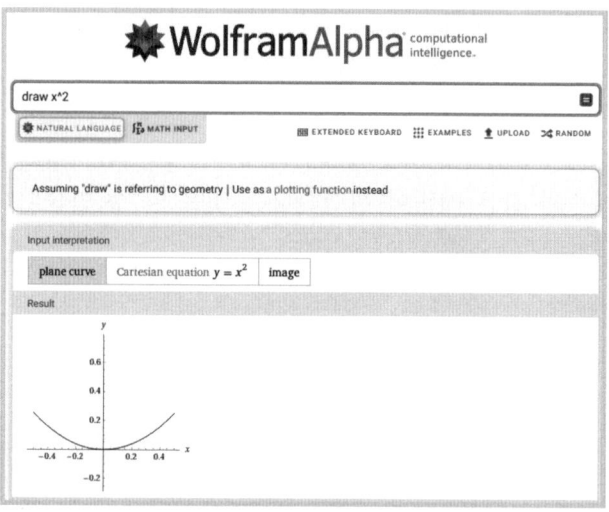

[그림 1-12c] WolframAlpha 사이트에서 함수에 대한 그래프를 얻을 수 있습니다.
(출처: https://www.wolframalpha.com/)

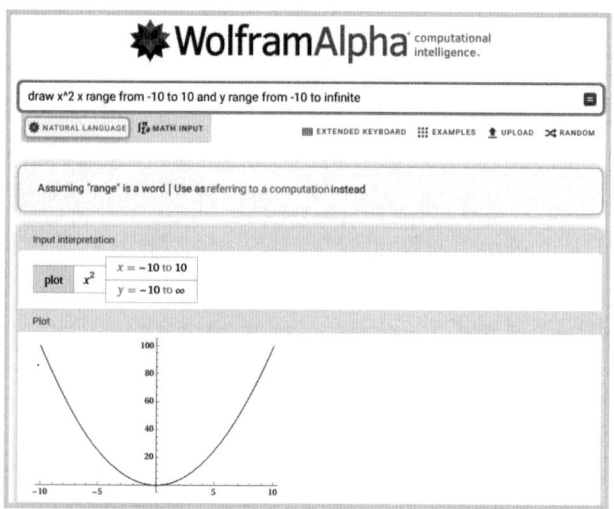

[그림 1-12d] 텍스트 박스에 수식을 입력하여 문제를 풀이하거나 그래프를 얻을 수 있습니다. WolframAlpha에는 다양하게 출력과 입력을 제어하는 것이 가능합니다. (출처: https://www.wolframalpha.com/)

● 지수의 성질

$f(x)=x^2$의 역함수를 정의하기에 앞서, 먼저 **지수(exponent)**의 성질에 대해 살펴보도록 하겠습니다.

$$x^1 = x \quad \text{(지수의 성질 1-9)}$$
$$x^0 = 1 \quad \text{(지수의 성질 1-10)}$$
$$x^2 x^3 = x^{2+3} = x^5 \quad \text{(지수의 성질 1-11)}$$
$$(x^2)^3 = (x^2)(x^2)(x^2) = x^6 \quad \text{(지수의 성질 1-12)}$$

먼저 지수표현식에서 임의의 밑(base) x를 1번 곱한 것은 x^1이며 이것은 x 자신입니다. x를 0번 곱한 것은 x^0이며 이것은 1이라고 정의합니다. $x^0=1$이라는 것이 직관적이지 않아 보이지만, 이러한 정의는 일반적인 지수의 성질이 만족되도록 합니다.

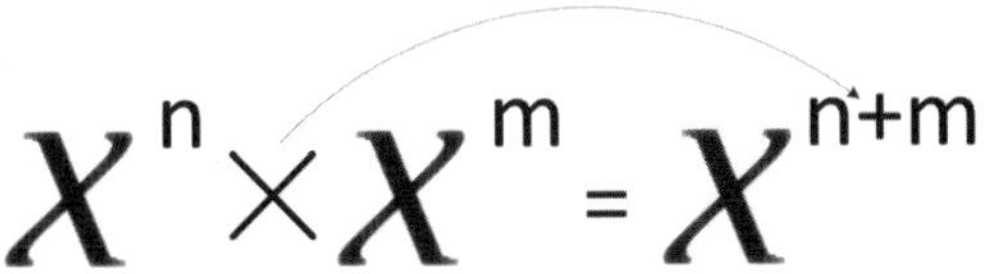

$$X^n \times X^m = X^{n+m}$$

[그림 1-13] 밑이 같은 두 수를 곱하면, 지수 부분은 합해야 합니다. 지수를 포함한 식의 곱셈과 덧셈의 성질입니다.

$x^2 x^3$는 x를 2번 곱하고, 연속해서 3번 곱한 것이므로 지수부분을 더하면 2+3=5이므로 x^5가 됩니다. (지수의 성질 1−11)은 매우 중요합니다. <u>지수를 포함한 두 식을 곱하면, 지수 부분은 합이 된다는 사실</u>을 기억하도록 하세요. 이제 다음과 같은 식을 고려해 봅시다.

$$x^0 x^3 \text{ (식 1-13)}$$

(식 1-13)은 (지수의 성질 1-11)에 의해서 다음과 같이 쓸 수 있습니다.

$$x^0 x^3 = x^{0+3} = x^3 \text{ (식 1-14)}$$

(식 1-14)에서 $x^0 x^3 = x^3$이므로 $x^0 = 1$이 되어야 함을 알 수 있습니다.

$$X^0 = 1$$

[그림 1-13b] $x^0 = 1$ 식은 직관적이지는 않지만, 증명될 수 있습니다.

0이 아닌 x의 역수 $1/x$을 고려해 봅시다. 어떤 수와 **역수**(reciprocal number)의 곱은 **곱셈에 대한 항등원**(multiplication identity)인 1이 됩니다. 아래 (식 1-15)를 보세요.

$$x \times (1/x) = 1 \text{ (단 } x \neq 0\text{) (식 1-15)}$$

$1/x$의 지수 형태를 구하기 위해 $1/x = x^n$이라고 가정해 봅시다. 이제 (식 1-15)를 지수 형태로 나타내 보면 다음과 같습니다.

$$x^1 \times (x^n) = x^{1+n} = 1 = x^0 \text{ (식 1-16)}$$

(식 1-16)에서 $1+n=0$이므로 $n=-1$인 것을 알 수 있습니다. 그러므로 역수의 지수 형태는 (식 1-18)과 같습니다.

$1/x = x^{-1}$ (식 1-17)
$1/x^n = x^{-n}$ (식 1-18)

$$\frac{1}{x^n} = x^{-n}$$

[그림 1-14] x^n의 역수는 x^{-n}으로 나타낼 수 있습니다.

● $f(x)=x^2$의 역함수

$f(x)=x^2$ 함수에 대해서 ① 함수를 그리고, ② 역함수를 찾고, ③ 접하는 직선을 찾아보고 있는 중입니다. 이제 두 번째로 역함수를 찾아보도록 하겠습니다.

함수 $f(x)=x^2$의 독립변수는 x이므로, 각 입력 x에 대해서 $f(x)$를 결정합니다. **역함수**(inverse function)는 입력과 출력이 역전됩니다. 함수 $f(x)$에 대해서 역함수를 표시하는 일반적인 방법은 역수를 나타내기 위해서 사용한 위첨자(superscript) -1을 함수이름에 첨자로 붙이는 것입니다. 그러므로 $f(x)$의 역함수는 다음 (식 1-19)와 같이 나타낼 수 있습니다.

$$f(x)=(f(x))^{-1}=f^{-1}(x) \textbf{ (식 1-19)}$$

역함수를 나타내기 위해 f^{-1}을 사용하는 이유는, 함수의 곱셈을 의미하는 **합성함수**(composite function)[8]의 지수표현과 자연스럽게 어울리기 때문입니다. 입력 x를 $f(x)$를 계산하기 위해서 사용하고, 이 결과를 다시 $f^{-1}(x)$의 파라미터로 전달하는 함수를 생각해 봅시다. 그러면 (식 1-19b)와 같이 적을 수 있습니다.

$$f^{-1}(f(x)) \textbf{ (식 1-19b)}$$

(식 1-19b)의 결과는 얼마일까요? $f(x)$의 결과가 $f(x)$의 역함수인 $f^{-1}(x)$에 입력으로 사용되었으므로 결과는 항상 x 자신입

---

[8] 두 함수를 이어 하나의 함수로 만드는 연산을 함수 합성(function composition)이라고 합니다. $f(x)$의 출력을 $g(x)$의 입력으로 사용하는 경우, $g(f(x))$ 혹은 $g \cdot f(x)$라고 적습니다.

니다.

$$f^{-1}(f(x)) = x \text{ (식 1-19c)}$$

(식 1−19c)는 입력 x를 f를 사용해 변환(transformation)하고, 연속해서 f^{-1}를 사용해서 변환하는 과정으로 생각할 수 있습니다. 그러면 함수의 곱셈 형태로 (식 1−19d)처럼 적을 수 있습니다.

$$f^{-1}f^{1}(x) \text{ (식 1-19d)}$$

(지수의 성질 1−11)에 의해서 $f^{-1}f^{1} = f^{-1+1} = f^{0} = 1$로 간주하면 (식 1−19d)는 (식 1−19e)처럼 표현할 수 있습니다. $f^{-1}f^{1}(x)$를 어떤 입력 x에 대해서도 x 자신을 리턴하는 함수, 즉 x와 1을 곱한 결과와 같다고 가정하는 것입니다. 이것이 역함수를 표현할 때 위첨자 −1을 사용하는 이유입니다.

$$f^{-1}f^{1}(x) = 1(x) = x \text{ (식 1-19e)}$$

제곱함수 x^2을 정의할 때, 독립변수의 제곱을 나타내기 위해서 첨자 2를 오른쪽 위에 표시했는데, 제곱함수의 역함수를 나타내기 위해서 첨자를 왼쪽 위에 표시하도록 합시다. 그러면 다음과 같이 함수를 표시할 수 있습니다.

$$^{2}x \text{ (식 1-20)}$$

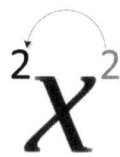

[그림 1-15] 제곱의 역함수를 나타내기 위해 첨자의 위치를 왼쪽으로 옮깁니다. ^2x는 제곱하면 x가 되는 수를 의미합니다.

그러면 함수 $f(x)=x^2$의 역함수를 다음과 같이 정의할 수 있습니다.

$$f^{-1}(x)=\,^2x \quad \text{(함수 1-21)}$$

(함수 1-21)이 정의되었을 때, x가 9면 다음과 같은 식으로 적을 수 있습니다.

$$f^{-1}(9)=\,^29 \quad \text{(식 1-22)}$$

^{29}의 의미는 "어떤 수 a를 제곱해서 9가 나왔다면, 그 수 a는 무엇인가?"를 묻는 식입니다.

$$a\times a=a^2=9 \quad \text{(식 1-23)}$$

(식 1-23)의 해는 $a=3$입니다. 그러므로 (식 1-22)는 다음과 같이 적을 수 있습니다.

$$f^{-1}(9)=\,^29=3 \quad \text{(식 1-24)}$$

(식 1-24)는 제곱해서 9가 되는 수는 3이라는 의미입니다. g함수가 다음과 같이 x를 3번 곱하는 함수로 정의되었다고 가정해 봅시다.

$$g(x) = x \times x \times x = x^3 \quad \text{(식 1-25)}$$

그러면 $g(x)$의 역함수는 다음과 같이 적을 수 있습니다.

$$g^{-1}(x) = {}^3x \quad \text{(식 1-26)}$$

$g^{-1}(x) = {}^3x$는 어떤 수 a를 세제곱하면 결과가 x가 나오도록 하는 a를 찾는 문제입니다. 그러므로 ${}^3 8$은 $a \times a \times a = 8$을 만족하는 a를 찾는 문제이므로 ${}^3 8 = 2$입니다.

$${}^3 8 = {}^3(2 \times 2 \times 2) = {}^3(2^3) = 2 \quad \text{(식 1-27)}$$

(식 1−27)은 세제곱했을 때 8이 되는 수는 2라는 의미입니다. [그림 1−16]은 ${}^n x$의 의미를 설명합니다. ${}^n x$는 어떤 수를 n번 곱했더니 x가 되는 수를 의미합니다.

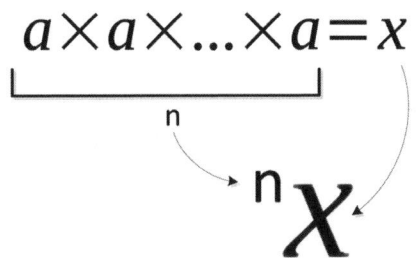

[그림 1-16] ${}^n x$는 n번 곱해서 x가 되는 수를 의미합니다.

${}^n x$는 표준수학표기법이 아닙니다. 하지만 x^n의 역함수인 것을 강조하기 위해서 의도적으로 이러한 표기법을 사용하고 있습니다.

역함수 그리기

역함수도 독립변수에 대한 출력 값을 가지므로, 그래프로 그릴 수 있습니다. 그러면 표준 좌표축에 역함수를 그렸을 때, 본 함수와 역함수는 어떤 관계가 있을까요? $y=f(x)$가 정의되었을 때, 원래 함수는 수평축 x값에 대한 y값을 수직축에 그립니다.

반면에 역함수는 y값에 대한 x값을 그립니다. 그것은 표준 좌표계에서 $y=x$로 표현되는 직선에 **대칭**(symmetry)된다는 것을 의미합니다. 왜냐하면 그래프가 $y=x$에 대칭되면 원래 좌표 (x, y)가 모두 (y, x)로 두 값이 바뀐 값을 가지기 때문입니다.

역함수의 그래프는 가로축을 y축으로 하고, 세로축을 x축으로 하는 모양이 되는데, 설명을 간단하게 하기 위해 $f(x)=x^2$ 함수에 대해, x값이 0, 1, 2일 때만 고려하여 이 점들을 직선으로 연결한 그래프를 그려보겠습니다. 그것은 [그림 1-16b]의 왼쪽 그림과 같습니다.

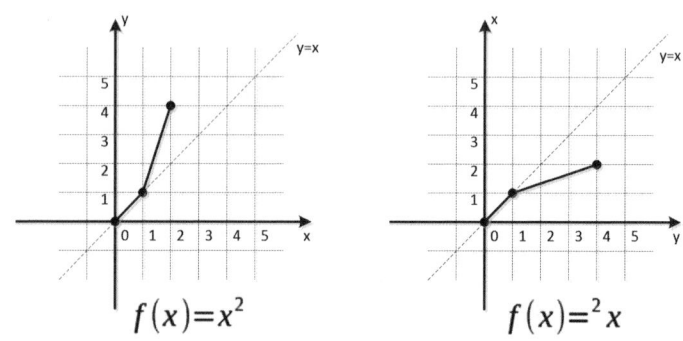

[그림 1-16b] $f^{-1}(x)={}^2x$의 그래프는 오른쪽과 같습니다.

$y=f(x)=x^2$의 역함수 $x=f^{-1}(y)={}^2y$ 함수는 y가 1일 때 x는 1, y가 4일 때 x는 2값을 가집니다. 표준 좌표계에서는 x축을 가로축으로 사용하므로, x^2의 역함수를 ${}^2x$로 정의하면 $(0, 0)$, $(1, 1)$ 및 $(4, 2)$ 점들로 구성됩니다. [그림 1-16b]를 보면, ${}^2x$ 함수는 $y=x$라는 선을 중심으로 x^2 함수와 대칭인 것을 알 수 있습니다.

SpeQ 프로그램을 사용해서 두 그래프를 그려보면 [그림 1-16c]와 같습니다.

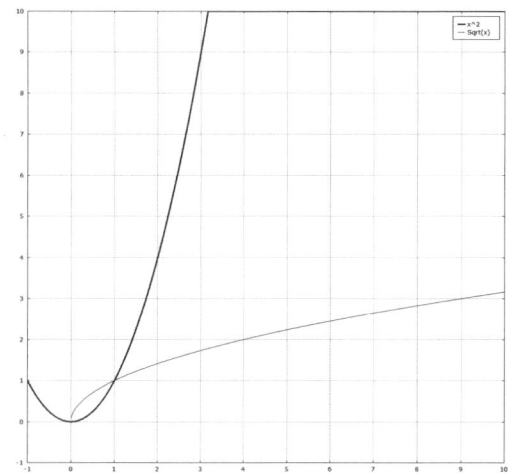

[그림 1-16c] x^2 그래프와 ${}^2x$ 그래프: Plot(x^2,Sqrt(x)) 명령으로 그린 결과입니다.

x^2 함수와는 다르게 ${}^2x$ 함수는 표준 좌표계의 오직 1사분면에만 그릴 수 있습니다. x^2 함수의 치역이 0에서 $+\infty$ 값을 가지므로, 역함수 ${}^2x$ 함수를 정의할 때, 정의구역이 0에서 $+\infty$ 값을 가진다고 하는 것입니다. 하지만 표준 좌표계를 사용하지 않으면, ${}^2x$ 함수의 정의구역을 $-\infty$에서 $+\infty$로 확장하는 것이 가능합니다. 이렇게 정의구역을 확장하는 것이 "아름다운 수식"을 이해하기 위한 필수적인 과정입니다.

● 무한에 대한 직관

이 절에서는 **"무한에 대한 직관**(intuition on infinity)" 개념을 살펴보겠습니다. 이 개념은 주어진 함수의 "접하는 직선의 방정식"을 찾기 위해서나 다른 목적으로 매우 유용하게 사용합니다. 사실 이것은 직관적이지 않습니다. 하지만 연습을 통해 직관을 기르자는 의도입니다. 왜냐하면 수학의 많은 식이 무한에 대한 직관을 필요로 하기 때문입니다.

먼저 두 점이 주어졌을 때, 두 점 사이에 하나의 점을 그리는 동작을 고려해 봅시다.

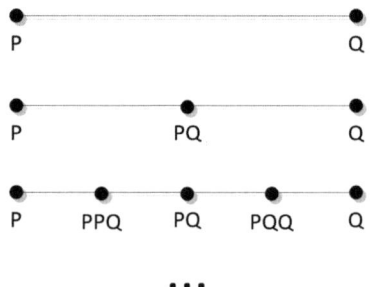

[그림 1-17] 두 점 P와 Q에 대해서 중간에 점을 생성하는 것을 재귀적으로 (recursively) 반복합니다.

[그림 1-17]을 보면 처음에는 두 점 P와 Q가 주어집니다. 두 점 사이의 중점 PQ에 점을 그립니다. 이제 점은 세 개인데 세 점이 이루는 각 선분에 대해서 이 동작을 반복합니다. 이제 새로운 점 PPQ, PQQ를 얻습니다. 이 동작을 백만 번 정도 반복하면 두 점 P와 Q 사이에 빈 공간이 없이 점으로 채울 수 있을까요? 그렇지 않습니다. 아무리 많은 횟수를 반복하더라도 빈 공간은 항

상 남아 있습니다. 하지만 이 동작을 **무한히**(infinitely) 반복하면 어떻게 될까요? "무한히"라는 말에 주의해야 합니다. 우리가 막연히 미래 어느 시점에 종료된다고 가정하면 그것은 무한(infinite)이 아닙니다. 무한(infinity)은 이러한 동작이 종료되지 않고 끊임없이 반복된다는 의미입니다. 이 동작을 무한히 반복하면 우리는 [그림 1-17b]와 같은 **선분**(line segment)을 얻습니다.

[그림 1-17b] P와 Q 사이에 무한개의 점이 있다면 선분이 됩니다.

[그림 1-17b]의 선분 $\overline{PQ}$를 아주 많이 확대하면, 중간에 공백이 있을 것이라고 가정해서는 안 됩니다. 왜냐하면 P와 Q 사이에 무한개의 점이 있어, $\overline{PQ}$는 거의 선분(approximately line segment)이 아니라 **완벽한 선분**(perfect line segment)입니다. 현재 시점부터 미래의 방향으로 무한의 시간을 들여야 하는 어떤 계산이나 사건이, 현 시점에 즉시 완료되거나 발생한다고 생각하는 것이 **"무한에 대한 직관"**[9]입니다.

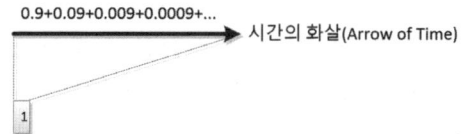

[그림 1-17c] 현재 시점부터 무한의 시간을 들여야 계산 가능한 수식이 즉시 계산 가능하다고 가정하는 것이 무한에 대한 직관입니다.

---

[9] 칸토어(Cantor)의 집합론에서는 무한을 실무한(the actual infinite)과 가무한(the potential infinite)으로 구분할 수 있습니다. 무한에 대한 직관은 실무한을 의미한다고 할 수 있습니다. 하지만 필자는 책에서 무한에 대한 직관을 꼭 수학적 대상에만 사용한 것이 아니라 무한히 발생하는 어떤 사건도 즉시 완료되는 대상으로 다룰 수 있다고 가정하고 있습니다.

다른 예로 소수(decimal) 부분에 9가 반복되는 수를 더하는 동작을 고려해 봅시다. (식 1-28)은 순환하는 무한소수의 네 항만 적은 것입니다.

$$0.9+0.09+0.009+0.0009 \approx 1 \text{ (식 1-28)}$$

(식 1-28)의 값은 1에 근접하지만 1은 아닙니다. 왜냐하면 순환하는 네 항만 계산했기 때문에 그렇습니다. 그러므로 **근접한**(approximately)을 의미하는 $\approx$ 기호를 사용합니다. 하지만 이 동작을 무한히 반복하면 어떻게 될까요? 그것을 $0.\dot{9}$라고 적는데, $0.\dot{9}$는 "**0 점 순환마디 9(0 point repeating 9)**"라고 읽습니다. (식 1-28b)의 $0.\dot{9}$가 의미하는 것을 이해하기 위해서는 "무한에 대한 직관"을 사용해야 합니다.

$$0.\dot{9}=0.9+0.09+0.009+0.0009+\cdots=1 \text{ (식 1-28b)}$$

(식 1-28b)에서 **순환하는 무한소수**(recursive infinite decimal)의 합이 1이 된다는 것은 놀랍습니다. 아무리 계속해서 합하더라도, 약간씩은 작으니까, 1이 될 것 같지는 않습니다. 하지만 여기에 무한의 비밀이 있습니다. 그 작은 부분이 무한히 채워지므로, $0.\dot{9}$는 **약 1**(approximately 1)**이 아니라, 정확하게 1**(exactly 1)**입니다.** 이 사실은 너무 중요해서 다시 한번 더 적겠습니다.

$0.\dot{9}$는 정확하게 1입니다. 그렇다고 가정하자는 것이 아니라, $0.\dot{9}=1$입니다.

$0.\dot{9}$라는 수가 아주 예외적인 수라고 생각하지 마세요. 예를 들면 평범한 **이성적인 수**(rational number, 유리수) 1/3에도 무한에 대한 직관이 사용되었습니다. 1/3이라는 수가 평범한 수 같지만,

사실 이 수는 현대 과학이 아무리 발달하더라도 정확한 실수 값을 얻을 수 없습니다. 계산기를 사용해서 계산해 보면 근사 값 0.333…만 얻을 수 있을 뿐입니다. 그것은 우주에 존재하는 어떤 물체는 완벽하게 삼등분하는 것은 불가능하다는 것을 의미합니다. 어떤 물체를 완벽하게 삼등분하려면 무한에 대한 직관을 사용해야 합니다. 이 사실도 중요하므로 한 번 더 적겠습니다.

우리는 어떤 물체는 정확하게 삼등분할 수 없습니다.

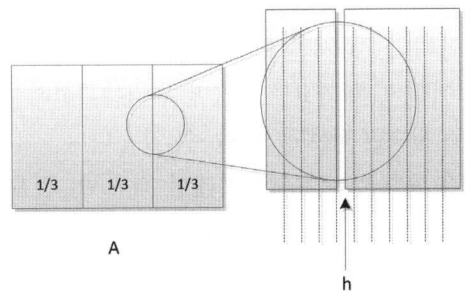

[그림 1-17d] 어떤 물체는 정확하게 3등분하는 것은 불가능합니다. 왼쪽의 사각형 A를 정확하게 삼등분했다고 가정합시다. 하지만 경계부분을 무한히 확대하면, 유한한 수로는 표현할 수 없는 경계 h가 반드시 있습니다.

어떤 물체를 완벽하게 삼등분할 수 없는 것은 실제 우리 우주에서도 사실입니다. 우리 우주에서는 에너지나 길이가 **플랑크 상수**(Planck Constant)보다 더 작아질 수 없습니다. 플랑크 상수 h는 매우 작은 값인데 이 값보다 작은 에너지나 크기를 가지는 물체는 존재할 수 없습니다. 단위를 생략하고 현재 h값은 다음과 같습니다.

$$h = 6.62607015 \times 10^{-34} \quad \textbf{(플랑크 상수)}$$

예를 들어 어떤 물체가 $4h$ 길이를 가진다면, 이 물체를 물리적으로 삼등분하는 것은 불가능합니다.[10]

"무한에 대한 직관"이 필요한 다른 추가적인 예로 그래프에 접하는 직선을 그리는 작업에 대해서 생각해 봅시다.

[그림 1-17e]는 굽은 곡선(bent curve)의 특정한 점에 그려진 접하는 직선을 보여줍니다. 이러한 작업이 실제로 가능할까요? 특정한 점이 곡선을 이루는 부분이라면, 곡선인 부분은 백만 배 확대하더라도 여전히 곡선입니다. 그래서 접하는 직선을 그리는 것은 불가능합니다. 하지만 특정한 점 주위를 무한하게 확대했다고 가정하면 어떻게 될까요? 그러면 우리는 "접하는 거의 직선"이 아니라 **"접하는 완벽한 직선"**을 얻을 수 있습니다. 이처럼 접하는 직선을 이해하기 위해서는 "무한에 대한 직관"이 필요합니다.

[그림 1-17e] 그래프에 접하는 직선을 그리는 작업은 직관적입니다.

"무한에 대한 직관"을 나타내기 위해 우리는 기호를 사용할 수 있습니다. 예를 들면 어떤 변수 h가 유한하게 특정한 상수 a에 가까워지는 조건을 (식 1-28c)와 같이 나타낼 수 있습니다.

$$h \to a \quad \text{(식 1-28c)}$$

---

10) 물리적으로 삼등분은 불가능하지만 수학적으로 삼등분은 가능합니다.

(식 1−28c)의 조건을 만족하는 식을 함께 명시하면, 우리는 특정한 조건을 가지는 식을 수학적으로 나타내는 것이 가능합니다.

$$_{h \to a}(h) \quad \text{(식 1−28d)}$$

(식 1−28d)는 식 (h)를 평가하는 조건으로, h가 a로 접근하는 조건 $h \to a$를 사용하라는 의미입니다. 그러면, $_{h \to a}(h)$는 "a는 아니지만, a에 근접한 값" $_{h \to a}(h) \approx a$를 의미합니다. 이제 h가 a로 그냥 접근하는 것이 아니라, "무한대로" 가깝게 접근한다라고 가정합시다. 무한대로 접근을 나타내기 위해서 **무한기호** ∞를 사용하여, (식 1−28e)처럼 나타내었습니다. 그리고 $h \to a$는 오른쪽 아래첨자로 표시하였습니다.

$$\infty_{h \to a}(h) \quad \text{(식 1−28e)}$$
$$\infty_{h \to a}(h) = a$$

$\infty_{h \to a}(h)$는 h의 값이 무한하게 a로 접근하므로 약 a가 아니라 "정확하게 a"입니다. 이처럼 수학적인 정의를 사용하면, 현실에서는 불가능한 무한에 대한 개념을 표현하는 것이 가능합니다.

특정한 규칙이 없이 무한히 시간을 들여야만 파악할 수 있는 수학적 대상도 정의를 사용하면, 수학적으로 표현하는 것이 가능합니다. 대표적인 예가 **무리수**[11](비이성적인 수, irrational number)를 나타내기 위해 기호를 사용하는 방법입니다. 예를 들면 반지름의 길이가 1인 원의 둘레의 절반은 유한의 수로 나타내는 것이 불가능합니다. 그 값은 대략 다음과 같습니다.

---

11) 무리수(無理數)의 한자는 이성적(理)이지 않다(無)는 의미입니다.

3.141592⋯

우리는 이 값을 정확하게 알 수 없습니다. 그래서 수 대신에 특별한 기호를 할당하여 이 수를 나타냅니다. 그것을 **원주율**(pi, the ratio of the circumference of a circle to its diameter)이라고 하고 일반적으로 그리스 문자 π(pi, 파이)를 사용해서 나타냅니다. 그러므로 π의 정의에는 "무한에 대한 직관"이 사용되었습니다.

$$\pi = 3.141592\cdots \quad \text{(원주율 파이)}$$

이제 이러한 기호를 사용하여 수학적 표현을 하는 것이 가능해집니다. 예를 들면 반지름이 r인 원의 면적은 다음과 같습니다.

$$A = \pi r^2$$

우리가 이러한 수식을 접할 때, 조심해야 할 것이 있습니다. 그것은 수식으로 표현되었으므로, 정확하게 그 값을 알 수 있다고 생각하는 것입니다. 그렇지 않습니다. 우리는 반지름이 r인 원의 면적을 수식으로 표현할 수 있지만, 이 수식에는 "무한에 대한 직관"이 사용되었으므로, 정확하게 그 값을 알 수는 없습니다.

무한의 시간을 들여야 정의할 수 있는 개념을 하나의 수학적 대상(mathematical object)으로 정의하는 것은 매우 유용합니다. 그러면 그것은 이제 수학이 다룰 수 있는 대상이 되기 때문입니다. 실제 수학에서는 빈번하게 "무한에 대한 직관"으로 함수나 개념을 정의하고 있습니다.

"정확한 값을 알 수 있다"는 것을 "완전하다"고 정의하면 공학(engineering)은 완전하지 않습니다. 무한에 대한 직관은 수학이 공학보다는 완전하다는 것을 말해주는 것 같습니다. 우리가 "과학(science)"이라고 하면, 그것은 일반적으로 "수학"＋"공학"을 의미합니다. 우주와 자연계의 다양한 현상들을 설명하는 과학법칙들은 수식으로 기술되고, 우리가 살아가는 현재에서 그 수식은 일관성을 가집니다. 하지만 과학법칙들은 후에 오류가 발견되어 수정되기도 합니다. 예를 들면 뉴턴(Isaac Newton)의 **고전역학(Classical Mechanics)**은 오류가 없는 것처럼 보였지만, 20세기 이후 등장한 상대성 이론(Relativity)과 양자역학(Quantum Mechanics)에 의해서 미시세계에서는 성립하지 않는 것이 밝혀졌습니다. 하지만 현대 공학의 무시할 만한 오차 범위에서 고전역학은 여전히 잘 사용되고 있습니다. 현재의 과학적 발견도 후에 어떻게 수정될지는 모릅니다. 예를 들면, 현재의 과학법칙은 우주의 가속팽창을 설명하지 못합니다. 그래서 과학자들은 현재의 우주를 설명하는, 우리가 관측하지 못하는 보이지 않는 물질과 에너지를 각각 **암흑에너지(Dark Energy), 암흑물질(Dark Matter)**이라고 부릅니다. 놀랍게도 관측 가능한 우주에서 암흑에너지는 69%, 암흑물질은 26%를 차지합니다. 우리가 알고 있는 물질들은 고작 5%에 불과하며, 현재의 상대성 이론과 양자역학은 5% 범위에서만 동작하는 법칙인 셈입니다. 우주는 가속팽창하지는 않으며, 암흑물질이 존재하지 않을 가능성도 있습니다.[12] 어떠한 경우이든, 인류는 답을 찾아내게 될 것이라고 생각합니다.

우리 인류는 계속 발전할 것이고, 우주의 개척자가 될 것입니다. 현재 인류가 살고 있는 지구에서 우리는 계속 살 수 없습니다. 미래의 환경 변화를 고려해 보면, 빠르면 10,000년 늦더라도

---

12) 이영욱 연세대 교수팀 "기준인 1a형 초신성 밝기 관측 오류 있어", 동아사이언스, 2020.01.07.; Probes of Dark Matter on Galaxy Scales, AAS Topical Conference Series Vol. 1. Proceedings of the conference held 14-19 July 2013 in Monterey, CA. Bulletin of the American Astronomical Society, Vol. 45, #7, #400.01

100,000년 이후로는 인류가 살 수 있는 다른 곳을 찾아야 할 것으로 예상됩니다.[13] 우리가 자연을 적절하게 다스리지 않는다면 어쩌면 1,000년 내로 인류가 거주할 다른 행성을 찾아야 할 수도 있습니다.

1,000년이 지나서 이제 우리 인류가 95%에 해당하는 암흑에너지와 암흑물질의 정체와 법칙을 모두 알아냈다고 가정합시다. 그러면 우리가 우주의 비밀을 모두 이해할 수 있을까요? 빅뱅 이전에 무엇이 있었는지, 우리는 다중우주(Multiverse)의 한 우주인지 아니면 창조자의 존재가 있어야 하는지 결론 내릴 수 있을까요? 필자는 그렇지 않을 것이라고 생각합니다.

[그림 1-17f] 쿠르트 괴델(Kurt Gödel) (출처: Wikimedia Commons)

"참이라고 주장하는 연관된 문장들의 집합"에는 참임에도 불구하고 참인지 거짓인지를 증명할 수 없는 주장이 존재합니다. 이것을 수학에서 괴델(Kurt Gödel)의 **불완전성 정리(incompleteness theorems)**라고 합니다. 우주의 일부인 우리가 우주를 관측하고 있으므로, 우리가 우주의 모든 것을 낱낱이 알게 되었다고 하더라도, 여전히 그곳에는 "참임에도 불구하고, 참과 거짓을 증명할 수 없는 주장"이 존재할 것입니다. 필자는 "빅뱅이론"과 "창조

---

13) Christopher R. Scotese, PALEOMAP Project, http://scotese.com/

론"이 그 주장의 후보라고 생각합니다. 현재의 관측되는 우주 밖에서, 객관적으로 우리 우주를 관측할 수 있는 그 순간에, 우리는 완전하게 우주의 비밀을 이해하게 되겠지요. 우리 모두에게 그 순간이 오고 있습니다.

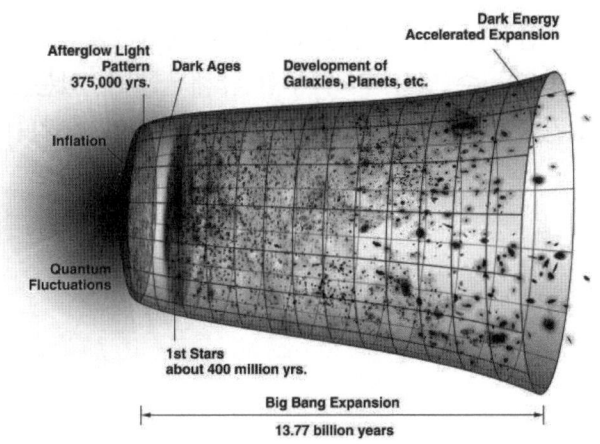

[그림 1-17g] 빅뱅이론: 우리 우주는 무에서 큰 폭발로 빛과 함께 시작되었습니다. 우리는 우주의 일부이므로 우리 우주 내부에서 우주를 관측합니다. 관측에 창조주를 가정하지 않는다면 알 수 없는 이유로 우연히 우주는 시작된 것입니다. 창조주를 가정한다면 우주는 인류를 위해 창조된 것입니다. 어떤 경우이든 태초에 빛이 있었습니다. (출처: Wikimedia Commons)

"무한에 대한 직관"은 우리가 생각하지만 과학적으로 존재가 증명되지 않는 것에 대한 합리적인 결론의 범위를 넓혀 줍니다.

사람이 배가 고프다고 느낀다고 해서 그것이 빵이 존재한다는 것을 증명하지는 못합니다. 하지만 사람은 배고픈 상황에서 배고픔을 해결할 수 있는 무언가가 존재함을 갈망하며 그 존재는 음식입니다. 물론, 우리가 상상하거나 정리할 수 있는 모든 것들이 존재하는 것은 아닙니다. "날아다니는 스파게티 괴물"[14]은 존재하지 않는 것이 거의 확실합니다. 그러므로 우리가 갈망하지만 충족되지 않는 어떤 결핍이 있다면, 그 결핍이 만족될 어떤 곳이 있거나, 없거나 둘 모두 답의 후보가 되어야 한다는 의미입니다.

우리는 유한한데 왜 우리는 무한에 대해서 "느끼고" 그러한 개념들을 정리할 수 있을까요? 무한을 해결할 수 있는 어떤 곳이 존재할 가능성도 답의 후보에 반드시 포함되어야 합니다.

---

14) Flying Spaghetti Monster, 유신론의 허구성을 풍자하기 위해 무신론자들이 만든 종교로 알려짐. https://en.wikipedia.org/wiki/Flying_Spaghetti_Monster

● $f(x)=x^2$의 접하는 직선

$f(x)=x^2$ 함수에 대해서 ① 함수를 그리고, ② 역함수를 찾고, ③ 접하는 직선을 찾아보고 있는 중입니다. 이제 마지막으로 접하는 직선을 찾아보도록 하겠습니다.

"**무한에 대한 직관**"을 이용하면, 주어진 함수의 **접하는 직선**(접선, tangent line)의 기울기를 구할 수 있습니다. 이제 $f(x)=x^2$ 함수의 $x=2$에서의 접하는 직선을 찾는다고 가정해 봅시다.

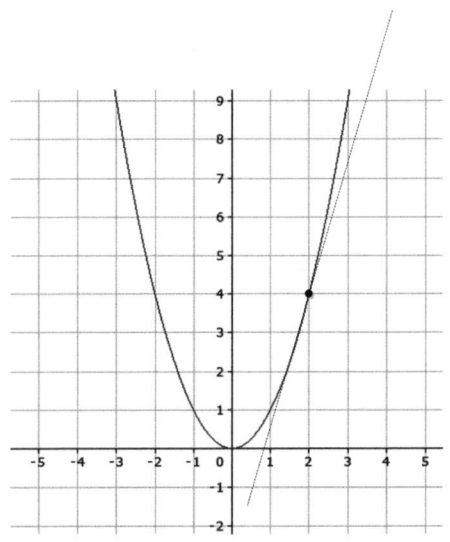

[그림 1-18] $f(x)=x^2$ 함수의 $x=2$에서의 접하는 직선

접하는 직선을 찾기 위해서는 직선의 **기울기**(slope)를 계산해야 합니다. 한 점과 기울기를 알면 직선의 방정식을 유도할 수 있기 때문입니다.

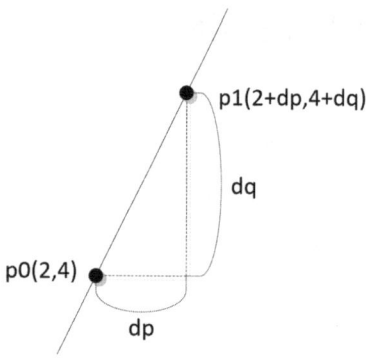

[그림 1-18b] $f(x)=x^2$ 함수의 $x=2$에서의 접하는 직선을 무한대로 확대한 그림입니다.

이제 $f(x)=x^2$ 함수의 $x=2$에서의 직선을 구하기 위해 $x=2$에서 $f(x)=x^2$ 그래프를 **무한대로 확대**해 보겠습니다. 그러면 확대된 부분은 "거의 직선"이 아니라 정말로 "완벽한 직선"이 됩니다. 이것을 이해하기 위해서는 무한에 대한 직관을 사용해야 합니다.

[그림 1-18b]에서 $p0(2, 4)$에서 기울기를 구하기 위해, x축 방향으로 dp만큼, y축 방향으로 dq만큼 이동한 새로운 점 $p1$의 좌표는 $(2+dp, 4+dq)$입니다. 여기서 d는 무한히 작은 수이며, p와 q는 각각 x축, y축으로 움직인 정도라고 가정합니다.

우리가 $f(x)=x^2$의 그래프를 무한히 확대했다는 것에 주목하세요. 그러므로 dp와 dq는 무한히 작은 양입니다. 무한히 작은 양을 나타낼 때 d를 사용하는 이유는 **차이**(differentiation)를 의미하는 영문자의 d를 사용하기 때문입니다. 이제 기울기를 구해보겠습니다.

$$f(x) = x^2 \text{ (식 1-29)}$$
$$y = x^2$$
$$(4 + dq) = (2 + dp)^2$$
$$4 + dq = 4 + 4dp + d^2p^2$$

$$dq = 4dp + d^2p^2 \text{ (식 1-30)}$$

(식 1−30)의 $dq = 4dp + d^2p^2$에서 d는 0이 아니므로 양변에 $1/d$를 곱하면 **계수**(coefficient) d를 제거할 수 있습니다. 그러므로 (식 1−31)을 유도할 수 있습니다.

$$q = 4p + dp^2 \text{ (식 1-31)}$$

(식 1−31)의 $q = 4p + dp^2$에 다시 무한에 대한 직관을 사용하면 d는 무한히 작은 수이므로 (p와 q는 무한히 작은 수가 아닙니다) $dp^2 = 0$입니다. 그러므로 (식 1−31)은 다음과 같이 정리됩니다.

$$q = 4p + dp^2 \text{ (식 1-32)}$$
$$q = 4p$$
$$q \,/\, p = 4$$

마침내 직선의 기울기 $q\,/\,p = 4$를 구했습니다. 함수 $f(x) = x^2$에 대해서 $x = 2$에서 접하는 직선의 기울기는 4입니다.

이제 특정한 위치 (2, 4)에서의 기울기기 아니라 임의의 점 $(a,\, a^2)$에서의 기울기를 구해 봅시다.

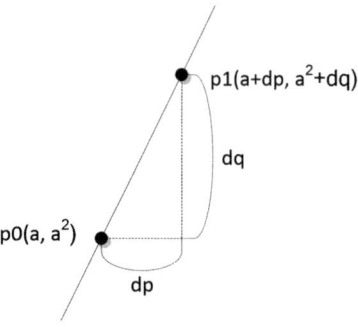

[그림 1-19] $f(x)=x^2$ 함수에 대해 임의의 점 (a, a^2)의 기울기

[그림 1-19]에는 x값이 $a+dp$일 때, y값은 a^2+dq입니다. $f(x)=x^2$ 함수에 $(a+dp, a^2+dq)$를 대입해서 식을 **전개(develop)**하면 (식 1-33)과 같습니다.

$$y=x^2 \text{ (식 1-33)}$$
$$(a^2+dq)=(a+dp)^2$$
$$a^2+dq=a^2+2adp+d^2p^2$$
$$dq=2adp+d^2p^2$$
$$q=2ap+dp^2$$
$$q=2ap$$
$$q/p=2a$$

(식 1-33)을 통해서 점 (a, a^2)에서의 기울기는 $2a$인 것을 알 수 있습니다. 우리는 방금 $f(x)=x^2$ 함수에 대해 임의의 점에서 접하는 직선의 기울기를 구하는 함수를 계산했습니다! 이 함수를 $f^{slope}(x)$로 나타내 봅시다. 그러면 $f(x)=x^2$ 함수의 접하는 직선의 기울기를 구하는 함수는 다음 (식 1-34)와 같이 적을 수 있습니다.

$$f^{slope}(x)=2x \text{ (식 1-34)}$$

$f^{slope}(x)$의 실제 수학적인 표현은 $f'(x)$입니다. "에프 프라임 오브 엑스"(f prime of x)라고 읽습니다.

필자는 이 장의 초반에서, 함수가 주어지면 ① 그리기, ② 역함수, ③ 접하는 직선의 함수를 찾는 것이 기본적인 세 가지 작업이라고 이야기했습니다. 이제 $f(x)=x^2$에 대해서 이 세 가지를 [그림 1−20]과 같이 나타낼 수 있습니다.

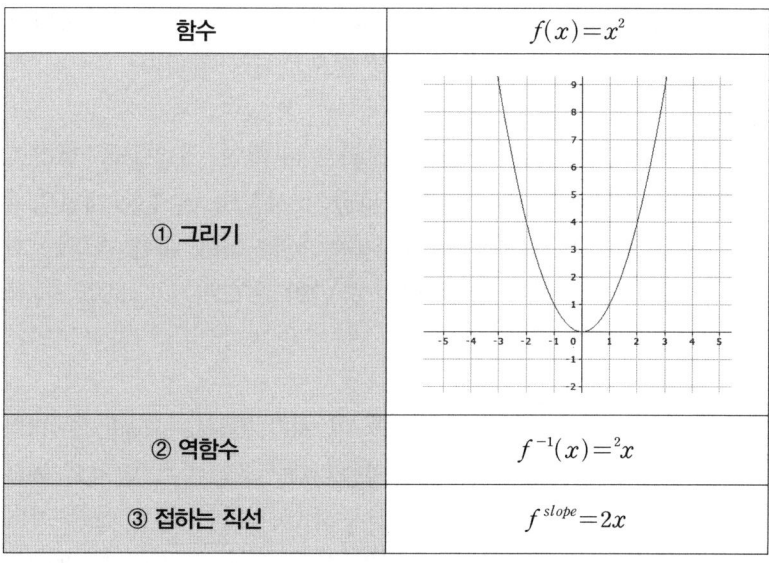

[그림 1−20] $f(x)=x^2$에 대한 ① 그리기, ② 역함수, ③ 접하는 직선 함수를 나타내었습니다.

$$x^2,\ {}^2x,\ 2x\ \text{(식 1-35)}$$

(식 1−35)의 x^2, ${}^2x$, $2x$에 무언가 규칙이 숨어 있는 것 같습니다.

● 시간에 대한 직관

 "무한에 대한 직관"에 거부감이 있지만, 우리가 이러한 사고를 할 수 있는 이유는 무엇일까요? 그것은 우리의 사차원 시공간(space-time)에서 시간 t가 하나의 축을 이루는 구성요소로 존재하며, 우리 인류는 사차원 시공을 초월하는 존재이기 때문인 것 같습니다. 시간이 우리가 인식하는 사차원 시공간의 하나의 요소이고, 우리 역시 사차원 시공의 존재일 뿐이라면, 어떤 특별한 차원을 초월하는 사고가 불가능할 것으로 판단됩니다.

 하지만 우리는 무한에 대한 직관으로 어떤 개념들을 정리할 수 있는데, 무한에 대한 직관은 무한의 시간이 필요한 개념입니다. 무한으로 시간을 들여서 계산해야 하는 식에 대한 결과를 개념화할 수 있는 것은 사실 우리가 무한한 존재이기 때문일 "가능성"이 있는 것입니다.

 우리 시공간에서 네 번째 축인 이 **시간 축(time-axis)은 한 방향으로만 진행**하는 특징을 가지고 있습니다. 공간에서 임의의 **벡터(vector)**[15] 방향을 지시하는 것이 가능하지만 시간 축은 항상 벡터 방향이 고정되어 있습니다. 이렇게 시간 축이 고정된 한 방향으로만 흐르는 것을 나타내는 개념으로 "시간의 화살"[16]이라는 용어를 사용합니다.

---

15) 크기와 방향을 가지는 기하학적인 객체(geometric object)를 벡터라고 합니다. 좌표를 이루는 각 축을 벡터로 간주할 수 있습니다.
16) Harold Blum, "Time's Arrow and Evolution", 1951

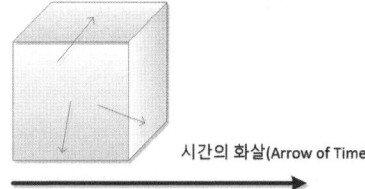

[그림 1-21] 우리는 공간에서 자유롭게 어느 방향으로도 볼 수 있습니다. 하지만 시간은 항상 한 방향으로만 진행합니다.

"무한에 대한 직관"과 비슷하게 시간에 대한 직관을 연습하면, 이 시간 축을 앞뒤로 자유롭게 이동하여 개념을 정의하는 것이 가능합니다. 그것을 **"시간에 대한 직관**(intuition on time)"이라고 부르도록 하겠습니다.

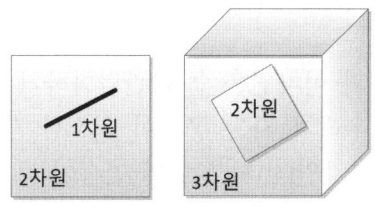

[그림 1-22] 이차원의 존재는 일차원을 인식할 수 있지만, 이차원을 객관적으로 인식할 수는 없습니다. 이차원을 객관적으로 인식하기 위해서는 삼차원에 관찰자가 있어야 합니다.

공간을 자유롭게 이동하듯이, 시간 축에 대해서도 과거와 미래를 자유롭게 이동하는 보다 높은 차원에 대한 직관을 어떻게 가질 수 있을까요? 이것이 필요한 이유는 만약 우리 시공간이 사차원이라면, 사차원 시공간을 만든 공간은 사차원보다는 더 높은 차원을 가지거나, 차원 자체를 정의할 수 있는 곳이어야 하기 때문입니다. 그러면 우리는 우리가 인식하는 현실을 그곳에서는 어떻게 인식하는지 파악할 수 있습니다. 그 공간을 완벽하게 인식하는 것은 불가능하지만 "무한에 대한 직관"과 비슷한 방식으로 "시간에 대한 직관"을 연습하고 희미하게 이해하는 것이 가능합니다.

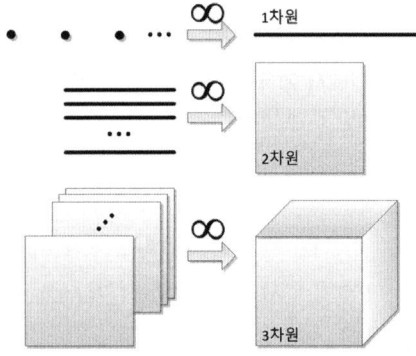

[그림 1-23] 점(0차원)의 무한 연속이 일차원, 일차원의 무한 연속이 이차원 평면, 이차원의 무한 연속이 삼차원 공간을 결정합니다.

우리는 일차원과 이차원을 쉽게 관념화하거나 이해할 수 있습니다. 왜냐하면 우리가 사는 공간이 최소한 사차원의 시공간이기 때문입니다. 일차원(선)의 무한된 연속이 이차원(평면)이고, 이차원의 무한된 연속이 삼차원(공간)입니다. 삼차원의 무한된 연속이 사차원이어야 하는데, 아쉽게도 네 번째 축인 시간에 제한된 우리는 삼차원의 무한된 연속을 직관적으로 이해할 수 없습니다. 왜냐하면, 삼차원의 매 한 순간(instant time)이 우리가 경험하는 현실이기 때문입니다. 그럼에도 불구하고, 과거와 미래를 포함하는 삼차원의 무한된 연속에 대한 직관을 어떻게 가질 수 있을까요?

삼차원의 무한 연속을 생각하는 방법은 어떤 공간에서 과거, 현재, 미래의 일이 모두 영원한 현재라고 생각하는 것입니다. [그림 1-24]의 예를 봅시다. 철수가 13시 00분에 식당에서 점심을 먹고 있습니다(현재). 철수는 오전 7시 30분에 집에서 자동차를 타고 회사로 출근을 했습니다(과거). 철수는 오후 22시 30분에 집의 침대에서 잠을 자게 될 것입니다(미래). 시간의 화살은 미래로 과거로 향해 있으며, 철수는 현실에서 화살의 매 한 순간을 경험할 수 있습니다.

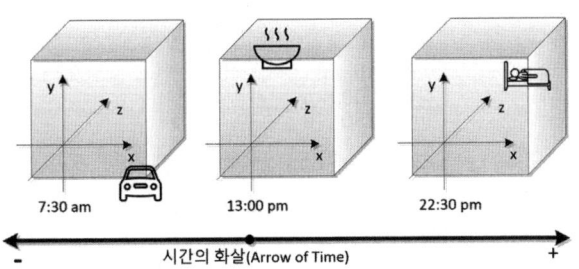

[그림 1-24] 7시 30분에 차를 타고 회사로 출근한 철수는 현재 13시 00분에 점심을 먹고, 밤 10시 30분에 다시 집에서 잠자리에 듭니다.

이제 이 모든 것이 한순간에 일어났다고 가정해 보겠습니다. 철수가 오전 7시 30분에 출근한 것, 13시 00분에 점심을 먹는 것, 22시 30분에 잠을 청할 것이 "지금 이 순간"에 동시에 일어난다고 가정하는 것입니다. 그러한 세상에서는 과거와 현재와 미래의 구분은 없고 모든 사건들이 영원한 현재가 될 것입니다. 그것을 [그림 1-25]에 나타내 보았습니다.

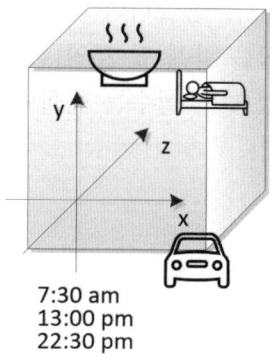

[그림 1-25] 시간에 대한 직관은 오전 7시 30분에 차를 타고 출발하는 것(과거), 13시 00분에 점심을 먹는 것(현재), 22시 30분에 잠자리에 드는 것(미래)이 모두 동시에 일어난 것이라고 생각합니다.

시간에 대한 직관이 존재하는 그곳에서 우리 우주를 보면, 우리 우주의 역사 138억 년은 사실 찰나이고, 과거와 현재와 미래는 사실 영원한 현재이며, 다음과 같은 말이 사실이 될 것입니다.

① 철수의 운명은 이미 정해져 있었다.
② 아니다. 철수는 자신의 미래를 자신이 결정한 것이다.
③ 철수는 태어나기 전에 이미 존재했다.

"시간에 대한 직관"은 모순이지만 사실인 개념들을 이해하는 데 많은 도움이 됩니다. 위의 문장에서 ①과 ②는 우리 우주에서는 모순입니다. 하지만 "시간에 대한 직관"이 자연스러운 어떤 곳에서는 모순이 아닐 것입니다. "시간에 대한 직관"은 우리가 "영원"을 대하거나 "무한한" 어떤 것을 대할 때 사용할 수 있는 방법입니다. 만약 우리가 현재의 인식체계를 가지고 갑자기 "시간에 대한 직관"이 존재하는 그곳에 가면, 우리는 다음과 같이 될 것입니다.

① 우리는 갑자기 지혜로워졌다고 느낄 것입니다.
  → 시간을 들여야 하는 지식을 모두 가지게 될 것이기 때문입니다.
② 우리는 묻는 즉시 대답을 듣게 될 것입니다.
  → 미래가 현재이기 때문입니다.
③ 사랑도 고통도 모두 무한한 것이 될 것입니다.
  → 시간이 흐르지 않기 때문입니다.
④ 우리 우주의 시작과 끝을 동시에 보게 될 것입니다.
  → 모두 영원한 현재이기 때문입니다.

그곳이 어떤 곳인지 모든 것을 이해한 어떤 사람이 있다면, 우리 인생이 죽음을 맞이할 때 그곳에 가야 한다는 것을 아는 사람이 있다면, 그분은 "이 세대가 가기 전에 모든 미래의 역사가 이루어질 것이다"[17]라고 말씀하실 것입니다. "네가 있기 전부터 나는 있었다"[18]라고 말씀하실 것입니다.

[그림 1-26] 우주의 크기에 비하면 지구의 크기는 티끌입니다. 지구에 살고 있는 한 사람은 티끌에 비유하기에도 터무니없는 작은 존재입니다. 하지만 한 사람이 영원한 존재라면, 우리가 경험하는 죽음은 영원한 삶의 한 과정이라면, 138억 년 된 유한한 우주는 아무리 그것이 크더라도 인간과 비교하면 티끌입니다.

---

17) 성경, 마태복음 24장 34절의 의역
18) 성경, 요한복음 8장 58절의 의역

흔히 우주의 크기에 비하면 지구는 그저 한 먼지보다 작다고 이야기합니다. 더군다나 현재 지구 인구 78억 명[19] 중에 그저 한 인간은 먼지보다 더 터무니없이 작은 존재일 뿐입니다. 하지만 인간이 유한한 존재가 아니라 무한한 존재라면, 우리가 경험하는 죽음이 끝이 아니라, 자아가 무한한 존재임을 깨닫는 순간이라면, 138억 년 된 우주는 한 명의 인간에 비하면 하나의 티끌일 뿐입니다. 각 한 명 한 명은 우주의 중심이고 유한한 우주보다 귀한 존재입니다.

우리는 7장에서 시간의 상대성을 다루면서 시간에 대한 직관의 수학적인 이해를 시도할 것입니다. 그리고 우리 개인의 존재가 무한한 존재일 가능성이 있는 한 가지 경우일 수 있음을 살펴볼 것입니다.

---

19) 실시간 세계인구, https://www.worldometers.info/kr/

표준수학

루트(root, $\sqrt{}$)

표준수학에서 **변수를 여러 번 곱한 함수**(파워함수, power function)의 역함수를 나타내기 위해서 왼쪽 위첨자와 밑 사이에 **루트**(root, $\sqrt{}$) 기호를 사용하여 나타냅니다. ^2x, ^3x, ^nx는 (식 1-27b)처럼 나타낼 수 있습니다.

$$^2x = {^2\sqrt{x}} \quad \text{(식 1-27b)}$$
$$^3x = \sqrt[3]{x}$$
$$^nx = \sqrt[n]{x}$$

(식 1-27b)에서 $^2\sqrt{x}$는 일반적으로 왼쪽 위첨자 2를 생략하여 $\sqrt{x}$처럼 나타냅니다. $^2\sqrt{x}$를 읽을 때는 "제곱 루트 x"(영어로는 square root of x)라고 읽습니다. ^nx은 "n승 루트 x(n-th root of x)"라고 읽습니다.

2장 기본함수: 파워함수

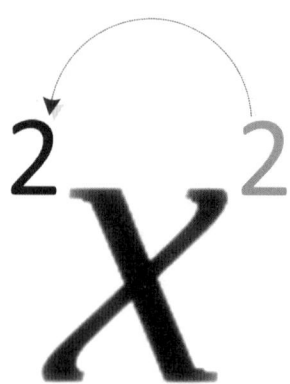

파워함수(Power Function)
파워함수의 역함수
파워함수의 접하는 직선 함수
선, 직선조각, 반직선(line, line segment, ray)
벡터(Vector)
베이시스(기저, Basis)
선형 조합(Linear Combination)
공간은 물리적 대상인가?
복잡한 수(complex number)
[표준수학] 미분 연산자
[표준수학] 미분의 역함수의 의미
  – 간격(Interval)
  – 미분의 결과식에서 원래 함수를 찾기

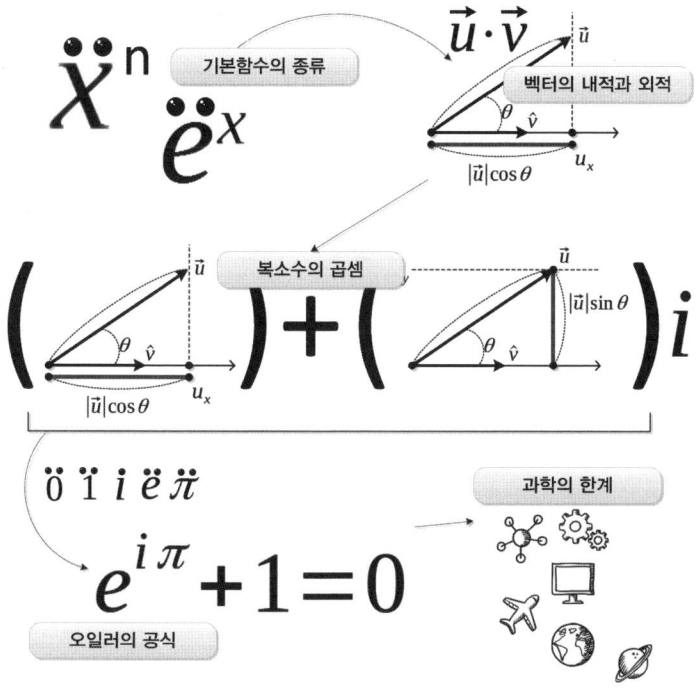

우리는 기본함수의 종류를 모두 파악할 것입니다. 기본함수를 하나씩 정의할 때마다, 기본수를 하나씩 발견하게 될 것입니다. 그리고 벡터의 내적과 외적의 개념을 파악한 이후에, 복소수의 곱셈에 포함된 내적과 외적의 개념을 파악할 것이고, 기본수들이 이루는 완벽한 관계를 기술하는 식을 이해하게 될 것입니다. 이 과정을 통해 자연법칙을 기술하는 수식의 아름다움과 필연적으로 존재하는 과학의 한계를 알게 될 것입니다.

이제 첫 번째 기본함수를 위한 여행의 시작입니다.

● **파워함수**(Power Function)

고등학교 수학에서 배우는 모든 함수(function)는 **기본함수**(elementary function)의 범주에 속합니다. 실제로 컴퓨터 프로그래밍을 해 보면, 일반적인 프로그래밍에 사용되는 대부분의 함수들은 기본함수로 표현할 수 있습니다.

놀랍게도 기본함수는 모두 여섯 종류(본함수 세 개+역함수 세 개)입니다. 그리고 우리의 첫 번째 목표는 기본함수와 그들의 관계를 이해하는 것입니다. 기본함수는 다음과 같이 [그림 2-1]로 나타낼 수 있습니다.

	함수	역함수 (inverse function)
파워함수 (power function)	(1)	(1)의 역함수
지수함수 (exponential function)	(2)	(2)의 역함수
투영된 선분길이함수	(3)	(3)의 역함수

[그림 2-1] 기본함수표: 이 인벤토리를 구성하는 모든 항목을 수집하면, 우리는 첫 번째 목표를 이룬 것입니다.

[그림 2-1]을 보면 기본함수의 형태는 모두 세 가지이며, 나머지 세 가지는 기본 형태의 역함수로 구성됩니다. 우리는 [그림 2-1]의 비워진 부분을 계속 채워나갈 것입니다. [그림 2-1]은 우주의 비밀을 풀어나가는 게임에서 주인공이 갖추게 될 인벤토

리(inventory)라고 생각할 수 있습니다. 우리가 인벤토리의 비워진 곳을 모두 원하는 아이템으로 채웠을 때, 이 게임의 첫 번째 레벨이 끝나게 될 것입니다.

우리가 제일 먼저 살펴볼 함수는 **파워함수(멱함수, 거듭제곱함수, power function)**입니다. 파워함수는 지수 형태의 함수 몸체에서 밑(base)이 독립변수이고 지수 부분이 **상수(constant)**인 함수를 말합니다.

우리는 이미 1장에서 **제곱함수(square function)**를 살펴보았는데, 제곱함수는 파워함수의 간단한 예입니다.

$$f(x) = x \times x = x^2 \text{ (식 2-1)}$$

(식 2-1)은 독립변수 x를 두 번 곱하는 일을 합니다. 이제 x를 세 번 곱하는 일을 하는 함수를 다음과 같이 정의할 수 있습니다.

$$f(x) = x \times x \times x = x^3 \text{ (식 2-2)}$$

x를 n번 곱하는 함수를 다음과 같이 정의할 수 있습니다.

$$f(x) = x^n \text{ (식 2-3)}$$

기본함수의 덧셈에 의한 조합 역시 기본함수이므로, 아래 (식 2-4) 역시 기본함수입니다.

$$f(x) = 2x^3 + 3x^2 \text{ (식 2-4)}$$

(식 2-4)를 보면 $2x^3$처럼 곱셈(나눗셈)으로만 구성된 덩어리를 **항(term)**이라고 합니다. 항에서 상수부분을 **계수(coefficient)**라고

합니다. $2x^3$ 항의 계수는 2입니다. (식 2-4)는 두 개의 항으로 구성된 함수입니다. 항에서 변수를 곱한 횟수를 **차수(degree)**라고 합니다. 첫 번째 항 $2x^3$의 차수는 3이고, 두 번째 항 $3x^2$의 차수는 2입니다. 가장 높은 차수가 식의 차수를 결정하므로, $f(x)$의 차수는 3입니다.

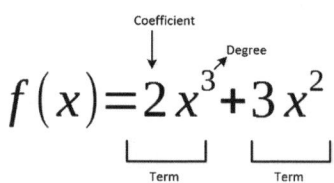

[그림 2-1b] $f(x)$는 2개의 항으로 이루어져 있습니다. 항을 이루는 구성 요소에서 상수인 부분을 계수(coefficient)라고 합니다. $2x^3$ 항의 계수는 2이고, 차수(degree)는 3입니다.

이 책에서는 설명을 간단하게 하기 위해, 기본함수를 설명할 때, 두 개 이상의 항으로 구성된 함수는 다루지 않겠습니다. 이제 우리는 기본함수표의 첫 번째 함수를 찾았습니다. 그래서 [그림 2-2]를 얻었습니다. [그림 2-2]에서 x는 변수(variable)이고, n은 상수(constant)입니다.

함수		역함수 (inverse function)
파워함수 (power function)	x^n	(1)의 역함수
지수함수 (exponential function)	(2)	(2)의 역함수
투영된 선분길이함수	(3)	(3)의 역함수

[그림 2-2] 기본함수표: 파워함수를 찾았습니다.

● 파워함수의 역함수

우리는 1장에서 함수가 정의되면 ① 함수를 그리고, ② 함수의 역함수를 찾고, ③ 함수의 접하는 직선의 함수를 찾는 것을 이해할 수 있어야 한다고 했습니다.

이제 x^n의 역함수를 다음과 같이 정의할 수 있습니다.

$$^n x \text{ (식 2-5)}$$

(식 2-5)는 **"n번 곱해서 x가 되는 수"**를 의미합니다. 예를 들면 $^4 16$은 4번 곱해서 16이 되는 수이므로, 2를 의미합니다. $^4 16$의 실제 수학 표현은 $\sqrt[4]{16}$입니다. "사승루트 16"(4th root of 16)이라고 읽습니다.

$$^4 16 = {}^4(2^4) = 2 \text{ (식 2-6)}$$
$$^2 4 = 2$$
$$^2 9 = 3$$
$$^3 8 = 2$$
$$^3 27 = 3$$

파워함수의 역함수를 정의하다 보면, 실수(real number)로는 답을 구할 수 없는 이상한 상황이 발생합니다. 예를 들면 (식 2-7)을 만족하는 실수는 존재하지 않습니다.

$$^2(-1) \text{ (식 2-7)}$$

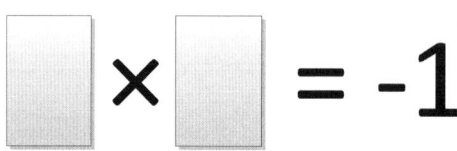

[그림 2-3] $^2(-1)$은 제곱하면 -1이 되는 이상한 수를 의미합니다. 표준 수학기호 $\sqrt{}$를 사용하여 나타내면 $\sqrt[2]{-1}=\sqrt{-1}$이 됩니다.

(식 2−7)은 **제곱해서 -1이 되는 수**를 의미합니다. 실수에는 이러한 수가 없으므로, 우리는 새로운 수에 대한 개념을 정의할 필요를 느낍니다. 일단 이상한 수를 무시하고 기본함수표의 역함수 부분을 채우면 [그림 2−3b]와 같습니다.

	함수	역함수 (inverse function)
파워함수 (power function)	x^n	$^n x$
지수함수 (exponential function)	(2)	(2)의 역함수
투영된 선분길이함수	(3)	(3)의 역함수

[그림 2−3b] 기본함수표: 파워함수의 역함수 $^n x$를 추가했습니다. $^n x$의 수학적인 표현은 $\sqrt[n]{x}$입니다.

● 파워함수의 접하는 직선 함수

함수가 주어지면 역함수를 찾는 것뿐만 아니라, 접하는 직선을 정의하는 함수를 찾는 것이 중요하다고 했습니다. 우리는 1장에서 이미 x^2에 대해서는 접하는 직선을 정의하는 함수를 찾았습니다. 그것을 (식 2-8)과 같이 $f^{slope}(x)$로 나타내었습니다.

$$f(x) = x^2$$
$$f^{slope}(x) = 2x^{2-1} = 2x^1 = 2x \text{ (식 2-8)}$$

비슷한 방식으로 x^n에 대해서 "접하는 직선을 정의하는 함수"를 찾을 수 있습니다. (식 2-3)의 $f(x) = x^n$에 대한 접하는 직선을 정의하는 함수를 구하면 (식 2-9)와 같습니다.

$$f^{slope}(x) = nx^{n-1} \text{ (식 2-9)}$$

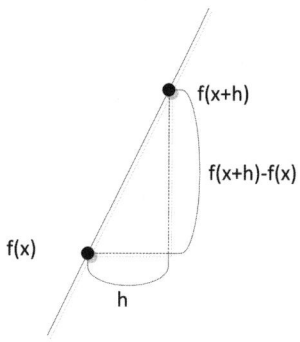

[그림 2-4] 임의의 함수 $f(x)$에 대해서 접하는 직선의 기울기

(식 2-9)의 $f^{slope}(x)=nx^{n-1}$를 구하기 위해서, 임의의 함수 $f(x)$에 대해서 접하는 직선의 기울기를 구하는 과정을 살펴봅시다. [그림 2-4]는 $f(x)$에 대해서 x의 변화량 h가 무한대로 작아질 때, $(f(x+h)-f(x))/h$를 구하는데, 이것은 접하는 직선의 기울기입니다. 왜냐하면 분모(denominator) $h=(x+h)-x$는 x의 변화량을 의미하고, 분자(numerator)는 y의 변화량을 의미하기 때문입니다. (식 2-9)를 찾기 위해서 우리는 "무한에 대한 직관"을 사용하여, 무한대로 작아지는 h에 대해서 다음과 같은 (식 2-10)을 풀어야 합니다.

무한대로 작아지는 h에 대해 $\dfrac{f(x+h)-f(x)}{h}$ (식 2-10)

(식 2-10)은 임의의 값 x에서 직선의 기울기를 구한다는 의미입니다. "**무한대로 작아지는 h에 대해**"를 수학적인 기호를 사용하여 다음과 같이 (식 2-11)처럼 lim으로 나타내도록 합시다.

$\infty_{h \to 0}$ (식 2-10b)

$\lim\limits_{h \to 0}$ (식 2-11)

(식 2-11)의 $\lim\limits_{h \to 0}$은 "**리미트 h가 0으로 갈 때**" 영어로는 "limit as h approaches 0"라고 읽습니다.

그러면 (식 2-10)은 다음과 같이 (식 2-12)로 적을 수 있습니다.

$\lim\limits_{h \to 0} \dfrac{f(x+h)-f(x)}{h}$ (식 2-12)[20]

---

20) 무한한 계산을 포함하는 동작을 수식으로 표현하는 것 자체는 참으로 놀랍습니다. 이러한 표현이 수학에서는 가능하지만 수식으로 표현된 것을 공학에서 구현할 때는 무한의

$f(x)=x^n$을 (식 2−12)에 대입하면 다음과 같이 (식 2−13)을 얻습니다.

$$\lim_{h \to 0} \frac{(x+h)^n - (x)^n}{h} \quad \text{(식 2-13)}$$

(식 2−13)은 **이항정리**(binomial theorem)를 이용하면 nx^{n-1}이 되는 것을 알 수 있는데,[21] 결과를 유도하는 과정은 별도로 설명하지는 않습니다.

$$\lim_{h \to 0} \frac{(x+h)^n - (x)^n}{h} = nx^{n-1}$$

함수가 주어졌을 때, 접하는 직선의 기울기를 구하는 함수를 구하는 것을 **미분**(differentiation)이라고 하고, 그 결과 함수를 미분함수라고 합니다. 이제 기본함수표에 "접하는 직선을 정의하는 함수"와 이상한 수(weird number)를 같이 표시해 보도록 하겠습니다. 그것은 [그림 2−4b]와 같습니다.

	함수	접하는 직선	역함수	이상한 수
파워함수	x^n	nx^{n-1}	$^n x$	$^2(-1)$
지수함수				
투영된 선분길이 함수				

[그림 2−4b] 기본함수표: 파워함수에 해당하는 줄을 모두 완성했습니다.

계산을 할 수 없으므로, 한계가 존재합니다. 인간이 유한한 존재라면 어째서 무한에 대해서 이해할 수 있는 것일까요?

21) Power rule, https://en.wikipedia.org/wiki/Power_rule

원래 함수와 접하는 직선 함수를 함께 그래프로 그리는 것은 종종 도움이 됩니다. x^2과 대응하는 접하는 직선 $2x$를 그리면 [그림 2-4c]와 같습니다.

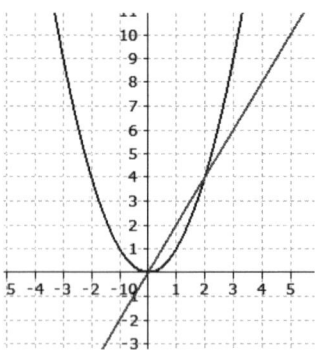

[그림 2-4c] x^2과 접하는 직선 $2x$의 그래프입니다. x가 1일 때 $2x=2\times 1=2$인데, x^2 그래프가 $x=1$일 때 접하는 접선의 기울기가 2라는 의미입니다.

이제 우리는 기본함수표에서 파워함수 부분을 모두 완성했습니다. 다음 함수를 알아보기 전에, 제곱하면 −1이 되는, 이상한 수 $^2(-1)$을 이해할 필요가 있습니다. 그러기 위해서는 일차원에 머물러 있는 수의 개념을 보다 높은 차원으로 확장해야 합니다.

● 선, 직선조각, 반직선(line, line segment, ray)

이상한 수 $^2(-1)$를 이해하기 위해 우리는 **벡터**(vector)를 이해하고, 벡터의 **선형독립**(linearly independence)과 **스팬**(span, 펼침)의 개념을 이해해야 합니다. 벡터의 개념을 이해하기 위해 먼저 필요한 용어를 정의하도록 하겠습니다.

선에 대해서 양 끝점이 정해지지 않은 선을 **직선**(line)이라고 합니다. 직선의 한쪽 끝점이 정해지면 **반직선**(광선, ray)이라고 하며, 양 끝점이 모두 정해지면 **직선조각**(라인 세그먼트, line segment)이라고 합니다.

[그림 2-5] 직선조각, 반직선과 직선

직선조각의 경우 양 끝점을 시작점(begin point), 끝점(end point)이라고 하며, 반직선의 경우 시작하는 끝점을 **테일**(꼬리, tail)이라고 하고, 반직선이 진행하는 방향의 끝점을 **헤드**(머리, head)라고 합니다. 헤드는 화살표의 머리(head)가 진행하는 방향을 의미합니다.

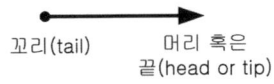

[그림 2-6] 반직선의 테일과 헤드: 반직선의 시작점을 테일(tail)이라고 하며, 방향이 진행하는 끝점을 헤드(head)라고 합니다.

이제 원(circle)과 관련된 용어를 살펴보도록 하겠습니다.

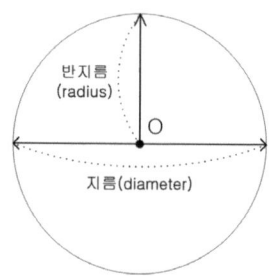

[그림 2-7] 원의 지름과 반지름

원의 중심 O를 지나는 직선이 원의 두 점과 만나서 이루는 반직선의 길이를 **지름**(diameter)이라고 합니다. 지름의 절반 길이를 **반지름**(radius)이라고 합니다.

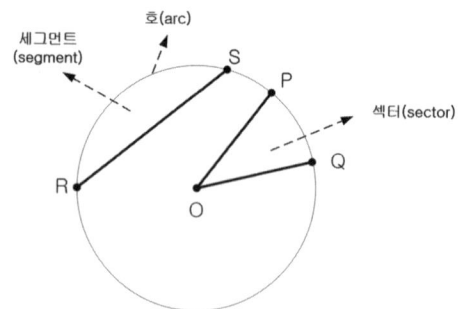

[그림 2-8] 섹터(부채꼴, sector), 세그먼트와 원호(아크, arc)

[그림 2-8]의 원의 지름에서 시작하는 두 개의 반직선이 원과 만나는 점을 각각 P와 Q라고 하면, O, P, Q가 이루는 원의 일부를 **섹터**(부채꼴, sector)라고 합니다.

임의 직선이 원을 가로지를 때, 만나는 두 점을 R과 S라고 하면, R과 S가 잘라내는 원의 일부를 **세그먼트**(segment)라고 합니다. 그리고 세그먼트 혹은 섹터를 이루는 원 둘레의 곡선 일부를 **아크(원호,** arc)라고 합니다.

우리는 이차원에 대해서 다음 [그림 2-9]와 같은 축을 사용할 수 있습니다.

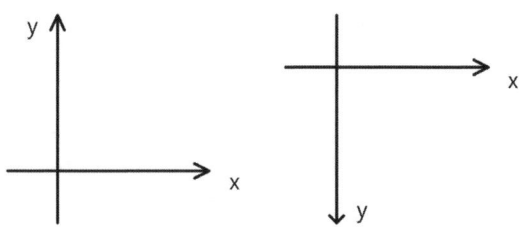

[그림 2-9] 이차원 축: 왼쪽의 이차원 축은 데카르트 좌표계(Cartesian coordinate system)로 알려진 대표적인 축입니다. 오른쪽의 이차원 축은 y의 방향이 바뀐 것을 알 수 있습니다.

현재 우리의 목표는 이상한 수 $^2(-1)$을 이해하는 것인데, 이상한 수 $^2(-1)$과 일반적인 수(real number)를 모두 표현할 수 있는 새로운 수 체계를 정의하려는 것입니다. 이러한 수 체계를 정하려면, 수를 나타내는 방법, 수에 대한 연산을 정의해야 합니다. 수를 나타내고 수에 대한 연산을 정의하기 위해서 우리는 벡터(vector)를 사용할 것인데, 그러기 위해서는 [그림 2-10]과 같은 절차로 진행될 내용을 이해해야 합니다.

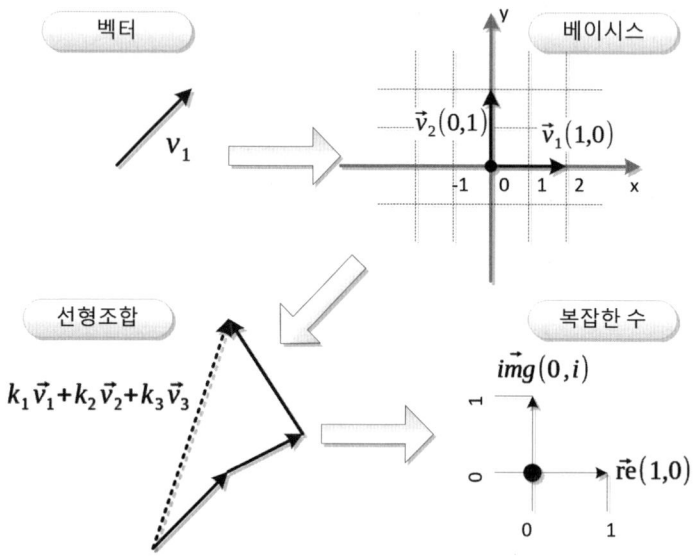

[그림 2-10] 벡터 → 기저(basis) → 선형 조합 → 새로운 수

이제부터 차례대로 벡터 → 기저 → 선형 조합을 설명할 예정입니다. 약간 어려울 수도 있는데, 한 번 읽어보고 막힌다면, 반복해서 읽어서 이해한 후에 진행할 것을 권고합니다. 왜냐하면 이 부분이 "변환", "로렌츠 변환"을 이해하기 위한 필수적인 단계이기 때문입니다.

"벡터"에서는 크기와 방향을 나타내는 방법에 대해서 배웁니다. "기저(베이시스, basis)"에서는 벡터를 이용해서 좌표를 나타내는 방법을 배웁니다. "선형 조합"에서는 벡터 덧셈의 기하학적인 의미를 이해합니다. 그리고 마침내 "복잡한 수"를 정의합니다.

● 벡터(Vector)

실수(real number)와는 다르게 **벡터**(vector)는 **크기**(magnitude)와 **방향**(direction)을 가집니다. 크기만을 가지는 값을 **스칼라**(스케일러, scalar)라고 하는데, 한글로 번역된 "스칼라"라는 발음이, 학자를 의미하는 Scholar를 연상시켜서 필자는 원래 영어 발음인 "**스케일러**(scalar)"라고 부르는 것을 좋아합니다. 스케일(scale, 크기)에서 파생된 scalar라는 단어는 "크기와 관계된 양"을 의미합니다.

예를 들어 자동차가 **속력**(speed) 100km/h로 달리고 있을 때 속력은 스칼라 값입니다. 속력은 방향을 고려하지 않습니다. 자동차가 부산에서 대구 방향으로 **속도**(velocity) 100km/h로 달린다면 이는 벡터입니다. 속도의 크기는 100이며 방향은 부산에서 대구를 나타냅니다.

시작점(initial point) A와 끝점(terminal point) B로 표현되는 벡터 v는 $\vec{v}=\overrightarrow{AB}$로 나타냅니다.[22] 변수나 상수로 사용하는, 일반 영문자 v와 구분하기 위해 화살표(→)를 v의 위에 명시해서 $\vec{v}$처럼 나타냅니다.

---

22) $\overrightarrow{AB}$를 읽을 때는 '벡터 AB' 혹은 영어로 읽을 때는 'vector AB' 혹은 'AB arrow'입니다.

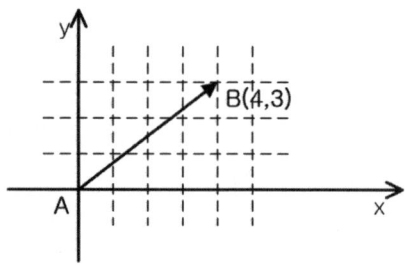

[그림 2-11] 벡터의 표현: 벡터 $\vec{v}=\overrightarrow{AB}$는 (4, 3) 혹은 $\begin{pmatrix} 4 \\ 3 \end{pmatrix}$이라고 나타냅니다.

벡터 $\vec{v}=\overrightarrow{AB}$의 요소를 표현해야 하는 경우, **행벡터(row vector)** (4, 3) 혹은 **열벡터(column vector)** $\begin{pmatrix} 4 \\ 3 \end{pmatrix}$으로 나타냅니다. 행벡터 (4, 3) 표현은 점(point)을 표현하는 것인지, 벡터를 표현하는 것인지 모호함이 발생할 수 있지만, 열벡터 $\begin{pmatrix} 4 \\ 3 \end{pmatrix}$은 그러한 모호함이 없다는 장점이 있습니다.

행벡터 (4, 3)을 점과의 구분이 명확히 필요한 경우 (4, 3)이 아니라, **벡터** (4, 3) 혹은 $\vec{v}=$ (4, 3)으로 표현할 것입니다. 벡터 변환에 행렬(Matrix)[23]을 사용하면, 벡터를 행렬로 간주할 필요가 있습니다. 그러한 경우에는 $\vec{v}$에서 화살표를 제거하고 v를 굵게 $\boldsymbol{v}$처럼 표시하여 벡터가 행렬로 표현된 것으로 간주합니다. 행렬로 표현된 벡터는 요소를 묶을 때 괄호 (와)가 아니라, 대괄호 [와]를 사용합니다. 벡터를 행렬로 표현했을 때 $\boldsymbol{v}=[4\ 3]$처럼 적을 수 있습니다. 행렬에서 행과 열을 바꾸면 전치 행렬(transpose matrix)이라고 하는데, $\boldsymbol{v}^T$처럼 적습니다.

---

23) (4, 3)은 하나의 행(row)과 두 개의 열(column)을 가지는 행렬입니다. $\begin{pmatrix} 4 \\ 3 \end{pmatrix}$은 두 개의 행과 하나의 열을 가지는 행렬입니다.

$$\vec{v} = (4, 3)$$
$$\vec{v} = \begin{pmatrix} 4 \\ 3 \end{pmatrix}$$
$$\boldsymbol{v} = [4\ 3]$$
$$\boldsymbol{v}^T = \begin{bmatrix} 4 \\ 3 \end{bmatrix}$$

수(number)가 주어지면, 수에 대한 연산을 정의할 수 있습니다. 기본적인 사칙연산은 더하기, 빼기, 곱하기, 나누기이며, 각각을 다음과 같은 기호로 표시합니다.

$$+,\ -,\ \times,\ /$$

위의 **사칙연산자**(basic four arithmetic operator)는 **피연산자**(operand)로 수(number)를 가집니다. 마찬가지로 벡터가 주어지면, 벡터에 대한 연산을 (식 2−14)와 같이 정의할 수 있습니다. 벡터의 곱셈은 (식 2−15)와 같이 다양한 목적을 위하여 정의할 수 있는데, 이 부분은 "변환"을 설명할 때 다루도록 하겠습니다.

$$\vec{v}+\vec{w},\ \vec{v}-\vec{w},\ \vec{v}\times\vec{w},\ \vec{v}\,/\,\vec{w} \quad \text{(식 2-14)}$$
$$\vec{v}\cdot\vec{w},\ \vec{v}\times\vec{w},\ \vec{v}\otimes\vec{w} \quad \text{(식 2-15)}$$

벡터에는 여러 가지 연산이 있지만, 가장 간단한 연산은 **덧셈**(vector addition)과 **스칼라 곱셈**(scalar vector multiplication)입니다.

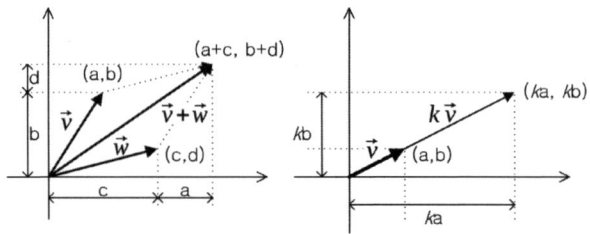

[그림 2-12] 벡터의 덧셈: 벡터의 합은 각 요소(component)를 합한 것입니다. 벡터와 스칼라 k의 곱은 벡터의 각 요소에 k를 곱한 것입니다.

벡터 $\vec{v}=(a, b)$와 $\vec{w}=(c, d)$가 주어졌을 때, $\vec{v}+\vec{w}$의 의미는 $\vec{v}$ 만큼 이동한 후에, $\vec{v}$의 끝점에서 $\vec{w}$만큼 이동하라는 의미입니다. 이것은 위 [그림 2-12]에서 보듯이 다음과 같이 나타낼 수 있습니다.

$$\vec{v}+\vec{w}=(a, b)+(c, d)=(a+c, b+d) \quad \text{(식 2-16)}$$

벡터 $\vec{v}=(a, b)$와 임의의 실수 값 k에 대해서 곱셈을 정의할 수 있습니다. 그것은 $\vec{v}$ 방향은 유지한 채로 크기를 k배 변경시킨다는 의미로 다음과 같이 정의합니다.

$$k\vec{v}=k(a, b)=(ka, kb) \quad \text{(식 2-17)}$$

k가 -1이면 $\vec{v}$의 **음 벡터**(negative vector)를 이해할 수 있습니다. 음 벡터는 크기는 유지한 채로 방향이 반대가 되는 벡터입니다. [그림 2-13]은 $\vec{v}$와 $-\vec{v}$의 관계를 보여줍니다.

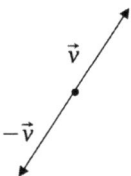

[그림 2-13] 음(negative) 벡터: 길이가 같으면서 방향이 반대가 되는 벡터입니다.

$\vec{v}=(a,\ b)$일 때 $-\vec{v}=-1(a,\ b)=(-1a,\ -1b)=(-a,\ -b)$ 입니다.

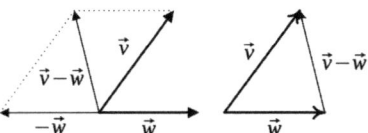

[그림 2-14] 벡터의 뺄셈(subtraction): 벡터의 뺄셈 $\vec{v}-\vec{w}$는 $\vec{v}$에 $-\vec{w}$를 더한 $\vec{v}+(-\vec{w})$와 같습니다.

벡터 덧셈의 정의에 의해서, $\vec{v}-\vec{w}=(a-c,\ b-d)$입니다.

벡터 $\vec{v}=(a,\ b)$의 **길이**(length, 놈, norm)는 $|\vec{v}|$로 나타내며,[24] 다음 (식 2-18)과 같습니다. (식 2-18)은 **피타고라스의 정리**(Pythagorean theorem)에 의해서 유도 가능합니다.

$$|\vec{v}|=^2(a^2+b^2)=\sqrt{(a^2+b^2)}\ \text{(식 2-18)}$$

---

[24] 실수 a의 절댓값을 나타내기 위해서 $|a|$처럼 적습니다. 절댓값과 구분하기 위해서 선형대수에서는 일반적으로 두 개의 수직 바(vertical bar)를 사용해서 $||\vec{v}||$처럼 나타내고 'norm of vector v'라고 읽습니다. 길이라고 하지 않고 놈(norm)이라고 하는 이유는, 일반적인 n-차원 공간에서도 일관된 용어를 사용하기 위함입니다.

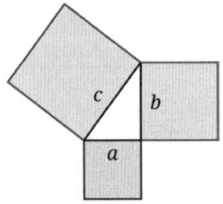

[그림 2-14b] 직각삼각형의 빗변(hypotenuse), 반대 변(opposite), 인접한 변(adjacent)을 c, b와 a라고 하면 $c^2=a^2+b^2$가 성립합니다. (출처: https://en.wikipedia.org/wiki/File:Pythagorean.svg)

피타고라스의 정리는 [그림 2-14b]처럼 직각삼각형(right triangle)의 빗변(hypotenuse), 반대 변(opposite), 인접한 변(adjacent)을 c, b, a라고 했을 때, 각 변이 이루는 정사각형(square)의 넓이의 관계를 나타냅니다. 피타고라스의 정리는 참으로 놀랍습니다. 이차원 및 삼차원 공간에서도 성립하며, 시간축을 포함한 사차원 공간에서도 이 정리는 성립합니다. [그림 2-14b]에서 관계는 다음 (식 2-18b)와 같습니다.

$$c^2=a^2+b^2 \quad \text{(식 2-18b)}$$

벡터의 방향 성분만을 고려하기 위해서 $|\vec{v}|$가 1이 되게 $\vec{v}$를 바꿀 수 있는데, 이러한 과정을 **정규화(normalization)**라고 합니다. 임의의 수 n을 n으로 나누면 $n/n=1$이 됩니다. 마찬가지로, 벡터 $\vec{v}$를 정규화하기 위해서는 (식 2-19)처럼, 벡터의 각 성분을 $|\vec{v}|$로 나누어 주어야 합니다. 정규화된 벡터는 화살표 대신에 **햇**(^, hat) 기호를 사용해서, $\hat{v}$ ["브이 햇(v hat)"이라고 읽습니다]으로 나타냅니다.

$$\hat{v}=\frac{\vec{v}}{|\vec{v}|}=\frac{(a,\ b)}{|\vec{v}|}=\left(\frac{a}{|\vec{v}|},\frac{b}{|\vec{v}|}\right) \quad \text{(식 2-19)}$$

$|\vec{v}|$와 정규화에 대한 추가적인 내용은 마지막 기본함수를 설명할 때 살펴보려고 합니다.

주어진 수식을 직관적으로 이해하는 것은 많은 도움이 됩니다. 벡터의 덧셈과 스칼라 곱셈을 직관적으로 어떻게 이해해야 할까요?

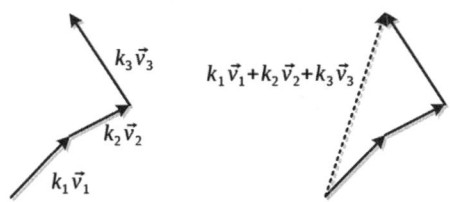

[그림 2-14c] 벡터의 덧셈의 의미: 벡터의 각 끝점에서 다음 벡터를 연결합니다.

[그림 2-14c]를 보면 벡터의 덧셈은 벡터가 이루는 직선(line)의 끝점을 이어서 새로운 직선을 만드는 과정이라고 생각할 수 있습니다. 이것을 **선들의 조합(선형 조합**, linear combination)이라고 부르도록 하겠습니다.

● **베이시스**(기저, Basis)

우리는 이제 **베이시스**(기저, basis)와 **선형 조합**(linear combination)에 대해서 이해할 준비가 되었습니다.

데카르트 표준 좌표계에 벡터 $\vec{p}=(3,-2)$를 나타내어 봅시다. 그러면 $\vec{p}=(3,-2)$는 [그림 2-15]와 같이 나타낼 수 있습니다.

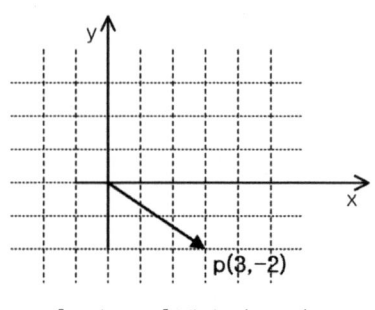

[그림 2-15] 벡터 $p(3,-2)$

위 그림에서 x와 y는 벡터가 아니라 좌표축입니다. $\vec{p}=(3, -2)$ 벡터의 3이 의미하는 것은 x축을 따라 3단위(unit)만큼, y축을 따라 -2단위만큼 이동한 위치가 벡터의 끝(tip)이 된다는 의미입니다.

이제 축(axis) 대신에 x축을 따라 단위 길이가 1인 벡터 $i(1, 0)$과, y축을 따라 단위 길이가 1인 벡터 $j(0, 1)$을 생각해 볼 수 있습니다. 이것을 각각 $\hat{i}, \hat{j}$으로 나타낸다고 합시다. 그러면 이제 벡터 $\vec{p}=(3, -2)$를 $\hat{i}$와 $\hat{j}$의 덧셈으로 나타내는 것이 가능합니다.

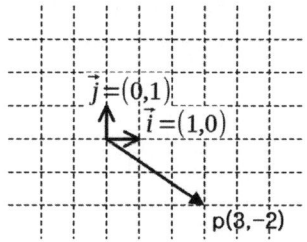

[그림 2-16] 기저 벡터 $i(1, 0)$와 $j(0, 1)$

$$3\hat{i} - 2\hat{j} = 3\begin{bmatrix}1\\0\end{bmatrix} - 2\begin{bmatrix}0\\1\end{bmatrix} \quad \text{(식 2-20)}$$

$3\hat{i}$는 스칼라 값 3과 벡터 $\hat{i}=(1, 0)$의 곱셈을 의미합니다. $-2\hat{j}$는 스칼라 값 -2와 벡터 $\hat{j}=(0, 1)$의 곱셈을 의미합니다. $\hat{i}, \hat{j}$와 벡터의 덧셈을 이용하면 이차원 평면의 모든 벡터를 나타내는 것이 가능합니다. 이렇게 주어진 좌표계의 각 축을 구성하는 기본적인 벡터의 집합을 **베이시스(basis, 기저)**라고 하며 집합기호를 사용해 나타냅니다.

$$\{\hat{i}, \hat{j}\} = \left\{\begin{bmatrix}1\\0\end{bmatrix}, \begin{bmatrix}0\\1\end{bmatrix}\right\} \quad \text{(기저, 식 2-20b)}$$

이제 $\hat{i}=(1, 0)$과 $\hat{j}=(0, 1)$이 아니라 다른 기저 벡터를 고려해 볼 수 있습니다. [그림 2-17]을 봅시다.

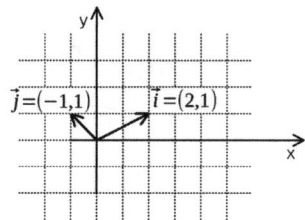

[그림 2-17] 기저 벡터 $i(2, 1)$와 $j(-1, 1)$

[그림 2−17]에서는 벡터 $i(2,1)$과 벡터 $j(1,-1)$을 축에 대응하는 기저 벡터로 사용하려고 합니다.

$$\{\hat{i}, \hat{j}\} = \left\{ \begin{bmatrix} 2 \\ 1 \end{bmatrix}, \begin{bmatrix} 1 \\ -1 \end{bmatrix} \right\}$$

이 벡터들은 이제 서로 직교하지도 않고, 단위 길이를 가지지 않습니다. 이러한 $i(2,1)$, $j(1,-1)$가 나타내는 좌표축은 [그림 2−18]과 같습니다.

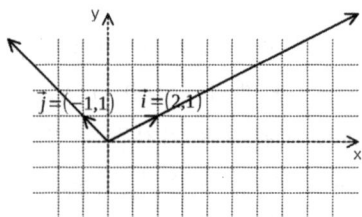

[그림 2−18] 기저 벡터 $i(2, 1)$와 벡터 $j(-1, 0)$가 이루는 좌표계

이제 벡터 $i(2,1)$와 벡터 $j(1,-1)$가 이루는 좌표계에서 $(3,-2)$는 어떤 의미를 가지는 것일까요? 그것은 벡터 $i(2,1)$을 따라 3단위만큼, 벡터 $j(1,-1)$을 따라 -2단위만큼 움직인 위치를 나타냅니다. 그것을 식으로 나타내면 $3\vec{i} - 2\vec{j}$를 의미합니다.

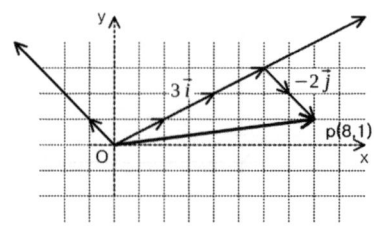

[그림 2−19] 새로운 축에서의 $(3, -2)$의 의미

이제 $\vec{i}$와 $\vec{j}$ 대신에 좌표축 단위를 의미하는 실제 값을 넣어서 계산해 보겠습니다.

$$3\vec{i} - 2\vec{j} = 3\begin{bmatrix} 2 \\ 1 \end{bmatrix} - 2\begin{bmatrix} -1 \\ 1 \end{bmatrix} = \begin{bmatrix} 8 \\ 1 \end{bmatrix}$$ **(식 2-21)**

그러면 (8,1)이라는 값을 얻는데, 이 좌표는 기저 $i(1, 0)$과 $j(0, 1)$을 사용하는 표준 좌표계에서 벡터를 의미합니다.

우리가 $i(1, 0)$, $j(0, 1)$을 사용하든, $i(2, 1)$, $j(-1, 1)$을 사용하든 이차원상의 모든 벡터를 나타낼 수 있습니다. 그러면 벡터를 하나만 사용해서 이차원의 모든 벡터를 나타낼 수 있을까요? 아니면 벡터를 세 개 사용하는 것은 어떤가요? 이것을 알아보기 위해 좀 더 형식적인 수학적 정의를 이해할 필요가 있습니다.

● 선형 조합(Linear Combination)

벡터 $\vec{w}$가 다음과 같이 표현된다고 합시다.

$$\vec{w} = k_1\vec{v_1} + k_2\vec{v_2} + \cdots + k_r\vec{v_r} \quad \text{(식 2-22)}$$

여기서, $k_1, k_2, \cdots, k_r$은 모두 스칼라 값입니다. 이때 $\vec{w}$를 $\vec{v_1}, \vec{v_2}, \cdots, \vec{v_r}$의 **선형 조합**(linear combination)이라고 합니다. 선형 조합의 의미는 $\vec{w}$가 다른 벡터의 조합(선들의 조합)에 의해 표현될 수 있다는 의미입니다. 가능한 모든 벡터가 존재하는 공간을 **벡터 공간**(vector space)이라고 하는데, 이차원에서 벡터 공간은 평면을 의미하고, 삼차원에서 벡터 공간은 삼차원 공간을 의미합니다.

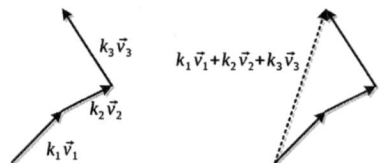

[그림 2-20] 선형 조합은 벡터가 나타내는 선(line)들의 조합(combination)을 의미합니다.

임의의 벡터 $\vec{v_1}, \vec{v_2}, \cdots, \vec{v_r}$에 대해, $\vec{v_1}, \vec{v_2}, \cdots, \vec{v_r}$의 선형 조합이 벡터 공간상의 모든 벡터를 표현할 수 있다면, 이 벡터들이 벡터 공간을 **스팬**(span, 펼침)한다고 합니다. 이차원 평면의 예를 들면, (1, 0), (0, 1) 벡터의 선형 조합 $k_1(1, 0) + k_2(0, 1)$은 임의의 k_n값들을 대입함에 따라 모든 평면상의 점들을 표현할 수 있으므로, 이차원 평면 벡터 공간을 스팬합니다.

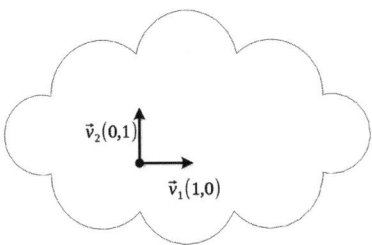

[그림 2-20b] $v_1(1, 0)$과 $v_2(0, 1)$의 선형 조합은 이차원 평면의 모든 벡터를 스팬합니다.

우리는 이차원 평면을 스팬하는 무수히 많은 벡터들을 선택할 수 있습니다. 하지만 $k_1(1, 0)+k_2(-1, 0)$은 벡터 $(1, 0)$과 벡터 $(-1, 0)$이 동일한 일직선상에 위치하므로, 어떤 k_n값을 대입하더라도 직선을 벗어난 평면상의 다른 점들을 표현할 수 없습니다. [그림 2-20c]에서 $\vec{v_1}=(1, 0)$과 $\vec{v_2}=(-1, 0)$의 선형 조합은 $\vec{v_3}$을 나타낼 수 없습니다.

$k_1(1, 0)+k_2(-1, 0)$은 이차원 벡터 공간을 스팬하지 않습니다.

짐작하듯이 우리가 이차원 평면상에서 점의 위치를 표현하기 위해 좌표축을 고를 때에는 이차원 평면을 스팬하는 좌표축 벡터집합(기저)을 선택해야 합니다. 예를 들면 우리는 이차원 평면의 벡터를 표현하기 위해 벡터 $(1, 0), (0, 2)$를 선택하는 것은 타당하지만 벡터 $(1, 0), (-1, 0)$을 선택하는 것은 타당하지 않습니다.

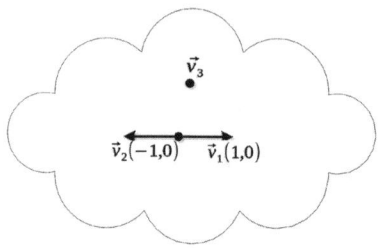

[그림 2-20c] $\vec{v_1}=(1, 0)$과 $\vec{v_2}=(0, 1)$의 선형 조합은 이차원 평면의 모든 벡터를 스팬하지 못합니다. $\vec{v_1}=(1, 0)$과 $\vec{v_2}=(-1, 0)$이 모두 일차원 직선 위에 존재하기 때문입니다.

$S=\{\vec{v_1}, \vec{v_2}, \cdots, \vec{v_r}\}$가 벡터들의 집합일 때, 아래의 벡터 방정식 (식 2−23)을 고려해 봅시다.

$$k_1\vec{v_1}+k_2\vec{v_2}+\cdots+k\vec{v_r}=0 \text{ (식 2-23)}$$

(식 2−23)은 최소한 $k_1=0$, $k_2=0$, $\cdots$, $k_r=0$의 **당연한 해**(trivial solution)를 가집니다. 이 해의 의미는 벡터의 종류에 상관없이 모든 k_i가 0이라면 방정식이 성립한다는 의미입니다. 만약 이 해가 유일한 해라면 S를 **선형 독립**(linearly independent) 집합이라고 합니다. 만약 다른 해가 존재한다면 **선형 종속**(linearly dependent) 집합이라고 합니다. 선형 독립의 의미는 S에 속한 특정한 벡터가 다른 벡터들의 선형 조합에 의해 표현 불가능함을 의미합니다. 예를 들면, 벡터 집합 $S=\{(0, 1), (1, 0), (0, 2)\}$를 고려해 봅시다.

$$-2(0, 1)+0(1, 0)+1(0, 2)=0 \text{ (식 2-23b)}$$

(식 2−23b)는 $k_1=0$, $k_2=0$, $k_3=0$을 해로 가집니다. 하지만 이외에도 $k_1=-2$, $k_2=0$, $k_3=1$의 해를 가지므로, 선형 종속입니다.

$$(0, 2) = 2(0, 1) + 0(1, 0) \text{ (식 2-23c)}$$

(식 2−23c)에서 보듯이 S의 원소 (0, 2) 벡터는 다른 벡터의 선형 조합(linear combination)으로 표현이 가능합니다. 그러므로 S는 선형 종속(linearly dependent)입니다. 즉, 선형 독립인 벡터의 집합은 쓸데없는 벡터가 없어야 합니다. 이차원 평면의 예를 들면, 우리는 이차원 벡터 공간을 표현하기 위해 적절한 2개의 축만을 사용하면 됩니다. 만약 3개의 축을 사용한다면 필요 없는 여분의 축을 사용하는 결과, 즉 선형 종속이 되는 것입니다.

이제 차원(dimension)과 차원상의 위치를 표현하기 위해 사용해야 하는 **축 벡터(axis vector)**를 수학적으로 정의할 준비가 되었습니다.

벡터 공간 V에 대해 $S = \{\vec{v_1}, \vec{v_2}, \cdots, \vec{v_r}\}$이 V의 **유한 집합**(finite set)이고, 다음의 두 조건을 만족하면 S를 **베이시스(기저, basis)**라고 합니다.

1) S는 선형 독립이다.
2) S는 V를 스팬(span)한다.

기저의 의미는 벡터 공간을 모두 표현할 수 있는 최소한의 벡터 집합이라는 의미입니다. 우리는 어떤 r차원의 벡터 공간에 대해서도 쉽게 한 기저를 다음과 같이 선택할 수 있습니다.

$$\vec{v_1} = (1, 0, \cdots, 0), \vec{v_2} = (0, 1, 0, \cdots, 0), \cdots, \vec{v_r} = (0, \cdots, 0, 1)$$

우리는 이러한 기저를 **표준 기저(standard basis)**라고 합니다. 그리고 기저를 구성하는 벡터의 개수를 **차원(dimension)**이라고 합니다.

$$S = \{(1, 0, 0), (0, 1, 0), (0, 0, 1)\} \quad \text{(식 2-23d)}$$

(식 2-23d)에 표시된 벡터 집합은 삼차원에 대한 표준 기저입니다. 벡터 집합의 모든 벡터 쌍이 서로 직각(orthogonal)이라면, 우리는 그 집합을 **직교 집합**(orthogonal set)이라고 합니다. 또 직교 집합의 모든 벡터의 길이가 1이라면 우리는 그 집합을 **정규직교**(올소노멀, orthonormal)라고 합니다. 예를 들면 다음의 벡터들은 정규직교입니다.

$$\vec{v_1} = (0, 1, 0), \vec{v_2} = \left(\frac{1}{\sqrt{2}}, 0, \frac{1}{\sqrt{2}}\right), \vec{v_3} = \left(\frac{1}{\sqrt{2}}, 0, -\frac{1}{\sqrt{2}}\right)$$

우리는 어떤 차원에 대해 기저를 선택할 때 여러 가지 이점 때문에 선형 독립인 **정규직교 기저**(orthonormal basis)를 선택합니다. **표준 기저**(standard basis)는 항상 정규직교입니다. 그래서 우리는 이차원 평면과 삼차원 공간에 대해서 표준 정규직교 기저를 선택합니다. 삼차원 공간의 경우 그것은 다음과 같습니다.

$$(1, 0, 0), (0, 1, 0), (0, 0, 1)$$

그리고 각각을 x축, y축, z축 **단위 벡터**(unit vector)라 부릅니다. 우리는 x축, y축, z축 단위 벡터의 선형 조합식을 다음과 같이 구성할 수 있습니다.

$$k_1(1, 0, 0) + k_2(0, 1, 0) + k_3(0, 0, 1) \quad \text{(식 2-24)}$$

(식 2-24)에 의해서 삼차원 공간상의 모든 점을 표현(span, 스팬)할 수 있습니다. 그래서 우리는 삼차원 공간의 물체의 위치를 기술하기 위해서 서로 직각인 길이가 1인 세 개의 벡터를 사용하는 것입니다.

벡터 $\vec{i}=(2, 1)$, $\vec{j}=(-1, 1)$을 기저로 하는 좌표계상에 (0, 0)을 시작점으로 하고, (3, -2)를 끝점으로 하는 벡터를 [그림 2-21]에 나타내었습니다.

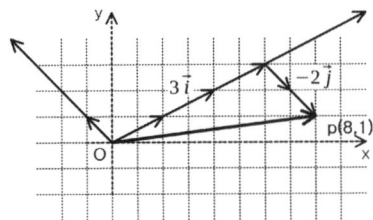

[그림 2-21] 벡터 $\vec{i}=(2, 1)$와 $\vec{j}=(-1, 1)$를 기저로 가지는 축에서의 벡터 (3,-2)의 의미

[그림 2-21]에서 선 $\overline{Op}$가 의미하는 벡터는 표준 좌표계에서 벡터 (8, 1)을 의미합니다. 그것은 (식 2-25)로 유도할 수 있습니다.

$$3\vec{i}-2\vec{j}=3\begin{bmatrix}2\\1\end{bmatrix}-2\begin{bmatrix}-1\\1\end{bmatrix}=\begin{bmatrix}8\\1\end{bmatrix} \text{ (식 2-25)}$$

이차원에서 표준 기저는 $\vec{i}=(1, 0)$, $\vec{j}=(0, 1)$입니다. 그러므로 (식 2-25)는 다음과 같이 표준 기저를 사용하여 (식 2-26)으로 쓸 수 있습니다.

$$8\vec{i}+1\vec{j}=8\begin{bmatrix}1\\0\end{bmatrix}+1\begin{bmatrix}0\\1\end{bmatrix}=\begin{bmatrix}8\\1\end{bmatrix} \text{ (식 2-26)}$$

우리는 공간을 정의하기 위해, 기저를 정의하고, 기저를 구성하는 벡터의 선형 조합으로 공간을 정의할 수 있다는 것을 살펴보았습니다. 이렇게 정의된 공간에 어떤 인식 대상이 존재하면, 우리는 그 대상을 공간을 통해서 인식합니다. 그런데 우리는 공간 자체를 어떻게 인식할 수 있을까요?

● 공간은 물리적 대상인가?

기저와 선형 조합의 개념을 이해했으므로, 우리가 인지하는 삼차원 공간 자체에 대해서 살펴봅시다. 우리가 자연스럽게 인식하는 공간은 삼차원이므로, 삼차원에 놓여 있는 자동차의 위치를 기술하기 위해서는 세 개 요소를 가지는 기저를 사용합니다. 우리가 삼차원 공간에 놓여 있는 자동차를 인식하는 과정을 생각해 봅시다.

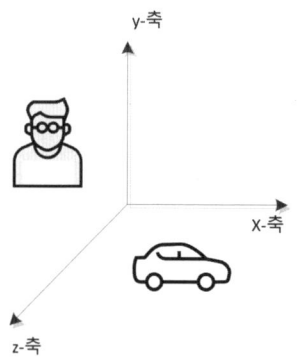

[그림 2-22] 삼차원 공간에 놓여 있는 자동차를 인식합니다.

우리는 공간 자체를 자동차를 인식하듯이 인식하지 않습니다. 우리는 공간을 통해서 자동차를 인식한다고 생각합니다. 하지만 본질은 그렇지 않습니다. 공간이 특별하기는 해도 그것은 물리적 대상입니다. 우리가 자동차를 인식하기 위해서는 [그림 2-22]의 구성요소로는 충분하지 않습니다. 빛(light)과 시간(time)이 추가적으로 필요합니다.

자동차처럼 공간과 시간과 빛은 모두 만들어진 물리적 대상인데, 우리 우주에서 만들어진 것은 모두 시작과 끝이 있습니다. 공간과 시간과 빛은 모두 언젠가 시작이 있었고, 미래 어느 시점에

끝이 있을 것입니다.

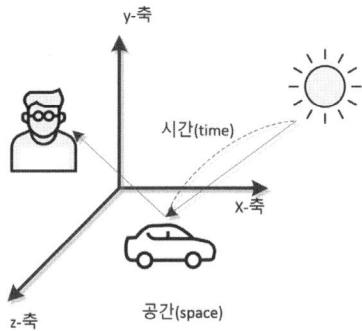

[그림 2-23] 우리가 자동차를 인식하기 위해서는 공간(space), 시간(time)과 빛(light)이 필요합니다.

[그림 2-23]은 사람이 자동차를 인식하는 과정을 보여줍니다. 우리는 어딘가에서 출발한 **빛 알갱이(광자, photon)**가 공간(space)을 거쳐서(time) 자동차의 표면에 닿아 반사되어서, 우리 눈에 들어온 광자의 양을 가지고 자동차를 인식합니다. **빛의 속도(speed of light)**는 일정하며 정보를 포함한 광자는 일정한 시간을 지나야 우리 눈에 도착합니다.

만약 우리 우주에 사차원 시공간(space-time)만 존재하면, 우리는 사물을 인식할 수 없습니다. 삼차원 **공간에 존재하는 물체를** 일차원 **시간을 통해 우리에게 정보를 전달해 줄 매개체인 빛(Light)이 있어야 하는 것입니다.** 만약 우주 제작방법에 대한 매뉴얼이 있다면, 그 매뉴얼의 첫 문장은 다음과 같이 시작해야 할 것 같습니다.

"태초에 무언가가 빛을 만들었다."[25]　**(주장 2-27)**

---

25) 성경, 창세기 1장 3절 "하나님이 이르시되 빛이 있으라 하시니 빛이 있었고" 및 빅뱅, https://en.wikipedia.org/wiki/Georges_Lema%C3%AEtre

(주장 2-27)의 빛은 우리가 아는 전등 빛이나 태양 빛이 아닙니다. 빛 그 자체가 되어야 합니다. 빛 그 자체가 만들어지면, 빛을 만들어 내는 태양이나 전등이 태양 빛이나 전등 빛을 만들어 낼 수 있습니다. (주장 2-27)과 같이 시작하는 잘 알려진 주장은 두 가지인데, 하나는 **빅뱅이론**(Big Bang Theory)이고, 다른 하나는 **성경**(Bible)입니다. 빅뱅이론에서 무언가는 **"인류 원리**(ahtropic principle)**"**[26]이고, 성경에서 무언가는 "하나님"이십니다.

[그림 2-23b] 인류는 우리 우주(our universe)에서 우리가 유일함을 관찰합니다. 그러므로 인류는 특별합니다. 하지만 우주가 무한개라면, 인류는 우연히 존재하게 되었다는 개연성이 가능합니다.

어떤 분들은 빅뱅이론이 엉터리라는 주장을 하면서 "우연"은 복잡한 구조를 만들 수 없다고 주장합니다. 맞습니다. 하지만 인류원리는 우연과는 다릅니다. 인류원리는 우연히 질서 있는 특별한 우주가 만들어졌다고 주장하지 않고, 특별한 우주에 살고 있는 우리가, 무한한 다른 우주가 우연임을 인식한다고 주장합니다. 우주의 개수가 무한개이므로 창조자를 가정하지 않고도 존재를 설명할 수 있게 됩니다. 필자의 주장은 둘 모두 가능성이 있다는 것입니다. 어떤 과학자가 빅뱅이론이 맞다 생각해서 창조의 가능성을 믿지 않는다면, 혹은 창조론이 맞다 생각해서 빅뱅은 무조건 틀렸다고 한다면, **정답일 가능성이 있는 한 후보를 정답의 가능성에서 제외시켜 버리는 잘못**을 범하는 것입니다.

---

[26] 인류원리, https://en.wikipedia.org/wiki/Anthropic_principle

우리 우주에서 우리가 무언가를 인식하는 과정에서 "변환"이 발생합니다. 필자는 6장 "변환"을 설명할 때, [그림 2-23]에 숨어 있는 변환에 대해서 설명할 것입니다. 현대 물리학은 예전에 모순처럼 보였던 것들이 사실은 같은 것이었다는 결론을 내리는 경우가 있습니다. 예를 들면 **파동**(wave)과 **입자**(particle)가 그렇습니다. 그래서 지금은 파동과 입자를 구분하지 않고, **양자역학**(quantum mechanic)에서는 둘 모두를 하나의 방정식[27]으로 설명합니다.

필자는 "로렌츠 변환"을 설명할 때, 빅뱅이론과 성경의 주장이 하나의 현상에 대한 두 가지 해석이라고 주장할 것입니다. "변환"을 이해하면, 두 가지 독립적인 것처럼 보였던 것들이, 사실은 같은 하나임을 인정할 수 있는데, 꼭 이것이 물리적인 현상에 국한된 것은 아닙니다. 예를 들면 성경에서 모순처럼 보이는 **"행함"**과 **"믿음"**이 사실은 같은 대상에 붙여진 다른 이름일 수 있습니다. 그러므로 이것을 구분하려는 시도는 "본질적으로 불가능"한 것일 수 있습니다.

---

27) 슈레딩거 방정식, https://en.wikipedia.org/wiki/Schr%C3%B6dinger_equation

● 복잡한 수(complex number)

지금부터 이 절(section)에서 이야기하는 내용은 "**하나의 아름다운 수식**"을 이해하기 위한 첫 발걸음입니다. "하나의 아름다운 수식"은 여섯 개의 기본함수의 의미를 모두 이해하고, 주어진 기본함수의 접하는 직선의 기울기를 구하는 과정(미분)을 이해한 후에야 "아름답다"고 느낄 수 있습니다.

이제 다시 파워함수의 성질을 분석하면서 발견한 이상한 수 $^2\sqrt{(-1)}$을 자세하게 살펴보려고 합니다. 역사를 통해서 수의 개념은 발전해 왔는데, 초반에 모든 수는 수직선 위에 나타낼 수 있을 것이라고 생각했습니다. 즉 수는 일차원에만 존재한다고 생각했습니다.

먼저 우리는 수에 대한 고정관념을 버릴 필요가 있습니다. 우리는 0과 1을 포함한 **자연수**(natural number), 음수를 포함한 **정수**(integer), 두 정수의 비율로 표시할 수 있는 **이성적인 수(유리수, rational number, 유리(有理)는 이성이 있다는 뜻입니다)**, 실수(real number)이지만 **비이성적인 수(무리수, irrational number)**, 0보다 크고 1보다 작은 실수를 의미하는 **데시멀(소수, decimal)**을 알고 있습니다.

첫 번째 버려야 할 고정관념은 모든 수를 수직선 위에 표시할 수 있다고 생각하는 것입니다. 하지만 위의 수들 중 어떤 수는 수직선 위에 정확하게 나타낼 수 없습니다.

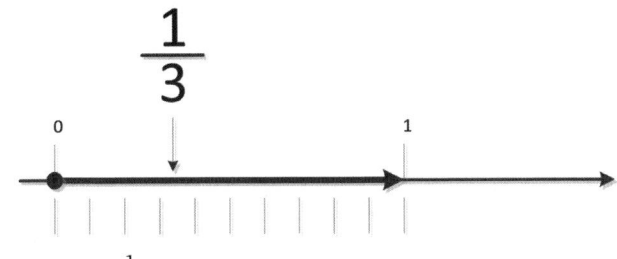

[그림 2-24] $\frac{1}{3}$은 수직선 위에 정확하게 나타낼 수 없습니다.

어떤 수가 실제라는 것은 어떤 의미일까요? 1은 실제하는 수일까요? 어떤 수를 수직선 위에 나타낼 수 없다는 것은, 그 수를 실수 형태로 적었을 때 정확한 값을 계산할 수 없다는 의미입니다. 현재의 어떤 컴퓨터도 $\frac{1}{3}$을 정확하게 계산할 수 없습니다. 지금 컴퓨터에서 계산기 프로그램을 사용하여 $\frac{1}{3}$을 계산해 보세요. 어떤 계산기도 $\frac{1}{3}$의 정확한 값을 출력하지 못하고 근사치만을 출력할 뿐입니다. 그러면 $\frac{1}{3}$을 단지 그것이 자연수의 비율로 표시된다고 해서, 실제하는 수라고 말할 수 있을까요? 마찬가지로 제곱하면 2가 되는 수 $^2=\sqrt[2]{2}$도 존재한다고 알고는 있지만, 그 정확한 값을 알지는 못합니다.

[그림 2-24]처럼 수직선이 주어졌을 때, 0과 1 같은 자연수, 0.5 같은 실수는 수직선 위에 정확하게 나타낼 수 있지만, $\frac{1}{3}$은 수직선 위에 정확하게 나타낼 수 없습니다. 이러한 사실은 참으로 놀랍습니다. 우리 주위에는 존재는 알고 있지만, 정확하게 나타낼 수는 없는 수(number)가 존재합니다!

하지만 우리는 사고실험(thought experiment)을 통해서 $\frac{1}{3}$을 정확하게 나타낼 수는 있습니다. $\frac{1}{3}=0.\dot{3}$인데 "무한에 대한 직관"을 사용하는 것입니다. 수직선의 0과 1 사이의 길이는 유한하므로, 이것을 무한으로 나누는 것이 가능하다면, $\frac{1}{3}=0.\dot{3}$을 나타내는 것이 가능해집니다. 그러므로 무한에 대한 직관을 사용하면 $\frac{1}{3}$도 $\sqrt{2}$도 모두 실제하는 수입니다. 다만 $\frac{1}{3}$은 소수(decimal)에 규칙성이 있고, $\sqrt{2}$는 소수에 규칙성이 없다는 것입니다.

우리 우주의 시공간(space-time)을 구성하는 하나의 차원이 **"한 방향으로만 진행하는"** 시간(time)이어서 우리는 시간에 제한되어 살고 있으므로, 무언가를 무한으로 반복하는 수학적 정의는 가능해도, 공학적 구현은 불가능합니다. 공학적 구현이 불가능함에도 불구하고, 무한에 대한 수학적 사고가 가능하다는 것은, 우리의 본질은 아마도 시간을 초월한 더 높은 차원에 존재하기 때문인 것 같습니다.

우리 우주는 아주 기묘합니다. 우리는 우주가 본질적으로 아날로그 형태일 것이라고 생각하지만 실제 우리 우주는 컴퓨터처럼 디지털 우주입니다. 최소의 에너지 단위는 **플랑크 상수(Planck constant)**라고 알려진 엄청나게 작은 값 h보다 작은 형태로 존재할 수 없습니다. 우주가 디지털 형태임에도 불구하고 $\frac{1}{3}=0.\dot{3}$과 같은 아날로그(무한대) 수를 인식하고 정의할 수 있는 이유는 무엇일까요? 이 질문에 대한 가장 간단한 대답은 우리의 본질은 시간을 초월한, 무한대를 공학적으로 구현할 수 있는 높은 차원에 존재한다는 대답일 것입니다. 대답이 여러 개 존재할 때, 일반적으로 가장 간단한 대답이 정답입니다.

수에 대해서 두 번째 버려야 할 고정관념은 모든 수가 수직선 위에 존재한다고 가정하는 것입니다. 하지만 어떤 수들은 일차원 수직선을 벗어나 이차원 공간에 존재할 수 있습니다! 그것을 이해하기 위해 수(number)를 나타내기 위한 선형 조합(linear combination)을 사용하도록 합시다.

실수(real number)를 의미하는 real의 re를 사용하여, 이차원 $\vec{re}(1, 0)$ 벡터를 정의하면 모든 일차원 **실수공간**(real number space)은 $\vec{re}(1, 0)$의 선형 조합으로 나타낼 수 있습니다. 그것은 (식 2-35)와 같습니다.

$$k_1 \vec{re} \text{ (식 2-35)}$$

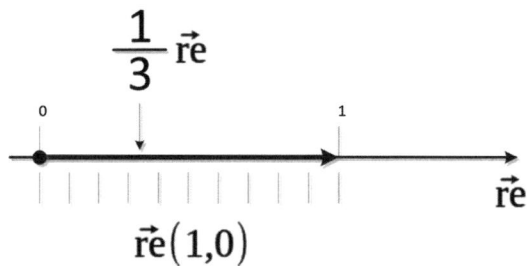

[그림 2-25] 모든 일차원 수(실수공간, real number space)는 $\vec{re}(1, 0)$의 선형 조합으로 나타낼 수 있습니다.

예를 들면, 2는 $2\vec{re}$, $\frac{1}{3}$은 $\left(\frac{1}{3}\right)\vec{re}$로 나타냅니다. 이제 $^2(-1)$을 간단하게 표시하기 위해 (식 2-36)처럼 심벌 i를 사용하도록 하겠습니다.

[그림 2-25b] $^2(-1)$를 i로 나타냅니다.

i는 **상상의 수**(허수, imaginary number)를 의미합니다.

$$^2(-1) = ^2\!\sqrt{-1} = \sqrt{-1} = i \text{ (식 2-36)}$$

그리고 $\vec{img}(0, i)$를 축으로 사용하는 일차원 세로축을 고려해 보면, 우리는 새로운 i와 연관된 새로운 일차원 **허수공간**(imaginary number space)을 정의할 수 있습니다.

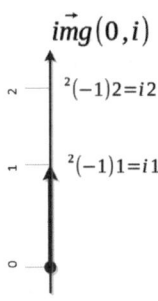

[그림 2-26] 일차원 허수공간을 정의합니다.

$\vec{img}(0, i)$를 기저로 하는 일차원 허수공간에서 2는 $2i$를 의미하는데, i가 변수처럼 보일 수 있으므로, $i2$라고 적기도 합니다. (식 2-37)처럼 $\vec{img}(0, i)$의 선형 조합으로 모든 허수를 나타낼 수 있습니다.

$$k_2 \vec{img} \quad \text{(식 2-37)}$$

우리가 원래 알고 있던 일차원 실수와 허수를 모두 나타낼 수 있는 방법은 없을까요? 그것은 새로운 수를 $\vec{re}(1, 0)$와 $\vec{img}(0, i)$의 선형 조합으로 표현하는 것입니다. 즉 새로운 이차원 좌표계를 정의하고, 기저로 $\vec{re}$와 $\vec{img}$를 사용하는 것입니다. 그러면 새로운 수는 (식 2-39)와 같은 선형 조합으로 표현 가능합니다.

$$k_1 \vec{re}(1, 0) + k_2 \vec{img}(0, i) \quad \text{(식 2-39)}$$

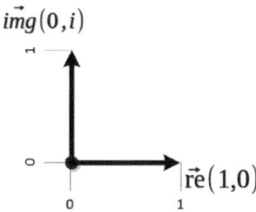

[그림 2-27] $\vec{re}$와 $\vec{img}$를 기저로 하는 이차원 좌표계상의 점을 수로 간주하고 "복잡한 수(complex number)"라고 합니다.

[그림 2-27]은 $\vec{re}$와 $\vec{img}$를 기저로 하는 이차원 좌표계를 정의한 것입니다. 우리가 실수를 일차원 좌표계의 점(벡터)으로 생각했듯이, 새로운 수를 [그림 2-27]이 나타내는 이차원 좌표계의 점(벡터)으로 나타내면, 기존의 실수와 새로운 허수를 모두 포함하는 수를 정의할 수 있습니다. $\vec{re}$와 $\vec{img}$를 기저로 가지는 이차원 평면을 **복잡한 평면(complex plane, 복소평면)**이라고 하고, 복잡한 평면 위의 수를 $\vec{re}$와 $\vec{img}$의 선형 조합으로 나타내고, 이 수를 **"복잡한 수(complex number, 복소수)"**라고 합니다.

(식 2-39)를 벡터의 요소가 모두 나타나도록 표현해 보면 (식 2-40)과 같습니다.

$$k_1\vec{re}+k_2\vec{img}=k_1\begin{bmatrix}1\\0\end{bmatrix}+k_2\begin{bmatrix}0\\i\end{bmatrix}=\begin{bmatrix}k_1\\0\end{bmatrix}+\begin{bmatrix}0\\k_2i\end{bmatrix} \text{ (식 2-40)}$$

(식 2-40)을 보면 실수 부분의 합은 k_1, 허수 부분의 합은 k_2인 것을 알 수 있습니다. 그러면 이 복잡한 수를 선형 조합을 이용하지 않고 (식 2-41)처럼 식의 형태로 정의할 수 있습니다.

$$\begin{bmatrix}k_1\\0\end{bmatrix}+\begin{bmatrix}0\\k_2i\end{bmatrix}=k_1+k_2i \text{ (식 2-41)}$$

a와 b를 실수라고 가정하고, $^2(-1)=i$라고 하면, 우리는 새

로운 수를 (식 2−42)와 같이 정의할 수 있습니다.

$$a+bi \text{ (식 2-42)}$$

(식 2−42)에서 a를 **실수부**(real part), b를 **허수부**(imaginary part)라고 합니다. 표준 용어인 복소수(複素數, complex number)의 소(素)는 '본디', '근본'을 의미합니다. 그런데 이 명칭은 **프라임 수(소수(素數), prime number, 1과 자신 외에는 약수를 가지지 않는 수)**의 한자와 같고, 1보다 작고 0보다 큰 수를 의미하는 **소수(小數, decimal)**와는 한글과 같아서 헷갈립니다. complex number의 적절한 번역이름은 복합수(complex number)인 것 같지만, 복소수와 소수는 헷갈리지 않으므로, "복소수"라는 용어를 그대로 사용하기로 하겠습니다. 새로운 기호 i를 사용하여 기본함수표를 채워보면 [그림 2−28] 과 같습니다.

	함수	접하는 직선	역함수	이상한 수
파워함수	x^n	nx^{n-1}	$^n x$	i
지수함수				
투영된 선분길이 함수				

[그림 2−28] 기본함수표: 파워함수 행(row)을 구성하는 네 개의 요소는 각각 x^n, nx^{n-1}, $^n x$, i입니다.

필자는 고등학교에서 처음으로 허수 i를 배웠을 때, 존재하지도 않는 수를 배워서 도대체 무슨 도움이 될까라고 생각했습니다. 하지만 i는 삼차원 공간에서의 자연스러운 회전을 나타내기 위해서, 신호분석을 위한 푸리에 변환(Fourier transform) 및 특수상대성 이론 등 많은 곳에서 필수적으로 이용되는 실제 수(not an imaginary number)입니다. 그래서 어떤 수학자들은 허수(imaginary number)가 아니라, 이차원 공간에서 수직축에 해당하는 정보를 포함하는 수이므로, **측면수**(lateral number)라고 이름을 붙이자고 주장[28]하기도 합니다.

[그림 2-28b] 기본함수표의 파워함수를 완성하면서 우리는 추가로 기본수 i를 찾았습니다. 이제 기본수는 0, 1, i입니다.

다음 종류의 기본함수를 알아보기 전에, 새로운 수 "복소수"를 정의했으므로, 덧셈과 곱셈 등 연산을 정의할 수 있습니다. 복소수 $a+bi$는 복소평면상의 벡터 $\vec{v}(a, b)$로 나타낼 수 있으므로, 복소수의 덧셈은 벡터의 덧셈과 같은 의미를 가집니다. 두 번째 복소수 $\vec{w}(c, d)$를 정의하면 복소수의 덧셈은 (식 2-43)과 같이 정의합니다.

$$\vec{v}+\vec{w}=(a, b)+(c, d)=(a+c, b+d)=(a+c)+(b+d)i$$

(식 2-43)

복소수의 곱셈은 식으로 나타낸 두 복소수의 곱을 **전개**(expand out)하여 결과를 얻을 수 있습니다. $\vec{v}=a+bi$와 $\vec{w}=c+di$에 대해, 두 복소수의 곱은 (식 2-44)와 같이 구할 수 있습니다.

---

28) Orlando Merino, "A Short History of Complex Number", January 2006, University of Rhode Island

$$\vec{v}\,\vec{w} \qquad \text{(식 2-44)}$$
$$=(a+bi)(c+di)$$
$$=ac+adi+bci+bdi^2$$
$$=ac+adi+bci+bd(-1)$$
$$=ac+adi+bci-bd$$
$$=(ac-bd)+(ad+bc)i$$

복소수의 곱셈은 우리가 이해하고자 하는 **"아름다운 수식"**의 핵심적인 부분입니다. 복소수의 곱셈의 의미를 이해하기 위해 두 복소수 $\vec{v}(2,\,1)$와 $\vec{w}(1,\,2)$를 곱해 봅시다.

$$\vec{v}\,\vec{w}=(2+i)(1+2i)=(2-2)+(4+1)i=(0,5) \quad \text{(식 2-45)}$$

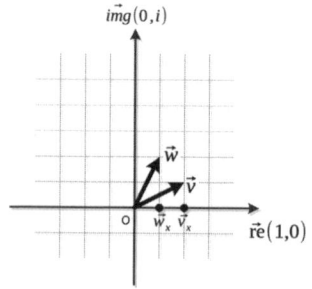

[그림 2-29] 복소평면의 두 복소수 $\vec{v}(2,\,1)$와 $\vec{w}(1,\,2)$

(식 2-45)에서 보듯이 $\vec{v}(2,\,1)$와 $\vec{w}(1,\,2)$를 곱하면 $(0,5)$를 얻습니다. $(0,5)$는 무엇을 의미하며 어떻게 해석해야 할까요? [그림 2-30]에 복소수의 곱셈의 결과인 $\vec{v}\,\vec{w}=(0,5)$를 표시하였습니다.

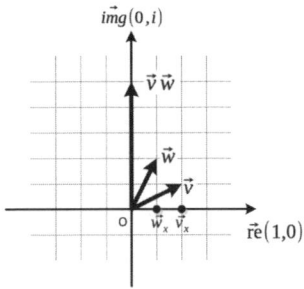

[그림 2-30] $\vec{v}(2, 1)$와 $\vec{w}(1, 2)$의 곱셈의 결과 $\vec{v}\vec{w}=(0, 5)$입니다.

곱셈의 결과를 이해하기 위해, $\vec{v}$의 끝점에서 $\vec{re}$ 축에 투영한 점의 벡터를 $\vec{v_x}$라고 하고, $\vec{w}$의 끝점에서 $\vec{re}$ 축에 투영한 점의 벡터를 $\vec{w_x}$라고 합시다. 그러면 [그림 2-31]과 같은 삼각형 $\triangle vOv_x$와 $\triangle wOw_x$의 내각을 생각해 볼 수 있습니다. $\triangle vOv_x$의 내각은 30도(degree), $\triangle wOw_x$의 내각은 60도입니다.

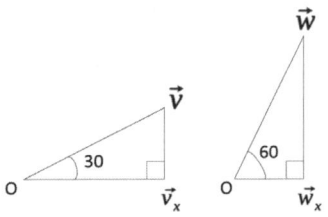

[그림 2-31] 삼각형 $\triangle vOv_x$와 $\triangle wOw_x$의 내각은 각각 30, 60입니다.

$\vec{v}, \vec{w}$ 및 곱셈의 결과인 $\vec{v}\vec{w}$ 벡터에 대해서 길이를 무시하면, 결과 벡터 $\vec{v}\vec{w}$는 "30도+60도=90도"가 되는 것을 알 수 있습니다.

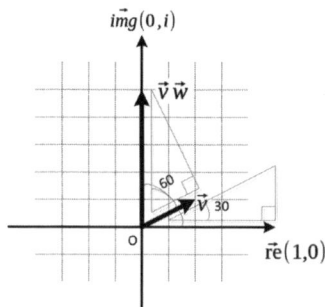

[그림 2-32] 길이를 무시하면 복소수의 곱셈의 결과는 회전의 덧셈을 나타냅니다. $\vec{v}$와 $\vec{re}$ 축이 이루는 각은 30도입니다. $\vec{v}\,\vec{w}$는 벡터 $\vec{v}$에서 $\vec{w}$가 나타내는 각 60도를 더한 위치의 벡터를 의미합니다.

임의의 두 복소수에 대해서도 이 성질이 성립하는데, 두 복소수의 곱셈은 회전과 관계된 것을 알 수 있습니다. 이 사실은 정말 중요합니다. 다시 한번 적어 보겠습니다.

> "복소수의 곱셈은 각(angle)의 덧셈을 나타냅니다."

복소수에 대해서 이야기할 것이 더 있습니다. 하지만 추가적인 사항은 아직 설명하지 못한 기본함수와 연관되어 있어서, 뒤로 설명을 미루도록 하겠습니다.

미분 연산자

$f^{slope}(x)$의 표준 수학기호는 $f'(x)$이며, "에프 프라임 오브 x(f prime of x)"라고 읽습니다. **미분 연산자**(differentiation operator)를 도입하면 (식 2-13b)처럼 적을 수 있습니다.

$$f'(x) = \frac{d}{dx}f(x) = \frac{df(x)}{dx} \quad \text{(식 2-13b)}$$

(식 2-13b)에서 $\frac{d}{dx}$를 미분 연산자라고 하는데, 수학자 라이프니츠(Leibniz)에 의해서 처음 도입되었습니다. 식이 의미하는 것은 x값 위치에서 무한히 작게 x값이 증가했을 때, $f(x)$가 변화된 정도에 대한 비율입니다. $(x, f(x))$에서 접하는 직선의 기울기를 구한다는 의미입니다.

$$\frac{df(x)}{dx} = \lim_{h \to 0} \frac{f(x+h)-f(x)}{(x+h)-h}$$
$$= \lim_{h \to 0} \frac{f(x+h)-f(x)}{h} \quad \text{(식 2-13c)}$$

미분 연산자 $\frac{d}{dx}$는 두 수의 비율을 나타내는 분수는 아니지만, 합성함수의 미분에서 분자(numerator), 분모(denominator)처럼 취급되어서 유용합니다. 다음과 같은 식을 고려해 봅시다.

$$t = f(x) \quad \text{(식 2-13d)}$$
$$y = g(t) \quad \text{(식 2-13e)}$$

(식 2-13d)의 $t=f(x)$는 x에 대한 t의 함수입니다. t 함수의 접하는 직선의 기울기를 다음과 같이 구할 수 있습니다.

$$\frac{dt}{dx} \text{ (식 2-13f)}$$

(식 2-13e)의 $y=g(t)$는 t에 대한 y의 함수입니다. y 함수의 접하는 직선의 기울기를 다음과 같이 구할 수 있습니다.

$$\frac{dy}{dt} \text{ (식 2-13g)}$$

이제 입력 x에 대해 y를 구하는 합성함수(composite function) $g \cdot f(x)$를 고려해 봅시다.

$$y=g(t)$$
$$y=g(f(x))$$
$$y=g \cdot f(x) \text{ (식 2-13h)}$$

(식 2-13h)가 정의한 함수에 대해 접하는 직선의 기울기를 구하는 함수는 다음과 같이 구할 수 있습니다.

$$\frac{dy}{dx} \text{ (식 2-13i)}$$

미분 연산자의 **분자**(numerator)와 **분모**(denominator)를 순수한 실수라고 가정하면 $\frac{dy}{dx}$를 (식 2-13j)와 같이 나타낼 수 있습니다.

$$\frac{dy}{dx} = \frac{dy}{dt}\frac{dt}{dx}$$ (식 2-13j)

　(식 2-13j)에서 보면 분모와 분자에 사용된 dt가 수(number)를 다루듯이 **약분**(simplifying fraction)된 것을 알 수 있습니다. 이러한 특징 때문에 (식2-13b)와 같이 미분 연산자를 정의하는 것입니다. (식 2-13j)는 **체인 룰**(chain rule, 합성함수의 미분)로 알려진 미분 규칙인데 다양한 공학 분야에서 매우 중요하고 빈번하게 사용합니다.

표준수학

미분의 역함수의 의미

간격(Interval)

미분의 역함수를 이해하기 위해 수의 **간격**(interval)을 나타내는 방법을 먼저 알아보겠습니다. 예를 들어 어떤 수 x의 간격이 -3보다는 크고 2보다는 작은 모든 실수라고 하면 다음과 같은 수식으로 표현될 수 있습니다.

$$-3 < x \text{ and } x < 2$$

만약 간격이 -3과 2를 포함한다면, 다음 수식으로 나타내야 합니다.

$$-3 \leq x \text{ and } x \leq 2$$

이러한 간격을 수직선상에 나타낼 때, 경계점을 포함하면 검은 점으로, 경계점을 포함하지 않으면 흰 점으로 나타낼 수 있습니다. [그림 2-33]을 보세요.

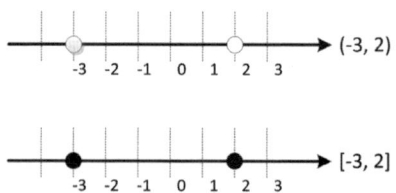

[그림 2-33] 간격에서 경계점의 포함 여부를 흰 점과 검은 점을 사용하여 나타냅니다.

수학에서 두 수 a, b가 표현하는 간격을 나타내기 위해서 (a, b) 혹은 $[a, b]$로 사용할 수 있습니다. 괄호 (와)를 사용하면 경계수를 간격에 포함하지 않는다는 의미이고, 대괄호 [와]를 사용하면 경계수를 간격에 포함한다는 의미입니다. [그림 2-33]을 보세요. $(-3, 2)$는 -3과 2를 포함하지 않는 간격을 의미합니다. $[-3, 2]$는 -3과 2를 포함하는 간격을 나타냅니다.

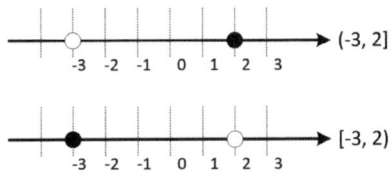

[그림 2-34] 경계수의 포함 여부를 나타내기 위해 (와 [기호를 혼합하여 간격(interval)을 나타냅니다.

경계수의 포함 여부를 나타내기 위해 (와 [를 혼합하여 사용할 수 있습니다. $(-3, 2]$는 -3보다 크고, 2보다 작거나 같은 수의 간격을 의미합니다. $[-3, 2)$는 -3보다 크거나 같고, 2보다 작은 수의 간격을 의미합니다. [그림 2-34]에 해당 표현이 의미하는 간격을 나타내었습니다. 우리는 미분의 결과를 해석할 때 간격(interval)의 개념을 사용할 것입니다.

미분의 결과식에서 원래 함수를 찾기

$f(x)=x^2$ 함수의 미분은 $f'(x)=2x$입니다. 미분의 결과를 알 때 원래 함수를 찾으려면 어떻게 해야 할까요? 예를 들면 미분의 결과가 $2x$인 것을 알 때, 원래 함수가 x^2인 것을 어떻게 찾아낼 수 있을까요? 원래 함수를 찾는 방법을 이해하기 위해, $f(x)=x^2$와 $f'(x)=2x$ 함수를 모두 그래프로 그리고, 어떤 관계가 있는지 파악해 보도록 하겠습니다. [그림 2-35]에 $f(x)$와 $f'(x)$를 모두 그렸습니다.

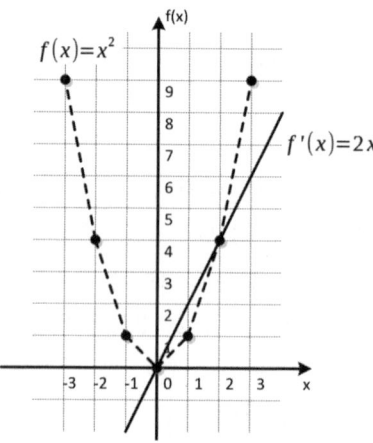

[그림 2-35] $f(x)=x^2$ 그래프를 점선으로 $f'(x)=2x$ 그래프를 실선으로 그렸습니다.

$f(x)=x^2$는 이차함수(degree 2)인데, 미분하면 차수(degree)가 하나 줄어서 일차함수(degree 1)가 됩니다. 그러므로 미분의 결과에서 원래 함수를 찾으려면, 하나 줄어든 차수를 어떻게 회복할

수 있는지를 살펴봐야 할 것 같습니다.

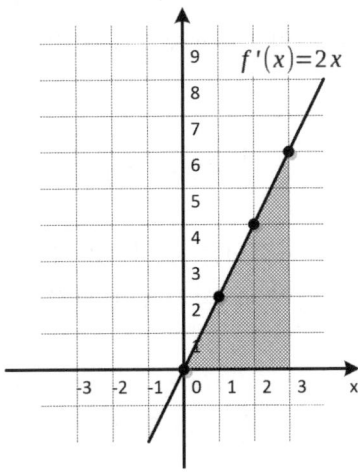

[그림 2-36] 일차함수는 일차원 직선으로 표시됩니다. 이차함수는 이차원 면적과 관계가 있을 것으로 예상됩니다.

$2x$는 일차함수이므로 일차원 직선으로 표시됩니다. 원래의 함수는 이차함수 $x^2(=x \cdot x)$이므로, 미분의 결과와 원래 함수는 일차와 일차가 곱해진 형태인 이차원 면적과 관계될 것으로 예상할 수 있습니다. [그림 2-36]에는 간격 [0,3]에 대해서 일차식 $2x$와 x축이 이루는 도형의 면적을 표시했습니다. 이제 $f'(x)=2x$ 함수에 대해서, 함수와 x축이 이루는 사이의 공간의 면적을 x의 간격을 바꾸어가며 구해 보도록 하겠습니다. x의 간격이 [0, 1]일 때 $2x$와 x축이 이루는 직각삼각형의 면적은 다음과 같이 구할 수 있습니다.

$$면적(area) = \frac{1}{2} \times 밑변(adjacent) \times 높이(height)$$

$$\frac{1}{2} \times 1 \times 2 = 1$$

x값 1과 삼각형의 면적 1을 위치 (1, 1)에 점으로 표시합니다. x의 간격이 [0, 2]일 때 삼각형의 면적을 구하면 다음과 같습니다.

$$\frac{1}{2} \times 2 \times 4 = 4$$

x값 2와 삼각형의 면적 4를 위치 (2, 4)에 점으로 표시합니다. x의 간격이 [0, 3]일 때 삼각형의 면적을 구하면 다음과 같습니다.

$$\frac{1}{2} \times 3 \times 6 = 9$$

x값 3과 삼각형의 면적 9를 위치 (3, 9)에 점으로 표시합니다. 이것을 [그림 2-37]에 나타내었습니다.

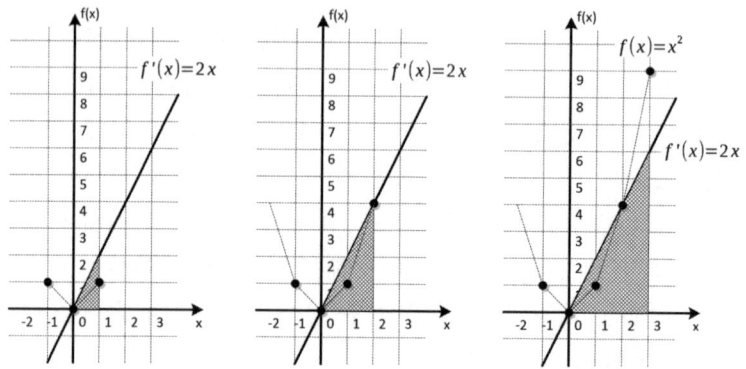

[그림 2-37] $f'(x) = 2x$와 x축이 이루는 삼각형의 면적을 구해 보면 x와 면적의 관계는 $f(x) = x^2$로 표시됩니다.

[그림 2-37]을 보면 $f'(x)=2x$의 면적을 구하는 과정이 $f(x)=x^2$ 함수를 구성한다는 것을 알 수 있습니다. 이렇게 **미분된 함수의 면적을 구하는 것이 미분되기 전의 원래 함수와 연관되어 있음**을 알 수 있습니다. 함수 $g(x)$에 대해 $[a, b]$ 간격의 면적을 구하는 것을 $S_a^b(g(x))$와 같이 나타낸다고 가정해 봅시다. 그러면 $f'(x)=2x$에 대해 $[1,3]$ 간격의 면적은 다음과 같이 구할 수 있습니다.

$$f(x)=x^2$$
$$f'(x)=2x$$
$$S_1^3(f'(x))=f(3)-f(1)$$
$$S_1^3(2x)=3^2-1^2=8$$

미분의 결과로 $f'(x)$를 얻었을 때, 원래 함수 $f(x)$를 다음과 같이 찾아 냅니다. $f(x)$는 $f'(x)$에 대해 $[0,x]$ 간격의 면적을 나타냅니다. $f(b)-f(a)$를 계산하면, $[0, b]$의 면적에서 $[0, a]$의 면적을 뺀 것이므로 $[a, b]$ 간격에 대한 면적이 됩니다.

직선이 아니라, 임의의 곡선과 x축이 이루는 면적을 어떻게 구할 수 있을까요? 예를 들면 $[1, 3]$ 간격에서 $f(x)=x^2$ 그래프와 x축이 이루는 면적을 어떻게 구할 수 있을까요?

표준수학

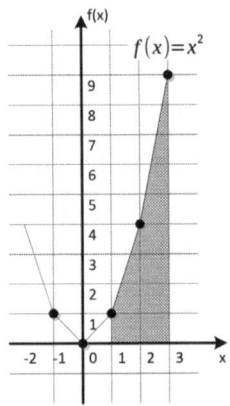

[그림 2-38] $f(x)=x^2$과 x축이 이루는 면적을 구하려고 합니다.

정확한 면적이 아니라 근사치의 면적을 구하는 방법은 $f(x)=x^2$와 x축 사이의 공간이 유한개의 직사각형으로 구성되었다고 가정하고 직사각형의 면적을 모두 합하는 것입니다. [그림 2-39]는 이 공간이 각각 두 개와 네 개의 직사각형으로 구성되었다고 가정하고 면적의 근사치를 구하는 방법을 보여줍니다.

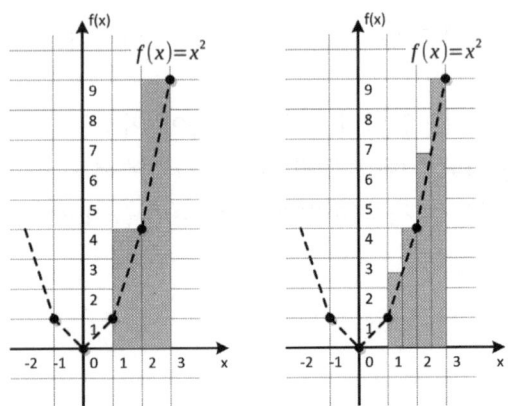

[그림 2-39] 그래프와 x축이 이루는 공간의 면적: x축을 따라 무한개의 사각형이 존재한다고 가정하고, 사각형의 면적을 모두 더하면 됩니다.

직사각형의 개수가 알려져 있고, 각 x값에 대해 직사각형의 면적을 구하는 식 $F(x)$를 알 수 있다면, 우리는 이것을 **합(Sum)**의 S에 해당하는 그리스 기호 대문자 $\sum$(시그마, sigma)를 사용하여 나타냅니다. 만약 직사각형의 개수가 두 개라면 다음과 같이 나타낼 수 있습니다.[29]

$$\sum_{1}^{2} F(x) = F(1) + F(2) \quad \text{(식 2-46)}$$

직사각형의 개수가 네 개라면 다음과 같이 나타냅니다.

$$\sum_{1}^{4} F(x) = F(1) + F(2) + \cdots + F(4) \quad \text{(식 2-47)}$$

그런데 정확한 면적을 구하기 위해서는, "무한에 대한 직관"을 사용하여 직사각형의 개수가 무한개라고 가정해야 합니다. 그러면 $\sum$ 기호 대신에 **S를 세로로 길게 늘어뜨린 모양인 $\int$를 사용**하여 나타냅니다.[30] 예를 들면 간격 [1, 3]에 대해서 x^2과 x축이 이루는 면적은 다음과 같이 나타냅니다.

$$S = \int_{1}^{3} x^2 \, dx \quad \text{(식 2-48)}$$

(식 2−48)에서 dx는 "x축을 따라 무한개의 사각형이 존재

---

[29] $\sum_{1}^{2}$는 "시그마 1에서 2까지"(sigma from 1 to 2)라고 읽습니다.

[30] $\int$는 인테그랄(integral)이라고 읽습니다. $\int_{1}^{3}$는 "인테그랄 1에서 3까지"(integral from 1 to 3)라고 읽습니다. 인테그랄은 '두 개 이상의 것들을 효과적으로 모으는 동작'을 의미하는 integration에서 파생된 단어입니다.

할 때 그 사각형의 너비(width)가 무한대로 0에 수렴하는 작은 값"이라는 의미입니다. 미분의 정의에 사용한 dx와 같은 의미가 됩니다. (식 2-48)을 계산하기 위해서는 미분의 결과로 x^2이 되는 원래 식을 먼저 찾아내야 합니다. $f(x)=x^2$이라고 하면 $F'(x)=f(x)$가 되는 $F(x)$를 찾아야 합니다. $F(x)$를 찾으면 그중 하나는 (식 2-48b)와 같습니다.

$$F(x)=\frac{1}{3}x^3 \quad \text{(식 2-48b)}$$

$$F'(x)=\frac{1}{3}3x^2=x^2=f(x)$$

$F(x)=\frac{1}{3}x^3$를 찾았으므로, (식 2-48)을 계산하여 [1, 3]에서의 면적을 구할 수 있습니다. [1, 3]에서의 면적은 [0, 3]의 면적에서 [0, 1]의 면적을 뺀 것과 같습니다. 그것은 다음 (식 2-48c)와 같이 구할 수 있습니다.

$$F(3)=\frac{1}{3}3^3=9$$

$$F(1)=\frac{1}{3}1^3=\frac{1}{3}$$

$$S=\int_1^3 x^2\,dx=\Big[F(x)\Big]_1^3=\Big[\frac{1}{3}x^3\Big]_1^3 \quad \text{(식 2-48c)}$$

$$=F(3)-F(1)=9-\frac{1}{3}=\frac{26}{3}$$

이와 같이 간격이 정해졌을 때, 주어진 함수와 x축 사이의 도형의 면적을 구하는 것을 "간격이 정해진 적분" 줄여서 **"정적분**(definite integral)"이라고 합니다.

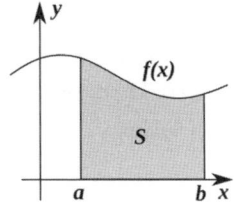

[그림 2-40] 간격 $[a, b]$에서 $f(x)$와 x축이 이루는 면적

[그림 2-40]은 임의의 함수 $f(x)$와 x축이 간격 $[a, b]$에서 이루는 면적을 나타냅니다. 이것을 **정적분**(definite integral)이라고 하고 (식 2-49)처럼 정의합니다.

$$S = \int_b^a f(x)dx \text{ (식 2-49, 정적분의 정의)}$$

적분과 미분은 역(inverse)의 관계이므로 (식 2-50)이 성립합니다.

$$\frac{d}{dx}\left(\int_0^x f(t)dt\right) = f(x) \text{ (식 2-50, 미분과 적분의 관계)}$$

면적을 구하지 않고, 미분의 결과를 보고 원래 함수를 찾아내는 것을 **부정적분**(indefinite integral)이라고 하는데, 부정적분을 계산할 때는 상수함수를 고려해 주어야 합니다.

모든 정의구역에 대해서 항상 같은 값을 리턴하는 함수를 상수함수라고 하는데, (식 2-51)처럼 정의할 수 있습니다.

$$f(x) = c \text{ (식 2-51)}$$

상수함수를 그래프로 그리면, x축과 평행한 가로축을 가지는 형태입니다. 그러므로 이러한 함수의 기울기는 항상 0이며, 상수 함수의 미분은 항상 0이 됩니다.

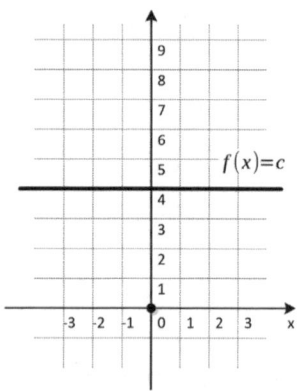

[그림 2-41] $f(x)=4$는 모든 x값에 대해 항상 상수 4를 리턴하는 상수함수입니다. 상수함수의 기울기, 즉 미분값은 항상 0입니다.

x^2의 미분이 $2x$라고 해서, $2x$의 적분이 x^2이 되는 것은 아닙니다. 왜냐하면, 임의의 상수 c의 미분은 0이기 때문에, 미분의 결과로 $2x$가 되는 원래 함수는 다음과 같이 무한개가 존재합니다.

$$x^2$$
$$x^2 + c_1$$
$$x^2 + c_1 + c_2 + \cdots$$

그러므로 $2x$를 적분해서 원래 함수를 구할 때 이러한 상수 값의 존재를 고려해 주어야 합니다. 그러므로 $2x$의 부정적분의 결과는 (식 2-52)와 같이 임의의 **적분 상수** C를 포함해서 나타내야 합니다.

$$\int (2x)dx = x^2 + C \text{ (식 2-52)}$$
$$(x^2 + C)' = 2x \text{ (식 2-53)}$$

$F(x)$ 함수의 미분의 결과로 $f(x)$를 얻었다고 합시다. 그러면, $f(x)$의 부정적분을 (식 2-54)와 같이 정의할 수 있습니다.

$$F'(x) = f(x)$$
$$\int f(x)dx = F(x) + C \text{ (식 2-54, 부정적분의 정의)}$$

(식 2-54)에서 C는 임의의 상수인데, 적분 상수라고 합니다.

3장 기본함수: 지수함수

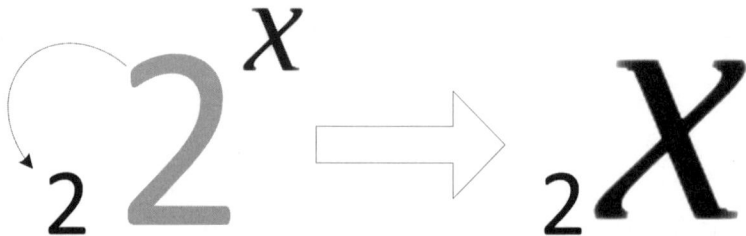

지수함수(Exponential Function)
　―희귀한 지구
지수함수의 역함수
지수함수의 접하는 직선 함수
이상한 수 e
[표준수학] 로그함수와 로그의 성질

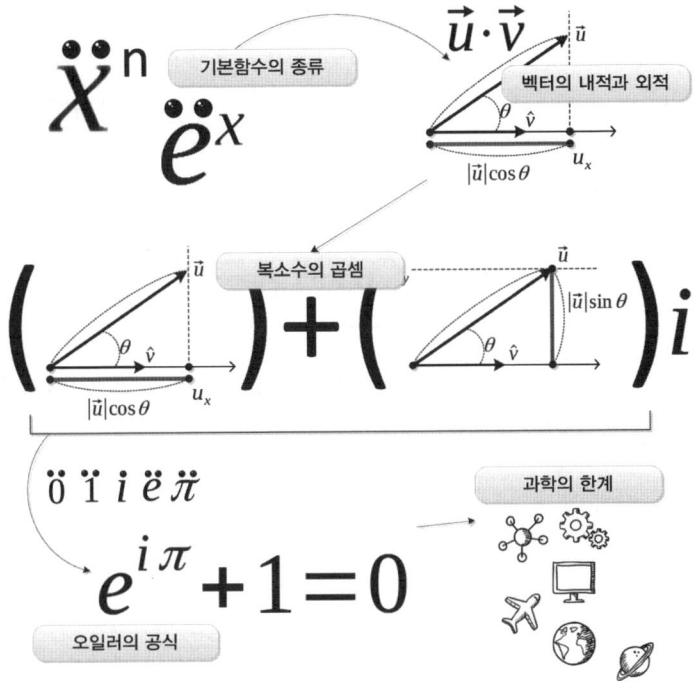

우리는 기본함수의 종류를 모두 파악하는 중입니다. 2장에서 첫 번째 기본함수인 파워함수와 기본수 i를 찾았습니다. 남은 기본함수를 하나씩 정의할 때마다, 기본수를 하나씩 더 발견하게 될 것입니다. 그리고 벡터의 내적과 외적의 개념을 파악한 이후에, 복소수의 곱셈에 포함된 내적과 외적의 개념을 파악할 것이고, 기본수들이 이루는 완벽한 관계를 기술하는 식을 이해하게 될 것입니다. 이 과정을 통해 자연법칙을 기술하는 수식의 아름다움과, 필연적으로 존재하는 과학의 한계를 알게 될 것입니다.

이제 두 번째 기본함수를 위한 여행의 시작입니다.

● 지수함수(Exponential Function)

파워함수(power function)는 밑(base)이 변수이고 지수(exponent)가 상수인 형태입니다. [그림 3−1]은 변수 x를 n번 곱한 파워함수 x^n의 의미를 설명합니다.

$$\underbrace{x \times x \times \ldots \times x}_{n} = x^n$$

[그림 3−1] x를 n번 곱한 것을 x^n이라고 적습니다. 밑 x가 변수이고, 지수 n이 상수(constant)이면 파워함수라고 합니다.

지수 형태의 식에서 밑이 상수이고 지수가 변수인 형태의 새로운 함수를 고려해 볼 수 있습니다. 이러한 함수를 **지수함수**(exponential function)라고 합니다.

$$\underbrace{a \times a \times \ldots \times a}_{x} = a^x$$

[그림 3−2] a를 x번 곱한 지수함수를 a^x로 정의합니다. 지수 부분 x가 변수입니다.

파워함수와 지수함수는 비슷한 형태이지만 동작은 다릅니다. (식 3−1)은 지수 부분이 2인 파워함수이고, (식 3−2)는 밑이 2인 지수함수입니다. $f(64)$는 $64 \times 64 = 4,096$이지만, $g(64) = 2^{64}$은 현실에서는 거의 볼 수 없는 엄청나게 큰 수입니다.

$$f(x) = x^2 \text{ (식 3−1)}$$

$$g(x) = 2^x \text{ (식 3-2)}$$

밑이 2인 지수함수는, 2진수를 사용하는 컴퓨터가 다룰 수 있는 메모리의 크기를 나타낼 수 있습니다. 예를 들면, 2^{64}은 64bit 운영체제인 Windows 10이 다룰 수 있는 메모리(memory)의 크기입니다. 2^{64}이 얼마나 큰 수인지 이해하기 위해 우주의 나이와 비교해 보겠습니다.

우주의 밤하늘을 관측하면, 가장 멀리서 오는 별빛은 지구에서 138억 광년 떨어져 있습니다. 그것은 우리가 속한 **관성계**(inertial frame)에서 우주의 나이는 138억 년이라는 의미입니다. 138억 년을 초(second) 단위로 변환해보겠습니다. 1년은 365일, 1일은 24시간, 1시간은 60분, 1분은 60초입니다. 그러므로 1년을 초 단위의 시간으로 계산하면 (식 3-3)과 같습니다.

$$365일 \times 24시간 \times 60분 \times 60초 = 31{,}536{,}000 \text{ (식 3-3)}$$

이제 (식 3-3)에서 구한 값을 138억과 곱하면 우주의 나이를 초 단위로 구할 수 있습니다. 그것은 (식 3-4)와 같습니다.

$$31{,}536{,}000 \times 13{,}800{,}000{,}000년$$
$$= 435{,}196{,}800{,}000{,}000{,}000 \text{ (식 3-4)}$$
$$10^{17} < 435{,}196{,}800{,}000{,}000{,}000 < 10^{18}$$

계산을 간단하게 하기 위해 (식 3-4)의 값을 10^{18}과 비교해 보겠습니다. 우주의 나이는 10^{18}보다는 많이 작습니다. 1,000은 약 $2^{10} = 1{,}024$입니다. 그러면 (식 3-5)에 의해 10^{18}은 약 2^{60}인 것을 알 수 있습니다.

$$10^3 = 1{,}000 \approx 2^{10} = 1{,}024$$
$$10^{18} = (10^3)^6 \approx (2^{10})^6 = 2^{60} \quad \text{(식 3-5)}$$

넉넉하게 시간을 계산하여, 2^{60}을 초 단위의 우주의 역사라고 가정하면, $2^{64} = 2^4 2^{60} = 16 \times 2^{60}$이므로, $g(64) = 2^{64}$은 우리 우주 역사의 16배에 해당하는 시간입니다!

[그림 3-2b] 허블 망원경이 촬영한 우주: 관측 가능한 우주의 크기는 8.8×10^{26}m 입니다. 지수가 얼마나 큰 수인지 가늠해 볼 수 있습니다. (출처: NASA 울트라 딥 필드 이미지, Wikimedia Commons, https://en.wikipedia.org/wiki/File:Hubble_ultra_deep_field_high_rez_edit1.jpg)

한 가지 더 컴퓨터 바둑(Computer Go)의 예를 들어보겠습니다. 2016년 구글(Google)의 알파고(AlphaGo)가 컴퓨터 바둑에서 이세돌 기사를 이긴 사건이 있었습니다. 인공지능의 우수성을 보여주기 위해 컴퓨터 바둑을 선택하는 이유는, 일반적인 컴퓨터 알고리즘으로 풀 수는 있지만, **다룰 수 없는 문제**(intractable problem)의 범주에 속하기 때문입니다. "다룰 수 없는 문제"란 정답을 찾을 수 있지만, 시간이 너무 많이 걸린다는 의미입니다.

[그림 3-3] 컴퓨터 바둑은 19개의 행과 19개의 열로 구성된 바둑판에 흰 돌과 검은 돌을 번갈아 놓는 게임입니다.

컴퓨터 바둑이 나타낼 수 있는 경우의 수는, 바둑판의 크기가 $19 \times 19 = 361$이고, 각 위치에 흰 돌과 검은 돌을 배치할 수 있으므로 2^{361}입니다. 2^{60}과 비교해 보더라도, 2^{361}은 정말 엄청나게 큰 수임을 알 수 있습니다. 그래서 이러한 복잡성을 가지는 문제에서 컴퓨터가 사람을 이긴 것은 AI(인공지능, Artificial Intelligence)의 큰 진보인 것입니다.

$$19 \times 19 = 361 \quad \text{(식 3-6)}$$
$$2^{361} \quad \text{(식 3-7)}$$

지수함수는 입력 변수 x가 선형적(linear)으로 증가할 때, 정말 빠르게 함수의 값이 증가하는 함수입니다. 이러한 특징 때문에 지수적으로 증가한다는 표현은 엄청나게 빠르게 증가한다는 의미로 사용합니다. 이제 우리는 기본함수를 구성하는 테이블에 [그림 3-4]처럼 지수함수를 추가하겠습니다. 지수함수가 밑을 2로 사용하는 것이 아니라, 임의의 상수 a를 사용한다고 가정하고 a^x로 나타내었습니다.

	함수	접하는 직선	역함수	이상한 수
파워함수	x^n	nx^{n-1}	$^n x$	i
지수함수	a^x			
투영된 선분길이 함수				

[그림 3-4] 기본함수 테이블: 지수함수 a^x를 기본함수 테이블에 추가합니다.

함수를 정의하면 ① 그리기, ② 역함수, ③ 접하는 직선의 함수를 찾는 것이 기본적인 작업이라고 했습니다. 이제 지수함수를 그려보겠습니다.

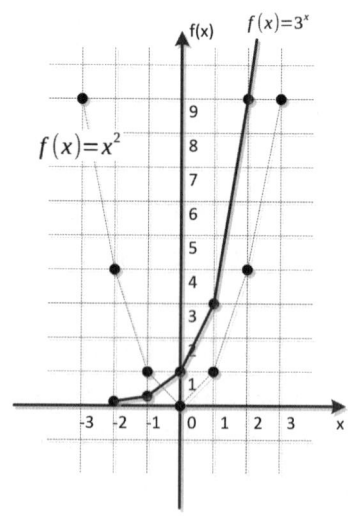

[그림 3-5] 지수함수 3^x는 파워함수 x^2보다는 빠르게 y값이 증가합니다.

[그림 3-5]는 파워함수 x^2과 지수함수 3^x를 그린 것입니다. x값이 적은 경우, 지수함수는 그렇게 빨리 증가하는 것처럼 보이지는 않습니다. 하지만 파워함수보다는 빠르게 경사가 증가하

는 것을 볼 수 있습니다. 또 2사분면에서 x값이 적어짐에 따라, 지수함수는 0에 접근합니다. 왜냐하면 (식 3-8)과 같은 성질을 가지기 때문입니다.

$$3^{-x} = \frac{1}{3^x}$$ (식 3-8)

(식 3-8)은 x의 값이 커지면 분모(denominator)가 빠르게 증가하므로 0으로 접근합니다. 지수함수가 얼마나 빠르게 증가하는지 비교하기 위해, [그림 3-6]처럼 좀 더 큰 x값에 대해서 그래프를 그려볼 수 있습니다.

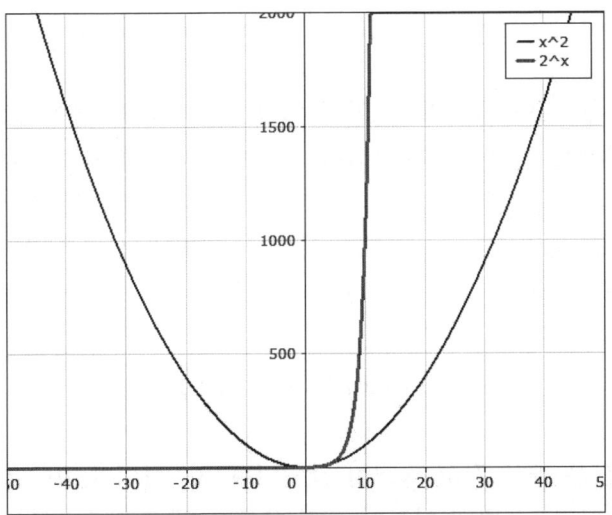

[그림 3-6] x^2 그래프와 2^x 그래프의 비교: 지수함수(y축에 가까운 그래프)는 x값이 커짐에 따라, y값이 급격하게 증가하는 것을 확인할 수 있습니다.

[그림 3-6]을 보면, x값이 커질 때는 지수함수는 급격하게 y값이 증가하여 곡선이 거의 수직선의 형태를 가지며, x값이 작아질 때는 거의 수평선의 형태를 가지는 것을 알 수 있습니다.

이처럼 지수를 이용하면 엄청나게 큰 수뿐만 아니라, 엄청나게 작은 수를 나타낼 수 있습니다.

작고 정교한 수가 물리학에서 어떻게 사용되는지 살펴보기 위해, **만유인력의 법칙**(Law of universal gravity)을 예로 들어 봅시다.

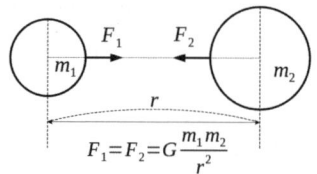

[그림 3-6b] 만유인력의 법칙: 질량 m_1인 물체와 m_2인 물체가 서로 r만큼 떨어져 있을 때 두 물체는 서로를 끌어당깁니다. (출처: Wikimedia Commons)

질량 m_1인 물체와 m_2인 물체가 서로 r만큼 떨어져 있을 때, 두 물체는 질량의 곱에 비례하고, 거리의 제곱에 반비례하는 힘으로 서로를 끌어당깁니다. [그림 3-6b]에서 대문자 G는 **중력상수**(gravitational constant)라고 하는데, 관찰과 실험을 통해서 경험적으로 정해진 값입니다. 현재 G값은 다음과 같습니다.

$$G \approx 6.674 \times 10^{-11} \quad \text{(식 3-8b)}$$

G값은 매우 작고 정교한 값입니다. 이 값이 $1/10^{40} = 10^{-40}$ 정도만 달라도, 빅뱅 이후에 우리 우주는 생겨날 수 없었습니다.[31] 10은 $2^3 = 8$보다는 크고, $2^4 = 16$보다는 작으므로 (식 3-8c)가 성립합니다.

---

31) McGrath, Alister E. (2009). A Fine-Tuned Universe: The Quest for God in Science and Theology (1st ed.). Louisville, KY: Westminster John Knox Press.

$$16^{-40} < 10^{-40} < 8^{-40} \text{ (식 3-8c)}$$
$$8^{-40} = (2^3)^{-40} = 2^{-120} \text{ (식 3-8d)}$$

(식 3-8d)를 보면 10^{-40}을 2^{-120}으로 간주하더라도, 우주의 나이가 2^{60}초인 것을 가정하면, $10^{-40}(\approx 2^{-120})$이 얼마나 작고 정교한 값인지 짐작할 수 있습니다. 우리 우주는 이렇게 정교하게 설정된 것처럼 보이는 상수를 수십 개 가집니다.

몇 가지 더 예를 들면 아인슈타인의 일반 상대성 이론을 설명하는 중력장 방정식에는 우주 상수(cosmological constant) Λ(람다, lambda)가 있습니다.

$$G_{\mu\nu} + \Lambda g_{\mu\nu} = \frac{8\pi G}{c^4} T_{\mu\nu}$$

우주 상수의 값은 다음과 같습니다.

$$\Lambda = 1.1056 \times 10^{-52} s^{-2}$$

우주가 빅뱅으로 폭발해서 팽창할 때, 팽창 속도에서 극도로 미세한 차이만 있어도 우주의 물질은 생길 수 없었습니다. 노벨상 수상자인 스티븐 와인버그(Steven Weinberg)에 따르면 필요한 팽창률을 결정하는 수는 소수점 이하 120자리 $1/10^{120}$ 이내로 정밀했어야 합니다.[32] 이 외에도 원자를 구성하는 입자의 질량, 원자를 서로 결속하는 힘 등이 모두 극도로 정확한 값을 가지지 않았다면 빅뱅은 생명체가 없는 우주를 만들었을 것입니다.[33] 여

---

32) Weinberg, S., Facing Up: Science and its cultural adversaries, Harvard University Press, USA, pp. 80-81, 2001
33) Lewis, F. G. and Barnes, L. A., A Fortunate Universe: Life in a finely tuned cosmos, Cambridge University Press, UK, 2016

기에 대해서 우리는 다음과 같은 질문을 할 수 있습니다.

> 우주 생성에 필요한 상수들이 왜 정밀하게 설정된 것처럼 보이는가? (질문 3-8e)

우주 생성에 필요한 수많은 상수들이 너무 정교한 것에 대해 두 가지 설명이 있을 수 있습니다.

① 우연히 모든 상수가 정교하게 결정된 것이다.
② 우주를 시작한 창조자가 있을 것이다.

어떤 현상에 대한 여러 가지 설명이 있을 때, 가장 단순한 것이 최선이므로, 이것을 선택하는 것을 오컴의 면도날(Ockham's Razor)이라고 합니다. 자연과학계에서도 결론이 최소한으로 간결하고 직관적인 설명이 우대받고, 생명과학의 계통분류학에서도 가장 최소한의 가정으로 설명할 수 있는 계통도를 우선시합니다. 우주 생성에 필요한 상수들이 너무 정교한 문제에 대해, ①과 ② 중 어느 설명이 더 간결해 보입니까? 위 두 가지 설명에서 하나를 선택하는 것은 과학적 선택이 아닙니다. 과학은 창조주를 가정해서는 안 되기 때문입니다. 그러면 이 문제를 비슷한 과학의 문제로 바꾸어 보겠습니다.

[그림 3-6c] 화성에서 발견된 핸드폰은 화성의 대기 작용에 의해서 모든 부품이 우연히 조립되어서 만들어졌을 가능성이 있습니다.

가까운 미래에 인류가 마침내 화성(Mars)에 식민지를 개척하기 위해 첫 발을 내디뎠습니다. 그런데 화성 표면에서 인류가 사용하는 핸드폰과 비슷한 물체를 발견했습니다. 내부 장치를 분해해 보니, 지구에서 생산된 물건은 아닙니다. 이에 대해서 두 가지 설명이 있을 수 있습니다.

① 우연히 모든 부품이 결합되어 핸드폰이 만들어진 것이다.
② 핸드폰을 만든 디자이너가 있을 것이다.

대부분의 사람들은 ②를 선택할 것입니다. ①이 가능은 하지만 그 확률이 너무 낮기 때문입니다. 이 유비가 터무니없는 유비는 아닙니다. 왜냐하면 우리 우주와 지구의 환경과 지구의 생명은 핸드폰보다는 훨씬 정교하게 설정되었기 때문입니다.

우주 생성에 필요한 상수 값들은 너무나 정교해서 우주가 하나뿐이라면 우연은 아닌 것 같습니다. 하지만 (질문 3-8e)에 대해 ②를 선택하기 위해서는 답의 범주에 "창조자"를 포함시키는 믿음이 필요합니다. 안타깝게도 이것은 믿음입니다. 왜냐하면 창조자는 과학적인 방법으로 관측될 수 없기 때문입니다.

우주는 창조된 것이 분명해 보이지만, 만약 우리가 관측하지 못하는 우주가 무한개 있으며, 우리 우주는 그중 하나라고 가정하면, 우연이라고 해도 "무한에 대한 직관"에 의해 다른 방식의 설명이 가능하게 됩니다. 무한은 기적을 설명하는 과학적 방법으로 종종 사용되곤 합니다. 그러면 (질문 3-8e)에 대한 대답은 세 가지가 됩니다.

① 우연히 우리 우주의 모든 상수가 정교하게 결정된 것이다.
② 우리 우주를 시작한 창조자가 있을 것이다.

③ 우리 우주는 무한한 우주 가운데 하나의 우주이므로 특별한 것이 아니다.

(질문 3-8e)의 대답의 범주에 창조자를 가정한다면 어떤 대답이 가장 간단하게 보입니까? 합리적인 제게는 여전히 ②가 가장 간단한 대답처럼 보입니다.

희귀한 지구

물리학자 페르미(Fermi)는 1950년 여름에 동료 물리학자(Edward Teller, Herbert York, and Emil Konopinski)들과 대화하면서, UFO와 빛보다 빠른 여행에 대해서 이야기하고 있었습니다. 점심을 먹으면서 너무나 광대한 우주에 외계 생명체가 존재하는 것이 너무 당연할 것 같은데, 왜 그들이 존재한다는 결정적인 증거가 없는지 이야기했습니다. 페르미는 다음과 같이 투덜거렸다고 합니다.

"그렇다면 모두 어디 있는 거야?(But where is everybody?)"

이것을 **페르미의 역설**(Fermi paradox)[34]이라고 합니다. 사유의 과정은 다음과 같습니다.

- 우리 은하(the Milky Way)에는 태양(the Sun)과 비슷한 별이 수십억 개 존재한다.
- 높은 확률로 이 별들 중 일부는 별 주위의 거주 가능 영역에

---

34) 페르미의 역설, https://en.wikipedia.org/wiki/Fermi_paradox

지구와 비슷한 행성들을 가지고 있다.
- 이 별들과 많은 행성(planet)들은 태양보다 훨씬 오래되었다. 지구가 일반적이라면 그중 어떤 행성들은 훨씬 오래전에 지적인 생명체가 발달되었을 것이다.
- 이 문명들 중 일부는 현재 인류가 연구 중인 성간여행(interstellar travel)을 발전시켰을지도 모른다.
- 현재 예상하는 느린 속도의 성간여행에서도 우리 은하는 수백만 년 안에 완전히 횡단할 수 있다.
- 태양과 비슷한 많은 별들이 태양보다 수십억 년 더 나이가 많기 때문에 지구에는 이미 외계문명의 탐사선이 방문했어야 한다.
- 그러나 이런 일이 일어났다는 설득력 있는 증거는 없다.

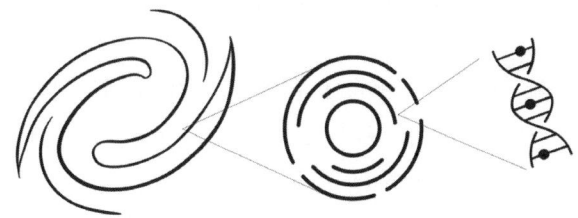

[그림 3-6d] 우리 은하(Milky way)의 꼭 필요한 위치에 태양계가, 태양계의 꼭 필요한 위치에 지구가, 생명에 꼭 필요한 것들이 모두 갖춰진 환경에 우리는 살고 있습니다.

페르미의 역설에 대한 하나의 대답이 **"희귀한 지구 가설(희토류 가설, Rare Earth hypothesis)"** 입니다. 희토류 가설은 우주의 어디에서나 복잡한 생명의 탄생은 일어날 것 같지 않은 수많은 우연을 필요로 한다는 것입니다.

은하계에서 거주 가능한 곳(Galactic habitable zone)에 행성이 위치해야 합니다. 필요한 조건을 갖추면서 태양 같은 별이 중앙에 있는 계(system)가 필요합니다. 지구와 같이 적절한 질량을 가지는 거주 가능한 행성이 있어야 합니다. 이러한 것들 중 몇 가지를 나열하면 다음과 같습니다.[35]

1. 적절한 은하 종류에서 적절한 위치의 지구
2. 적절한 종류의 태양 주위를 적절한 거리에서 도는 지구
3. 행성들의 적절한 배치
4. 지구의 지속적이고 안정적인 궤도
5. 적절한 크기의 거주 가능한 행성
6. 판구조론(Plate tectonics)
7. 적절한 크기의 달
8. 대기(An atmosphere)
9. 복잡한 생명체를 발생시킨 적절한 진화
10. 진화 역사에서의 적절한 타이밍

이와 같은 희귀한 조건에서 우리 지구가 존재하고, 우리 생명이 존재하지만 지구가 희귀하지 않다는 반론[36]도 존재합니다. 또 최신 우주론이 주장하는 것처럼, 무한개의 다중 우주(multiple universe)가 존재한다면, "인류원리"에 의해 지구가 속한 우리 우주는 희귀한 것이 아니라, 그저 무한개의 우주 가운데 "전 우주에서 하나의 행성에만 생명이 존재하는" 하나의 우주일 뿐입니다.

그런데 실제 우주는 하나뿐이라면, 온 우주가 지구와 지구에 살고 있는 인간을 위해 설정된 것처럼 보입니다. 물리학자 스티븐 웹(Stephen Webb)은 자신의 책(*If the Universe Is Teeming with Aliens …Where Is Everybody?*, 2015, Springer)에서 우주에는 우리뿐인 것 같

---

[35] McGrath, Alister E. (2009). A Fine-Tuned Universe: The Quest for God in Science and Theology (1st ed.). Louisville, KY: Westminster John Knox Press.
[36] 희귀한 지구에 대한 반론, https://en.wikipedia.org/wiki/Rare_Earth_hypothesis

다고 이야기하면서 앞으로 남은 인류 멸망의 장벽들을 잘 넘어서면서 문명을 개척해야 한다고 이야기합니다.

"① 지구는 하나뿐이고, 지적인 생명체도 우리뿐이다"라는 주장과 "② 우리는 매 순간 만들어지는 무한개의 다중 우주에서 그저 우연히 생명이 발생한 우주에 존재하는 것이다"라는 주장 중에서 어느 것이 간단한 것 같습니까? 제게는 ①이 더 간단해 보입니다.

필자는 온 우주가 인류를 위해 설정된 것이라고 믿습니다. 실제로 지구의 생명을 구성하기 위해서는 수십억 년 동안 별들이 먼저 만들어져야 합니다. 천문학자 이석영은 그의 책 《초신성의 후예》에서 다음과 같이 이야기합니다.

> 우리의 존재는 그 자체가 기적과 같다. 인간의 몸을 구성하는 물의 기본 원소인 수소는 우주가 빅뱅 후 처음 수 분 동안 만들어 낸 것이고, 나머지 원소는 모두 그 후에 우주의 별이 만든 것이다. 지구에 우리가 태어나고 존재하기 위해 반드시 태양이 태어났어야 했고, 무거운 별들이 과거에 존재했어야 했으며, 우리 은하의 존재를 위해 암흑 물질이 집을 만들어야 했다.
>
> 우주에 우리 말고 다른 외계 생명체가 존재하는지 나는 알지 못하지만 오로지 우리만 이 광활한 우주에 존재한다 하더라도 반드시 이 모든 복잡한 과정이 꼭 필요했던 것이다. 나 하나의 존재를 위해 실로 전 우주가 일을 했다고 해도 과언이 아닌 것이다.[37]

더 놀랄 만한 사실은 우리의 실체가 우리가 인식하는 차원을

---

37) 이석영, 《초신성의 후예》, 사이언스북스

초월한 존재일 가능성이 있다는 것입니다. 그것의 근거는 6장 변환과 7장 특수 상대성 이론을 다루면서 살펴보도록 하겠습니다.

우주와 지구의 크기를 비교해 보면 우리 지구는 우주에서 한낱 먼지에 불과하다는 것을 깨닫게 됩니다.

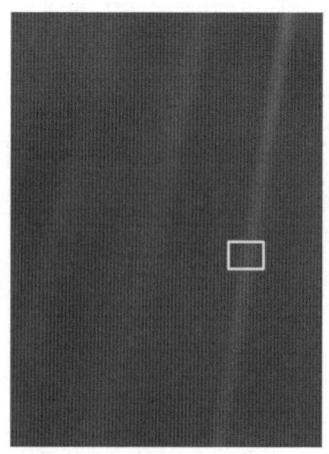

[그림 3-6e] 창백한 푸른 점(Pale Blue Dot): 보이저 1호(Voyager 1 space probe)가 60억 킬로미터 거리에서 지구를 촬영한 사진입니다. 네모 친 부분의 가운데 있는 흰 점입니다. (출처: Wikimedia Commons, https://en.wikipedia.org/wiki/File:Pale_Blue_Dot.png)

그런데 우리 개인이 시간 차원을 초월한 영원불멸의 존재라면, 각 개인은 온 우주보다도 더 귀한 존재입니다. 루이스(C. S. Lewis)가 《The Weight of Glory》(영광의 무게)에서 이야기하듯이, 우주가 아무리 크더라도 그것은 유한하여 시작과 끝이 있으므로, "영원"을 살아야 하는 존재에게 우주의 역사는 한낱 먼지일 뿐이기 때문입니다.[38]

---

38) C. S. Lewis, 《The Weight of Glory》, 1949

성경은 인류가 살 수 있도록 온 우주가 준비되었고,[39] 그래서 우리 각자는 우주의 창조 이전에 이미 선택된 귀한 존재라고 이야기합니다.[40] 유일한 지구를 설명하는 더 간단한 주장이 이미 성경에 있다면, 무조건 무시하지 말고 최소한 답은 아닌지 확인해 볼 필요가 있다고 생각됩니다.

---

39) 창세기 1장 28절
40) 에베소서 1장 4절

● 지수함수의 역함수

이제 지수함수의 역함수를 정의해 보겠습니다. 파워함수의 역함수를 정의하기 위해, 우리는 오른쪽 위첨자의 위치를 왼쪽 위첨자로 변경했습니다.

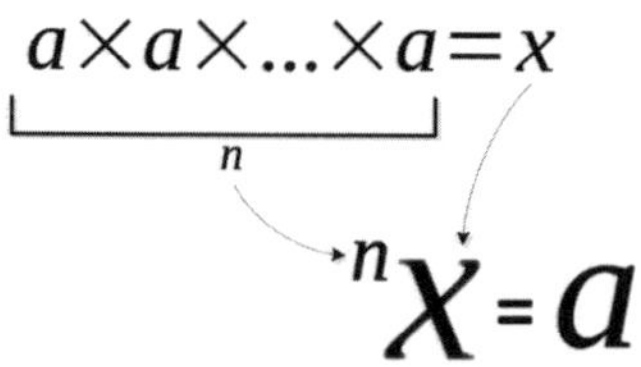

$$\underbrace{a \times a \times \ldots \times a}_{n} = x$$

$$^n\!X = a$$

[그림 3-7] 파워함수의 역함수: a를 n번 곱했을 때 결과가 x라면, a를 $^n\!x(=\sqrt[n]{x})$로 나타내었습니다.

[그림 3-7]에서 파워함수의 역함수는 x와 n을 알 때, a를 구하는 함수이고, 지수함수의 역함수는 x와 a를 알 때, n을 구하는 함수입니다. 예를 들면 파워함수의 역함수를 의미하는 $^2 9$는 제곱하면 9가 되는 수이므로, $^2 9 = {}^2(3 \times 3) = 3$입니다. 지수함수의 역함수를 나타내기 위해서, 밑을 왼쪽 아래첨자로 적도록 하겠습니다. 예를 들면 지수함수 2^x가 정의되었을 때, 2^x의 역함수를 나타내기 위해 밑 2를 독립변수 x의 왼쪽 아래첨자로 $_2 x$처럼 적는 것입니다.

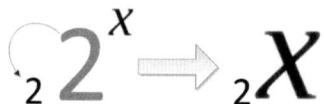

[그림 3-8] 지수함수의 역함수를 나타내기 위해, 독립변수의 왼쪽 아래첨자를 사용합니다.

예를 들면 $_28$은 "2를 몇 번 곱하면 8이 되는가?"를 묻는 것입니다.[41] 2를 3번 곱하면 8이므로, $_28 = {_2}(2 \times 2 \times 2) = {_2}(2^3) = 3$입니다. [그림 3-9]처럼 a를 n번 곱해서 x를 얻었다면, n을 $_ax$라고 적는 것입니다.

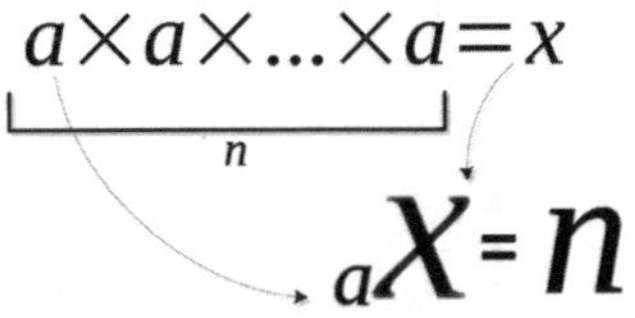

$$a \times a \times \ldots \times a = x$$
$$\underbrace{}_{n}$$
$$_ax = n$$

[그림 3-9] 지수함수의 역함수: 곱하는 수를 독립변수의 왼쪽 아래첨자로 나타냅니다. $_ax$는 x를 결과로 가지려면, a를 몇 번 곱해야 하는지 묻습니다.

지수함수의 역함수를 **로그(log)함수**라고 합니다. 로그는 로그리즘(logarithm)의 약자인데, 이 영어 단어는 그리스어의 "계산"을 뜻하는 λόγος(lŏgŏs)의 어간 log-와 "수"를 뜻하는 ἀριθμός(arithmŏs)의 합성어입니다. (식 3-9)는 몇 가지 로그함수의 예들입니다.

$$_24 \quad \text{(식 3-9)}$$
$$_28$$
$$_{10}100$$
$$_{10}1000$$

(식 3-9)의 결과는 (식 3-9b)와 같습니다.

$$_24 = {_2}(2^2) = 2 \quad \text{(식 3-9b)}$$
$$_28 = {_2}(2^3) = 3$$

---

41) $_28$은 '왼쪽 아래첨자 2의 8(left bottom subscript 2 of 8)'이라고 읽습니다.

$$_{10}100 = {_{10}}(10^2) = 2$$
$$_{10}1000 = {_{10}}(10^3) = 3$$

(식 3-9b)의 식들은 로그(log)문자를 사용하여, $\log_2 4$, $\log_2 8$, $\log_{10} 100$ 및 $\log_{10} 1000$으로 나타낼 수 있습니다.[42] [그림 3-10]은 3^x의 역함수인 $_3x$ 함수($\log_3 x$)를 그린 것입니다.

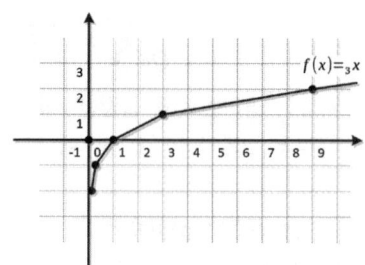

[그림 3-10] 3^x의 역함수 $_3x$를 그렸습니다. x값이 증가하더라도 y값은 거의 증가하지 않습니다. 이러한 성질 때문에 큰 x값에 대해서 로그함수는 상수로 간주할 수 있습니다.

[그림 3-11]은 지수함수와 로그함수가 서로 역함수임을 보여줍니다. 3^x 함수와 $_3x$ 함수는 역함수 관계이므로, 대각선 $y=x$ 식에 대해서 대칭되게 그려지는 것을 확인할 수 있습니다.

---

42) $\log_2 4$는 '로그 밑 2의 4(log base 2 of 4)'라고 읽습니다.

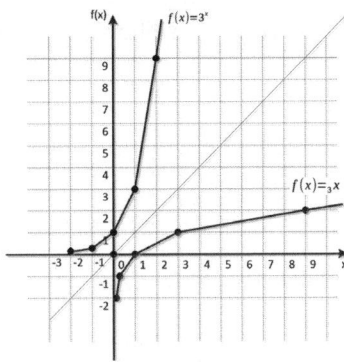

[그림 3-11] 3^x 함수와 $_3x$ 함수는 역함수 관계이므로, $y=x$ 식에 대해서 대칭되는 성질을 가집니다.

지수함수는 급격하게 빠르게 숫자가 증가하므로, 로그함수는 엄청나게 느리게 숫자가 증가합니다. 그래서 어떤 현상이 아주 좁은 간격에서 발생하면 로그함수를 사용하여 단위를 변환하여 나타낼 수 있습니다. 예를 들면 빅뱅이론에서 초창기 우주 생성의 단계를 구분할 때 초(second)가 아니라 $10 \cdot \log_{10}(second)$를 사용할 수 있습니다.[43] 예를 들면 0.000001초 대신에 -60이라고 적고, 1초 대신에 0을 적을 수 있습니다. 그러면 아주 짧은 시간 간격에 대해서 사람이 읽기 적당한 수로 나타내는 것이 가능합니다.

$10 \cdot \log_{10} 0.000001 = 10 \cdot \log_{10} 10^{-6} = 10 \cdot (-6) = -60$
$10 \cdot \log_{10} 1 = 10 \cdot \log_{10} 10^0 = 0$

이제 기본함수 테이블에서 지수함수의 역함수 부분을 채우면 [그림 3−12]와 같은 기본함수 테이블을 구성할 수 있습니다.

---

43) 빅뱅의 타임라인, https://en.wikipedia.org/wiki/Graphical_timeline_of_the_Big_Bang

	함수	접하는 직선	역함수	이상한 수
파워함수	x^n	nx^{n-1}	$^n x$	i
지수함수	a^x		$_a x$	
투영된 선분길이 함수				

[그림 3-12] 기본함수 테이블: 지수함수의 역함수 $_a x$를 채웠습니다.

다음으로 지수함수의 접하는 직선 함수를 찾아보도록 하겠습니다. 접하는 직선의 기울기를 찾기 위해, **무한에 대한 직관**(intuition on infinity)을 의미하는 lim 기호를 사용한 것을 기억하세요.

● 지수함수의 접하는 직선 함수

이제 지수함수의 접하는 직선의 기울기를 계산하는 함수를 찾아보겠습니다.

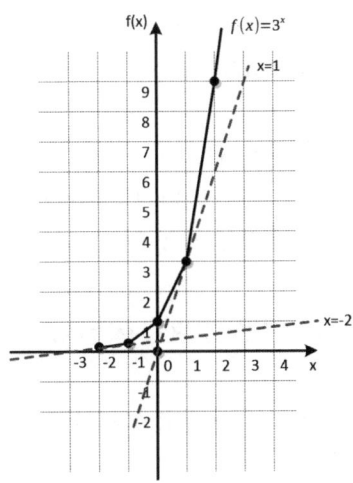

[그림 3-13] 3^x 함수에 대해서 $x=-2$일 때, $x=1$일 때 접선을 그렸습니다.

[그림 3-13]에 3^x 함수에 대해서 $x=-2$일 때, $x=1$일 때 접선을 그렸습니다. $x=-2$일 때 접선의 기울기는 약 0.1 정도이고, $x=1$일 때 기울기는 약 3입니다. x가 증가함에 따라, 기울기가 급격하게 증가하는 것을 알 수 있습니다. [그림 3-13b]에 다시 무한에 대한 직관을 적용하여 지수함수 $f(x)=a^x$의 접하는 직선을 그렸습니다.

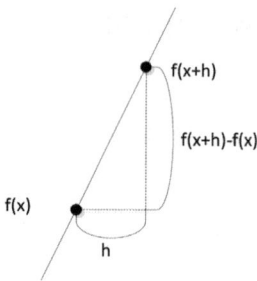

[그림 3-13b] 함수의 특정한 부분이 굽어 있더라도, 무한에 대한 직관을 사용하면, 완벽한 접하는 직선을 찾을 수 있습니다.

(식 3-10)은 일반적인 함수 $f(x)$에 대해, 접하는 직선의 기울기를 찾는 일반적인 공식입니다. lim 기호는 h가 무한대로 0에 접근하는 것을 나타낸다는 것을 상기하세요.

$$\lim_{h \to 0} \frac{f(x+h)-f(x)}{h} \quad \text{(식 3-10)}$$

이제 함수 a^x를 (식 3-10)에 대입하면 (식 3-11)을 얻습니다.

$$\lim_{h \to 0} \frac{a^{(x+h)}-a^x}{h} = \lim_{h \to 0} \frac{a^x a^h - a^x}{h} = a^x \left(\lim_{h \to 0} \frac{a^h-1}{h} \right)$$

(식 3-11)

(식 3-11)에서 a^x를 제외한 lim 부분을 특정한 상수 c로 치환하면[44] 접하는 직선의 기울기를 함수를 (식 3-13)과 같이 적을 수 있습니다.

$$\lim_{h \to 0} \frac{a^h-1}{h} \quad \text{(식 3-12)}$$

$$a^x \left(\lim_{h \to 0} \frac{a^h-1}{h} \right) = a^x c = c a^x \quad \text{(식 3-13)}$$

---

44) a^x를 제외한 부분이 특정한 상수 값으로 수렴(convergence)하는 것이 아니라 발산(divergence)할 가능성도 있습니다.

(식 3−12)는 h가 무한히 0에 수렴할 때, 분자 a^h-1도 0에 수렴하고, 분모 h도 0에 수렴하는 $\frac{0}{0}$ 형태입니다. (식 3−12)는 수렴한다고 알려진 식[45]이므로, 이 값을 특정한 상수 c로 치환하여 (식 3−13)의 ca^x를 얻을 수 있습니다. (식 3−13)의 흥미로운 점은 접하는 직선의 기울기를 구하는 함수가, 원본 함수 a^x를 포함한다는 것입니다. 그런데 ca^x에서 c가 1이 되면 $ca^x = 1a^x = a^x$가 되어 기울기 함수가 원래 함수와 같아지는 특별한 일이 발생합니다. 이러한 a는 어떤 수일까요?

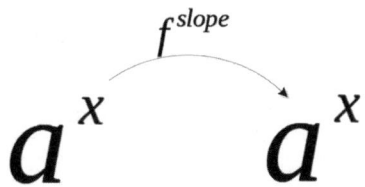

[그림 3-13c] 기울기 함수가 원래 함수와 같아지는 a를 찾으려고 합니다.

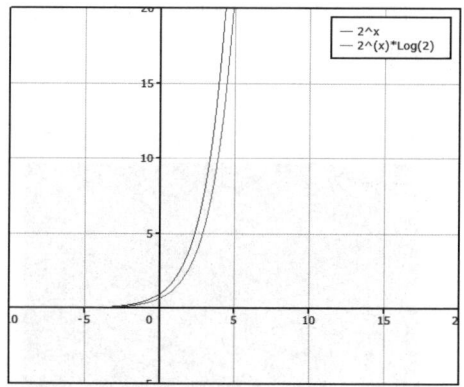

[그림 3-13d] 2^x와 2^x의 직선의 기울기를 구하는 함수의 그래프: 직선의 기울기를 구하는 함수도 지수함수입니다.

---

45) https://mathinsight.org/image/limit_e_to_h_minus_1_over_h

이제 우리는 ca^x에 대해 c를 1로 만드는 a를 찾아보도록 하겠습니다. 만약 그러한 a를 찾을 수 있다면 (식 3-14)의 지수함수에 대해, 접하는 직선의 기울기를 구하는 함수는 (식 3-15)로 원래 지수함수와 같은 함수가 될 것입니다.

$$f(x)=a^x \text{ (식 3-14)}$$
$$f^{slope}=f'(x)=a^x \text{ (식 3-15)}$$

근사 값을 찾기 위해 (식 3-12)에서 $h=0.0001$이라고 가정하면 (식 3-16)을 구성할 수 있습니다. h를 0.0001로 가정하는 이유는 소수점 이하 넷째 자리 정도만 고려해 a를 찾으려 함입니다.

$$\frac{a^{0.0001}-1}{0.0001} \text{ (식 3-16)}$$

이제 (식 3-16)의 $\frac{a^{0.0001}-1}{0.0001}$에 대해서 a값을 1부터 차례대로 넣어서 (식 3-16)의 값을 계산기로 계산해 보도록 하겠습니다. 필자는 수식을 지원하는 계산기 중에서 스피드크런치(SpeedCrunch)[46]를 사용하였습니다.

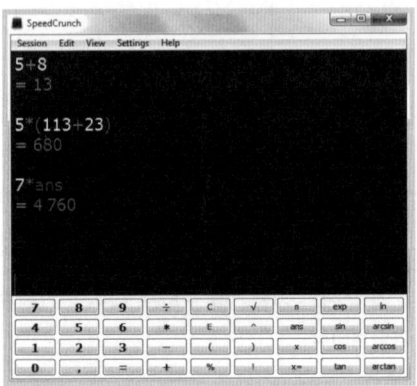

[그림 3-14] SpeedCrunch 홈페이지에서 다운받아 수식을 계산할 수 있습니다. (출처: https://speedcrunch.org/)

---

46) 스피드크런치 계산기, https://speedcrunch.org

(식 3−16)은 a값 1, 2, 3, 4에 대해서 다음과 같은 계산 결과를 확인할 수 있습니다. 수식을 지원하는 계산기에서 텍스트로 위 첨자를 입력할 수 없으므로, 지수를 나타내려면 캐럿(caret, ^기호)을 사용합니다. 예를 들면 $2^{0.0001}$은 2^(0.0001)처럼 적습니다.

$a=1$
(1^(0.0001)−1)/0.0001=0
$a=2$
(2^(0.0001)−1)/0.0001=0.6931712037656919244
$a=3$
(3^(0.0001)−1)/0.0001=1.098672638326159285
$a=4$
(4^(0.0001)−1)/0.0001=1.386390456163156846

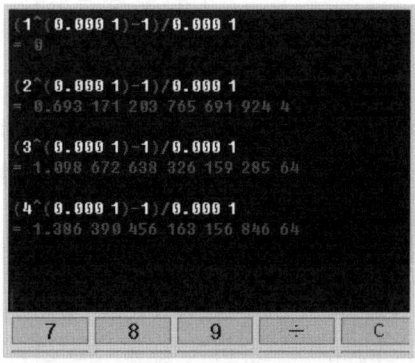

[그림 3−15] SpeedCrunch에 수식을 입력하여 $\dfrac{a^{0.0001}-1}{0.0001}$의 값을 계산할 수 있습니다. (출처: https://speedcrunch.org/)

[그림 3−15]의 계산 결과를 보면 (식 3−16)을 1로 만드는 가장 근사 값은 3입니다. $a=2$일 때 0.6931로 1보다는 작으므로, 우리가 찾는 a 값은 2와 3 사이에 존재해야 합니다. 이 값을 찾기 위해 **이분법**(bisection methods)을 사용할 수 있습니다.

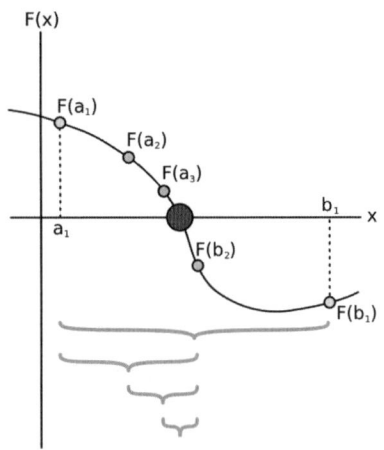

[그림 3-16] $f(x)=0$을 만족하는 x를 찾기 위해 특정한 범위에서 이분법을 적용할 수 있습니다. (출처: Wikimedia Commons, https://commons.wikimedia.org/wiki/File:Bisection_method.svg)

[그림 3-16]은 이분법이 어떻게 동작하는지 설명합니다. $f(x)=0$을 만족하는 x를 찾는 문제를 고려해 봅시다. 그런데 a_1에서 $f(x)$는 0보다 크고, b_1에서 $f(x)$는 0보다 작다는 것이 알려져 있다면, 다음 후보로 a_1과 b_1을 정확하게 이등분하는 위치의 b_2값을 대입하여 시도해 보는 것입니다. 이 과정을 계속 반복하면, 우리는 $f(x)=0$을 만족하는 근사 값 x를 찾을 수 있습니다.

$a=3$일 때 1.0986로 1보다 약간 크므로, $a=2.5$에서 시작해서 **이분법**(bisection method)으로 값의 오차를 줄여나가 보도록 하겠습니다.

$$(2.5\char`\^(0.0001)-1)/0.0001 = \mathbf{0.9163}32712591629276 12$$

2.5에 대해서 0.9163은 1보다 작으므로, 2.5와 3의 중간값인 2.75에 대해서 계산합니다.

$$(2.75\wedge(0.0001)-1)/0.0001 = \mathbf{1.0116}5208022409572968$$
$$2.5+(2.75-2.5)/2 = \mathbf{2.625}$$

2.75에 대해서 1.0116은 1보다 크므로, 2.5와 2.75의 중간값 2.625에 대해서 (식 3−16)의 $\dfrac{a^{0.0001}-1}{0.0001}$을 평가합니다.

$$(2.625\wedge(0.0001)-1)/0.0001 = \mathbf{0.9651}2746659851553021$$
$$2.625+(2.75-2.625)/2 = \mathbf{2.6875}$$

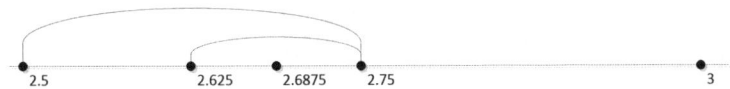

[그림 3-17] 2.5와 3에 대해 이분법으로 a를 1로 만드는 근사 값을 찾을 수 있습니다. 2.75 → 2.625 → 2.6875의 순서대로 원하는 값에 근접하고 있습니다.

0.9651은 1보다 작으므로, 2.625와 2.75의 중간값 2.6875에 대해서 (식 3−16)의 $\dfrac{a^{0.0001}-1}{0.0001}$을 계산합니다.

$$(2.6875\wedge(0.0001)-1)/0.0001 = \mathbf{0.9886}6026268855399257$$
$$2.6875+(2.75-2.6875)/2 = \mathbf{2.71875}$$

0.9886은 1보다 작으므로, 2.6875와 2.75의 중간값 2.71875에 대해서 (식 3−16)의 $\dfrac{a^{0.0001}-1}{0.0001}$을 계산합니다.

$$(2.71875\wedge(0.0001)-1)/0.0001 = \mathbf{1.0002}2223474549516269$$

(식 3-17)

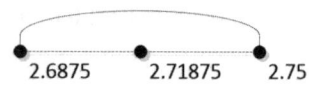

[그림 3-18] 이분법을 무한대로 적용하면, 우리는 정확하게 값을 찾을 수 있습니다. 2.71875에서 소수점 이하 셋째 자리까지가 1.000인 값을 얻었습니다.

$a=2.71875$에 대해서 1.0002를 얻었으니 소수점 이하 넷째 자리까지 거의 1인 셈입니다. 이러한 방식으로 a 값의 정밀도를 계속 높일 수 있습니다. 우리가 찾는 a 값은 소수점 이하 유효자리 셋째 자리까지 약 2.718인 것을 알 수 있습니다.

$$e \approx 2.718...$$

[그림 3-19] 특별한 수 e는 자연에서 자연스럽게 관찰되어, 자연 현상을 기술하는 데 사용되므로 자연상수라고 합니다.

이 특별한 수는 놀랍게도 소수점 이하의 유효자리가 규칙을 가지지 않는 무한 소수입니다. 이 수는 자연에서 일반적으로 관찰되는 수이므로 **"자연상수(Natural Constant)"** 혹은 수학자 오일러(Euler)의 이름을 기념하여 **"오일러 수(Euler Number)"**라고 하고 e라고 적습니다.

● 이상한 수 e

왜 이상한 수 e를 알아야 할까요? 그것은 e가 복리계산(compound interest), 표준정규분포(standard normal distribution), 최적계획 문제(optimal planning problems) 등 많은 곳에서 나타나기 때문입니다.

[그림 3-20] 자연상수 e는 물리법칙을 구성하는 기본수 중의 하나입니다.

예를 들어, 복리계산에서 어떻게 e가 나타나는지 살펴보도록 하겠습니다. 1년 단위로 100%씩 성장하는 가상의 회사를 생각해 봅시다. 시작 A시점에 자산이 100이었는데, 1년 정도가 지난 B시점에 100% 성장하여 자산이 200이 되었습니다.

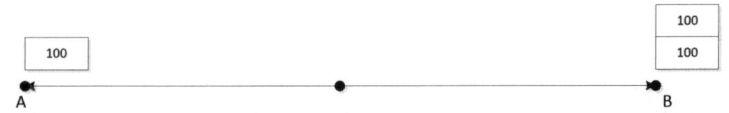

[그림 3-20b] 가상의 회사가 A에서 시작해서 1년 뒤인 B에 100%의 성장을 이루었습니다.

회사는 1년이 지난 시점에 100% 성장했지만, 성장은 어느 순간 갑자기 이루어지지 않습니다. [그림 3-21]처럼 기간을 반으로 나누어 6개월마다 50%씩 성장했다고 가정해 봅시다.

제1부 수학의 아름다움 **175**

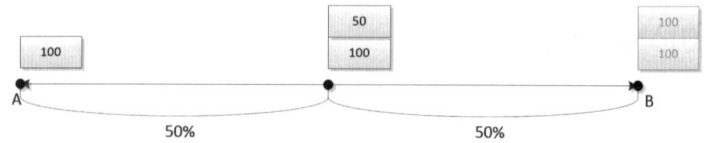

[그림 3-21] 전반기 6개월이 지난 시점에 50%의 성장을 이루었다면, 후반기 6개월은 50%의 성장에 대한 50%의 성장을 이루게 될 것입니다.

$$100 \times \left(1+\frac{1}{2}\right) = 100+50 \text{ (식 3-18)}$$

그러면 100으로 시작한 회사는 6개월이 지났을 때, 50% 성장했으므로 자산은 (식 3-18)처럼 150이 될 것입니다. 그다음 6개월의 50% 성장은 현재 시점의 자산 100+50에 대한 50%의 성장이므로 [그림 3-22]처럼 나타낼 수 있습니다.

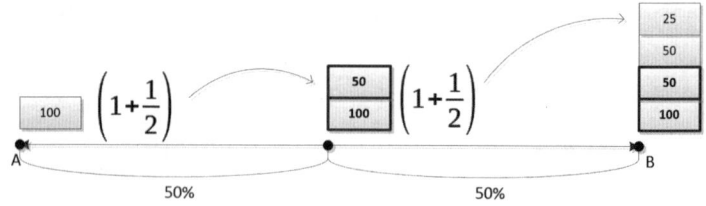

[그림 3-22] 6개월마다 50%씩 성장한다고 가정하면, 1년 뒤 자산은 225가 되었습니다.

60개월마다 50%씩 성장하면 1년 뒤에 자산은 (식 3-19)처럼 225가 되어, 1년에 100% 성장보다는 더 성장한 것을 알 수 있습니다.

$$100 \times \left(1+\frac{1}{2}\right)\left(1+\frac{1}{2}\right) \text{ (식 3-19)}$$

이 과정을 더 잘게 나누면 회사는 더 성장하게 되는 것일까요? [그림 3-23]은 1/3 단위로 성장한다고 가정한 것입니다.

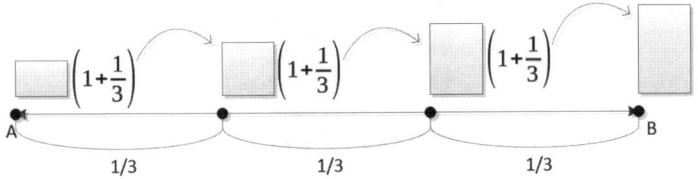

[그림 3-23] 세 단계로 나누어 성장을 가정하면 2단계 성장보다는 높은 자산을 가지게 될 것입니다.

"무한에 대한 직관"을 사용하면 회사가 성장할 수 있는 정도를 (식 3-20)처럼 나타낼 수 있습니다.

$$\lim_{n \to 0} \left(1 + \frac{1}{n}\right)^n \text{ (식 3-20)}$$

(식 3-20)은 특정한 값에 수렴하는데, 이 값이 **"오일러 수 (Euler number)"** $e = 2.7182818284\cdots$입니다. 은행에서 1년 단위로 이자를 지급하는데, 다음 이자는 원금과 이자를 합친 돈에 대한 이자(interest), 즉 복리(compound interest)로 이자를 계산합니다. 이자 지급 기간을 한 달, 하루 혹은 무한대로 나누더라도, 총 금액이 $e \approx 2.718$배을 넘지는 못할 것이라는 의미입니다.

$$\lim_{n \to 0} \left(1 + \frac{1}{n}\right)^n = e \text{ (식 3-21)}$$

필자가 고등학교 시절 (식 3-21)을 처음 보았을 때, "왜 이런 이상한 수를 정의하는 것일까?"라고 생각했고 전혀 감동적이지 않았습니다.

[그림 3-24] 오일러(Leonhard Euler) (Jakob Emanuel Handmann의 1753년 그림, 출처: Wikimedia Commons)

하지만 이 수 e는 파워함수에서 찾았던 허수(imaginary number) i와도 상관이 있고, 뒤에서 다룰 추가적인 기본수와 상관이 있고, 소수(prime number)와도 상관이 있으며, 양자역학(quantum mechanics)의 전자(electron)궤도와도 상관이 있습니다. 즉 자연계의 현상을 기술하기 위해서는 반드시 필요한 수(number)인 것입니다.

우리는 (식 3-21)에 대해서 다음과 같은 질문을 해 볼 수 있습니다.

"규칙이 있는 수식에 무한한 어떤 연산을 적용했을 때, 수렴하는 수가 있다면, 그 수는 규칙이 있는 수인가?" **(질문 3-21b)**

임의의 수(number) n에 대해, 수식 $\left(1+\dfrac{1}{n}\right)^n$은 식으로 기술되므로 규칙이 있습니다. 그런데 규칙을 가진 이러한 식의 n이 ∞일 때 나타내는 수는 규칙이 있는 수일까요? 필자의 대답은 "그렇다"입니다. 왜냐하면, 그 수는 규칙으로 기술될 수 있기 때문입니다. 그런데 왜 $e=2.7182818284\cdots$의 소수점 이하 유효자리 수는 규칙이 없는 것처럼 반복되는 것일까요? 이것에 대한 가장 간단한 대답은 e의 소수점 이하 유효자리의 수들은 규칙이 있지만, 우리가 인지하지 못하고 있을 뿐이라는 것입니다. 무한의 반복에 시간을 사용하지 않아도 되는 세상, 시간이 흐르지 않는 세상에서는 e는 숫자 1처럼 그냥 어떤 수일 것이므로, 이성적이지 않은(irrational) 수라는 혼돈은 없을 것입니다.

이제 e를 찾았으므로 지수함수의 밑을 항상 e를 사용하여 나타내도록 하겠습니다. 그러면 (식 3−22)처럼 지수함수를 정의할 수 있습니다.

$$f(x)=e^x \text{ (식 3-22)}$$

밑이 e가 아닌 다른 지수함수는 밑이 e가 되는 지수함수로 바꾸어 적을 수 있으므로,[47] 수학에서 **지수함수(exponential function)** 라고 하면 **밑이 e인 지수함수**를 말합니다. 이제 (식 3−22)의 $f(x)=e^x$에 대해, 역함수는 $_ex$가 되고, 접하는 직선의 기울기를 구하는 함수는 e^x입니다.

	함수	접하는 직선	역함수	이상한 수
파워함수	x^n	nx^{n-1}	^nx	i
지수함수	e^x	e^x	$_ex$	e
투영된 선분길이 함수				

[그림 3−25] 기본함수 테이블에 지수함수를 구성하는 행이 모두 완성되었습니다.

우리는 기본함수 테이블에서 지수함수에 해당하는 항목을 모두 수집했습니다. 그리고 지수함수의 접하는 직선의 기울기를

---

[47] 뒤에서 살펴보겠지만, $a=e^{\ln a}$로 적을 수 있습니다. 그러므로 a^x는 $(e^{\ln a})^x=e^{x\ln a}$로 적을 수 있습니다.

구하는 과정에서 또 하나의 기본수 e, 즉 **자연상수**(Natural Constant)를 발견했습니다.

$$0 \quad 1 \quad i \quad e$$

[그림 3-26] 우리는 지금까지 0, 1, i, e 네 개의 기본수를 찾았습니다.

우리는 지금까지 네 개의 기본수를 찾았습니다. 그것은 [그림 3-26]과 같습니다. 이 수를 **기본수**(Elementary Number)라고 부르는 이유는 이 수들의 조합으로 모든 다른 수를 나타낼 수 있고, 우리 우주의 물리법칙을 기술하는 데 필수적으로 사용되기 때문입니다. [그림 3-25]에서 파워함수의 역함수를 **루트함수**(root function)라고 하고, 지수함수의 역함수를 **로그함수**(log function)라고 하며, 표준 수학기호로는 (식 3-23), (식 3-24)로 적습니다.

$$^n x = \sqrt[n]{x} \text{ (식 3-23, 루트함수)}$$
$$_e x = \log_e x = \ln x \text{ (식 3-24, 로그함수)}$$

밑을 자연상수 e로 하는 로그를 "**자연로그**(Natural Logarithm)"라고 하는데, $\log_e$ 대신에 Natural의 n을 사용하여 ln으로 적을 수 있습니다. 로그함수의 경우, 밑을 e, 10, 2로 하는 로그는 특별한 이름을 가집니다. 각각을 **자연로그**(natural logarithm), **상용로그**(common logarithm), **이진로그**(binary logarithm)라고 합니다.

$$\log_e x = \ln(x) \text{ (식 3-24b, 자연로그)}$$
$$\log_{10} x = \log(x) \text{ (식 3-24c, 상용로그)}$$
$$\log_2 x = \lg(x) \text{ (식 3-24d, 이진로그)}$$

수학에서는 "$\log_e x = \ln(x)$ (식 3−24b, 자연로그)"를 대부분 사용하고, 컴퓨터공학에서는 컴퓨터가 이진수를 사용하고, 알고리즘(algorithm)의 시간 복잡도(time complexity)가 분할 후 정복(divide and conquer)[48]으로 이루어지는 경우가 많으므로, 이진로그를 많이 사용합니다.

e^x와 $_e x = \ln x$는 역함수 관계이므로 (식 3−24e), (식 3−24f)가 성립합니다.

$$e^{\ln x} = x \text{ (식 3-24e)}$$
$$\ln e^x = x \text{ (식 3-24f)}$$

(식 3−24e)의 $e^{\ln x} = x$는 5장에서 살펴볼 아름다운 식에서 실수를 식과 결합하기 위한 용도로 사용할 수 있으므로, 기억해 두시기 바랍니다. 임의의 수 a는 $e^{\ln a}$로 나타낼 수 있습니다. 우리는 지금까지 함수를 찾을 때마다 함수를 그려서 모양을 파악했습니다. 이제 이러한 함수의 변형된 형태나 조합된 형태가 어떤 모양을 나타내는지 파악하는 것은 많은 도움이 됩니다. 예를 들면 수집된 자료들의 분포를 분석하기 위해서 사용하는 **표준정규분포(Standard Normal Distribution)**[49]는 [그림 3−27]처럼 지수함수와 파워함수가 결합된 형태 $1/e^{x^2} = e^{-x^2}$입니다.

---

48) 분할 후 정복 알고리즘, https://en.wikipedia.org/wiki/Divide-and-conquer_algorithm
49) 표준정규분포, https://en.wikipedia.org/wiki/Normal_distribution#Standard_normal_distribution

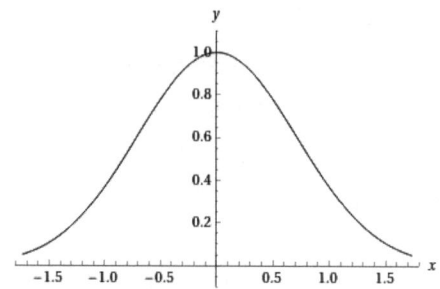

[그림 3-27] e^{-x^2}의 그래프는 종(bell) 모양의 그래프로 표현되는데, 정규분포의 기본식을 구성합니다.

지금까지 발견한 기본함수를 [그림 3-28]에 정리해 보았습니다.

[그림 3-28] 위첨자와 아래첨자를 이용하여 기본함수를 표현합니다.

x^2은 x를 2회 곱하는 것을 의미합니다.
^2x는 2회 곱해서 x가 되는 수를 의미합니다.
2^x는 2를 x회 곱하는 것을 의미합니다.
$_2x$는 x를 만들기 위해 2를 곱하는 횟수를 의미합니다.

[그림 3-29] 기본함수의 표준수학 표기법

지금부터 3장의 표준수학에서는 로그함수의 성질에 대해 설명합니다.

로그함수와 로그의 성질

$_a x$의 표준수학 표기법은 log를 사용하여 (식 3−39)처럼 나타냅니다. 로그 a의 x, 영어로는 "log base a of x"라고 읽습니다.

$$_a x = \log_a x \quad \text{(식 3−39)}$$

로그함수는 (식 3−40)에서 (식 3−43)의 다양한 특징을 가집니다.

$$\log_b xy = \log_b x + \log_b y \quad \text{(식 3−40, Product)}$$
$$\log_b \frac{x}{y} = \log_b x - \log_b y \quad \text{(식 3−41, Quotient)}$$
$$\log_b x^p = p \log_b x \quad \text{(식 3−42, Power)}$$
$$\log_b \sqrt[p]{x} = \frac{1}{p} \log_b x \quad \text{(식 3−43, Root)}$$

(식 3−40)은 로그함수 자체의 특징을 나타냅니다. $b^n = x$이면 정의에 의해 $\log_b x = n$입니다. $b^m = y$이면 정의에 의해 $\log_b y = m$입니다. 이제 b^n과 b^m을 곱하면 (식 3−44)를 얻습니다.

$$b^n b^m = xy = b^{n+m} \quad \text{(식 3−44)}$$

지수함수의 성질에 의해 $xy = b^{n+m}$이 됩니다. 이제 이 식에 대해 로그함수의 정의를 적용하면 (식 3−45)를 얻을 수 있습니다.

$$\log_b xy = n + m = \log_b x + \log_b y \text{ (식 3-45)}$$

(식 3-41)은 $x/y = xy^{-1}$이므로, (식 3-40)을 적용하여 증명할 수 있습니다.

$$\log_b xy^{-1} = \log_b x + \log_b y^{-1} = \log_b x - \log_b y$$

예를 들어 $\log_b \frac{1}{2}$는 다음과 같이 계산합니다.

$$\log_b \frac{1}{2} = \log_b 1 - \log_b 2 \text{ (식 3-45b)}$$
$$= \log_b b^0 - \log_b 2 = 0 - \log_b 2 = -\log_b 2$$
$$\log_b \frac{1}{n} = -\log_b n \text{ (식 3-45c)}$$

(식 3-42)는 x^p는 x를 p번 곱한 것이므로, (식 3-40)에 의해 $\log_b x$를 p번 더한 것이 되므로 증명할 수 있습니다. (식 3-43)은 $\sqrt[p]{x} = x^{\frac{1}{p}}$이므로 (식 3-42)를 사용하여 증명할 수 있습니다.

(식 3-46)은 로그함수의 밑을 임의의 상수 k로 치환할 수 있다는 것을 보여줍니다.

$$\log_b x = \frac{\log_k x}{\log_k b} \text{ (식 3-46)}$$

(식 3-46)은 지수함수와 로그함수의 정의에서 출발합니다.

$$x = b^{\log_b x} \text{ (식 3-47)}$$

지수함수와 로그함수는 역함수 관계이므로 $f(f^{-1}(x))=x$가 성립합니다. (식 3-47)은 이것을 보여줍니다. 이 식은 임의의 수를 밑을 e로 하는 지수 형태로 만들 수 있어서 유용합니다. b 대신에 e를 사용하면 (식 3-47)은 다음과 같이 적을 수 있습니다.

$$x=e^{\ln x} \quad \text{(식 3-47b)}$$

이제 $\log_k x$ 식의 x에 (식 3-47)의 결과를 치환합니다. 그리고 (식 3-42, Power)의 성질을 적용하면 (식 3-48)을 얻습니다.

$$\log_k x = \log_k(b^{\log_b x}) = \log_b x \cdot \log_k b \quad \text{(식 3-48)}$$

(식 3-48)에서 양변을 $\log_k b$로 나누면 (식 3-46)의
$\log_b x = \dfrac{\log_k x}{\log_k b}$ 을 얻습니다.

4장 기본함수: 호의 길이에 대한 투영된 선분의 길이 함수

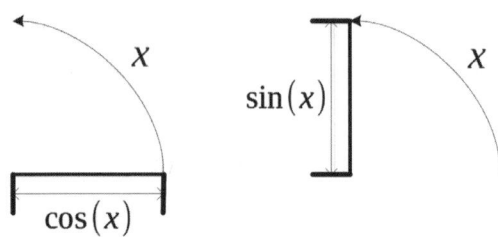

호에서 투영한 선분의 길이 구하기
이상한 수 π(pi, 파이)
삼각함수(Trigonometric Functions)
− $\sin c(x)$ 함수
선분의 길이에서 호의 길이 구하기
− 삼각함수와 복소수
접하는 직선의 기울기 구하기
[표준수학] 코사인의 법칙(Law of cosines)
[표준수학] 삼각함수의 법칙
[표준수학] $\lim_{x \to 0} \dfrac{\sin(x)}{x} = 1$의 증명
[표준수학] $\cos'(x) = -\sin(x)$의 증명

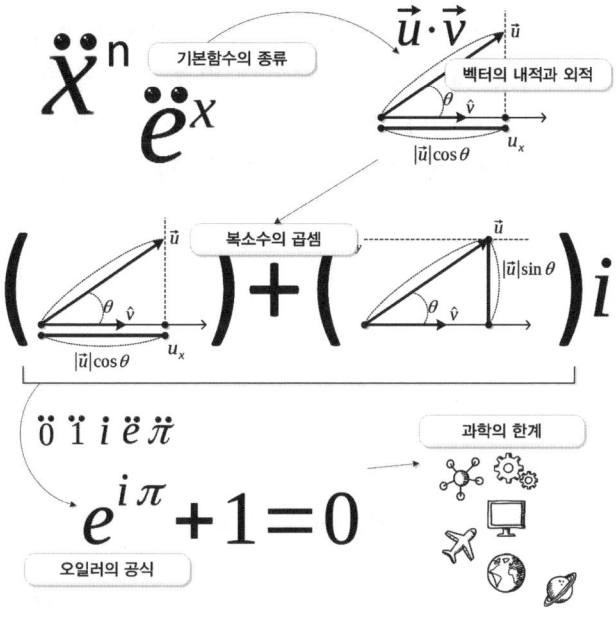

    우리는 기본함수의 종류를 모두 파악하는 중입니다. 2장에서는 파워함수와 i를 찾았고, 3장에서는 지수함수와 e를 찾았습니다. 4장에서는 마지막 기본수를 찾게 될 것입니다. 그리고 벡터의 내적과 외적의 개념을 파악한 이후에, 복소수의 곱셈에 포함된 내적과 외적의 개념을 파악할 것이고, 기본수들이 이루는 완벽한 관계를 기술하는 식을 이해하게 될 것입니다. 이 과정을 통해 자연법칙을 기술하는 수식의 아름다움과, 필연적으로 존재하는 과학의 한계를 알게 될 것입니다.

    이제 세 번째 기본함수를 위한 여행의 시작입니다. 세 번째 기본함수는 회전과 관계된 특징을 가집니다.

● 호에서 투영한 선분의 길이 구하기

지금까지 우리는 파워함수와 지수함수를 알아보았습니다. 기본함수의 마지막 세 번째를 구성하는 함수는 원의 호(arc, 아크) 길이와 상관이 있습니다. 원 둘레의 일부인 호의 길이를 이용하면, 회전을 의미하는 함수를 정교하게 정의할 수 있습니다.

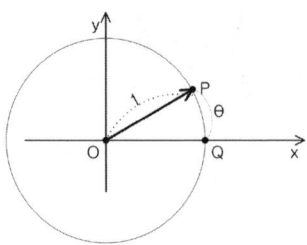

[그림 4-1] 단위 원(unit circle): 원호 $\overarc{QP}$의 길이를 θ라고 합시다.

[그림 4-1]과 같이 반지름(radius)의 길이가 1인 **단위 원(unit circle)**을 생각해 봅시다. 원점 O에서 출발한 반직선(ray)이 원과 만나는 점을 P, 원과 x축이 1사분면에서 만나는 점을 Q라고 하고, Q에서 반시계 방향으로 진행한, 원호 $\overarc{QP}$의 길이를 θ(theta, 세타)라고 합시다. 호의 길이를 나타내기 위해 θ를 사용하는 것은 관례입니다. 이제 단위 원에서 원호의 길이 θ가 주어졌을 때, 점 P에서 x축에 투영한 점 P_x와 원점 O가 이루는 선분의 길이를 구하는 함수를 정의할 수 있습니다.

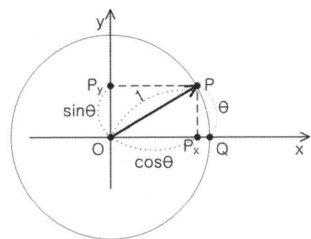

[그림 4-2] 단위 원에서 원호의 길이에 대한 x축과 y축의 투영된 길이를 구하는 함수를 정의합니다. x축에 투영된 길이를 구하는 함수를 cos(θ)로 정의하고, y축에 투영된 길이를 구하는 함수를 sin(θ)로 정의합니다.

단위 원 위의 점 P가 결정하는 원호의 길이가 주어졌을 때, 선분 $\overline{OP_x}$의 길이를 구하는 함수를 **코사인(cosine)함수**라고 합니다. 그리고 선분 $\overline{OP_y}$의 길이를 구하는 함수를 **사인(sine)함수**라고 정의합니다. 이것을 [그림 4-2]에 나타내었습니다. 코사인 함수를 **cos**라고 적고, 사인 함수를 **sin**이라고 적습니다. 함수를 (식 4-1)~(식 4-4)처럼 나타낼 수 있습니다.

$$\cos(x) \quad \text{(식 4-1)}$$
$$\cos(\theta) \quad \text{(식 4-2)}$$
$$\sin(x) \quad \text{(식 4-3)}$$
$$\sin(\theta) \quad \text{(식 4-4)}$$

cos 함수의 입력과 출력이 의미하는 것을 명확하게 이해하시기 바랍니다. [그림 4-2]에 대해서 cos(θ)는 다음 (식 4-5)를 의미합니다.

$$\theta = \widehat{QP}$$
$$\cos(\widehat{QP}) = \overline{OP_x} \quad \text{(식 4-5)}$$

cos 함수의 입력은 원호(arc)의 길이입니다. 출력은 선분의 길이입니다. (식 4-5)가 의미하는 것을 명확하게 하기 위해 [그림 4-3]을 참고하세요.

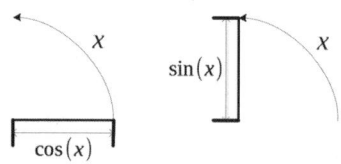

[그림 4-3] 호의 길이 x에 대해 수평 선분의 길이를 리턴하는 함수를 $\cos(x)$, 수직 선분의 길이를 리턴하는 함수를 $\sin(x)$라고 정의합니다.

cos, sin 함수 모두 호의 길이 x를 입력으로 받습니다. 그리고 cos 함수는 호의 길이와 관계된 수평 성분의 선분의 길이를 리턴하고, sin 함수는 수직 성분의 선분의 길이를 리턴합니다.

$\cos \to$ 가로 성분(x축 성분)의 길이
$\sin \to$ 세로 성분(y축 성분)의 길이

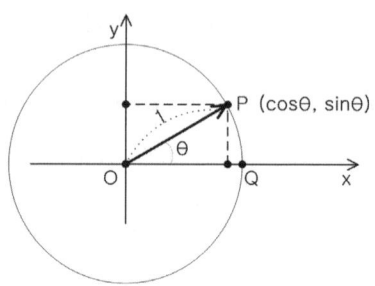

[그림 4-4] 점 P의 좌표: 이제 점 P의 좌표는 $(\cos\theta, \sin\theta)$입니다.

원호의 길이 θ를 알고 cos, sin 함수를 정의하면, 점 P의 좌표가 $(\cos(\theta), \sin(\theta))$가 되는 것을 알 수 있습니다. 그리스

문자 θ가 파라미터로 사용된 것이 명확할 때 괄호를 생략하고 $(\cos\theta, \sin\theta)$라고 적습니다.

원호의 길이 θ를 단위 원에서 각(angle)을 나타내기 위해 사용할 수 있습니다. 단위 원이 아니라 반지름의 길이가 r인 임의의 원에 대해서도, 원호를 따라 진행한 거리가 r이라면, 이 원호가 나타내는 각은 원의 크기에 상관없이 항상 일정합니다. 이 값을 각을 나타내기 위해서 **1라디안(1 radian, 호도)**으로 정의할 수 있습니다. 라디안은 한국어 "호도"로 사용하는데, "호의 길이에 의한 각도"를 의미합니다.

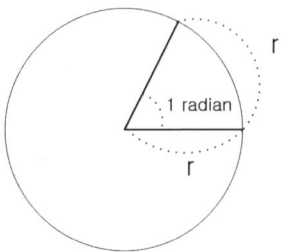

[그림 4-5] 라디안: 반지름 r인 원에서, 원호의 길이가 r일 때 원의 중심과 원호가 이루는 비율을 1 라디안이라고 합니다.

즉, **단위 원의 호의 길이를 각을 나타내는 단위로 사용하는 것**입니다. 각을 나타내기 위해 일반적으로 **도(degree, 각도)**를 사용합니다. 각도는 원둘레 전체를 360단위[1]라고 가정하고, 실수를 사용하여 각을 나타냅니다. 이미 좋은 각도(degree)라는 단위가 있는데 왜 라디안을 사용해야 할까요? 그것은 실수(real number)로는 나타낼 수 없는 각이 존재하기 때문입니다.

---

[1] 각은 60진법을 사용합니다. 60은 1, 2, 3, 4, 5, 6으로 나눌 수 있어 고대인들이 다루기가 쉬웠습니다. 360은 60을 6번 더한 것입니다. 시간도 6의 2배인 12시간과 분과 초를 60등분하여 사용합니다. 1시간은 60분이기 때문에, 1, 2, 3, 4, 5, 6등분이 가능합니다.

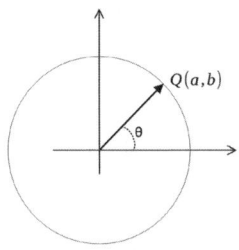

[그림 4-6] 실수 값 θ로는 모든 각을 나타낼 수 없습니다. 그러므로 모든 각을 나타낼 수 있는 방법이 필요합니다.

[그림 4-6]에서 Q가 의미하는 각 θ를 나타내는 방법을 생각해 봅시다. 도(degree)를 사용하면 정해진 실수 값을 사용해야 합니다. 이렇게 실수 값 도(degree)를 사용하여 모든 각(angle)을 나타낼 수 있을까요? 그렇지 않습니다. [그림 4-7]에서 Q가 이루는 각을 나타내기 위해서 임의의 실수 값 θ를 사용하고, Q보다는 미세하게 큰 각을 나타내기 위해 Q'을 사용했다고 가정합시다. Q'이 Q보다는 무한대로 0으로 수렴하며 작아지더라도 Q와 Q' 사이에는 실수로는 나타낼 수 없는 각이 존재합니다.[2] 1/3을 수직선상에 정확하게 표시할 수 없는 이유와 비슷합니다. 하지만 라디안(radian)을 사용하면 모든 각을 나타낼 수 있습니다!

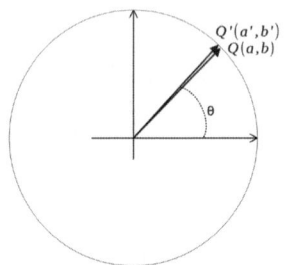

[그림 4-7] Q와 Q' 사이에는 실수로는 나타낼 수 없는 각이 존재합니다.

---

2) 우리 우주는 마치 이진화(binarized)된 컴퓨터 소프트웨어와 유사합니다. 이진수 01과 10 사이의 다른 이진수는 존재할 수 없는 것처럼, 플랑크 상수보다 작은 어떤 대상도 존재할 수 없습니다.

왜 라디안을 사용하면 모든 각을 나타낼 수 있는지 살펴보기에 앞서, 기본함수 테이블에 항목을 추가할 수 있습니다. 그것은 [그림 4-8]과 같습니다.

	함수	접하는 직선	역함수	이상한 수
파워함수	x^n	nx^{n-1}	$^n x$	i
지수함수	e^x	e^x	$_e x$	e
투영된 선분길이 함수	$\cos(x)$ $\sin(x)$			

[그림 4-8] 기본함수 테이블: $\cos(x)$와 $\sin(x)$를 추가했습니다.

[그림 4-8]에 추가한 $\cos(x)$와 $\sin(x)$ 등을 **삼각함수**(trigonometric function)[3]라고 하는데, 직각삼각형(right triangle)의 비율과 상관이 있기 때문입니다.

[그림 4-8b] 반지름이 1인 원둘레의 길이는 실수로 나타낼 수 없습니다. 우리는 또 하나의 이상한 수 π(pi, 파이)를 이해해야 합니다.

다음으로는 ① 그리기, ② 역함수, ③ 접하는 직선의 함수를 찾는 순서로 진행해야 하지만 그전에 우리는 라디안(radian)의 정의에 의해서 발생하는 이상한 수 하나를 먼저 파악할 필요가 있습니다.

---

3) 삼각함수, https://en.wikipedia.org/wiki/Trigonometric_functions

● 이상한 수 π(pi, 파이)

원호의 길이를 각으로 사용하기 위해 라디안(radian)을 정의하면, 단위 원의 원 둘레의 길이를 0에서 360도를 나타내기 위해서 사용한다는 의미입니다. 그러면 단위 원의 원 둘레의 길이는 얼마일까요? 초기의 수학자들은 180도에 해당하는 반원의 호의 길이를 측정하기 위해 다양한 시도들을 하였습니다. 아직은 모르는 이 길이를 π(파이, pi)라고 하겠습니다.

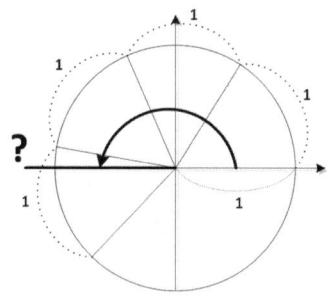

[그림 4-9] 반원의 호의 길이는 3보다는 크고 4보다는 작습니다.

[그림 4-9]를 보면 π는 대략 3보다는 크고, 4보다는 작아야 함을 알 수 있습니다. 어떻게 이 길이를 측정할 수 있을까요? 다양한 측정 방법[4]이 있고, "무한에 대한 직관"을 사용하면 그 값을 수학적으로 정확하게 정의할 수 있습니다.

필자는 여러 가지 방법 중에서 프로그래밍을 사용한 가장 직관적인 방법으로, 사각형의 면적과 원의 면적의 비례관계를 사용해서 π를 구해 보겠습니다. [그림 4-10]에 반지름의 길이가 1인 원과 원에 외접하는 직사각형을 그렸습니다.

---

4) 파이, https://en.wikipedia.org/wiki/Pi

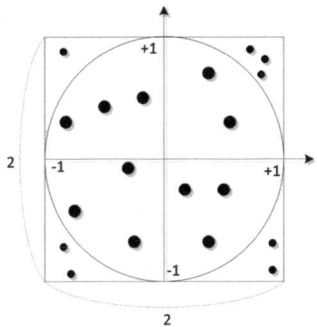

[그림 4-10] 단위 원과 단위 원에 외접하는 사각형의 면적의 관계를 이용하면 원 둘레를 측정할 수 있습니다.

[그림 4−10]의 직사각형 안에 무한개의 점이 있다고 가정해 봅시다. 그 점들 중 "무한에 대한 직관"을 사용하여 원의 내부에 있는 큰 점의 개수와, 원의 외부에 있는 작은 점의 개수의 비율을 이용하면 π를 구하는 것이 가능합니다. 우리가 π를 이미 알고 있다고 가정하면, 반지름이 r인 원의 면적은 (식 4−6)과 같습니다.

반지름이 r인 원의 면적 $=\pi r^2$ **(식 4-6)**[5]

그리고 [그림 4−10]의 직사각형의 면적은 (식 4−7)과 같습니다.

너비가 2, 높이가 2인 직사각형의 면적 $=2\times 2=4$ **(식 4-7)**

사각형 안에 있는 점의 총 개수를 $N_{rectangle}$이라고 하고, 그중 원 안에 있는 점의 수를 N_{circle}이라고 하면, (식 4−8)이 성립합니다.

---

5) 원의 둘레가 $2\pi r$이므로 원의 면적은 0에서 r까지 원의 둘레에 대한 적분을 취하면 됩니다. $\int_0^r 2\pi r dx = \pi r^2$입니다.

$$\lim_{N_{rectangle} \to \infty} \frac{N_{circle}}{N_{rectangle}} = \frac{\pi r^2}{2 \times 2} = \frac{\pi}{4} \text{ (식 4-8)}$$

(식 4-8)로부터 π는 다음 (식 4-9)와 같이 구할 수 있습니다.

$$\pi = 4 \times \lim_{N_{rectangle} \to \infty} \frac{N_{circle}}{N_{rectangle}} \text{ (식 4-9)}$$

파이썬(Python)이라는 프로그래밍 언어를 사용하여 [그림 4-10]에 해당하는 프로그램을 제작할 수 있습니다. [그림 4-11]은 가로 2, 세로 2 크기의 사각형 안에 점을 무작위(random)로 생성해서, 점이 원 안에 있으면 큰 점(big dot), 점이 원 밖에 있으면 작은 점(small dot)으로 나타낸 것입니다.

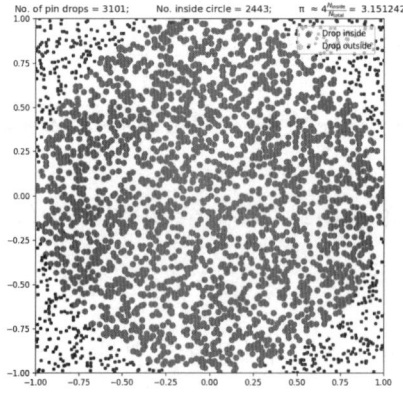

[그림 4-11] 무작위로 생성한 점이 원의 내부에 있으면 큰 점으로 그렸습니다.

[그림 4-11]은 점을 약 3,101번 무작위로 생성했을 때, π의 근사 값을 계산한 결과를 보여 줍니다. 그림에서 값은 약 3.151 정도인데, 점을 계속해서 생성해 나가면 이 값은 [그림 4-12]에 나타낸 3.14159…에 가까워집니다. 놀랍게도 이 수 **π는 순환하지 않는 무한 소수입니다!**

$\pi = 3.14159...$

[그림 4-12] π는 순환하지 않는 무한소수인데 소수점 이하 다섯째 자리까지의 값은 3.14159입니다.

π 라디안은 180°를 의미합니다. 그러므로 1 라디안은 (식 4-9b)와 같이 구할 수 있습니다. 모든 공학에서 내부적으로는 라디안을 사용해서 각을 표현하지만, 사람이 읽도록 하는 최종 표현은 이해하기 쉽게 각도(degree)로 변환하여 표현하므로, 라디안을 각도로 바꾸기 위해서는 $180/\pi$를 곱해야 합니다.

$$\pi\, rad = 180°$$
$$1\, rad = \left(\frac{180}{\pi}\right)° \quad \text{(식 4-9b)}$$

π는 정확하게 그 값을 수학적으로 정의할 수 있는데, 그중 한 방법은 [그림 4-13]과 같이 "무한에 대한 직관"으로 표현할 수 있습니다. 이 수식은 제타(ζ) 기호를 사용해서 수학자 리만(Riemann)이 정의한 **리만 제타 함수(Riemann Zeta Function)** $\zeta(x)$에서 $x=2$인 경우, 즉 $\zeta(2)$에 대한 전개입니다.

$$\frac{\pi^2}{6} = \frac{1}{1^2} + \frac{1}{2^2} + \frac{1}{3^2} + \frac{1}{4^2} + \cdots$$

[그림 4-13] π는 무한히 많은 항들의 덧셈으로 표현됩니다.

[그림 4-13]의 결과는 다소 놀랍습니다. 자연수의 제곱을 분모로 가지는 수들의 합이 왜 π와 연관되어 있는 것일까요? 이 함수는 너무나도 유명한 함수여서 5장에서 다시 다루도록 하겠습니다. 하지만 더 놀라운 사실이 기다리고 있습니다. 이를 확인하기에 앞서, 기본함수 테이블에 π를 추가하도록 하겠습니다.

	원함수	접하는 직선	역함수	이상한 수
파워함수	x^n	nx^{n-1}	$\sqrt[n]{x}$	i
지수함수	e^x	e^x	e^x	e
투영된 선분길이 함수	$\cos(x)$ $\sin(x)$			π

[그림 4-14] 기본함수 테이블: 이상한 수 π를 추가하였습니다. 각 기본함수마다 우리는 하나씩 기본수를 찾았습니다.

[그림 4-14]의 기본함수 테이블이 아직 완성되지 않았지만, 기본수는 모두 찾았습니다. 0과 1 이외에 첫 번째 기본함수 파워함수의 역함수를 정의하면서 $i(=\sqrt[2]{-1})$를 찾았고, 두 번째 지수함수의 접하는 직선의 특별한 조건에 해당하는 $e(\approx 2.718\cdots)$를 찾았고, 세 번째 삼각함수 자체의 정의에서 단위 원의 반원의 길이에 해당하는 $\pi(\approx 3.14159\cdots)$를 찾았습니다. [그림 4-15]에 기본수 5개 모두를 나타내었습니다.

$$0 \quad 1 \quad i \quad e \quad \pi$$

[그림 4-15] 기본수(elementary number): 이제 기본수를 모두 찾았습니다.

[그림 4-15]의 기본수는 물리학이나 과학의 모든 곳에서 사용됩니다.[6] 서로 연관성이 없어 보이는 이 수들이 서로 밀접하게 연관되어 있으니 참으로 신기한 일입니다. 그렇습니다. 이 다섯 개의 수들은 서로 긴밀하게 연관되어 있습니다. 이 기본수들의 연관성은 다음 (식 4-10)으로 표현할 수 있습니다. 지금은 식 자체를 이해할 필요는 없습니다. 단지, 기본수가 서로 밀접하

---

[6] i가 없으면 특수 상대성 이론과 슈레딩거 방정식(Schrödinger equation)을 표현할 수 없습니다.

게 연결된 것을 나타내는 식이 있다는 것을 기억하면 됩니다.

$$e^{i\pi}+1=0 \text{ (식 4-10)}$$

(식 4-10)은 참으로 놀라운 수식입니다. 변수가 포함되지 않았고, 모두 수(number)이며, 기본수 다섯 개로만 구성된 식입니다! 필자가 (식 4-10)을 처음 보았을 때 이 수식이 아름답지 않았습니다. 하지만 지금은 이 수식이 너무 아름답습니다!

고등학교 시절 수학을 비교적 좋아했던 저를 포함한 대부분의 사람들에게 이 수식이 아름답게 보이지 않는 이유는 e는 잘 사용하지도 않을뿐더러 전혀 직관적이지 않은 수이고, 전혀 사용할 필요가 없다고 느꼈던 i가 사용되었을 뿐만 아니라, 지수에 i가 사용된 것에 대해 이해할 수 없기 때문이었습니다.

(식 4-10)의 의미를 이해하기 위해서는 복소수의 곱셈의 의미에 대해서 이해해야 합니다. 제가 그랬던 것처럼 아직 식에서 놀라움을 느끼지 못하는 독자분들이 계시면, 지금까지 잘 따라오셨습니다. 추가적으로 5장까지는 꼭 읽어서, "놀라움"과 "아름다움"을 느낄 수 있었으면 좋겠습니다.

● **삼각함수**(Trigonometric Function)

cos, sin 함수는 직각삼각형(right triangle)의 변(edge)의 길이의 비율을 나타내기 위해서 사용할 수 있습니다. 그래서 **삼각함수**(trigonometric functions)라고 합니다. [그림 4-16]에 반지름의 길이가 b인 원을 나타내었습니다.

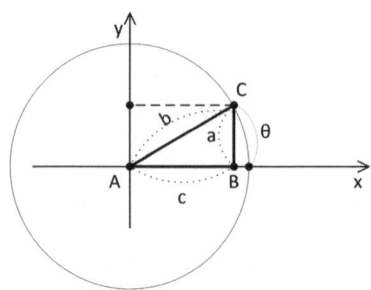

[그림 4-16] 임의의 반지름 b에 대한 원이 주어졌을 때, 호의 길이 θ에 대한 라디안은 θ/b입니다.

[그림 4-16]에서 호의 길이 θ는 라디안 단위가 아닙니다. 라디안은 단위 원에서 호의 길이로 각을 나타내기 위해서 사용하기 때문에 반지름의 길이가 1이 아닌 b인 원에 대해서는 단순한 호의 길이일 뿐입니다. 그러므로 [그림 4-16]에 대해서는 (식 4-11)이 성립하지 않습니다.

$$\cos\theta \neq |\overline{AB}| \quad \text{(식 4-11)}$$

$$\cos\theta = \frac{|\overline{AB}|}{|\overline{AC}|} = \frac{c}{b} \quad \text{(식 4-12)}$$

반지름의 길이가 1이 아니므로, [그림 4-16]의 호의 길이 θ에 대해서 $\cos\theta$는 (식 4-12)처럼 반지름의 길이 $|\overline{AC}|$로 나누어

주어야 합니다. 그러면 라디안과 cos, sin 함수가 삼각형의 변들의 길이의 비율을 나타내기 위해 사용할 수 있는 것을 알 수 있습니다.

[그림 4-16]에서 삼각형 △ABC만을 별도로 [그림 4-17]에 그렸습니다. $\overline{AC}$와 $\overline{AB}$가 이루는 각을 θ라고 표시했는데, 이제 θ는 호의 길이가 아니라, 라디안입니다.

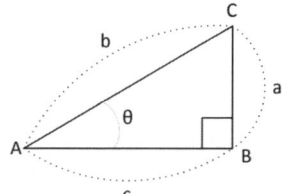

[그림 4-17] cos, sin 함수는 직각삼각형의 변들의 길이의 관계를 나타냅니다.

[그림 4-17]의 직각삼각형에 대해서 b를 **빗변**(hypotenuse), a를 **마주보는 변**(opposite), c를 **밑변**(adjacent, 인접한)이라고 합니다. θ는 라디안 단위를 사용하는 실수인데, 라디안과 각도와의 관계는 다음과 같습니다.

$$\pi \text{ 라디안(radian)} = 180\text{도(degree)} \quad \textbf{(식 4-13)}$$

이제 삼각형 △ABC에 대해서 삼각함수를 다음과 같이 정의할 수 있습니다.

$$\cos\theta = \frac{c}{b} \quad \textbf{(식 4-14)}$$

$$\sin\theta = \frac{a}{b} \quad \textbf{(식 4-15)}$$

$$\tan\theta = \frac{a}{c} = \frac{\sin\theta}{\cos\theta} \quad \text{(식 4-16)}$$

sine은 인체 기관(organ)이나 조직(tissue)의 움푹한 곳을 가리키는 sinus에서 파생한 단어입니다. cosine은 sine이라는 단어에 '함께'를 의미하는 co-를 붙여서 만든 단어입니다. a/c를 **탄젠트(tangent)**라고 하는 이유는 이 비율이 빗변을 접선으로 간주했을 때, 접선(tangent)의 기울기를 나타내기 때문입니다.

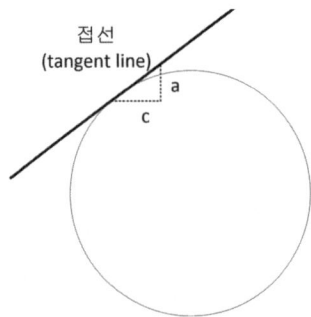

[그림 4-18] 원에 접하는 접선(tangent line)의 기울기는 a/c로 나타낼 수 있습니다.

그러므로 삼각형의 변들의 길이를 안다면, 각도를 구할 수 있고, 반대로 빗변과 밑변이 이루는 각도와 빗변의 길이를 안다면 나머지 변의 길이를 구할 수 있습니다.

임의의 삼각형이 주어졌을 때, 삼각형의 빗변의 길이와 각은 특별한 법칙을 만족합니다. [그림 4-19]처럼 삼각형 △ABC가 주어졌을 때, 꼭지점 A, B와 C가 이루는 각을 각각 α(alpha, 알파), β(beta, 베타)와 γ(gamma, 감마)라고 합시다. 그리고 꼭지점의 마주보는 변의 길이를 각각 a, b, c라고 합시다.

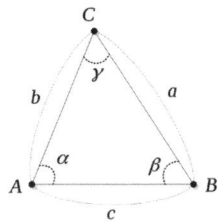

[그림 4-19] 삼각형의 변의 길이와 각은 cos를 포함한 특별한 식으로 표현할 수 있습니다.

[그림 4-19]와 같은 삼각형 △ABC가 주어졌을 때, 아래 식을 만족합니다. 이것을 **코사인의 법칙**(law of cosines)이라고 합니다.

$$c^2 = a^2 + b^2 - 2ab\cos\gamma \quad \text{(식 4-17)}$$

(식 4-17)의 증명은 이 장의 뒷부분에 나오는 "표준수학"을 참고하기 바랍니다. (식 4-17)에서 γ가 90도이면 $\cos(\gamma)=0$이므로 $c^2=a^2+b^2$이 되는데 이것을 **피타고라스의 정리**(Pythagorean theorem)라고 합니다. 그러므로 피타고라스의 정리는 코사인의 법칙의 특별한 경우임을 알 수 있습니다.

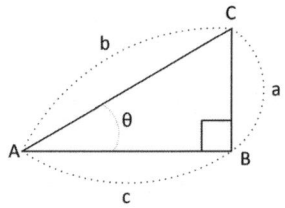

[그림 4-20] 삼각함수: 직각삼각형의 각 변의 길이의 비는 삼각형의 크기와 상관없이 일정합니다. 꼭지점의 각도를 구하기 위해서, 혹은 변의 길이를 구하기 위해서 이 비율을 적절히 이용합니다.

피타고라스의 정리에 의하면 [그림 4−20]의 직각삼각형 △ABC에 대해서 다음의 (식 4−18)이 성립합니다.

$$b^2 = a^2 + c^2,\ b = {}^2(a^2 + c^2) = \sqrt{a^2 + c^2}$$ (식 4−18)

그러므로 b가 1이라면 $\cos\theta = c$이고, $\sin\theta = a$이므로, (식 4−19)를 만족합니다.

$$1^2 = \sin^2\theta + \cos^2\theta,\ 1 = \sin^2\theta + \cos^2\theta$$
(식 4−19, 삼각함수의 피타고라스 정리)

함수를 정의하면 ① 그리기, ② 역함수, ③ 접하는 직선의 함수를 찾는 것이 일반적인 작업이라고 했습니다. 이제 삼각함수를 그려보겠습니다.

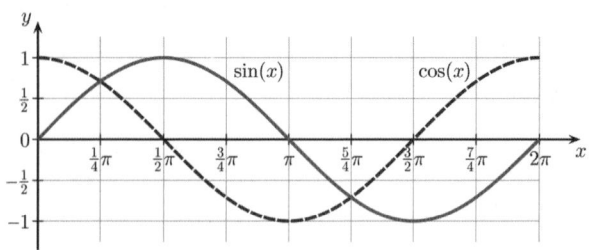

[그림 4-21] $\cos(x)$ 함수와 $\sin(x)$ 함수의 그래프

[그림 4−21]에는 점선(dotted line)으로 $\cos(x)$ 함수를 그렸고, 실선(solid line)으로 $\sin(x)$ 함수를 그렸습니다. x축의 간격으로 $4/\pi$를 사용했는데, 그래프를 보면 2π마다 값들이 주기적으로 반복되는 것을 확인할 수 있습니다. 이러한 함수를 **주기함수**(periodic function)라고 합니다.

cos 함수의 리턴값이 투영된 x축 성분의 길이기 때문에, 4사분면에 대해서도 cos 함수는 양의 값(positive value)을 가집니다. 그리고 그래프를 그려보면 y축에 대해서 대칭됩니다. 그래서 $\cos(-x)$ 함수는 다음 (식 4-19b)와 같은 성질을 가집니다.

$$\cos(-x) = \cos(x) \quad \text{(식 4-19b)}$$

비슷한 방식으로 sin 함수는 (식 4-19c)와 같은 성질을 가집니다.

$$\sin(-x) = -\sin(x) \quad \text{(식 4-19c)}$$

sinc(x) 함수

삼각함수를 사용한 함수 중에 수학, 물리학 혹은 엔지니어링 분야에서 자주 사용되는 함수 중에 $\mathrm{sinc}(x)$라는 함수가 있습니다. 이 함수를 설명하는 이유는, 이 함수는 기본함수로만 구성되며 적분을 취했을 때 결과가 원자핵의 에너지 분포와 상관이 있기 때문입니다. $\mathrm{sinc}(x)$는 다음 (식 4-19d)와 같이 정의합니다.

$$\mathrm{sinc}(x) = \frac{\sin x}{x} \quad \text{(식 4-19d)}$$

$\mathrm{sinc}(x)$ 함수는 $\sin(x)$ 함수와 $1/x$이 곱해진 형태입니다. $\mathrm{sinc}(x)$ 함수의 그래프는 다음 [그림 4-21b]와 같습니다.

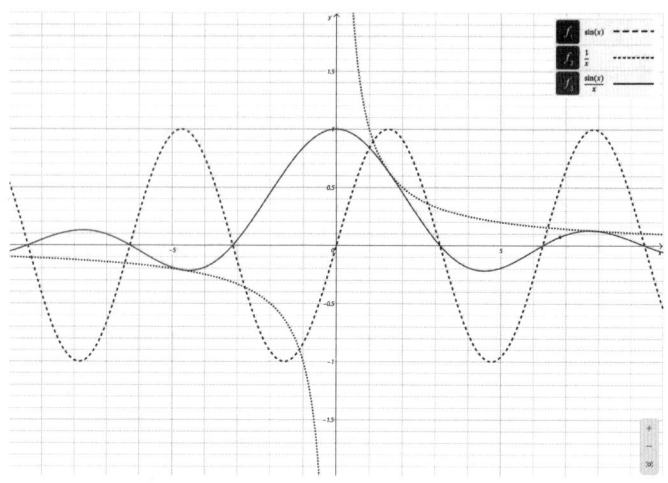

[그림 4-21b] $\text{sinc}(x)$함수의 그래프: 가장 굵은 선이 $\text{sinc}(x)$함수의 그래프입니다.

디지털신호처리(digital signal processing)에서는 정규화된 $\text{sinc}(x)$ 함수를 사용하는데, 그 정의는 (식 4-19e)와 같습니다.

$$\text{sinc}(x) = \frac{\sin(\pi x)}{\pi x} \quad \text{(식 4-19e)}$$

(식 4-19e)를 정규화되었다고 하는 이유는 $\text{sinc}(x) = \frac{\sin(\pi x)}{\pi x}$ 함수가 나타내는 모든 부호 있는 면적(signed area)을 더하면 그 결과가 1이기 때문입니다. 이것은 **적분(integration)** 기호 $\int$ (인테그랄, integral)을 사용하여 다음 (식 4-19f)와 같이 나타낼 수 있는데, 지금은 식의 의미를 정확하게 이해할 필요는 없습니다.

$$\int_{-\infty}^{+\infty} \frac{\sin(\pi x)}{\pi x} dx = 1 \quad \text{(식 4-19f)}$$

$\text{sinc}(x)$ 함수를 제곱하면 다음 [그림 4-21c]와 같은 그래프를 얻습니다.

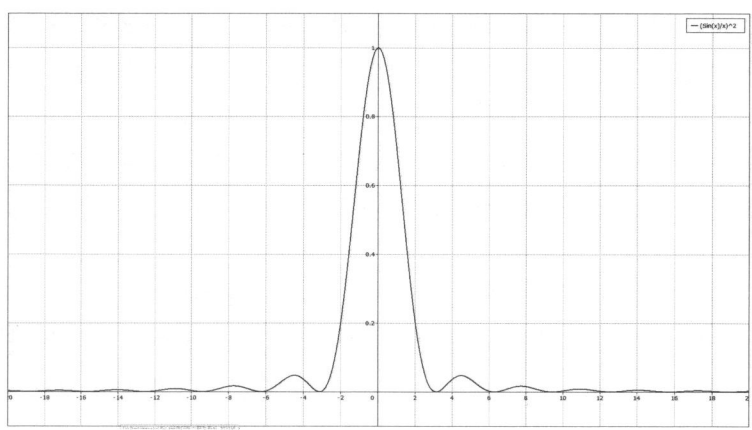

[그림 4-21c] $\text{sinc}^2(x)$의 그래프

$\text{sinc}^2(x)$ 그래프가 나타내는 면적의 합 또한 1입니다. 이것은 이 함수를 **확률분포함수**(probability distribution function)로 사용할 수 있다는 의미입니다.

$$\int_{-\infty}^{+\infty} (\frac{\sin(\pi x)}{\pi x})^2 dx = 1$$

$\text{sinc}^2(x)$ 함수가 흥미로운 이유는 소수(prime number)와 밀접한 관계가 있는 제타 함수[ζ(zeta) function]의 근의 분포 상태를 나타내는 식의 일부이기 때문입니다. 또 이 함수는 원자핵의 에너지 분포를 나타내는 식에도 나타납니다.

$$1 - \text{sinc}^2(u) = 1 - (\frac{\sin(\pi u)}{\pi u})^2 \quad \text{(식 4-19g, 제타 함수의 근의 분포)}$$

$$\text{sinc}^2(r) = (\frac{\sin(\pi r)}{\pi r})^2 \quad \text{(식 4-19h, 원자핵의 에너지 분포)}$$

(식 4−19g)는 제타 함수의 근의 분포를 나타내는 식이고, (식 4−19h)는 원자핵의 에너지 분포를 나타내는 식입니다. 이 식은 별개의 학문으로 여겨지던 수학의 **소수의 규칙성**(P_n이 소수이

고 1부터 P_n까지의 소수를 알면 다음 소수 P_{n+1}을 알 수 있는 경우)과 원자핵에 대한 연구가 서로 밀접한 관련이 있다는 놀라운 사실을 우리에게 말해 줍니다. 우리는 5장에서 서로 관련이 없어 보이는 기본함수들이 서로 밀접한 관련이 있으면, 다섯 개의 기본수가 서로 밀접한 관련이 있다는 사실을 수학적으로 이해하게 될 것입니다.

그것과 더불어 (식 4-19g)와 (식 4-19h)를 보면, 다섯 개의 기본수가 소수의 규칙성과 관계가 있으며, 우주를 이루는 원자핵과도 관계가 있는 것을 알 수 있습니다. 이러한 사실을 바탕으로 소수의 규칙성에 대해서 직관적으로 생각해 보면, 소수에는 규칙성이 없어 보입니다. 왜냐하면, 각각의 기본수에서 e와 π는 모두 비이성적(무리수, irrational number)인 수로서 유효자리에 규칙성이 없기 때문입니다.

시간에 대한 직관이 가능한 우주에서는 이미 소수가 규칙성을 가지고 있는 것 같습니다. 그 규칙성이 우리 우주에서는 근의 분포함수로 변환되어 나타난다고 가정할 수 있습니다. 그러므로 다음 소수가 언제쯤 나타날지 분포함수를 이용하여 확률적으로 말할 수는 있지만, 정확한 값은 알 수 없습니다. 이것은 마치 **양자역학**(quantum mechanics)에서 광자(photon)의 위치를 확률적으로 알 수는 있어도 정확한 위치는 알 수 없는 문제와 비슷합니다.

이 책의 7장까지의 내용을 모두 이해한 독자들은 양자역학의 개념적인 이해가 아니라 수학적인 이해에 도전해 볼 것을 추천합니다. 양자역학에 대한 수학적인 이해를 하면, 자신의 종교적인 신념이나 논리를 양자역학을 사용하여 주장할 때, 그것이 과학의 범주인지 유사 과학(pseudo-science)인지 구별할 수 있습니다.

● 선분의 길이에서 호의 길이 구하기

삼각함수의 역함수는 투영된 선분의 길이를 입력으로 받아, 단위 원의 호의 길이를 리턴합니다. [그림 4-22]에 단위 원과 단위 원에 내접하는 직각삼각형 △OPP$_x$를 나타내었습니다.

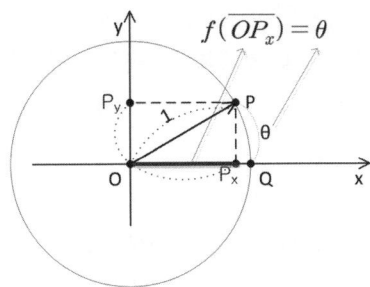

[그림 4-22] cos( )의 역함수 cos^{-1}( )은 선분의 길이에 대한 호의 길이를 리턴하는 함수입니다.

[그림 4-22]가 주어졌을 때, $|\overline{OP_x}|$를 입력으로 받아, θ를 리턴하는 함수 $f(x)$를 (식 4-20)과 같이 정의할 수 있습니다.

$$f(\overline{OP_x}) = \theta \text{ (식 4-20)}$$

함수 f는 cos 함수가 하는 반대(inverse)의 일을 하므로 cos 함수의 역함수입니다.

어떤 함수 $f(x)$가 주어졌을 때, 역함수는 $f^{-1}(x)$처럼 적을 수 있습니다. 그러므로 cos(x)와 sin(x)의 역함수는 (식 4-21)처럼 적을 수 있습니다.

$$\cos^{-1}(x), \sin^{-1}(x) \text{ (식 4-21)}$$

일반적인 역함수의 표현은 $\cos^{-1}(x)$, $\sin^{-1}(x)$이지만, 삼각함수는 이 표현을 사용하지 않고, **아크사인(arc sine)**, **아크코사인(arc cosine)**을 사용하여 (식 4-22)와 같이 나타냅니다.

$$\mathrm{acos}(x), \ \mathrm{asin}(x) \ \text{(식 4-22)}$$
$$\mathrm{arccos}(x), \ \mathrm{arcsin}(x) \ \text{(식 4-22b)}$$

acos와 asin을 사용하는 이유는 역함수가 선분의 길이를 입력으로 받아, **아크(arc, 호)의 길이를 리턴**하기 때문입니다. [그림 4-22]에 대해서 $\cos(\theta)$의 역함수를 (식 4-24)와 같이 정의할 수 있습니다.

$$\cos^{-1}(x) = \theta \ \text{(식 4-23)}$$
$$\mathrm{acos}(x) = \theta \ \text{(식 4-24)}$$

cos 함수와 acos 함수는 서로 역함수이므로 (식 4-25)가 성립합니다.

$$\mathrm{acos}(\cos\theta) = \theta \ \text{(식 4-25)}$$
$$\cos(\mathrm{acos}(\theta)) = \theta \ \text{(식 4-26)}$$

다음으로 acos 함수와 asin 함수를 그려보겠습니다. 그것은 [그림 4-23]의 그래프와 같습니다.

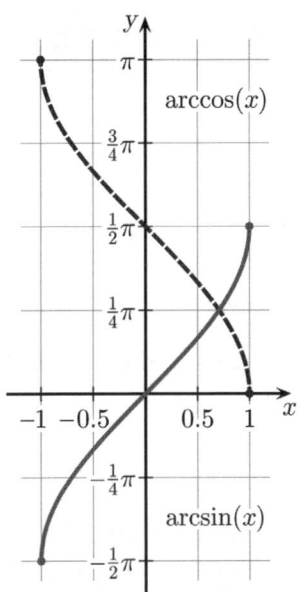

[그림 4-23] arccos(x)와 arcsin(x)의 그래프입니다. 두 함수의 정의구역은 -1과 $+1$ 사이입니다.

cos 함수와 sin 함수의 정의에 의해 acos 함수와 asin 함수의 정의구역은 -1과 $+1$ 사이의 실수입니다. 그리고 acos 함수의 경우, 0에서 π를 치역(range)으로 가지고, asin 함수의 경우, $-2/\pi$에서 $+2/\pi$를 치역으로 가집니다.

이제 삼각함수의 역함수를 기본함수 테이블에 추가할 수 있습니다. 그것은 [그림 4-24]와 같습니다.

	함수	접하는 직선	역함수	이상한 수
파워함수	x^n	nx^{n-1}	^nx	i
지수함수	e^x	e^x	$_ex$	e
삼각함수	$\cos(x)$ $\sin(x)$		$\mathrm{acos}(x)$ $\mathrm{asin}(x)$	π

[그림 4-24] 기본함수 테이블: $\mathrm{acos}(x)$와 $\mathrm{asin}(x)$를 추가했습니다. 이제 테이블의 거의 대부분을 채웠습니다.

이제 우리는 기본함수 테이블에서 한 곳을 제외한 모든 곳을 채웠습니다. [그림 4-24]를 자세히 보면, 각 줄의 기본함수는 다른 줄의 기본함수와는 상관이 없어 보입니다. 예를 들면, 파워함수 x^n은 접하는 직선의 함수가 x^n을 포함한 것을 알 수 있습니다. 하지만 지수함수나 삼각함수를 포함하지 않았습니다. 마찬가지로 지수함수 e^x를 보면, 접하는 직선의 함수는 e^x인데, 파워함수와 삼각함수와는 관계가 없어 보입니다. 삼각함수 역시 다른 기본함수와는 상관이 없어 보입니다.

삼각함수와 복소수

복소평면에 단위 원을 그리고 임의의 각 β에 대해 복소수를 생각해 볼 수 있습니다. [그림 4-24b]에는 단위 원상에서 β만큼 회전한 복소수 Q를 나타내었습니다. Q의 실수축 성분은 $\cos\beta$이고, 허수축 성분은 $\sin\beta$이므로, 복소수 $Q=(\cos\beta,\ \sin\beta)$입니다.

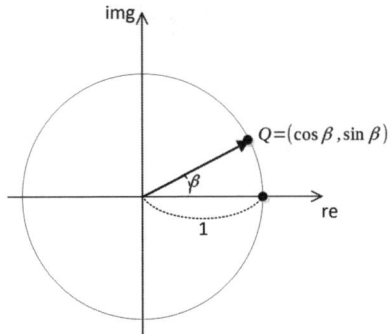

[그림 4-24b] 복소평면에 표현한 단위 원상의 복소수는 하나의 각에 대응합니다.

Q를 수식 형태로 적으면 (식 4-26b)와 같습니다.

$$Q = \cos\beta + i\sin\beta \quad \text{(식 4-26b)}$$

(식 4-26b)는 흥미롭습니다. 파워함수에서 발견했던, 허수 i와 삼각함수가 하나의 식으로 표현되었습니다. β가 0일 때, π일 때 (식 4-26b)를 평가하면 다음과 같습니다.

$$\cos 0 + i\sin 0 = 1 + i0 = 1, \text{ if } \beta \equiv 0 \quad \text{(식 4-26c)}$$
$$\cos\pi + i\sin\pi = -1 + i0 = -1, \text{ if } \beta \equiv \pi$$

우리는 다음 장에서 복소수를 자세히 살펴보면서, 기본함수들 간의 아름다운 관계를 살펴볼 것입니다.

● 접하는 직선의 기울기 구하기

이제 삼각함수에 대한 접선의 기울기를 구하는 함수를 찾을 차례입니다.

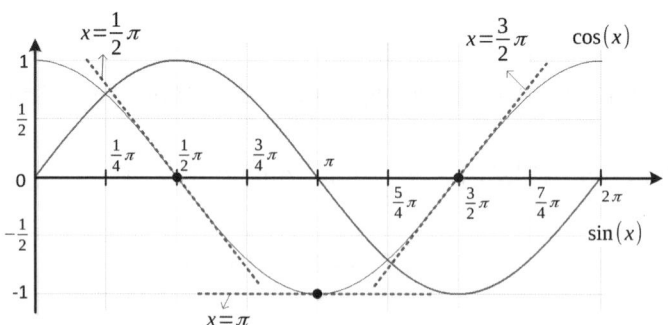

[그림 4-25] $\cos(x)$ 그래프에 대해 $x=\pi/2$, π, $3\pi/2$에서 세 개의 접선을 그렸습니다.

[그림 4-25]에 $\cos(x)$ 함수에 대해 $x=\pi/2$, π, $3\pi/2$에서 세 개의 접선을 그렸습니다. 각 값에 대해 접선의 기울기가 -1, 0, +1인 것을 알 수 있습니다. 삼각함수는 접선의 기울기가 -1에서 +1 사이의 값을 가집니다.

이제 $\cos(x)$ 함수에 대해서 접선의 기울기를 찾기 위해 lim 기호를 사용하여 정의하면 (식 4-27)과 같습니다.

$$f^{slope}(x) = \lim_{h \to 0} \frac{\cos(x+h) - \cos(x)}{x}$$ **(식 4-27)**

(식 4-27)을 풀기 위해서는 (식 4-28)의 cos 함수의 합을 곱으로 바꾸는 성질과, (식 4-29)를 알아야 합니다. 이 식들에 대한 유도는 본문에 포함하지 않았습니다.

$$\cos\alpha - \cos\beta = -2\sin(\frac{\alpha+\beta}{2})\sin(\frac{\alpha-\beta}{2})$$ **(식 4-28)**

$$\lim_{x \to 0}\frac{\sin(x)}{x} = 1$$ **(식 4-29)**

그러면 (식 4−27)이 −sin(x)가 되는 것을 알 수 있습니다.

$$f^{slope}(x) = \lim_{h \to 0}\frac{\cos(x+h) - \cos(x)}{x} = -\sin(x)$$ **(식 4-30)**

$$\cos^{slope}(x) = \cos'(x) = -\sin(x)$$ **(식 4-31)**

(식 4−31)을 유도하는 과정은 책이 의도하는 전체 흐름에 방해가 되는 것 같아 본문에 포함하지 않았습니다. (식 4−31)의 증명은 "표준수학" 부분을 참고하시기 바랍니다. 비슷하게 (식 4−32)를 유도할 수 있습니다.

$$\sin^{slope}(x) = \sin'(x) = \cos(x)$$ **(식 4-32)**

cos(x) 함수와 접하는 직선의 기울기를 구하는 함수인 −sin(x)를 함께 그려보면 [그림 4−25b]와 같습니다.

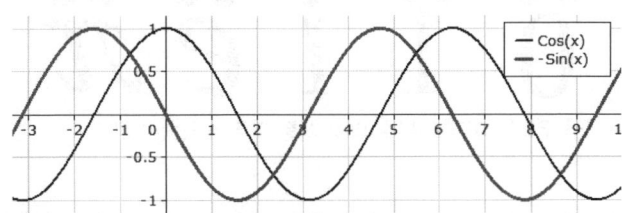

[그림 4−25b] cos(x)의 접선의 기울기를 구하는 함수는 −sin(x)이며, 왼쪽으로 π/2만큼 이동한(shift) 형태를 취합니다.

이제 삼각함수에 대한 접선의 직선을 구하는 함수를 기본함수 테이블에 포함하면 우리는 [그림 4-26]을 얻을 수 있습니다. 마침내 기본함수의 테이블을 구성하는 모든 항목들을 찾았습니다!

	함수	접하는 직선	역함수	이상한 수
파워함수	x^n	nx^{n-1}	$^n x$	i
지수함수	e^x	e^x	$_e x$	e
삼각함수	$\cos(x)$ $\sin(x)$	$-\sin(x)$ $\cos(x)$	$\mathrm{acos}(x)$ $\mathrm{asin}(x)$	π

[그림 4-26] 기본함수 테이블: 마침내 모든 기본함수를 찾았습니다. 각 기본함수마다 하나씩 기본수 i, e, π도 찾았습니다.

[그림 4-26]을 보면, 접하는 직선을 나타내는 함수가 원래 함수로 표현된다는 것은 참으로 놀랍습니다. 파워함수 x^n의 접선 함수도 x^n을 포함하고, 지수함수 e^x의 접선 함수도 e^x를 포함하고, 삼각함수 $\cos(x)$와 $\sin(x)$도 삼각함수를 포함합니다.

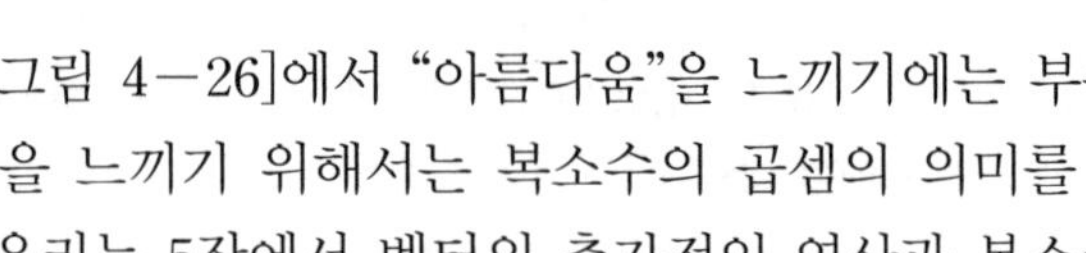

$$\ddot{0} \; \ddot{1} \; i \; \ddot{e} \; \ddot{\pi}$$

[그림 4-26b] 우리는 이제 기본수 다섯 개를 모두 찾았습니다!

아직 [그림 4-26]에서 "아름다움"을 느끼기에는 부족합니다. 아름다움을 느끼기 위해서는 복소수의 곱셈의 의미를 이해해야 합니다. 우리는 5장에서 벡터의 추가적인 연산과 복소수의 곱셈의 의미를 살펴보고 모든 기본함수와 기본수 0, 1, i, e, π가 하나의 수식으로 표현된 것을 이해하게 될 것입니다. 그것은 연관성이 없어 보이는 기본함수(elementary functions)와 기본수(elementary numbers)가 서로 밀접하게 연관되어 있다는 것을 의미합니다!

4장의 나머지 부분은 본문에서 증명하지 않은 수식에 대한 증명을 담고 있습니다. 식이 유도된 과정이 궁금하신 분들은 참고하시기 바랍니다.

코사인의 법칙(Law of cosines)

본문의 (식 4−17)의 $c^2 = a^2 + b^2 - 2ab\cos\gamma$ 코사인의 법칙을 증명해 보도록 하겠습니다.

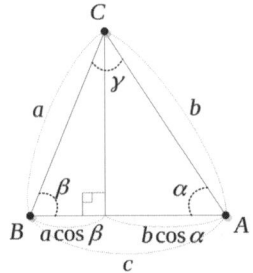

[그림 4−26c] 삼각형의 세 변의 길이와 내각의 관계에 대한 법칙을 코사인의 법칙이라고 합니다.

[그림 4−26c]에서 c의 길이를 다음과 같이 표현할 수 있습니다.

$$c = a\cos\beta + b\cos\alpha \quad \text{(식 4-32b)}$$

(식 4−32b)의 양변에 c를 곱하면, (식 4−32c)를 얻습니다.

$$c^2 = ac\cos\beta + bc\cos\alpha \quad \text{(식 4-32c)}$$

비슷한 방식으로 a와 b에 대해 다음 식들을 유도할 수 있습니다.

$$a^2 = ac\cos\beta + ab\cos\gamma \quad \text{(식 4-32d)}$$
$$b^2 = bc\cos\alpha + ab\cos\gamma \quad \text{(식 4-32e)}$$

위 (식 4-32d)와 (식 4-32e)를 더하면 (식 4-32f)를 얻습니다.

$$a^2 + b^2 = ac\cos\beta + bc\cos\alpha + 2ab\cos\gamma \quad \text{(식 4-32f)}$$

(식 4-32f)에서 (식 4-32c)를 빼면 아래 (식 4-32g)를 얻습니다.

$$(\text{식 4-32f}) - (\text{식 4-32c})$$
$$a^2 + b^2 - c^2$$
$$= ac\cos\beta + bc\cos\alpha + 2ab\cos\gamma - (ac\cos\beta + bc\cos\alpha)$$

(식 4-32g)

(식 4-32g)를 간단히 하면 다음 (식 4-32h)를 얻는데 이것을 코사인의 법칙이라고 합니다.

$$c^2 = a^2 + b^2 - 2ab\cos\gamma \quad \text{(식 4-32h)}$$

코사인의 법칙에서 $\gamma = \pi/2$인 경우, $-2ab\cos\gamma = 0$이 되므로, 피타고라스의 정리 $c^2 = a^2 + b^2$가 성립함을 알 수 있습니다.

삼각함수의 법칙

cos 함수와 sin 함수는 주기함수(periodic function)입니다. 그래서 cos, sin 함수의 파라미터가 합으로 표현된 경우, 이것이 cos, sin 함수의 곱의 조합으로 표현되는 성질을 가지고 있습니다. 또 cos, sin 함수의 곱으로 표현된 항(term)을 합의 형태로 표현할 수 있는 성질도 있습니다.

먼저 cos, sin 함수의 파라미터가 두 개의 값 α, β의 합으로 표현된 경우, **각의 합과 차의 법칙**(the angle addition and subtraction theorems)은 다음 (식 4−33)~(식 4−36)과 같습니다.

$$\sin(\alpha+\beta)=\sin\alpha\cos\beta+\cos\alpha\sin\beta \text{ (식 4-33)}$$
$$\sin(\alpha-\beta)=\sin\alpha\cos\beta-\cos\alpha\sin\beta \text{ (식 4-34)}$$
$$\cos(\alpha+\beta)=\cos\alpha\cos\beta-\sin\alpha\sin\beta \text{ (식 4-35)}$$
$$\cos(\alpha-\beta)=\cos\alpha\cos\beta+\sin\alpha\sin\beta \text{ (식 4-36)*}$$

위 식들 중에서 (식 4−36)*이 유도된 과정을 살펴보겠습니다. 단위 원(unit circle)과 1사분면에서 x축과 만나는 지점을 $P(1,0)$라고 하겠습니다. P를 반시계 방향으로 α만큼 회전한 점을 $S=(\cos\alpha, \sin\alpha)$라고 하고, β만큼 회전한 점을 $Q=(\cos\beta, \sin\beta)$, $\alpha-\beta$만큼 회전한 점을 $R=(\cos(\alpha-\beta), \sin(\alpha-\beta))$이라고 하겠습니다. 이것을 다음 [그림 4−26d]에 나타내었습니다.

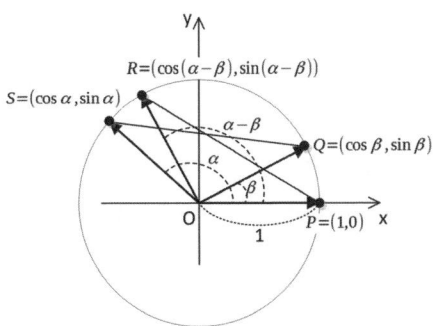

[그림 4-26d] 원에 내접하는 합동인 두 삼각형의 관계를 파악합니다.

위 그림에서 삼각형 △OQS와 △OPR은 서로 **합동(congruent)**[7] 입니다. 그러므로 $|\overline{SQ}| = |\overline{PR}|$ 입니다. 그리고 각 선분의 길이를 (식 4-36b)와 (식 4-36c)와 같이 얻을 수 있습니다.

$$\triangle OQS \equiv \triangle OPR$$
$$S = (\cos\alpha, \sin\alpha)$$
$$Q = (\cos\beta, \sin\beta)$$
$$P = (1, 0)$$
$$R = (\cos(\alpha-\beta), \sin(\alpha-\beta))$$
$$|\overline{SQ}| = |\overline{PR}| \quad \text{(식 4-36b)}$$
$$|\overline{SQ}| = \sqrt{(\cos\beta - \cos\alpha)^2 + (\sin\beta - \sin\alpha)^2} \quad \text{(식 4-36c)}$$
$$|\overline{PR}| = \sqrt{(\cos(\alpha-\beta) - 1)^2 + (\sin(\alpha-\beta) - 0)^2} \quad \text{(식 4-36d)}$$

(식 4-36b)의 양변을 제곱하여 각각 (식 4-36e)와 (식 4-36f)를 얻을 수 있습니다.

---

[7] 기하학에서 두 도형의 모양과 크기가 같은 것을 합동이라고 합니다.

$$|\overline{SQ}|^2 = (\cos^2\beta - 2\cos\alpha\cos\beta + \cos^2\alpha)$$
$$+ (\sin^2\beta - 2\sin\alpha\sin\beta + \sin^2\alpha)$$
$$= (\cos^2\alpha + \sin^2\alpha) + (\cos^2\beta + \sin^2\beta) - 2\cos\alpha\cos\beta$$
$$- 2\sin\alpha\sin\beta$$
$$= 1 + 1 - 2\cos\alpha\cos\beta - 2\sin\alpha\sin\beta$$
$$= 2 - 2\cos\alpha\cos\beta - 2\sin\alpha\sin\beta$$

(식 4-36e)

$$|\overline{PR}|^2 = (\cos^2(\alpha-\beta) - 2\cos(\alpha-\beta) + 1) + \sin^2(\alpha-\beta)$$
$$= (\cos^2(\alpha-\beta) + \sin^2(\alpha-\beta)) - 2\cos(\alpha-\beta) + 1$$
$$= 1 - 2\cos(\alpha-\beta) + 1$$
$$= 2 - 2\cos(\alpha-\beta)$$

(식 4-36f)

(식 4-36e)와 (식 4-36f)는 같은 값이므로 (식 4-36g)를 유도할 수 있습니다.

$$|\overline{SQ}| = |\overline{PR}|$$
$$(2 - 2\cos\alpha\cos\beta - 2\sin\alpha\sin\beta) = (2 - 2\cos(\alpha-\beta))$$
$$(-2\cos\alpha\cos\beta - 2\sin\alpha\sin\beta) = (-2\cos(\alpha-\beta))$$
$$\cos\alpha\cos\beta + \sin\alpha\sin\beta = \cos(\alpha-\beta)$$

(식 4-36g)

그러므로 (식 4-36)*의 $\cos(\alpha-\beta) = \cos\alpha\cos\beta + \sin\alpha\sin\beta$ 이 성립하는 것을 알 수 있습니다. 다른 성질도 비슷하게 유도할 수 있습니다.

두 개의 값 α, β를 각각 파라미터로 가지는 cos, sin 함수의 곱으로 표현된 항은 (식 4-37)~(식 4-40)처럼 **곱을 합**(Product-to-sum)으로 변환할 수 있습니다.

$$2\cos\alpha\cos\beta = \cos(\alpha-\beta) + \cos(\alpha+\beta) \text{ (식 4-37)}$$
$$2\sin\alpha\sin\beta = \cos(\alpha-\beta) - \cos(\alpha+\beta) \text{ (식 4-38)}$$
$$2\sin\alpha\cos\beta = \sin(\alpha+\beta) + \sin(\alpha-\beta) \text{ (식 4-39)}$$
$$2\cos\alpha\sin\beta = \sin(\alpha+\beta) - \sin(\alpha-\beta) \text{ (식 4-40)}$$

(식 4-37)~(식 4-40)의 증명은 간단합니다. 예를 들어 (식 4-33)과 (식 4-34)를 더하면 (식 4-39)를 얻습니다. 다른 성질도 비슷하게 유도할 수 있습니다.

$$\sin(\alpha+\beta) = \sin\alpha\cos\beta + \cos\alpha\sin\beta \text{ (식 4-33)}$$
$$\sin(\alpha-\beta) = \sin\alpha\cos\beta - \cos\alpha\sin\beta \text{ (식 4-34)}$$

두 개의 값 α, β를 각각 파라미터로 가지는 cos, sin 함수의 합으로 표현된 식은 삼각함수의 **합과 곱의 법칙**(Sum-to-product)에 의해 (식 4-41)~(식 4-44)와 같은 성질을 가집니다.

$$\sin\alpha + \sin\beta = 2\sin(\frac{\alpha+\beta}{2})\cos(\frac{\alpha-\beta}{2}) \text{ (식 4-41)}$$
$$\sin\alpha - \sin\beta = 2\sin(\frac{\alpha-\beta}{2})\cos(\frac{\alpha+\beta}{2}) \text{ (식 4-42)}$$
$$\cos\alpha + \cos\beta = 2\cos(\frac{\alpha+\beta}{2})\cos(\frac{\alpha-\beta}{2}) \text{ (식 4-43)}$$
$$\cos\alpha - \cos\beta = -2\sin(\frac{\alpha+\beta}{2})\sin(\frac{\alpha-\beta}{2}) \text{ (식 4-44)*}$$

$$\tan\alpha \pm \tan\beta = \frac{\sin(\alpha \pm \beta)}{\cos\alpha\cos\beta}$$ **(식 4-45)**

(식 4-44)*는 이 절의 후반부에서 $\cos'(x) = -\sin(x)$를 증명하기 위해서 사용할 예정입니다.

(식 4-33)과 (식 4-35)를 이용하면, **2배각 항등식(double angle identity)**을 이끌어낼 수 있습니다.

$$\sin(\alpha+\beta) = \sin\alpha\cos\beta + \cos\alpha\sin\beta \quad \text{(식 4-33)}$$
$$\cos(\alpha+\beta) = \cos\alpha\cos\beta - \sin\alpha\sin\beta \quad \text{(식 4-35)}$$

(식 4-33)에 β 대신에 α를 대입합니다. (식 4-45b)를 얻습니다.

$$\sin(\alpha+\alpha) = \sin\alpha\cos\alpha + \cos\alpha\sin\alpha$$
$$\sin(2\alpha) = \sin\alpha\cos\alpha + \sin\alpha\cos\alpha = 2\sin\alpha\cos\alpha \quad \text{(식 4-45b)}$$

비슷한 방식으로 다음 식들을 얻을 수 있습니다.

$$\cos(2\theta) = \cos^2\theta - \sin^2\theta \quad \text{(식 4-45c)}$$
$$\cos(2\theta) = 2\cos^2\theta - 1 \quad \text{(식 4-45d)}$$
$$\cos(2\theta) = 1 - 2\sin^2\theta \quad \text{(식 4-45e)}$$

(식 4-45e)에 대해서 $2\theta = \alpha$라고 두면, 다음과 같이 식을 전개해서, (식 4-45f)를 얻을 수 있습니다.

$$\cos(\alpha) = 1 - 2\sin^2\left(\frac{\alpha}{2}\right)$$

$$2\sin^2\left(\frac{\alpha}{2}\right) = 1 - \cos\alpha$$

$$\sin^2\left(\frac{\alpha}{2}\right) = \frac{1 - \cos\alpha}{2}$$

$$\sqrt{\sin^2\left(\frac{\alpha}{2}\right)} = \sqrt{\frac{1 - \cos\alpha}{2}}$$

$$\sin\left(\frac{\alpha}{2}\right) = \pm\sqrt{\frac{1 - \cos\alpha}{2}} \quad \text{(식 4-45f)}$$

(식 4−45f)를 얻는 방식과 비슷한 방식으로 (식 4−45g)를 얻을 수 있습니다.

$$\cos\left(\frac{\theta}{2}\right) = \pm\sqrt{\frac{1 + \cos\theta}{2}} \quad \text{(식 4-45g)}$$

표준수학

$\lim_{x \to 0} \dfrac{\sin(x)}{x} = 1$의 증명

(식 4−31)의 $\cos^{slope}(x) = \cos'(x) = -\sin(x)$을 증명하는데, (식 4−46)이 필요합니다. 그래서 (식 4−46)을 유도하는 과정을 살펴보도록 하겠습니다.

$$\lim_{x \to 0} \dfrac{\sin(x)}{x} = 1 \quad \text{(식 4-46)}$$

(식 4−46)을 증명하기 위해서, [그림 4−27]처럼 표준 좌표계에 그려진 반지름의 길이가 1인 단위 원과 단위 원의 중점에서 그은 임의의 반직선과 원이 만나는 지점을 A, A에서 x축으로 투영한 직선과 x축이 만나는 지점을 B, x축과 원이 1사분면에서 만나는 지점을 D, 반직선 $\overrightarrow{OA}$와 D에서 시작하는 y축과 평행한 직선이 만나는 지점을 C라고 합시다.

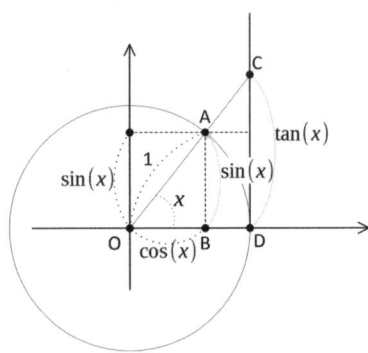

[그림 4−27] 단위 원에 반직선을 그어서 삼각형과 부채꼴의 면적의 관계를 분석해 봅니다.

그러면 선분의 길이는 다음 (식 4−47)∼(식 4−51)과 같습니다.

$$|\overline{OA}| = 1 \quad \text{(식 4–47)}$$
$$|\overline{OD}| = 1 \quad \text{(식 4–48)}$$
$$|\overline{OB}| = \cos(x) \quad \text{(식 4–49)}$$
$$|\overline{AB}| = \sin(x) \quad \text{(식 4–50)}$$
$$|\overline{CD}| = \tan(x) \quad \text{(식 4–51)}$$

이제 삼각형 △OAB, △OCD, 부채꼴(sector) OAD를 별도로 나타내면 [그림 4−28]과 같습니다.

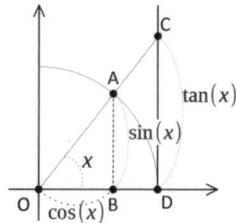

[그림 4−28] 삼각형 △OAB, △OCD, 부채꼴(sector) OAD의 면적의 관계를 분석합니다.

[그림 4−28]에서 부채꼴(sector) OAD의 면적은 항상 삼각형 △OAB의 면적보다는 크고 삼각형 △OCD의 면적보다는 작은 것을 알 수 있습니다. x가 무한으로 0에 가까이 가더라도 이 성질은 만족합니다.

$$\triangle OAB \text{의 면적} \leq \text{부채꼴 } OAD \text{의 면적} \leq \triangle OCD \text{의 면적}$$

(식 4–52)

이제 (식 4−52)가 이루는 부등식의 각 항의 면적을 계산해 보도록 하겠습니다.

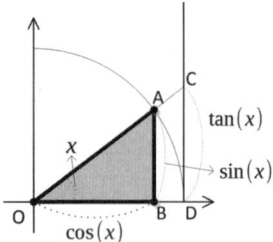

[그림 4-29] 삼각형 △OAB의 면적은 $\frac{1}{2}\cos(x)\sin(x)$입니다.

삼각형 △OAB에 대해서 밑변의 길이 $\cos(x)$와 높이 $\sin(x)$를 알고 있으므로, 면적은 (식 4−53)과 같이 구할 수 있습니다.

$$\triangle OAB = \frac{1}{2}\cos(x)\sin(x) \quad \text{(식 4-53)}$$

다음으로 부채꼴 OAD의 면적을 구해 봅시다.

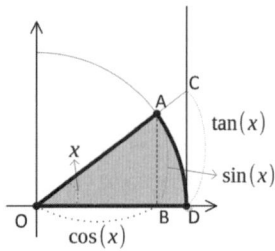

[그림 4-30] 부채꼴 OAD가 차지하는 비율은 원 둘레(2π)에 대해서 x만큼이므로, $x/(2\pi)$입니다.

부채꼴 OAD의 면적은 반지름이 r인 원의 면적(area)이 πr^2이고, 부채꼴의 면적이 원의 전체 면적에 대해 차지하는 비율이 $x/2\pi$이므로 πr^2과 $x/2\pi$를 곱하여 (식 4-54)와 같이 면적을 구할 수 있습니다.

$$\pi r^2 \frac{x}{2\pi} = \pi 1^2 \frac{x}{2\pi} = \frac{x}{2} \text{ (식 4-54)}$$

다음으로 삼각형 △OCD의 면적을 구해 봅시다.

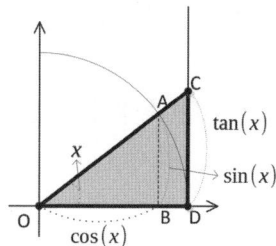

[그림 4-31] 삼각형 △OCD의 면적은 $\frac{1}{2} \times 1 \times \tan(x)$입니다.

삼각형 △OCD의 밑변의 길이는 $|\overline{OD}|=1$이고, 높이는 $\tan(x)$이므로 (식 4-55)와 같이 면적을 구할 수 있습니다.

$$\triangle OCD = \frac{1}{2}\tan(x) \text{ (식 4-55)}$$

이제 (식 4-53), (식 4-54), (식 4-55)를 (식 4-52)에 대입하면 다음의 (식 4-56)이 됩니다.

$$\frac{1}{2}\cos(x)\sin(x) \leq \frac{x}{2} \leq \frac{1}{2}\tan(x) \quad \text{(식 4-56)}$$

(식 4−56)을 $\sin(x)/x$가 나타나도록 식을 변형하면 다음과 같이 유도할 수 있습니다.

$$\cos(x)\sin(x) \leq x \leq \tan(x) \quad \text{(식 4-57)}$$

$$\cos(x)\sin(x) \leq x \leq \frac{\sin(x)}{\cos(x)} \quad \text{(식 4-58)}$$

$$\cos(x)\frac{\sin(x)}{x} \leq (x\frac{1}{x} = 1) \leq \frac{1}{\cos(x)}\frac{\sin(x)}{x} \quad \text{(식 4-59)}$$

(식 4−59)의 좌측 부분에 대해서 양변에 $1/\cos(x)$를 곱하면 다음과 같이 됩니다.

$$\cos(x)\frac{\sin(x)}{x} \leq 1$$

$$\frac{\sin(x)}{x} \leq \frac{1}{\cos(x)} \quad \text{(식 4-60)}$$

(식 4−59)의 우측 부분에 대해서 양변에 $\cos(x)$를 곱하면 다음과 같이 됩니다.

$$1 \leq \frac{1}{\cos(x)}\frac{\sin(x)}{x}$$

$$\cos(x) \leq \frac{\sin(x)}{x} \quad \text{(식 4-61)}$$

이제 (식 4−60)과 (식 4−61)을 결합하여 (식 4−62)를 구성합니다.

$$\cos(x) \leq \frac{\sin(x)}{x} \leq \frac{1}{\cos(x)} \quad \text{(식 4-62)}$$

$\cos(x)$와 $1/\cos(x)$에 대해서 lim를 적용하면 다음과 같습니다.

$$\lim_{x \to 0} \cos(x) = 1 \quad \text{(식 4-63)}$$

$$\lim_{x \to 0} \frac{1}{\cos(x)} = 1 \quad \text{(식 4-64)}$$

그러므로 우리는 (식 4−65)와 같은 결론을 내릴 수 있습니다.

$$\lim_{x \to 0} \frac{\sin(x)}{x} = 1 \quad \text{(식 4-65)}$$

$\cos'(x) = -\sin(x)$의 증명

$\cos(x)$의 접하는 직선의 기울기를 구하는 함수는 $-\sin(x)$입니다. 이것을 구하는 과정을 알아보도록 하겠습니다.

$$\cos'(x) = -\sin(x) \text{ (식 4-66)}$$

$$\cos'(x) = \lim_{h \to 0} \frac{\cos(x+h) - \cos(x)}{h} = -\sin(x) \text{ (식 4-67)}$$

(식 4-66)을 증명하기 위해서는 먼저 (식 4-68)과 (식 4-65)를 알고 있어야 합니다.

$$\cos A - \cos B = -2\sin(\frac{A+B}{2})\sin(\frac{A-B}{2}) \text{ (식 4-68)}$$

$$\lim_{x \to 0} \frac{\sin(x)}{x} = 1 \text{ (식 4-65)}$$

(식 4-67)에 (식 4-68)을 적용하면 다음과 같습니다.

$$= \lim_{h \to 0} \frac{-2\sin(\frac{x+(x+h)}{2})\sin(\frac{(x+h)-x}{2})}{h}$$

$$= \lim_{h \to 0} \frac{-2\sin(\frac{2x+h}{2})\sin(\frac{h}{2})}{h}$$

$$= \lim_{h \to 0} \left(-2\sin(\frac{2x+h}{2}) \frac{\sin(\frac{h}{2})}{h} \right) \text{ (식 4-69)}$$

2는 $\dfrac{1}{\left(\dfrac{1}{2}\right)}$ 이므로 (식 4−69)에서 계수 2를 다음과 같이 분자로 보내서 (식 4−70)과 같이 정리할 수 있습니다.

$$\lim_{h \to 0}\left(-\sin(\dfrac{2x+h}{2})\dfrac{\sin(\dfrac{h}{2})}{\dfrac{h}{2}}\right) \quad \text{(식 4–70)}$$

(식 4−65)의 $\lim\limits_{x \to 0}\dfrac{\sin(x)}{x}=1$에 의해 (식 4−70)을 간단히 하면 다음과 같습니다.

$$=\lim_{h \to 0}\left(-\sin(\dfrac{2x+h}{2})1\right)$$
$$=\lim_{h \to 0}\left(-\sin(\dfrac{2x+h}{2})\right)$$
$$=-\sin(\dfrac{2x+0}{2})$$
$$=-\sin(\dfrac{2x}{2})$$
$$=-\sin(x)$$

그러므로 $\cos'(x)=-\sin(x)$입니다.

5장 하나의 아름다운 수식

$$e^{i\pi} + 1 = 0$$

벡터의 추가적인 연산: 내적
선형 조합의 간단한 표기법
행렬(Matrix)
– 일반식에서 행렬 표현식을 찾기
– 연산자로 사용하는 행렬
– 행렬과 인공지능
결정요인(Determinant, 행렬식)
– 소행렬식(마이너, Minor)
벡터의 추가적인 연산: 외적
– 이차원 벡터에 대한 외적
복소수의 곱셈
오일러의 공식(Euler's Formula)
– 오일러 공식의 증명
– 아름다운 오일러 공식의 응용
– 함수 개념의 확장
– 소수(prime number)의 규칙과 오일러 공식
수학에서 가장 아름다운 표(table)
– 우리의 일상과 오일러의 항등식
– 공학과 과학의 한계

[표준수학] 미분 공식

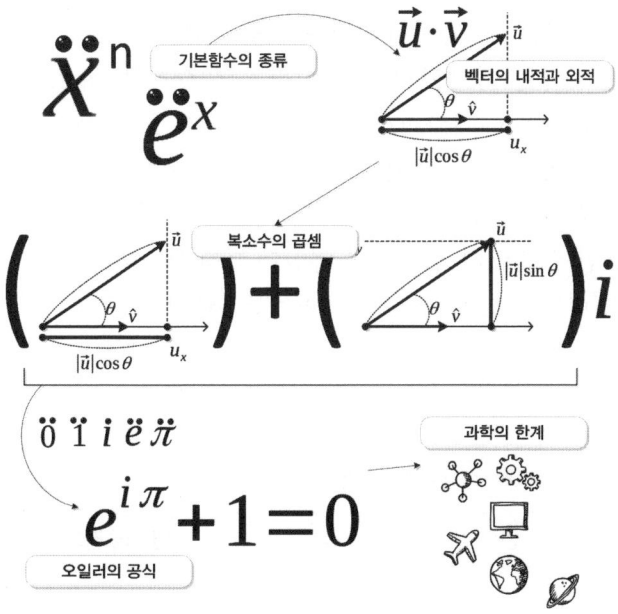

우리는 기본함수의 종류를 모두 파악했습니다. 기본함수를 하나씩 정의할 때마다, 기본수를 하나씩 발견하였습니다. 이제, 벡터의 내적과 외적의 개념을 파악한 이후에, 복소수의 곱셈에 포함된 내적과 외적의 개념을 파악할 것이고, 기본수들이 이루는 완벽한 관계를 기술하는 식을 이해하게 될 것입니다. 이 과정을 통해 자연법칙을 기술하는 수식의 아름다움과, 필연적으로 존재하는 과학의 한계를 알게 될 것입니다.

기본함수와 기본수를 모두 발견한 지금, 벡터들의 곱이 어떻게 아름다운 공식을 이끌어 내는지 여행을 시작해 봅시다!

● 벡터의 추가적인 연산: 내적

이제 우리는 이 장에서 기본함수들 간의 관계를 기술하는 아름다운 수식을 살펴보려고 합니다. 그 수식은 복소수의 곱셈(complex number multiplication) 계산과 관계가 있기 때문에 복소수의 곱셈을 좀 더 자세하게 이해할 필요가 있습니다. 그런데 복소수의 곱셈을 전개하면 벡터의 곱과 관계된 항들이 얻어집니다. 그래서 먼저 벡터의 추가적인 연산에 대해서 이해할 필요가 있습니다. 벡터의 연산을 정의하는 이름을 이해하기 위해, 사칙 연산과 사칙 연산의 결과를 지칭하는 용어들을 정리하면 [표 5−1]과 같습니다.

[표 5-1] 사칙연산과 사칙연산의 결과에 대한 용어

연산	연산의 결과
덧셈(addition)	합(sum)
뺄셈(subtraction)	차(difference)
곱셈(multiplication)	적(product)
나눗셈(division)	몫(quotient)

덧셈 연산의 결과를 합(sum), 뺄셈 연산의 결과를 차(difference), 곱셈 연산의 결과를 적(product), 나눗셈 연산의 결과를 몫(quotient)이라고 합니다. 여기서 적(product)은 곱셈의 결과를 나타내는 용어인데, 벡터에서 곱셈이 주요한 역할을 하는 연산자를 정의할 때 사용합니다.

우리는 벡터를 피연산자로 하는 덧셈 연산에 대해서 이미 알아보았습니다. 벡터를 피연산자로 하는 다른 연산자 중에는 곱셈에 해당하는 **벡터 곱**(Vector Product)이 있습니다. 이것을 벡터 곱셈(multiplication)이라고는 하지 않는데, 전형적인 곱셈과는 약간 차이가 나기 때문입니다. 벡터 곱은 내부적으로 벡터 요소들의 곱셈과 덧셈을 거쳐서 최종적으로 스칼라 값을 계산하는 **내적**(inner product, dot product)과 결과가 벡터가 되는 **외적**(outer product, cross product)이 있습니다. 이것을 내적, 외적이라고 하는 이유는 복소수의 곱셈(내적 연산)에서 안쪽(inner)에 나타나는 식과 바깥쪽(outer)에 나타나는 식이기 때문입니다.[8] 두 벡터 $\vec{u}$와 $\vec{v}$에 대해 내적과 외적은 (식 5-1), (식 5-2)처럼 표시합니다. 내적 연산자 ·은 '점'(닷, dot)이라고 읽고, ×는 '십자'(크로스, cross)라고 읽습니다.

$$\vec{u} \cdot \vec{v} \quad \text{(식 5-1, 내적)}$$
$$\vec{u} \times \vec{v} \quad \text{(식 5-2, 외적)}$$

내적과 외적에 대한 직관을 가지는 것은 많은 도움이 됩니다. [그림 5-1b]에 내적과 외적에 대한 테이블을 정리하였습니다.

	기호	의미	삼각함수	위치	결과	결과가 양수일 때, 각의 범위
내적	·	길이	$\cos\theta$	in	실수	$-90 \sim +90$
외적	×	면적	$\sin\theta$	out	벡터	$0 \sim 180$

[그림 5-1b] 내적과 외적의 비교

---

8) 복소수의 사차원 형태인 사원수(quaternion)의 계산에서 안쪽(in)과 바깥쪽(out)에 나타납니다.

내적은 수평 길이와 상관이 있고, 외적은 수직 길이와 상관이 있어서, 이차원에서는 면적(area)을, 삼차원에서는 부피(volume)를 나타내기 위해서 사용합니다. 내적은 삼각함수 cos θ와 상관이 있고, 외적은 sin θ와 상관이 있습니다. 이차원에서 cos θ가 수평 성분의 길이이고, sin θ는 수직 성분의 길이라는 것을 생각해 보세요.

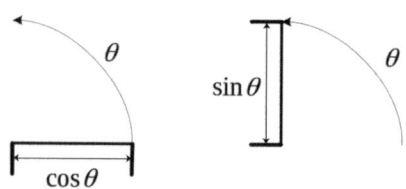

[그림 5-1c] 내적은 가로 방향 성분의 길이를, 외적은 가로 방향 성분의 길이에 높이 성분인 sin(θ)를 곱하기 때문에 면적을 의미합니다.

내적은 복소수 곱셈에서 안쪽(실수부)에 나타나고, 외적은 복소수 곱셈에서 바깥쪽(허수부)에 나타납니다. 내적의 결과는 하나의 수(number)이지만, 외적은 방향과 크기를 가진 벡터입니다. 내적은 두 벡터가 이루는 각이 -90도~+90도 사이에서 양수이지만, 외적의 크기는 두 벡터가 이루는 각이 0도~180도 사이에서 양수입니다. 그래서 내적은 두 벡터가 같은 방향을 가리키는지 판단하기 위해서 사용할 수 있고, 외적은 벡터가 180도 이상 회전해서 **시계 방향(CW, Clock-Wise)**인지, **반시계 방향(CCW, Counter-Clock-Wise)**인지 판단하기 위해서 사용할 수 있습니다.

벡터의 내적은 임의의 차원의 벡터에 대해서도 정의되지만, 설명을 간단하게 하기 위해 먼저 이차원 벡터로 내적을 정의해 보겠습니다. 이차원 벡터 $\vec{u}=(u_1, u_2)$, $\vec{v}=(v_1, v_2)$라 하고 $\vec{u}$의 끝점을 P, $\vec{v}$의 끝점을 Q라고 합시다. 그리고 $\vec{u}$와 $\vec{v}$가 이루는 각을 θ라고 합시다. [그림 5-2]에 두 벡터 $\vec{u}$와 $\vec{v}$를 표준 좌표계상에 나타내었습니다.

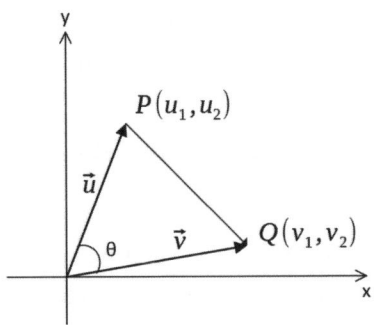

[그림 5-2] 이차원 평면에 $\vec{u}=(u_1, u_2)$, $\vec{v}=(v_1, v_2)$를 나타내었습니다. 두 벡터가 이루는 각은 θ입니다.

그러면 이차원벡터 벡터 $\vec{u}$와 $\vec{v}$ 내적은 점(·) 연산자를 사용하여 $\vec{u} \cdot \vec{v}$로 나타내며 다음 (식 5-3)과 같이 정의합니다.

$$\vec{u} \cdot \vec{v} = u_1 v_1 + u_2 v_2 \quad \text{(식 5-3, 내적의 정의)}$$

(식 5-3)을 보면 각 벡터의 같은 위치의 요소끼리 곱해서 그것을 더한 것임을 알 수 있습니다. 이것은 어떤 의미일까요? 내적의 기하학적인 의미를 이해하기 위해 내적을 유도한 과정을 살펴볼 필요가 있습니다. [그림 5-2]의 삼각형 △OPQ에 대해서 **코사인 법칙**(law of cosines)에 의해 다음의 (식 5-3b)가 성립합니다.

$$|\overrightarrow{PQ}|^2 = |\vec{u}|^2 + |\vec{v}|^2 - 2|\vec{u}||\vec{v}|\cos\theta \quad \text{(식 5-3b)}$$

위 (식 5-3b)는 4장에서 증명하였으므로 해당 내용을 참고하기 바랍니다. $\overrightarrow{PQ}=(v_1-u_1, v_2-u_2)$이므로 피타고라스의 정리에 의해 (식 5-3c)가 성립합니다.

$$\overrightarrow{PQ}=(v_1-u_1, v_2-u_2)$$

$$|\overrightarrow{PQ}|^2 = (v_1-u_1)^2 + (v_2-u_2)^2$$
$$= (v_1^2 - 2v_1u_1 + u_1^2) + (v_2^2 - 2v_2u_2 + u_2^2) \text{ (식 5-3c)}$$

(식 5-3c)를 (식 5-3b)의 좌변에 대입합니다.

$$(v_1^2 - 2v_1u_1 + u_1^2) + (v_2^2 - 2v_2u_2 + u_2^2)$$
$$= |\vec{u}|^2 + |\vec{v}|^2 - 2|\vec{u}||\vec{v}|\cos\theta \text{ (식 5-3d)}$$

피타고라스의 정리에 의해 $|\vec{u}|^2$과 $|\vec{v}|^2$을 계산할 수 있으므로, 이 값을 (식 5-3d)에 대입합니다.

$$|\vec{u}|^2 = u_1^2 + u_2^2 \text{ (식 5-3e)}$$
$$|\vec{v}|^2 = v_1^2 + v_2^2 \text{ (식 5-3f)}$$

그러면 (식 5-3g)를 얻습니다.

$$(v_1^2 - 2v_1u_1 + u_1^2) + (v_2^2 - 2v_2u_2 + u_2^2)$$
$$= (u_1^2 + u_2^2) + (v_1^2 + v_2^2) - 2|\vec{u}||\vec{v}|\cos\theta \text{ (식 5-3g)}$$

(식 5-3g)의 양변에서 $(u_1^2 + u_2^2)$와 $(v_1^2 + v_2^2)$ 항은 제거되므로, 간단히 하면 다음과 같은 (식 5-4)를 얻습니다.

$$-2v_1u_1 - 2v_2u_2 = -2|\vec{u}||\vec{v}|\cos\theta \text{ (식 5-4)}$$

(식 5-4)의 양변에 $1/(-2)$를 곱하여, $|\vec{u}||\vec{v}|\cos\theta$에 대해서 정리합니다. 그러면 다음과 같은 (식 5-5), (식 5-6)을 얻습니다. (식 5-6)을 보면, 내적은 $\vec{u}$와 $\vec{v}$의 크기, 두 벡터가 이루는 각 θ와 상관이 있음을 알 수 있습니다.

$$|\vec{u}||\vec{v}|\cos\theta = u_1v_1 + u_2v_2 \text{ (식 5-5)}$$
$$\vec{u} \cdot \vec{v} = |\vec{u}||\vec{v}|\cos\theta \text{ (식 5-6, 내적)}$$

(식 5−5)는 임의의 n차원 벡터에 대해서도 성립합니다. 삼차원인 경우 (식 5−7)과 같이 정의됩니다.

$$|\vec{u}||\vec{v}|\cos\theta = u_1v_1 + u_2v_2 + u_3v_3 \text{ (식 5-7)}$$

내적을 사용하여 벡터의 길이를 (식 5−7b)와 같이 구할 수 있습니다.

$$\vec{u} \cdot \vec{u} = u_1u_1 + u_2u_2 = |\vec{u}|^2$$
$$|\vec{u}| = \sqrt{(\vec{u} \cdot \vec{u})} \text{ (식 5-7b)}$$

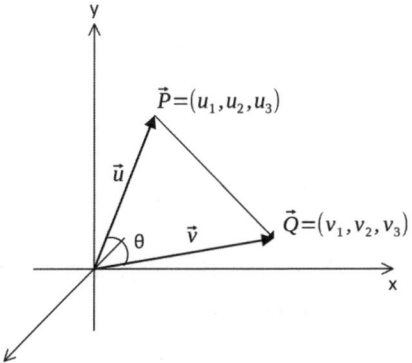

[그림 5-3] 코사인 법칙은 삼차원 공간의 벡터에 대해서도 성립합니다. $|\overrightarrow{PQ}|^2 = |\vec{u}|^2 + |\vec{v}|^2 - 2|\vec{u}||\vec{v}|\cos\theta$가 성립합니다.

내적 $\vec{u} \cdot \vec{v} = |\vec{u}||\vec{v}|\cos\theta$는 어떤 의미를 가지는 것일까요? 다음 그림을 통해서 내적의 기하학적인 의미를 유추해 볼 수 있습니다.

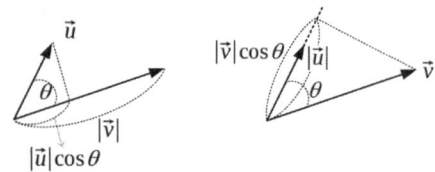

[그림 5-4] 두 벡터의 내적: 벡터의 내적은 한 벡터를 두 번째 벡터에 직교 투영했을 때의 길이와 두 번째 벡터의 길이를 곱한 값입니다. 내적은 교환법칙이 성립하므로, $\vec{u}$를 $\vec{v}$에 투영했다고 생각할 수도, $\vec{v}$를 $\vec{u}$에 투영했다고 생각할 수도 있습니다.

$\vec{u}$와 $\vec{v}$의 내적 $\vec{u} \cdot \vec{v}$는 벡터 $\vec{u}$를 벡터 $\vec{v}$에 투영했을 때의 길이 $|\vec{u}|\cos\theta$와 $\vec{v}$의 길이 $|\vec{v}|$를 곱한 값입니다. $|\vec{v}|$가 길이가 1로 정규화되었다고 가정해 보세요. 그러면 [그림 5-5]처럼 내적을 통해서, $\vec{u}$벡터의 $\vec{v}$벡터 방향 성분을 구할 수 있는 것을 알 수 있습니다.

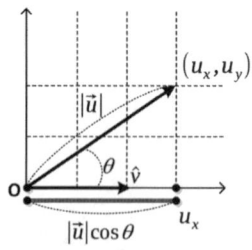

[그림 5-5] 내적 $\vec{u} \cdot \vec{v}$를 이용하면 $\vec{u}$벡터의 $\vec{v}$방향으로의 성분을 구할 수 있습니다. $|\vec{v}|$가 1이라면, $\vec{u} \cdot \vec{v}$는 $\vec{u}$벡터의 $\vec{u}$성분의 길이입니다.

내적은 한 벡터를 다른 벡터에 투영했을 때의 벡터를 구하거나, 두 벡터가 이루는 각을 구하기 위해서 사용할 수 있습니다. 내적은 $\cos\theta$ 성분을 가지므로, $\vec{u}$와 $\vec{v}$가 이루는 각이 90도보다 크면 음수 값을 가집니다.

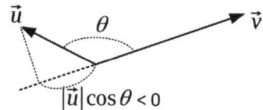

[그림 5-6] 내적이 음수(negative number)인 경우: 내적이 음수라면 두 벡터는 $\pi/2$(90도)보다 큰 각으로 벌어져 있음을 나타냅니다. 그림에서 $\cos\theta$는 음수입니다.

삼차원 벡터 $\vec{u}$와 $\vec{v}$에 대해서 내적의 정의를 다시 적어보겠습니다.

$$\vec{u}\cdot\vec{v}=u_1v_1+u_2v_2+u_3v_3=|\vec{u}||\vec{v}|\cos\theta \ (\text{식 5-8})$$

(식 5-8)의 양변에 $1/(|\vec{u}||\vec{v}|)$를 곱하면, 내적을 이용하여 두 벡터가 이루는 각의 코사인 성분을 구할 수 있는 것을 알 수 있습니다. 그리고 acos 함수를 사용하면 두 벡터가 이루는 각을 구할 수 있습니다.

$$\cos\theta=\frac{u\cdot v}{|u||v|} \ (\text{식 5-9})$$
$$\mathrm{acos}\left(\frac{u\cdot v}{|u||v|}\right)=\theta \ (\text{식 5-9b})$$

$\vec{u}\cdot\vec{v}=0$이면, $\cos\theta=0$이므로 두 벡터는 서로 직각(orthogonal)입니다. 이차원 공간에서 주어진 $\vec{n}=(a,\ b)$에 대해, 임의의 점 $\vec{p}=(x,\ y)$와의 내적을 다음 (식 5-10)처럼 적을 수 있습니다.

$$\vec{n}\cdot\vec{p}=(a,\ b)\cdot(x,\ y)=ax+by \ (\text{식 5-10})$$

(식 5-10)이 0이 되면, $ax+by=0$인데 이것은 $\vec{n}=(a,\ b)$와 직교하는 모든 점 $\vec{p}=(x,\ y)$를 의미합니다. 이차원 공간에서 $\vec{n}=(a,\ b)$과 직교하는 모든 점은 선(line)을 결정합니다. 그러므로 (식 5-10)을 0으로 만드는 모든 점은, 원점을 지나는 선의

방정식(line equation)이며, $\vec{n}=(a,\ b)$는 선과 직교하는 벡터를 의미합니다.

이 개념은 삼차원 공간으로 확대하면 $\vec{n}=(a,\ b,\ c)$에 대해서, $ax+by+cz=0$ 평면(plane)에 수직인 벡터는 $\vec{n}=(a,\ b,\ c)$인 것을 알 수 있습니다. 이렇게 평면(plane)에 수직인 벡터를 **법선 벡터** (normal vector, 노멀벡터)라고 하는데, 내적이 선과 평면을 정의하기 위해서 사용 가능한 것을 알 수 있습니다.

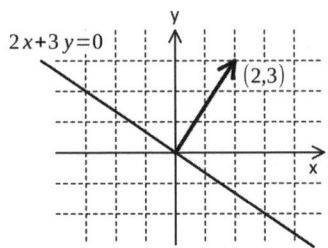

[그림 5-7] $2x+3y=0$의 직선 그래프는 벡터 (2, 3)과 직각입니다.

[그림 5-7]에 직선의 방정식 $2x+3y=0$를 그래프로 나타내었습니다.

$$(2,\ 3) \cdot (x,\ y) = 2x+3y$$
$$2x+3y=0 \text{ (식 5-11)}$$

(식 5-11)의 $2x+3y=0$은 (2, 3)과 직교하는 모든 $(x,\ y)$를 의미하므로 직선을 나타냅니다. 필자가 처음 내적과 외적을 배웠을 때, 내적과 외적이 의미하는 직관을 완벽하게 파악하지 못하고 뒤이어 나오는 개념들을 이해해야 했으므로 어려움이 있었습니다. 독자분들은 지금 반복적인 연습을 통해서 내적이 의미하는 직관을 완전하게 이해하고 책을 계속 읽을 것을 추천합니다.

[그림 5−8]의 내적과 외적의 비교표를 보면서 각 항목의 직관을 다시 설명하도록 하겠습니다.

	기호	의미	삼각함수	위치	결과	결과가 양수일 때, 각의 범위
내적	·	길이	$\cos\theta$	in	실수	$-90 \sim +90$
외적	×	면적	$\sin\theta$	out	벡터	$0 \sim 180$

[그림 5-8] 내적에 대한 직관

벡터 $\vec{u}$와 $\vec{v}$가 주어졌다고 가정합니다. 직관을 얻기 위해 $\vec{v}$의 방향이 x축과 일치하고, $\vec{v}$의 길이가 1이라고 가정해 봅시다. 이것을 [그림 5−9]에 나타내었습니다. [그림 5−9]의 $\vec{u}$와 $\vec{v}$에 대해 내적을 수행하면, $\vec{u}$의 끝점에서 $\vec{v}$ 방향으로 투영한 점과 원점이 이루는 선분 $\overline{OU_x}$의 길이를 의미합니다.

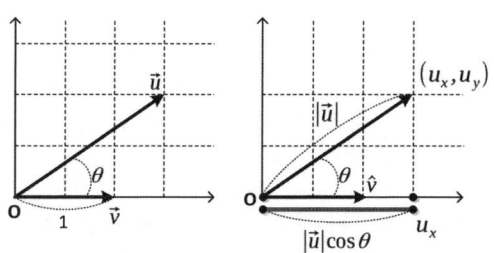

[그림 5-9] $\vec{u} \cdot \vec{v}$의 직관을 얻기 위해 $\vec{v}$의 방향을 x축과 일치시킨 후 내적 계산을 수행합니다.

그러므로 $\vec{u} \cdot \vec{v} = |\overline{OU_x}| = |\vec{u}|\cos\theta$입니다. 선분의 길이가 $\cos\theta$를 사용하여 표현된 것을 기억하세요. $\vec{u} \cdot \vec{v} = |\vec{u}||\vec{v}|\cos\theta$

이므로 $|\vec{v}|$가 1이 아니라면, $|\overline{OU_x}|$와 $|\vec{v}|$를 곱한 값이 내적인데, 직관을 위해서 $|\vec{v}|=1$이라고 가정한 것입니다.

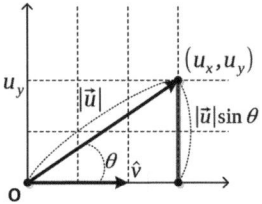

[그림 5-10] 외적은 $\vec{u}$의 수직 성분인 $|\vec{u}|\sin\theta$와 상관이 있습니다.

반면에 외적은 수직 성분의 길이인 $|\vec{u}|\sin\theta$와 상관이 있습니다. 외적은 (식 5-13)처럼 곱하기 심벌(×, 크로스)을 사용하여 $\vec{u}\times\vec{v}$처럼 나타냅니다. 내적은 수평 성분의 길이인 $|\vec{u}|\cos\theta$와 $|\vec{v}|$를 곱한 값인데, 외적은 수직 성분의 길이인 $|\vec{u}|\sin\theta$와 $|\vec{v}|$를 곱한 값을 포함합니다. 사실 외적의 결과는 벡터인데, 이차원에서 외적의 결과는 하나의 실수(real number)로 나타낼 수 있습니다. 이차원에서 외적을 하나의 실수로 나타내는 것을 이해하는 것은 외적에 대한 직관의 중요한 단계인데 이 부분은 외적을 다룰 때 설명하겠습니다.

$$\vec{u}\cdot\vec{v}=(|\vec{u}|\cos\theta)|\vec{v}| \quad \text{(식 5-12)}$$
$$\vec{u}\times\vec{v}=(|\vec{u}|\sin\theta)|\vec{v}| \quad \text{(식 5-13)}[9]$$

(식 5-13)이 의미하는 것은 무엇일까요? $|\vec{v}|$가 밑변의 길이이고, $|\vec{u}|\sin\theta$가 높이이므로, $\vec{u}$와 $\vec{v}$가 결정하는 **평행사변형**

---

[9] 외적의 결과는 벡터이므로, 이 식은 참이 아닙니다. 이차원의 경우 이차원 벡터 외적의 결과는 벌크차원(bulk dimension)으로 향하는 벡터인데, 첫 번째 요소와 두 번째 요소를 항상 0이라고 가정하여, 하나의 실수로 나타낼 수 있습니다.

(parallelogram)의 면적[10]을 의미합니다.

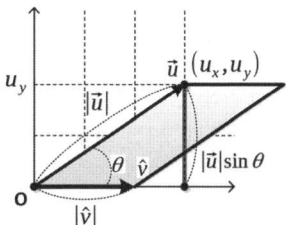

[그림 5-11] $\vec{u} \times \vec{v} = (|\vec{u}|\sin\theta)|\vec{v}|$는 $\vec{u}$와 $\vec{v}$가 결정하는 평행사변형의 면적입니다.

외적이 $\sin\theta$ 성분을 포함하므로, 면적이 음수(negative)값을 가질 수 있습니다. 그래서 **부호를 가진 면적(signed area)**이라고 하는데, $\vec{u}$의 방향이 반대로 된 경우라고 생각하면 됩니다. 우리는 내적과 외적을 모두 이해하고 나서, 복소수의 곱셈의 의미를 살펴볼 것입니다. 그러면 복소수의 곱셈의 결과가 [그림 5-12]와 같이 $A+Bi$ 형태를 취하는 것을 알 수 있습니다. 여기서 A와 B는 임의의 상수이고, i는 허수(imaginary number) 단위입니다.

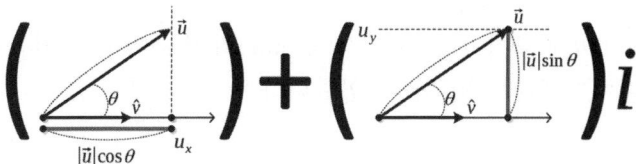

[그림 5-12] 복소수의 곱셈에서 안쪽에는 $\cos\theta$가, 바깥쪽에는 $\sin\theta$가 나타납니다. 안쪽에 나타나는 식이 내적(inner product), 바깥쪽에 나타나는 식이 외적(outer product)입니다.

---

10) 외적을 구성하는 각 벡터가 기저를 구성하는 각 축이라면, 이 면적은 해당 좌표계가 나타내는 기본단위에 대한 n-차원 면적입니다. 이차원에서는 면적(area), 삼차원에서는 부피(volume), n-차원에서는 n-차원 초부피(super volume)가 되는데, 면적이 어떻게 변하는지를 판단하는 주요한 도구로 사용할 수 있습니다.

복소수는 실수부(real part)와 허수부(imaginary part)를 가지는데, 복소수를 곱하면 **안쪽**(inner)에는 $\cos\theta$를 포함한 **내적**(inner product, dot product)이 나타나고, **바깥쪽**(outer)에는 $\sin\theta$를 포함한 **외적**(outer product, cross product)이 나타납니다. 이것이 내적과 외적에 이름을 붙인 이유입니다. 영어로는 내적보다는 **점곱**(dot product), **십자곱**(cross product)이라는 용어를 선호합니다.

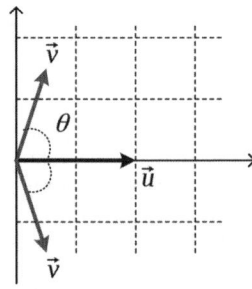

[그림 5-13] 내적 $\vec{u}\cdot\vec{v}$는 $\vec{v}$가 $\vec{u}$에 대해 −90도에서 +90도의 범위에 있으면 양수(positive)값을 가집니다. 그러므로 두 개의 벡터가 같은 방향을 가리키는지 판단하기 위해 내적을 사용할 수 있습니다.

내적은 $\cos\theta$ 성분이 있으므로, 두 벡터가 이루는 각이 $-\pi/2$에서 $+\pi/2$의 범위에서 양수(positive number)값을 가집니다. 그러므로 $\vec{v}$가 $\vec{u}$에 대해 −90도에서 +90도의 범위에 있는지 어떤지를 판단하기 위해 사용할 수 있습니다.

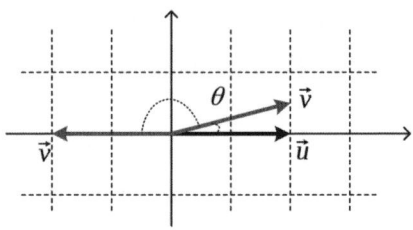

[그림 5-14] 외적 $\vec{u}\times\vec{v}$는 $\vec{v}$가 $\vec{u}$에 대해 0도에서 +180도의 범위에 있으면 양수(positive)값을 가집니다.

외적은 sin θ 성분이 있으므로, 두 벡터가 이루는 각이 0에서 π 사이에서 양수 값을 가집니다. 그러므로 $\vec{v}$가 $\vec{u}$에 대해 0도에서 +180도의 범위에 있는지 어떤지를 판단하기 위해 사용할 수 있습니다. 외적의 크기가 양수(positive number)이면 $\vec{v}$가 $\vec{u}$에 대해 반시계 방향(CCW)에 있다는 의미입니다. [그림 5-15]에 내적과 외적을 비교한 그림을 제시하였습니다.

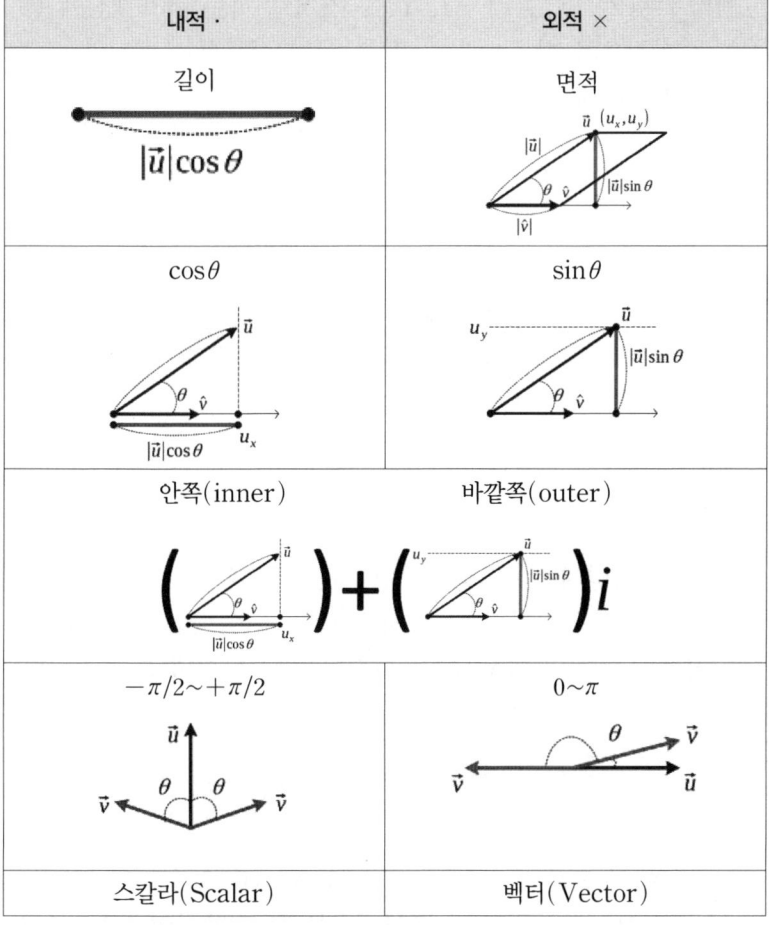

[그림 5-15] 내적과 외적에 대한 직관 테이블

● 선형 조합의 간단한 표기법

우리는 2장에서 벡터들의 선형 조합(linear combination)의 의미와 선형 조합을 이용하여 복소수를 나타내는 방법을 알아보았습니다.

벡터 $\vec{i}=(2, 1)$, $\vec{j}=(-1, 1)$을 기저로 하는 좌표계상에 (0, 0)을 시작점으로 하고, (3, -2)를 끝점으로 하는 벡터를 [그림 5-16]에 나타내었습니다.

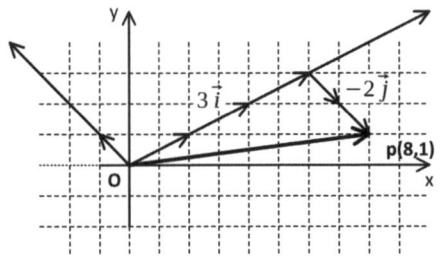

[그림 5-16] 벡터 $\vec{i}=(2, 1)$와 $\vec{j}=(-1, 1)$을 기저로 가지는 축에서의 벡터 (3, -2)의 의미

[그림 5-16]에서 선 $\overline{Op}$가 의미하는 벡터는 표준 좌표계에서 벡터 (8, 1)을 의미합니다. 그것은 $\vec{i}$와 $\vec{j}$를 열벡터(column vector)로 사용하여 아래의 선형 조합 (식 5-21)로 나타낼 수 있습니다.

$$3\vec{i}-2\vec{j}=3\begin{bmatrix}2\\1\end{bmatrix}-2\begin{bmatrix}-1\\1\end{bmatrix}=\begin{bmatrix}8\\1\end{bmatrix} \quad \text{(식 5-21)}$$

이차원에서 표준 기저는 $\vec{i}=(1, 0)$, $\vec{j}=(0, 1)$입니다. 그러므로 (식 5-21)은 다음과 같이 표준 기저를 사용하여 (식 5-22)로 쓸 수 있습니다.

$$8\vec{i}+1\vec{j}=8\begin{bmatrix}1\\0\end{bmatrix}+1\begin{bmatrix}0\\1\end{bmatrix}=\begin{bmatrix}8\\1\end{bmatrix}$$ (식 5-22)

선형 조합을 나타내는 (식 5-21)을 보다 간단하게 표시할 방법이 없을까요? (식 5-21)을 보면, 선형 조합은 스칼라 값과 벡터를 곱한 것의 합으로 표현됨을 알 수 있습니다. 이제 스칼라 값과 벡터를 분리해서 식의 좌측에 벡터를 모두 차례대로 적고, 식의 우측에 스칼라 값을 열벡터 $\begin{bmatrix}3\\-2\end{bmatrix}$로 적어 봅시다. 그러면 (식 5-21)은 아래와 같이 (식 5-23)으로 적을 수 있습니다.

$$[\vec{i}\ \vec{j}]\begin{bmatrix}3\\-2\end{bmatrix}=\vec{i}3+\vec{j}(-2)$$ (식 5-23)

(식 5-23)을 계산할 때, 좌측 두 개의 벡터 묶음 $[\vec{i}\ \vec{j}]$에서 첫 번째 벡터 $\vec{i}$와 우측 벡터 $\begin{bmatrix}3\\-2\end{bmatrix}$의 첫 번째 요소 3과 곱하고, 좌측에서 두 번째 벡터 $\vec{j}$와 우측 벡터 $\begin{bmatrix}3\\-2\end{bmatrix}$의 두 번째 요소 -2를 곱하도록 연산을 정의하면, (식 5-21)과 같은 결과를 얻을 수 있습니다.

좌측에서 $\vec{i}=\begin{bmatrix}2\\1\end{bmatrix}$와 $\vec{j}=\begin{bmatrix}-1\\1\end{bmatrix}$는 벡터라는 것을 주의하세요. 그러면 테이블을 이용해서 (식 5-23)을 다음과 같이 (식 5-24)로 정의할 수 있습니다.

$$\begin{bmatrix}2 & -1\\1 & 1\end{bmatrix}\begin{bmatrix}3\\-2\end{bmatrix}=\begin{bmatrix}2\\1\end{bmatrix}3+\begin{bmatrix}-1\\1\end{bmatrix}(-2)$$
$$=\begin{bmatrix}2\times3+(-1)\times(-2)\\1\times3+1\times(-2)\end{bmatrix}=\begin{bmatrix}8\\1\end{bmatrix}$$ (식 5-24)

위의 (식 5−24)가 **행렬(매트릭스, matrix)**에 대한 기본적인 아이디어와 연산을 보여줍니다. 좌측 부분 $\begin{bmatrix} 2 & -1 \\ 1 & 1 \end{bmatrix}$을 행렬이라고 정의하면, **행렬은 각 열(column)이 기저의 축을 이루는 벡터들**입니다. 그러면 위 (식 5−23)은 **행렬** $\begin{bmatrix} 2 & -1 \\ 1 & 1 \end{bmatrix}$**과 열벡터** $\begin{bmatrix} 3 \\ -2 \end{bmatrix}$**의 곱셈** (matrix vector multiplication)을 의미하는 식이 됩니다.

벡터 $\begin{bmatrix} 3 \\ -2 \end{bmatrix}$를 두 개의 행, 하나의 열을 가지는 행렬로 간주할 수 있습니다. 그러면 결과로 얻어지는 벡터의 x성분은 첫 번째 행렬의 첫 행(row)과 두 번째 행렬의 첫 번째 열을 내적해서 얻고, y성분은 첫 번째 행렬의 두 번째 행과 두 번째 행렬의 첫 번째 열에 내적을 취해서 얻는다는 것을 알 수 있습니다. [그림 5−17]은 4×2 행렬 A와 2×3 행렬 B의 곱셈이 어떻게 동작하는지 보여줍니다.

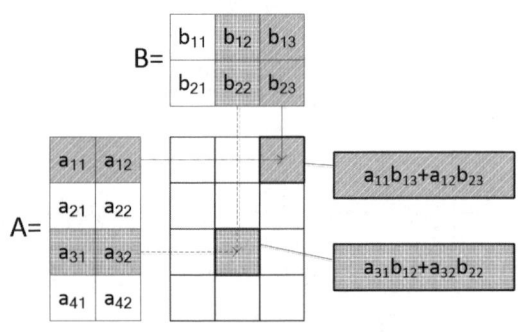

$(4 \times 2)(2 \times 3) = (4 \times 3)$

[그림 5−17] 행렬 A와 B의 곱셈은 A의 각 행에 대해 B의 각 열을 요소별로 곱해서 합한 것으로 요소를 구성합니다. (4×2)행렬과 (2×3)행렬을 곱하면 (4×3)행렬을 얻습니다.

[그림 5-17]에서 A는 4행 2열 행렬이고, B는 2행 3열 행렬입니다. A와 B를 곱하면 새로운 4행 3열로 구성된 새로운 행렬을 얻습니다. 그림은 새로운 행렬의 각 요소(element)를 어떻게 구하는지 설명합니다.

행렬은 다양한 목적으로 사용할 수 있는데, 행렬이 입력 벡터의 좌표를 변환할 목적으로 구성되었다면, 행렬의 구성 요소는 기저와 관련된 값들을 가집니다. 이러한 용도로 구성된 행렬을 **변환행렬(transform matrix)**"이라고 합니다. (식 5-24)는 $\vec{i} = \begin{bmatrix} 2 \\ 1 \end{bmatrix}$ 과 $\vec{j} = \begin{bmatrix} -1 \\ 1 \end{bmatrix}$을 축으로 하는 이차원 공간에서의 벡터 $\begin{bmatrix} 3 \\ -2 \end{bmatrix}$를 표준공간의 좌표로 변환합니다.

입력 벡터를 열벡터로 표현하면, 열벡터의 변환을 위해, **행렬(Matrix)**과 곱셈 연산을 할 때, **변환행렬(transform matrix)**[11]은 벡터의 왼쪽에 위치해야 합니다. 벡터를 입력으로 받고 벡터를 리턴하는 두 함수 $f(\vec{v})$ 함수와 $g(\vec{v})$ 함수가 있다고 생각해 봅시다. 예를 들면 $\vec{v} = (v_x, v_y)$가 정의되었을 때, $f(\vec{v})$를 (식 5-25)처럼 정의할 수 있습니다.

$$f(\vec{v}) = \begin{bmatrix} 2 & -1 \\ 1 & 1 \end{bmatrix} \begin{bmatrix} v_x \\ v_y \end{bmatrix} \text{ (식 5-25)}$$

(식 5-25)의 결과는 벡터입니다. $f(\vec{v})$가 리턴하는 벡터를 $\vec{v'} = (v'_x, v'_y)$라고 하면, **벡터 함수(vector valued function)**는 [그림 5-18]처럼 나타낼 수 있습니다.

---

11) 행렬이 변환을 수행하므로 변환행렬(transform matrix)이라고 합니다.

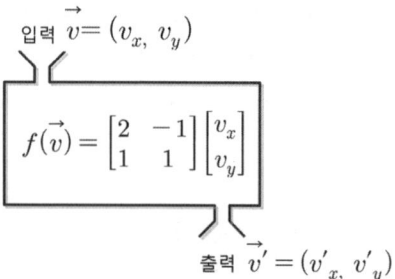

[그림 5-18] $\vec{v}=(v_x, v_y)$라고 가정하면 $f(\vec{v})$는 벡터를 입력으로 받아 벡터를 리턴하는 함수입니다.

이제 $f(\begin{bmatrix} 3 \\ -2 \end{bmatrix})$의 결과를 또 다른 벡터 함수 g에 적용하는 **합성함수**(composite function)는 (식 5-26)과 같이 적을 수 있습니다. g는 첫 번째 기저 벡터를 $\begin{bmatrix} 2 \\ 0 \end{bmatrix}$, 두 번째 기저 벡터를 $\begin{bmatrix} 0 \\ 2 \end{bmatrix}$로 하는 변환함수입니다.

$$g(\vec{v}) = \begin{bmatrix} 2 & 0 \\ 0 & 2 \end{bmatrix}\begin{bmatrix} v_x \\ v_y \end{bmatrix}$$
$$g(f(\begin{bmatrix} 3 \\ -2 \end{bmatrix})) \text{ (식 5-26)}$$

(식 5-26)은 벡터 $\begin{bmatrix} 3 \\ -2 \end{bmatrix}$에 대해서 먼저 f 함수를 적용하고, 그 결과 벡터(f가 리턴한 값)에 대해서 g 함수를 적용한 것입니다. 괄호를 생략하고 표현해 보면 (식 5-27)과 같습니다.

$$gf\begin{bmatrix} 3 \\ -2 \end{bmatrix} \text{ (식 5-27)}$$

(식 5-27)로 표현된 합성함수는 함수 이름 자체가 gf인 것처럼 보입니다. 이러한 모호함을 해결하기 위해서 g와 f 사이에 점

(dot, ·)을 추가하여 (식 5−28)과 같이 나타낼 수 있습니다.

$$g \cdot f \left(\begin{bmatrix} 3 \\ -2 \end{bmatrix} \right) \quad \text{(식 5-28)}$$

(식 5−28)에 대해서 f와 g의 변환행렬을 이용해서 적으면 다음 (식 5−28b)와 같습니다. 이렇게 변환행렬을 두 개 이상 적용한 변환을 **합성 변환**(composite transform)이라고 합니다.

$$g \cdot f\left(\begin{bmatrix} v_x \\ v_y \end{bmatrix}\right) = g\left(\begin{bmatrix} 2 & -1 \\ 1 & 1 \end{bmatrix}\begin{bmatrix} v_x \\ v_y \end{bmatrix}\right) \quad \text{(식 5-28b)}$$
$$= \begin{bmatrix} 2 & 0 \\ 0 & 2 \end{bmatrix}\left(\begin{bmatrix} 2 & -1 \\ 1 & 1 \end{bmatrix}\begin{bmatrix} v_x \\ v_y \end{bmatrix}\right)$$
$$= \begin{bmatrix} 2 & 0 \\ 0 & 2 \end{bmatrix}\left(\begin{bmatrix} 2 & -1 \\ 1 & 1 \end{bmatrix}\begin{bmatrix} v_x \\ v_y \end{bmatrix}\right)$$

(식 5−28b)를 보면 <u>행렬의 곱셈이 연속적인 변환을 나타내기 위해 사용될 수 있다는 것을</u> 보여줍니다. 행렬 부분을 먼저 계산하면 다음과 같습니다.

$$\begin{bmatrix} 2 & 0 \\ 0 & 2 \end{bmatrix}\begin{bmatrix} 2 & -1 \\ 1 & 1 \end{bmatrix} = \begin{bmatrix} (2 \times 2 + 0 \times 1) & (2 \times -1 + 0 \times 1) \\ (0 \times 2 + 2 \times 1) & (0 \times -1 + 2 \times 1) \end{bmatrix}$$
$$= \begin{bmatrix} 4 & -2 \\ 2 & 2 \end{bmatrix}$$

그러면 (식 5−28b)는 다음과 같이 (식 5−28c)로 나타낼 수 있습니다.

$$g \cdot f\left(\begin{bmatrix} v_x \\ v_y \end{bmatrix}\right) = \begin{bmatrix} 4 & -2 \\ 2 & 2 \end{bmatrix}\begin{bmatrix} v_x \\ v_y \end{bmatrix} \quad \text{(식 5-28c)}$$

그러면 $\begin{bmatrix} 3 \\ -2 \end{bmatrix}$에 대한 합성변환 $g \cdot f$의 결과는 다음 (식 5-28d)와 같습니다.

$$g \cdot f\left(\begin{bmatrix} 3 \\ -2 \end{bmatrix}\right) = \begin{bmatrix} 4 & -2 \\ 2 & 2 \end{bmatrix}\begin{bmatrix} 3 \\ -2 \end{bmatrix} = \begin{bmatrix} 4 \times 3 + (-2) \times (-2) \\ 2 \times 3 + 2 \times (-2) \end{bmatrix}$$
$$= \begin{bmatrix} 12+4 \\ 6-4 \end{bmatrix} = \begin{bmatrix} 16 \\ 2 \end{bmatrix} \text{ (식 5-28d)}$$

함수 f와 g가 변환(transform)함수를 나타낸다면, (식 5-28)에서 입력 $\begin{bmatrix} 3 \\ -2 \end{bmatrix}$에 대한 변환이 오른쪽에서 왼쪽으로 f를 먼저 적용하고, g를 적용했다는 사실에 주목하세요. 이러한 수학적 특징 때문에 행렬을 이용해서 변환을 나타낼 때, 열벡터를 사용해서 행렬의 오른쪽에 적음으로써, 수학적 특징과 같이 변환의 순서가 일관되게 유지되도록 합니다. 이처럼 벡터를 열벡터로 표현하면, 점(point)과의 모호함을 없앨 수 있고, 합성 변환이 수학의 표현과 잘 어울린다는 이점이 있습니다.

열벡터 $\vec{v} = \begin{bmatrix} 3 \\ -2 \end{bmatrix}$를 대괄호(bracket) 대신에 괄호를 사용해서 $\vec{v} = \begin{pmatrix} 3 \\ -2 \end{pmatrix}$로 나타낼 수 있다고 했습니다. 그러면 변환행렬 $M = \begin{bmatrix} 2 & -1 \\ 1 & 1 \end{bmatrix}$과 벡터의 곱셈은 (식 5-29)처럼 적을 수 있습니다.

$$\begin{bmatrix} 2 & -1 \\ 1 & 1 \end{bmatrix}\begin{pmatrix} 3 \\ -2 \end{pmatrix} \text{ (식 5-29)}$$
$$\begin{bmatrix} 2 & -1 \\ 1 & 1 \end{bmatrix}\begin{bmatrix} 3 \\ -2 \end{bmatrix} \text{ (식 5-29b)}$$

$\begin{bmatrix} 3 \\ -2 \end{bmatrix}$는 벡터를 행렬처럼 취급한 것이고, $\begin{pmatrix} 3 \\ -2 \end{pmatrix}$는 열벡터로 취급한 것입니다. 벡터를 나타내기 위해 $\begin{pmatrix} 3 \\ -2 \end{pmatrix}$를 사용하면 (식 5-29)처럼 행렬은 대괄호([와])를 사용하고, 열벡터는 괄호를 사용해서, 곱셈의 피연산자의 종류가 다른 것처럼 보입니다. 이러한 혼란을 피하고, 일관된 행렬 간의 곱셈 연산으로 표현하기 위해 벡터를 열벡터로 나타내는 경우 (식 5-29b)의 $\begin{bmatrix} 3 \\ -2 \end{bmatrix}$처럼 행렬 형식으로 나타냅니다.

벡터의 모든 요소가 명시되지 않은 경우, 모호함이 발생할 수 있습니다. 예를 들면 벡터 이차원 벡터 $\vec{v} = (v_x, v_y)$에 대해 2×2 변환행렬 $M = \begin{bmatrix} a & b \\ c & d \end{bmatrix}$을 사용한 변환을 다음과 같이 나타내었다고 가정해 봅시다.

$$M\vec{v} \text{ (식 5-29c)}$$

벡터는 일반적으로 행벡터로 간주되므로, (식 5-29c)는 다음 (식 5-29d)와 같은 의미입니다.

$$\begin{bmatrix} a & b \\ c & d \end{bmatrix} (v_x, v_y) \text{ (식 5-29d)}$$

(식 5-29d)는 2×2 행렬과 1×2 행렬의 곱셈처럼 보입니다. 하지만 이러한 행렬 곱셈은 불가능합니다. 원하는 벡터 변환을 구현하기 위해서는 (식 5-29d)는 다음 (식 5-29e)처럼 표현되어야 합니다.

$$\begin{bmatrix} a & b \\ c & d \end{bmatrix} \begin{pmatrix} v_x \\ v_y \end{pmatrix}$$ (식 5-29e)

$\vec{v}$를 행렬이라고 가정하면, 기존의 1×2 행렬 $v=[v_x, v_y]$는 2×1 행렬 $v^T = \begin{bmatrix} v_x \\ v_y \end{bmatrix}$가 되어야 합니다. 행렬의 기존 행을 모두 열 열로 바꾼 행렬을 **전치행렬**(Transpose Matrix)이라고 하며, 오른쪽 위첨자로 T를 적어서 나타냅니다. 그러면 (식 5-29c)는 다음 (식 5-29f)와 같이 적을 수 있습니다.

$$M\vec{v} = Mv^T$$ (식 5-29f)

$$Mv^T = \begin{bmatrix} a & b \\ c & d \end{bmatrix} \begin{bmatrix} v_x \\ v_y \end{bmatrix}$$

● 행렬(Matrix)

이제 행렬을 형식적으로 정의하고 다양한 성질을 알아보도록 하겠습니다. 숫자들의 직사각형 배열(rectangular array of numbers)을 **행렬**(matrix)이라고 하고, 배열에 있는 각 숫자를 **요소**(엘리먼트, element, entry)라고 합니다. 다음의 (식 5-30)은 행렬의 예입니다.

$$[1 \ 2 \ 3 \ 4], \begin{bmatrix} 1 \\ 2 \\ 3 \end{bmatrix}, \begin{bmatrix} \sin(x) & 2 & 3 \\ \cos(x) & 4 & 5 \end{bmatrix} \text{(식 5-30)}$$

행렬을 이루는 행(row)의 수가 m개이고, 열(column)의 수가 n개일 때, 이 행렬을 $m \times n$ 행렬(m by n matrix)이라고 읽습니다. (식 5-30)은 각각 1×4 행렬, 3×1 행렬, 2×3 행렬입니다.

(a, c), (b, d)를 기저로 하는 변환은 행렬을 이용해서 (식 5-31)과 같이 적을 수 있습니다.

$$\begin{bmatrix} a & b \\ c & d \end{bmatrix}\begin{bmatrix} x \\ y \end{bmatrix} = \begin{bmatrix} a \\ c \end{bmatrix}x + \begin{bmatrix} b \\ d \end{bmatrix}y = \begin{bmatrix} ax+by \\ cx+dy \end{bmatrix} \text{(식 5-31)}$$

(식 5-31)은 (a, c)와 (b, d)벡터의 선형 조합을 의미합니다. 그래서 $\begin{bmatrix} a & b \\ c & d \end{bmatrix}$ 행렬을 **선형 변환행렬**(Linear Transformation Matrix)이라고 합니다. 행렬의 곱셈은 각 요소를 구하기 위해 내적 연산을 수행합니다. (식 5-31)의 첫 번째 요소는 (a, b)와 (x, y)의 내적이며, 두 번째 요소는 (c, d)와 (x, y)의 내적입니다.

$$(a, b) \cdot (x, y) = ax + by \quad \text{(식 5-32)}$$
$$(c, d) \cdot (x, y) = cx + dy \quad \text{(식 5-33)}$$

행렬의 요소를 나타내기 위해, 오른쪽 아래첨자에 행과 열을 명시합니다. A의 요소 a_{23}은 행렬의 2행 3열의 요소입니다.

$$A = \begin{bmatrix} a_{11} & a_{12} & a_{13} \\ a_{21} & a_{22} & a_{23} \end{bmatrix} \quad \text{(식 5-34)}$$

행렬의 A의 요소를 나타내기 위해서, 문자의 우측 아래첨자로 행과 열을 표현하는 a_{23}이 일반적인 표현법이지만, $A[2, 3]$ 혹은 $[A]_{23}$처럼 나타낼 수도 있습니다. 행과 열을 명확하게 구분하기 위해 $[A]_{2,3}$처럼 사용할 수도 있습니다.

행렬의 여러 성질을 표현하기 위해 **크로네커 델타(Kronecker delta)**를 (식 5-35)와 같이 정의할 수 있습니다. 이 기호는 행과 열에 의해 결정되는 요소의 부호를 표현하기 위해 사용할 수 있습니다. 레오폴트 크로네커(독일어: Leopold Kronecker)는 독일의 수학자이며 논리학자입니다.

$$\delta_{ij} = \begin{cases} 1, & \text{if } i = j \\ 0, & \text{if } i \neq j \end{cases} \quad \text{(식 5-35)}$$

수학적 대상을 정의하면, 이 대상에 대한 사칙연산을 정의할 수 있습니다. A, B, C, D를 행렬이라 할 때, 행렬의 합 $A + B$를 계산하기 위해서 행렬의 각 요소를 합(sum)합니다. 합은 행렬의 행과 열의 수가 같은 경우에만 성립합니다. 다음의 행렬을 고려해 봅시다.

$$A = \begin{bmatrix} 2 & 1 & 0 & 3 \\ -1 & 0 & 2 & 4 \\ 4 & -2 & 7 & 0 \end{bmatrix}, B = \begin{bmatrix} -4 & 3 & 5 & 1 \\ 2 & 2 & 0 & -1 \\ 3 & 2 & -4 & 5 \end{bmatrix}, C = \begin{bmatrix} 1 & 1 \\ 2 & 2 \end{bmatrix}$$

위 행렬이 주어졌을 때,

$$A+B = \begin{bmatrix} -2 & 4 & 5 & 4 \\ 1 & 2 & 2 & 3 \\ 7 & 0 & 3 & 5 \end{bmatrix}$$ 이며, $A+C$와 $B+C$는 행렬 덧셈을 할 수 없습니다.

실수(스칼라) c와 행렬 A의 곱 cA는 행렬의 각 요소에 c를 곱해서 얻습니다. 행렬 간의 곱은 약간 복잡합니다. m, r, n이 실수일 때, A가 $m \times r$ 행렬이고, B가 $r \times n$ 행렬일 때, **행렬의 곱** (product) AB는 $m \times n$ 행렬이며, (i, j) 요소는 A 행렬의 i행과 B 행렬의 j열의 내적으로 결정합니다. 예를 들어, (식 5-36)에 주어진 행렬 A, B를 고려해 봅시다.

$$A = \begin{bmatrix} 1 & 2 & 4 \\ 2 & 6 & 0 \end{bmatrix}, B = \begin{bmatrix} 4 & 1 & 4 & 3 \\ 0 & -1 & 3 & 1 \\ 2 & 7 & 5 & 2 \end{bmatrix} \quad \text{(식 5-36)}$$

행렬의 곱 AB의 $(2, 3)$ 요소는 A의 2행 $(2, 6, 0)$과 B의 3열 $(4, 3, 5)$의 내적 $2 \times 4 + 6 \times 3 + 0 \times 5 = 26$입니다.

$$\begin{bmatrix} 1 & 2 & 4 \\ 2 & 6 & 0 \end{bmatrix} \begin{bmatrix} 4 & 1 & 4 & 3 \\ 0 & -1 & 3 & 1 \\ 2 & 7 & 5 & 2 \end{bmatrix} = \begin{bmatrix} \square & \square & \square & \square \\ \square & \square & 26 & \square \end{bmatrix} \quad \text{(식 5-37)}$$

이와 같은 방식으로 모든 요소를 구해보면, AB의 결과는 $\begin{bmatrix} 12 & 27 & 30 & 13 \\ 8 & -4 & 26 & 12 \end{bmatrix}$입니다.

$$(1, 2, 4) \cdot (4, 0, 2) = 12$$
$$(1, 2, 4) \cdot (1, -1, 7) = 27$$
$$(1, 2, 4) \cdot (4, 3, 5) = 30$$
$$(1, 2, 4) \cdot (3, 1, 2) = 13$$
$$(2, 6, 0) \cdot (4, 0, 2) = 8$$
$$(2, 6, 0) \cdot (1, -1, 7) = -4$$
$$(2, 6, 0) \cdot (4, 3, 5) = 26$$
$$(2, 6, 0) \cdot (3, 1, 2) = 12$$

행렬의 합은 교환법칙(commutative law)이 성립하지만, 곱은 교환법칙이 성립하지 않는다는 것을 주의해야 합니다. 즉 행렬 곱은 아래 (식 5-38)과 같은 성질이 있습니다.

$$AB \neq BA \quad \text{(식 5-38)}$$

m과 n이 같은 **정방행렬(square matrix)**에서 왼쪽위에서 오른쪽 아래 방향의 대각 요소가 모두 1, 나머지는 0인 행렬을 특별히 **항등행렬(identity matrix)**이라고 하고, I라고 적습니다. 다음은 4×4 항등행렬입니다.

$$I = \begin{bmatrix} 1 & 0 & 0 & 0 \\ 0 & 1 & 0 & 0 \\ 0 & 0 & 1 & 0 \\ 0 & 0 & 0 & 1 \end{bmatrix} \quad \text{(식 5-39)}$$

크로네커 델타를 이용해 항등행렬을 나타내면, $[I]_{ij} = \delta_{ij}$입니다. I를 변환행렬이라고 가정하면, I의 모든 열은 표준 기저로 구성되어 있습니다. 그것은 임의의 벡터 $\vec{v}$를 I를 사용하여 변환했을 때, $\vec{v}$의 값이 바뀌지 않는다는 의미입니다. 즉 $I\vec{v} = \vec{v}$입니다. 실수 곱셈이 이러한 성질을 가지면 **곱셈에 대한 항등원(identity**

이라고 하는데, 임의 실수 r에 대해 $1 \times r = r \times 1 = r$이므로 실수의 곱셈에 대한 항등원은 1입니다.

이와 비슷하게 임의의 정방행렬에 대해서도, I는 행렬 곱셈의 항등원이 됩니다. 즉 $m \times m$ 행렬 A는 $m \times m$ 항등행렬 I에 대해 다음의 성질을 만족합니다.

$$AI = IA = A \text{ (식 5-40)}$$

$AB = BA = I$를 만족하는 B가 존재할 때, B를 A의 **역**(inverse)이라고 하고, A^{-1}로 나타냅니다. 일반적인 곱셈에서 항등원은 1이므로 임의의 수 n에 대해 $nn^{-1} = n^1 n^{-1} = n^{1-1} = n^0 = 1$입니다. n의 역수(reciprocal) n^{-1}과 비슷하게 A의 **역행렬**(inverse matrix)을 A^{-1}로 나타내는 것입니다. n이 수인 경우, $n^{-1} = \frac{1}{n}$입니다. 하지만 역행렬 A^{-1}을 $\frac{1}{A}$로 적을 수는 없습니다. 수(number)를 행렬로 나누는 연산은 정의하지 않기 때문입니다. 행렬의 역의 존재 여부는 매우 중요한데, 예를 들면, 역의 존재는 선형방정식(linear equation)의 해(solution)가 존재함을 의미합니다.

$$AA^{-1} = A^{-1}A = I \text{ (식 5-41)}$$

역행렬은 다음과 같은 성질이 있습니다.

$$(A^{-1})^{-1} = A \text{ (식 5-42a)}$$
$$(AB)^{-1} = B^{-1}A^{-1} \text{ (식 5-42b)}$$

역행렬의 첫 번째 성질 (식 5-42a)는 직관적입니다. 두 번째 성질은 다음 (식 5-43)과 같이 증명할 수 있습니다.

$$(AB)(AB)^{-1}=I \quad \text{(식 5-43)}$$
$$(AB)(B^{-1}A^{-1})=AIA^{-1}=AA^{-1}=I$$

행렬의 역을 구하는 방법은 다음 장에서 살펴보도록 하겠습니다. 임의의 벡터 $\vec{v}$에 대해서 $AB\vec{v}$는 무엇을 의미하는 것일까요? A와 B가 3×3 행렬이고, $\vec{v}$는 삼차원 열벡터라고 가정해 봅시다. 이것은 $\vec{v}$를 B 변환 이후에, 다시 A 변환을 적용한다는 의미입니다. $\vec{v}$가 행벡터라면 $\vec{v}AB$는 v를 A 변환 이후에, 다시 B 변환을 적용한다는 의미입니다. 둘은 완전히 다른 결과이므로 행렬과 벡터의 곱셈에서 벡터의 위치는 중요합니다.

전치행렬(transpose matrix)은 i행 j열의 요소를 j행 i열로 구성한 새로운 행렬입니다. 행렬 A에 대해서 전치행렬은 A^T로 나타내고, 다음과 같이 정의할 수 있습니다.

$$[A^T]_{ij}=[A]_{ji} \quad \text{(식 5-44)}$$

행과 열의 위치가 바뀌므로 전치행렬의 행과 열의 성질이 유지되지 않을 수도 있습니다.

$$A=\begin{bmatrix} 1 & 3 & 5 \\ 2 & 4 & 6 \end{bmatrix} \quad \text{(식 5-45)}$$
$$A^T=\begin{bmatrix} 1 & 2 \\ 3 & 4 \\ 5 & 6 \end{bmatrix}$$

(식 5-45)를 보면 A는 2×3 행렬이지만, A^T는 3×2 행렬입니다. 전치행렬은 다음과 같은 성질을 가집니다.

$$(A^T)^T = A \quad \text{(식 5-46)}$$
$$(AB)^T = B^T A^T$$
$$(A^T)^{-1} = (A^{-1})^T$$

행렬의 곱셈의 특징에 의해서, 두 행렬을 곱할 때는 첫 번째 행렬의 열(column)의 수와, 두 번째 행렬의 행(row)의 수가 같아야 합니다. 4×2 행렬 A와 2×3 행렬 B의 곱셈은 가능하지만, 4×3 행렬 C와 2×3 행렬 B의 곱셈은 불가능합니다.

$$A_{(4 \times 2)} B_{(2 \times 3)} = (AB)_{(4 \times 3)} \quad \text{(식 5-47, 가능)}$$
$$C_{(4 \times 3)} B_{(2 \times 3)} \quad \text{(식 5-48, 불가능)}$$

행렬 곱셈의 이러한 특징은 벡터를 행렬과 곱할 때, 모호한 상황이 발생할 수 있습니다. 행렬 $A = \begin{bmatrix} a & b \\ c & d \end{bmatrix}$와 벡터 $\vec{v} = (x, y)$를 곱하는 연산을 고려해 봅시다. 벡터 $\vec{v} = (x, y)$를 행렬로 변환할 때, 열벡터라고 가정하면 $\begin{bmatrix} x \\ y \end{bmatrix}$가 되지만, 행벡터라고 가정하면 $[x, y]$가 됩니다. 그런데 $\begin{bmatrix} a & b \\ c & d \end{bmatrix}$와 $[x, y]$의 곱셈은 불가능합니다.

$$\begin{bmatrix} a & b \\ c & d \end{bmatrix} \begin{bmatrix} x \\ y \end{bmatrix} \quad \text{(식 5-49, 가능한 행렬 곱셈)}$$
$$\begin{bmatrix} a & b \\ c & d \end{bmatrix} [x, y] \quad \text{(식 5-50, 불가능한 행렬 곱셈)}$$

그런데 벡터는 일반적으로 행벡터라고 간주되므로 A와 $\vec{v}$의 곱을 $A\vec{v}$라고 적으면 $\begin{bmatrix} a & b \\ c & d \end{bmatrix} [x, y]$ 형태로 간주되므로 연산이 불가능합니다. 그래서 행렬과 벡터가 혼합된 경우, 행벡터 $[x, y]$를 열벡터 $\begin{bmatrix} x \\ y \end{bmatrix}$로 변환해 주어야 합니다. $\vec{v}=[x\ y]$의 전치행렬 v^T는 (식 5-51)과 같습니다.

$$v^T = \begin{bmatrix} x \\ y \end{bmatrix} \text{ (식 5-51)}$$

그러므로 행렬 A와 행벡터 $\vec{v}$의 곱셈은 다음 (식 5-52)처럼 나타냅니다.

$$A\vec{v} = Av^t = \begin{bmatrix} a & b \\ c & d \end{bmatrix} \begin{bmatrix} x \\ y \end{bmatrix} \text{ (식 5-52)}$$

일반식에서 행렬 표현식을 찾기

함수가 주어졌을 때, 역함수를 찾듯이 행렬 표현식을 평가하는 것의 역과정이 필요한 경우가 있습니다. 그래서 연립방정식(system of equations)이 주어졌을 때 이것을 행렬 표현식으로 변환하는 방법을 알아보도록 하겠습니다. 먼저 간단한 형태의 일차 연립방정식 (식 5-51b)와 (식 5-51c)를 고려해 봅시다.

$$v_0 = ax + by \text{ (식 5-51b)}$$
$$v_1 = cx + dy \text{ (식 5-51c)}$$

(식 5-51b, c)는 다음과 같은 행렬 표현식 (식 5-51d)로 나타내는 것이 가능합니다.

$$\begin{bmatrix} v_0 \\ v_1 \end{bmatrix} = \begin{bmatrix} a & b \\ c & d \end{bmatrix} \begin{bmatrix} x \\ y \end{bmatrix} \text{ (식 5-51d)}$$

변수가 행벡터로 표현되어야 하는 경우도 있습니다. 다음 (식 5-51e)와 (식 5-51f)를 고려해 봅시다.

$$v_0 = xa + yc \quad \text{(식 5-51e)}$$
$$v_1 = xb + yd \quad \text{(식 5-51f)}$$

위 식은 다음 (식 5-51h)와 같이 행렬 표현식으로 나타내는 것이 가능합니다.

$$[x \quad y]\begin{bmatrix} a & b \\ c & d \end{bmatrix} = [xa+yc, \ xb+yd] \quad \text{(식 5-51g)}$$
$$[v_0, \ v_1] = [x \quad y]\begin{bmatrix} a & b \\ c & d \end{bmatrix} \quad \text{(식 5-51h)}$$

좀 더 복잡한 (식 5-51i)를 고려해 봅시다.

$$x^2 a + xyb + xyc + y^2 d \quad \text{(식 5-51i)}$$

(식 5-51i)는 다음 (식 5-51j)로 표현됩니다.

$$(xa+yc)x + (xb+yd)y \quad \text{(식 5-51j)}$$

위 (식 5-51j)는 다음과 같이 행렬 곱셈으로 나타낼 수 있습니다.

$$[xa+yc, \ xb+yd]\begin{bmatrix} x \\ y \end{bmatrix} \quad \text{(식 5-51k)}$$

위 식에서 첫 번째 1×2 행렬은 (식 5-51g)에 의해 행렬 표현식 $[x \ y]\begin{bmatrix} a & b \\ c & d \end{bmatrix}$로 변환되므로 최종적으로 다음 결과를 얻을 수 있습니다.

$$x^2a + xyb + xyc + y^2d$$
$$= [xa+yc, \ xb+yd]\begin{bmatrix} x \\ y \end{bmatrix}$$
$$= [x \ y]\begin{bmatrix} a & b \\ c & d \end{bmatrix}\begin{bmatrix} x \\ y \end{bmatrix} \quad \text{(식 5-51)}$$

이 방법들은 투영변환(projection transform) 행렬을 구하거나, 사원수(quaternion)에 대응하는 회전행렬을 구하거나, 텐서(tensor)를 정의할 때 사용합니다.

미분 연산자를 행렬로 취급하는 것도 가능합니다. 그것을 알아보기 위해 그래프가 주어졌을 때 임의의 점 x_n의 좌우로 h만큼 떨어진 x_{n-1}과 x_{n+1}을 고려해 봅시다.

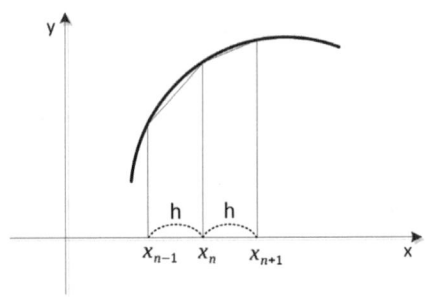

[그림 5-19] 주어진 그래프에서 x_n에서 미분한다는 것은 좌우로 h만큼 떨어진 $(x_{n-1}, f(x_{n-1}))$과 $(x_{n+1}, f(x_{n+1}))$을 지나는 직선의 기울기를 구하는 것을 의미합니다. 이때 h는 무한으로 0에 수렴합니다.

그러면 미분의 정의에 의해서 $f'(x_n)$을 다음과 같이 쓸 수 있습니다.

$$f'(x_n) = \lim_{h \to 0} \frac{f(x_{n+1}) - f(x_{n-1})}{2h}$$

미분 연산자 D를 정의하면 위 식은 다음과 같이 적을 수 있습니다.

$$D = \frac{d}{dx}$$
$$f'(x_n) = \frac{d}{dx}\left(\frac{f(x_{n+1}) - f(x_{n-1})}{2h}\right) = D\left(\frac{f(x_{n+1}) - f(x_{n-1})}{2h}\right)$$

미분의 정의를 $f'(x_{n+1})$, $f'(x_n)$, $f'(x_{n-1})$에 대해서 적어 보겠습니다.

$$f'(x_{n+1}) = D\left(\frac{f(x_{n+2}) - f(x_n)}{2h}\right)$$
$$f'(x_n) = D\left(\frac{f(x_{n+1}) - f(x_{n-1})}{2h}\right)$$
$$f'(x_{n-1}) = D\left(\frac{f(x_n) - f(x_{n-2})}{2h}\right)$$

위 각각의 식에서 분모가 $f(x_{n+2})$, $f(x_{n+1})$, $f(x_n)$, $f(x_{n-1})$, $f(x_{n-2})$의 다섯 개의 항을 모두 포함한다고 가정하면 식을 다음과 같이 적을 수 있습니다.

$$f'(x_{n+1}) = D\frac{1}{2h}(f(x_{n+2}) + 0 - f(x_n) + 0 + 0))$$
$$f'(x_n) = D\frac{1}{2h}(0 + f(x_{n+1}) + 0 - f(x_{n-1}) + 0)$$

$$f'(x_{n-1}) = D\frac{1}{2h}(0+0+f(x_n)+0-f(x_{n-2}))$$

그러면 미분은 행과 열의 수가 무한인 행렬을 사용하여 나타낼 수 있는 것을 알 수 있습니다.

$$\begin{pmatrix} \cdots \\ f'(x_{n+1}) \\ f'(x_n) \\ f'(x_{n-1}) \\ \cdots \end{pmatrix} = D\frac{1}{2h} \begin{pmatrix} \cdots & & & & \\ 1 & 0 & -1 & 0 & 0 \\ 0 & 1 & 0 & -1 & 0 \\ 0 & 0 & 1 & 0 & -1 \\ \cdots & & & & \end{pmatrix} \begin{pmatrix} f'(x_{n+2}) \\ f'(x_{n+1}) \\ f'(x_n) \\ f'(x_{n-1}) \\ f'(x_{n-2}) \end{pmatrix}$$

행렬은 이렇게 유용하게 수학과 물리학의 도구로 사용되고 있습니다.

연산자로 사용하는 행렬

벡터의 길이를 구하기 위해 내적을 사용할 수 있습니다. [그림 5-19]에서 $\vec{v}=(v_0, v_1)$의 길이의 제곱은 다음과 같습니다.

$$|\vec{v}|^2 = \vec{v} \cdot \vec{v} = (v_0)^2 + (v_1)^2 \text{ (식 5-51m)}$$

직교 좌표계에서 길이의 제곱 $|\vec{v}|^2$이 $\vec{v}$의 내적으로 계산되는 것은 피타고라스의 정리가 성립하기 때문입니다.

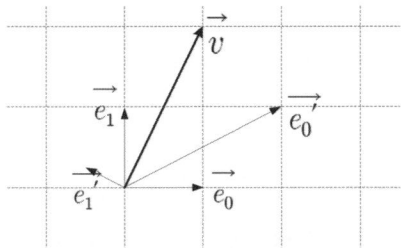

[그림 5-19b] 정규직교 기저 공간 $\{\vec{e_0}, \vec{e_1}\}$에서 벡터의 길이를 구하기 위해 피타고라스의 정리를 사용할 수 있습니다. $|\vec{v}|^2=(v_0)^2+(v_1)^2$인데, 이것은 내적 $\vec{v}\cdot\vec{v}$와 같습니다.

[그림 5−19b]에서 정규직교 기저 $\{\vec{e_0}, \vec{e_1}\}$에 대해서는 내적을 취해서 벡터 $\vec{v}=(1, 2)$의 길이를 구할 수 있습니다. 하지만 기저를 구성하는 벡터가 정규화되지 않았거나, 서로 직교하지 않는 공간에서 벡터의 길이를 어떻게 구할 수 있을까요? 임의의 기저에 대해서도 벡터의 길이를 구하는 방법을 정의하려고 합니다.

예를 들면 [그림 5−19b]에서 벡터 $\vec{v}$가 기저 $\{\vec{e_0}', \vec{e_1}'\}$에 대해서 정의되었다면 $|\vec{v}|$를 어떻게 구해야 할까요? 이것을 알아보기 위해 내적을 취했을 때, 기저를 구성하는 벡터들 사이에 어떤 연산이 발생하는지 알아보도록 하겠습니다. 먼저 $\vec{e_0}, \vec{e_1}, \vec{v}$는 열벡터를 사용하면 다음과 같이 표현됩니다.

$$\vec{e_0}=\begin{bmatrix}1\\0\end{bmatrix}, \vec{e_1}=\begin{bmatrix}0\\1\end{bmatrix}, \vec{v}=\begin{bmatrix}1\\2\end{bmatrix}$$
$$\vec{v}=1\vec{e_0}+2\vec{e_1}$$
$$\vec{v}=1\begin{bmatrix}1\\0\end{bmatrix}+2\begin{bmatrix}0\\1\end{bmatrix}=\begin{bmatrix}1\\2\end{bmatrix}$$

$\vec{v}$의 내적 연산에 대해서, 기저를 구성하는 벡터를 포함하여 전개해 보도록 하겠습니다. 그러면 (식 5−51n)을 얻습니다.

$$|\vec{v}|^2 = \vec{v} \cdot \vec{v}$$
$$|\vec{v}|^2 = (v_0\vec{e_0} + v_1\vec{e_1}) \cdot (v_0\vec{e_0} + v_1\vec{e_1}) \quad \text{(식 5-51n)}$$
$$= (v_0)^2(\vec{e_0} \cdot \vec{e_0}) + 2v_0v_1(\vec{e_0} \cdot \vec{e_1}) + (v_1)^2(\vec{e_1} \cdot \vec{e_1})$$

(식 5−51n)에서 기저 $\{\vec{e_0}, \vec{e_1}\}$가 하나의 행렬로 표현되도록 행렬 표현식으로 변경하면 (식 5−51o)를 얻습니다. (식 5−51l)의 성질을 이용했습니다.

$$[v_0 \quad v_1] \begin{bmatrix} (\vec{e_0} \cdot \vec{e_0}) & (\vec{e_0} \cdot \vec{e_1}) \\ (\vec{e_0} \cdot \vec{e_1}) & (\vec{e_1} \cdot \vec{e_1}) \end{bmatrix} \begin{bmatrix} v_0 \\ v_1 \end{bmatrix} \quad \text{(식 5-51o)}$$

(식 5−51o)는 임의의 기저 $\{\vec{e_0}, \vec{e_1}\}$에 대해서 임의의 벡터 $\vec{v} = (v_0, v_1)$의 길이의 제곱을 구하는 방법입니다. 표준 좌표계에서는 다음의 성질을 만족합니다.

$$\vec{e_1} \cdot \vec{e_1} = \vec{e_0} \cdot \vec{e_0} = 1$$
$$\vec{e_0} \cdot \vec{e_1} = \vec{e_1} \cdot \vec{e_0} = 0$$

그러므로 (식 5−51o)는 다음 (식 5−51p)와 같이 적을 수 있습니다.

$$[v_0 \quad v_1] \begin{bmatrix} 1 & 0 \\ 0 & 1 \end{bmatrix} \begin{bmatrix} v_0 \\ v_1 \end{bmatrix} \quad \text{(식 5-51p)}$$
$$= [v_0 \quad v_1] \begin{bmatrix} v_0 \\ v_1 \end{bmatrix}$$

위 (식 5−51p)를 보면 정규직교 기저에 대해서는 가운데, 2×2 행렬이 항등행렬이 되는 것을 알 수 있습니다. 그러므로 $\vec{v} = (1, 2)$에 대해서 $|\vec{v}|^2$은 다음과 같이 구할 수 있습니다.

$$|\vec{v}|^2 = 1^2 + 2^2 = 5$$

(식 5−51o)를 이용하면 기저가 정규직교 벡터가 아니어도 길이를 구하는 것이 가능합니다. [그림 5−19c]에서 $\vec{v}$가 기저 $\{\vec{e_0'}, \vec{e_1'}\}$에 대해서 정의된 벡터라고 가정합시다.

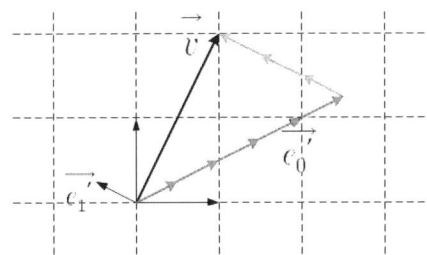

[그림 5-19c] $\vec{v}$가 기저 $\{\vec{e_0'}, \vec{e_1'}\}$에 대해서 정의된 벡터일 때 길이를 구하려고 합니다.

먼저 $\vec{e_0'}, \vec{e_1'}, \vec{v}$의 값은 다음과 같습니다.

$$\vec{e_0'} = \begin{bmatrix} 2 \\ 1 \end{bmatrix}$$

$$\vec{e_1'} = \begin{bmatrix} -\dfrac{1}{2} \\ \dfrac{1}{4} \end{bmatrix}$$

$$\vec{v} = [\dfrac{5}{4} \quad 3]$$

$\vec{v} = [\dfrac{5}{4} \quad 3]$의 길이를 구하기 위해 (식 5−51o)를 사용하면 다음 (식 5−51q)와 같습니다.

$$[\dfrac{5}{4} \quad 3] \begin{bmatrix} (\vec{e_0'} \cdot \vec{e_0'}) & (\vec{e_0'} \cdot \vec{e_1'}) \\ (\vec{e_0'} \cdot \vec{e_1'}) & (\vec{e_1'} \cdot \vec{e_1'}) \end{bmatrix} \begin{bmatrix} \dfrac{5}{4} \\ 3 \end{bmatrix} \quad \text{(식 5−51q)}$$

(식 5−51q)에서 가운데 2×2 행렬의 요소를 얻기 위해 기저를 이루는 벡터들의 내적을 계산합니다.

$$(\vec{e_0}' \cdot \vec{e_0}') = 5$$

$$(\vec{e_0}' \cdot \vec{e_1}') = -\frac{3}{4}$$

$$(\vec{e_1}' \cdot \vec{e_1}') = \frac{5}{16}$$

이제 이 값들을 (식 5−51q)에 넣고 계산하면 결과는 (식 5−51r)과 같습니다.

$$|\vec{v}|^2 = \begin{bmatrix} \frac{5}{4} & 3 \end{bmatrix} \begin{bmatrix} 5 & -\frac{3}{4} \\ -\frac{3}{4} & \frac{5}{16} \end{bmatrix} \begin{bmatrix} \frac{5}{4} \\ 3 \end{bmatrix} = 5 \text{ (식 5-51r)}$$

이제 정규직교가 아니어도 되는 임의의 기저 $\{\vec{e_0}, \vec{e_1}\}$에서 벡터 $\vec{v}$의 길이를 구하는 함수를 다음 (식 5−51s)와 같이 정의할 수 있는 것을 알 수 있습니다.

$$\vec{v} = \begin{bmatrix} v_0 \\ v_1 \end{bmatrix}$$

$$(\vec{v})^T = \begin{bmatrix} v_0 & v_1 \end{bmatrix}$$

$$M = \begin{bmatrix} (\vec{e_0} \cdot \vec{e_0}) & (\vec{e_0} \cdot \vec{e_1}) \\ (\vec{e_0} \cdot \vec{e_1}) & (\vec{e_1} \cdot \vec{e_1}) \end{bmatrix}$$

$$|\vec{v}|^2 = \begin{bmatrix} v_0 & v_1 \end{bmatrix} \begin{bmatrix} (\vec{e_0} \cdot \vec{e_0}) & (\vec{e_0} \cdot \vec{e_1}) \\ (\vec{e_0} \cdot \vec{e_1}) & (\vec{e_1} \cdot \vec{e_1}) \end{bmatrix} \begin{bmatrix} v_0 \\ v_1 \end{bmatrix}$$

$$|\vec{v}|^2 = (\vec{v})^T M \vec{v} \text{ (식 5-51s)}$$

(식 5−51s)의 2×2 행렬 M은 정규직교가 아닌 기저에서도

길이를 구하는 역할을 하므로, 굽은 공간을 다루는 일반 상대성 이론에서 매우 중요하게 사용되는데, M을 **텐서(계량텐서, metric tensor)**라고 합니다. 입력 벡터 $\vec{v}$에 대한 어떤 계량(metric)을 측정하기 위해 텐서를 사용할 때, 텐서의 앞에 $(\vec{v})^T$를 사용하고, 텐서의 뒤에 $\vec{v}$를 사용하는 것이 일반적인 형태입니다.

행렬과 인공지능

행렬 곱셈이, 첫 번째 행렬의 행과 두 번째 행렬의 열의 내적을 계산하는 특징은 많은 곳에서 사용합니다. 예를 들면 인공지능(AI, Artificial Intelligence)의 한 분야인 **딥러닝(Deep Learning)**에서는 입력의 가중치 합(weighted sum)을 구하기 위해서 행렬을 사용합니다.[12]

[그림 5−20]은 딥러닝의 일반적인 **인공신경망(artificial neural network)** 구조입니다. 왼쪽의 n개 동그라미가 입력에 해당하고, 오른쪽의 4개 동그라미가 출력에 해당합니다. 왼쪽과 오른쪽의 **입력층(input layer)**과 **출력층(output layer)**을 제외한 **숨겨진 층(hidden layer, 은닉층, 중간층)**의 개수는 인공신경망을 설계하는 사람에 의해서 깊이가 정해지는데, [그림 5−20]에서는 하나의 은닉층만 표시하였습니다. 인공지능이 학습한다는 것은 입력에 대해서 최적의 출력을 결정하도록, 각 층과 연결된 모든 **간선(edge, 에지)**의 가중치를 결정하는 것인데 이 과정을 딥러닝이라고 합니다.

---

12) Schulz, Hannes; Behnke, Sven (1 November 2012). "Deep Learning". KI - Künstliche Intelligenz. 26 (4): 357-363.

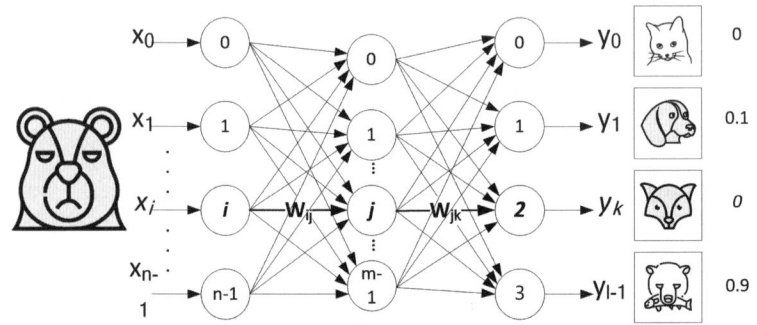

[그림 5-20] 딥러닝에서는 가중치 합을 구하기 위해서 행렬을 사용합니다.

행렬의 유용성을 이해하기 위해, 간단한 딥러닝 구조에 대해서 행렬이 어떻게 사용되는지 알아보도록 하겠습니다. [그림 5-20b]에서는 입력이 이차원 벡터 $(x0, y0)$로 표현되고, 출력은 일차원 벡터 $(y0)$로 표현됩니다. 실제 딥러닝 구현에서는 입력을 몇 개의 노드(node)로 구성할지, 노드의 입력값 $x0, x1$는 어떻게 준비할지를 결정해야 합니다. 출력에 대해서도 노드의 개수와 값의 해석 방법을 결정합니다. 그러면 모든 가능한 입력 $(x0, y0)$에 대해서 항상 최적의 출력 $(y0)$을 구하도록 $W_{00}^{(H)}$ 등의 값을 결정해야 합니다. 이 값을 결정하는 과정을 딥러닝이라고 하는데, 여러 가지 알고리즘이 있지만, 기본적으로 미분(differentiation)을 사용합니다.

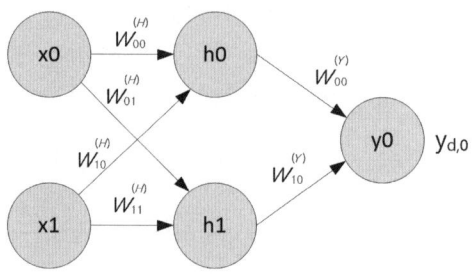

[그림 5-21] 인공신경망은 행렬의 곱셈 계산을 수행합니다.

[그림 5-21]을 보면 입력 $(x0, x1)$에 대해서 **가중치 합**(weighted sum)이 각각 은닉층인 $h0$와 $h1$의 값을 결정합니다. 예를 들면 $h0$와 $h1$은 각각 (식 5-52b), (식 5-52c) 처럼 결정합니다.

$$h0 = x0 \times W_{00}^{(H)} + x1 \times W_{10}^{(H)} \quad \text{(식 5-52b)}$$
$$h1 = x0 \times W_{01}^{(H)} + x1 \times W_{11}^{(H)} \quad \text{(식 5-52c)}$$

(식 5-52b)와 (식 5-52c)를 보면 내적 형태인 것을 알 수 있습니다. 그러므로 은닉층의 노드 값 계산을 (식 5-52c)처럼 행렬 곱셈으로 적을 수 있습니다.

$$\begin{bmatrix} h0 \\ h1 \end{bmatrix} = \begin{bmatrix} W_{00}^{(H)} & W_{10}^{(H)} \\ W_{01}^{(H)} & W_{11}^{(H)} \end{bmatrix} \begin{bmatrix} x0 \\ x1 \end{bmatrix} \quad \text{(식 5-52d)}$$

(식 5-52d)의 행렬곱셈 계산이 인공지능 인공신경망의 기본적인 계산입니다. 현재 우리가 접하고 있는 **얼굴인식**(face recognition), **음성인식**(voice recognition) 등의 인공지능은 내부적으로 (식 5-52d)를 항상 수행하고 있습니다. 그런데 인공신경망은 사람의 뇌(brain)에 기초한 인공적인 모델이므로 우리의 뇌도 (식 5-52d)의 계산을 끊임없이 수행하고 있는 것입니다.

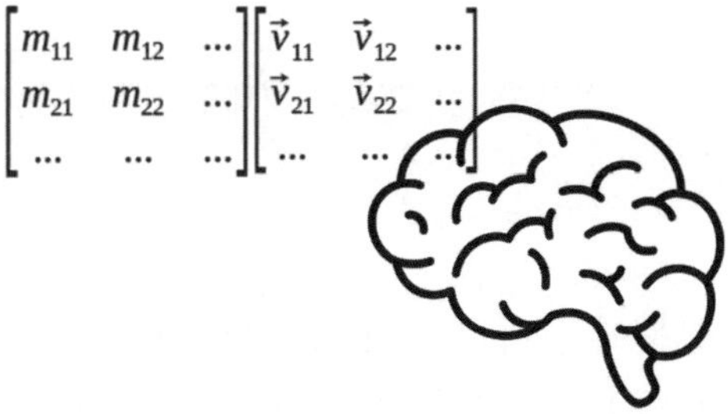

[그림 5-22] 우리의 뇌는 끊임없이 행렬곱셈을 수행하고 있습니다.

인공지능뿐만 아니라, 우리는 사물을 인식하기 위해서도 끊임없이 행렬곱셈 연산을 수행하고 있습니다. 눈으로 물체를 보고 그것을 인식하기 위한 데이터를 준비하는 과정에서도 변환(transformation)이라는 행렬연산을 수행하는데 이것은 6장 변환에서 자세히 살펴보도록 하겠습니다.

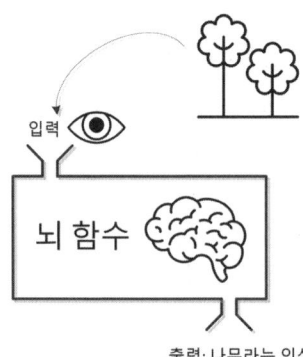

[그림 5-23] 뇌가 신경망을 이용해서 인식이라는 작업을 위한 데이터를 준비할 때도, 행렬 곱셈이 필요합니다.

많은 사람들이 사람과 구분할 수 없는 인공지능을 가진 로봇을 개발하는 것이 가능한지 질문하고는 합니다. 예를 들면 영화 〈터미네이터〉(Terminator) 시리즈에 나오는 T-800 정도의 로봇을 만드는 것이 가능할까요?

> 영화 〈터미네이터〉의 T-800 모델을 실제로 제작 가능할까요?
> (질문 5-52e)

우리는 이 질문에 답하기 위해 T-800보다는 아주 초기모델인 영화에 등장하는 T-1을 만드는 것이 가능한지 질문할 수 있습니다.

필자는 대학에서 컴퓨터공학을 전공하고, 딥러닝을 이용하여 게임의 AI를 제작하는 등 최신 AI 기술들의 동향을 이해하고 있습니다. 이미 미공군은 T-1과 비슷한 MQ-9 리퍼라는 공격형 드론을 운영하고 있습니다.[13] 이 드론에 자율판단 AI 기술은 탑재되어 있지 않지만, 그것은 시간 문제일 뿐입니다. (질문 5-52e)에 대한 필자의 대답은 Yes입니다.

[그림 5-24] 미공군의 MQ-9 리퍼(Reaper)는 T-1보다는 초기모델이지만, 영화에서 보여주는 것이 가능한 미래임을 간접 증명합니다. (출처: Wikimedia Commons)

우리 인류는 외부 행성을 식민지로 개척하기 위해 AI 로봇을 효과적으로 사용하게 될 것입니다. 또 지금은 불가능하게 보이는 외부 은하로의 이동도 **암흑물질(dark matter)** 등의 비밀이 차츰 밝혀지면서 가능하게 될 것이라고 생각합니다. 반면에 AI 로봇을 전쟁에 이용하게 될 것이고 끔찍한 미래가 한편으로는 진행될 것입니다. 이러한 미래에 대한 내용은 8장 복음에서 자세히 다루도록 하겠습니다.

우리 후손들이 살아갈 미래를 준비하는 것은 우리가 반드시 해야 할 일입니다. 그 미래가 끔찍한 미래가 아니라, 밝은 미래가 되도록 우리는 지금부터 준비해야 합니다.

---

13) MQ-9 Reaper, https://www.af.mil/About-Us/Fact-Sheets/Display/Article/104470/mq-9-reaper/

● **결정요인(Determinant, 행렬식)**

두 벡터가 이루는 면적이 중요한 물리량을 결정하는 경우가 있습니다. [그림 5-25]에서 팽이(spinning top)의 회전축에서 가장자리까지의 거리를 벡터 $\vec{u}$라고 합시다. $\vec{u}$의 끝부분에 팽이의 회전축과 수직인 방향으로 힘(force) $\vec{v}$를 가하면, 팽이는 회전을 시작합니다.

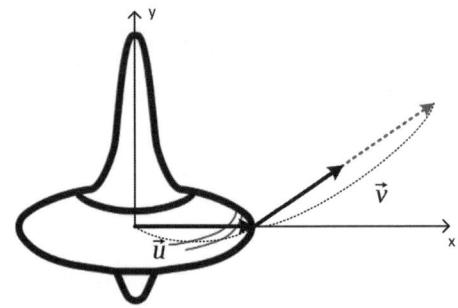

[그림 5-25] $\vec{u}$의 머리에 힘 $\vec{v}$를 가하면 팽이는 회전합니다.

팽이의 회전속도는 어떻게 결정될까요? 직관적으로 살펴보면, $\vec{u}$와 $\vec{v}$가 결정하는 평행사변형(parallelogram)의 면적에 비례할 것이라고 예측할 수 있습니다. 그래서 $\vec{u}$와 $\vec{v}$를 축으로 하는 이차원 기저가 행렬의 형태로 주어졌을 때, $\vec{u}$와 $\vec{v}$가 이루는 평행사변형의 면적을 구하는 연산을 정의해 보도록 하겠습니다. 이 연산은 많은 곳에서 물리량의 결정 요인으로 사용되기 때문에 **결정요인(Determinant, 행렬식)**이라고 합니다. 한국말로 행렬식이라고 합니다.

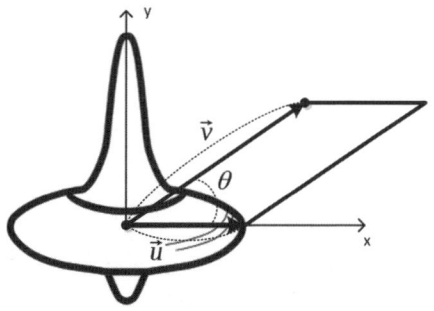

[그림 5-26] $\vec{u}$와 $\vec{v}$가 결정하는 평행사변형의 면적에 비례하여 팽이의 회전속도가 결정됩니다.

행렬 A에 대해, 행렬식은 $\det(A)$ 혹은 $|A|$라고 적습니다. **행렬식은 행렬이 의미하는 변환의 부호 있는 스케일 요소(signed scaling factor)입니다.** 변환 전에 단위 면적을 가지는 도형이, A변환 이후에 변경된 면적의 스케일 요소를 $|A|$로 적는 것입니다. 행렬을 통해 변환된 임의의 도형의 면적은 변환되기 전의 면적에 행렬식 $|A|$을 곱한 만큼의 스케일 변화가 발생합니다. 행렬식이 스케일 요소를 의미하기 때문에 절댓값(absolute value) 기호를 사용해서 $|A|$라고도 나타내는 것입니다.

행렬식의 기하학적인 의미를 이해하기 위해서, 2×2 행렬이 주어졌을 때, 이 변환이 기존의 면적이 1인 영역의 크기를 얼마만큼 변하게 하는지 살펴보도록 하겠습니다. 다음 (식 5-53)과 같은 행렬을 고려해 봅시다.

$$\begin{bmatrix} 2 & -1 \\ 1 & 1 \end{bmatrix} \text{ (식 5-53)}$$

위 행렬은 주어진 이차원 벡터를 $\vec{u}=(2, 1)$과 $\vec{v}=(-1, 1)$을 새로운 기저로 하는 변환을 나타내는 행렬입니다. 이 변환행렬이 표준 기저의 면적 1×1을 어떠한 크기로 변환하는 것일까요?

그것은 [그림 5-27]에서 빗금 친 사각형의 면적을 구하는 것입니다.

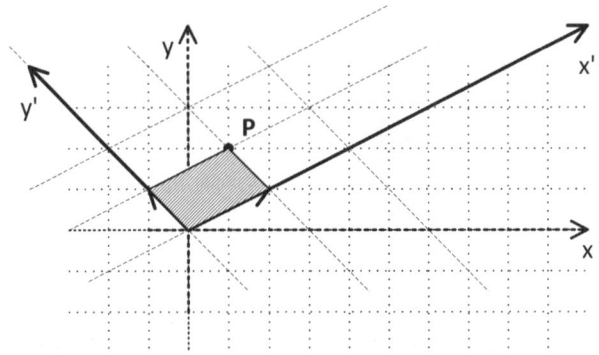

[그림 5-27] $\vec{u}=(2,\ 1)$과 $\vec{v}=(-1,\ 1)$ 벡터가 이루는 평행사변형의 단위 면적을 구할 수 있습니다. 행렬식의 결과는 변환된 단위 면적의 스케일 요소입니다.

표준 기저 $\vec{x}=(1,\ 0)$와 $\vec{y}=(0,\ 1)$가 이루는 평행사변형(정사각형)의 면적은 $1\times 1=1$입니다. 이 면적이 새로운 기저에서는 [그림 5-27]의 빗금 친 평행사변형의 면적으로 변환되는 것입니다.

임의의 기저에 대해서 기저가 이루는 평행사변형의 단위 면적을 구해 봅시다. 행렬 $A=\begin{bmatrix} a & b \\ c & d \end{bmatrix}$에 대해 변환된 기저가 이루는 단위 면적을 [그림 5-28]과 같이 구할 수 있습니다.

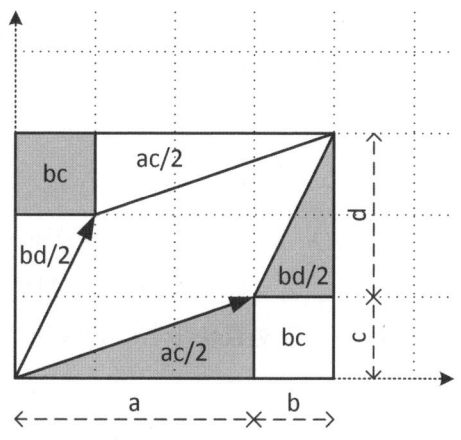

(a+b)(c+d)-ac-bd-2bc=ad-bc

[그림 5-28] 행렬식의 계산: (a, c)와 (b, d)를 기저로 하는 좌표계에서 단위 면적을 구할 수 있습니다.

첫 번째 축 (a, c), 두 번째 축 (b, d)가 이루는 평행사변형의 면적을 구하기 위해서, 먼저 $(a+b)$를 너비(width), $(c+d)$를 높이(height)로 하는 직사각형의 면적을 구합니다. 그리고 왼쪽 위와 오른쪽 아래의 작은 사각형의 면적은 bc로 같으므로 $2bc$를 빼 주어야 합니다. 그리고 (a, c)가 x축과 이루는 직각삼각형의 면적은 다음 (식 5-53b)와 같습니다.

$$\frac{1}{2}ac$$ (식 5-53b)

이러한 직각삼각형이 2개 있으므로 $2\frac{1}{2}ac=ac$를 빼주어야 합니다. 비슷한 방식으로 bd를 빼주어야 합니다. 그러면 평행사변형의 면적은 다음 (식 5-53c)와 같이 구할 수 있습니다.

$$(a+b)(c+d)-ac-bd-2bc \quad \text{(식 5-53c)}$$
$$=(ac+ad+bc+bd)-ac-bd-2bc$$
$$=(ad+bc)-2bc$$
$$=ad-bc$$

기저 $\vec{u}=(a,\ c)$와 $\vec{v}=(b,\ d)$가 이루는 평행사변형(parallelogram)의 면적은 $ad-bc$입니다. 이것을 다음과 같이 행렬 기반의 식으로 나타낼 수 있는데, 이것을 **행렬식**이라고 합니다.

$$\det(A)=|A|=\begin{vmatrix} a & b \\ c & d \end{vmatrix} \quad \text{(식 5-54)}$$

행렬 $A=\begin{bmatrix} a & b \\ c & d \end{bmatrix}$가 주어졌을 때, 행렬식은 $|A|$로 나타내며, 기저가 구성하는 기하 도형(geometry)의 크기요소(scale factor)입니다. 이차원에서는 면적, 삼차원에서는 부피(volume)를 의미합니다.

(식 5-54)를 보면 **왼쪽 위에서 오른쪽 아래로 향하는 대각선(주대각선, main diagonal)** 성분을 곱한 것에서, **오른쪽 위에서 왼쪽 밑으로 향하는 대각선(반대각선, opposite diagonal)** 성분을 곱한 항을 빼서 값을 결정한 것을 알 수 있습니다. 이것을 [그림 5-29]에 나타내었습니다.

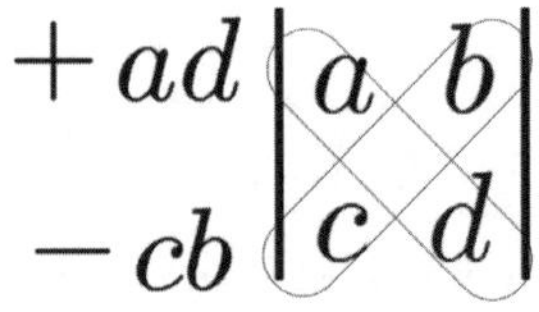

$$\begin{matrix} +ad \\ -cb \end{matrix} \begin{vmatrix} a & b \\ c & d \end{vmatrix}$$

[그림 5-29] 행렬식의 평가할 때, 대각선 성분의 곱을 더하거나 빼서 항을 구성합니다.

[그림 5-29]처럼 행렬식을 평가하는 것은 삼차원에 대해서도 성립하므로 기억해 두시기 바랍니다.[14] 행렬식이 아니라 기하학적인 방법으로도 도형의 면적을 구할 수 있습니다. $\vec{u}$와 $\vec{v}$가 이루는 각을 θ라고 하면, 단위 면적을 다음 [그림 5-30]과 같이 구할 수 있습니다.

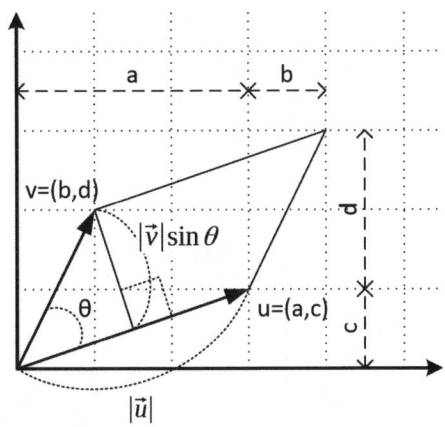

[그림 5-30] $\vec{u}$와 $\vec{v}$가 이루는 단위 면적은 $|\vec{u}||\vec{v}|\sin\theta$입니다. 이 값은 행렬식 $ad-bc$와 같습니다.

$\vec{v}$에서 $\vec{u}$로 직교 투영했을 때의 교점과 $\vec{v}$가 이루는 선분의 길이가 평행사변형의 높이 $|\vec{v}|\sin\theta$이고, 밑면의 길이는 $|\vec{u}|$이므로, 평행사변형의 면적은 $|\vec{u}| \times (|\vec{v}|\sin\theta) = |\vec{u}||\vec{v}|\sin\theta$입니다. 다음의 행렬식의 성질은 중요합니다. 다음 식을 외적(cross product)을 정의할 때 다시 보게 될 것입니다.

$$\det(A) = |A| = \begin{vmatrix} a & b \\ c & d \end{vmatrix} = ad - bc = |\vec{u}||\vec{v}|\sin\theta \quad \text{(식 5-55)}$$

---

14) 사차원 이상에서는 성립하지 않습니다.

행렬식의 결과는 스칼라인데, 양수나 음수가 모두 될 수 있습니다. 행렬식의 결과가 양수라면, 두 번째 벡터 (b, d)가 첫 번째 벡터 (a, c)의 반시계 방향에 위치한다는 의미입니다. 행렬식의 결과가 음수라면 두 번째 벡터가 시계 방향에 위치한다는 의미입니다.

$\sin \theta$의 값이 1, 2사분면에서는 양의 값을 가지고, 3, 4사분면에서는 음의 값을 가지는 것을 상기하기 바랍니다. 이차원 벡터의 행렬식은 $\sin \theta$의 영향을 받으므로, $\vec{v}$가 $\vec{u}$에 대해 시계 방향 (0도와 180도 사이)에 위치하면 양의 값을 가집니다.

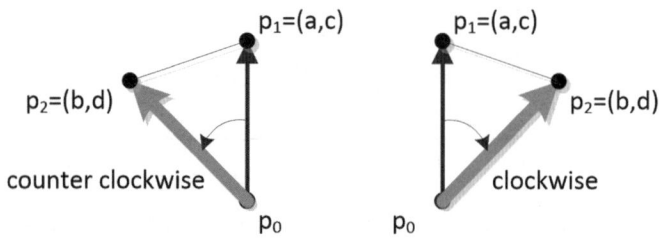

[그림 5-31] 행렬식을 이용하면 벡터의 상호 위치 관계를 계산할 수 있습니다. 행렬식이 양수이면 두 번째 벡터가 반시계 방향에 위치합니다.

[그림 5-31]을 보면, 행렬식이 양수이면 (b, d)는 (a, c)의 반시계 방향에 위치합니다. 음수이면 (b, d)는 (a, c)의 시계 방향에 위치합니다.

행렬식은 볼록 다각형(convex hull)을 구하는 알고리즘 등 각종 기하 알고리즘(geometric algorithm)에 필수적으로 등장합니다. 예를 들면, 행렬식을 이용하면 **이차원의 두 선분이 교차하는지 검사**할 수 있습니다. 이차원상에 선분 $\overrightarrow{p_1 p_2}$와 $\overrightarrow{p_3 p_4}$가 주어졌을 때, 두 선분이 교차하는지 검사하고 싶습니다. 그러면 다음 [그림 5-32]와 같이 행렬식을 이용할 수 있습니다.

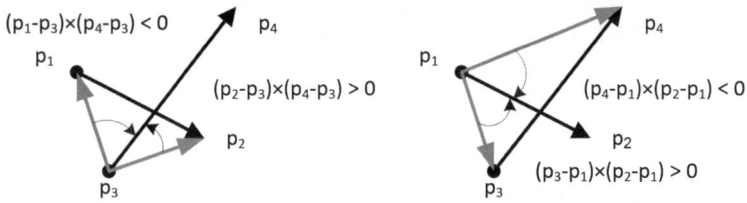

[그림 5-32] 두 선분이 서로 겹치는 경우, 한 선분의 양 끝점이 다른 선분의 시계 방향, 반시계 방향에 위치합니다.

$\overrightarrow{p_1p_2}$와 $\overrightarrow{p_3p_4}$가 주어졌을 때, (p_1-p_3) 벡터와 (p_4-p_3) 벡터의 행렬식을 구합니다. [그림 5-32]를 보면, (p_4-p_3)이 시계 방향에 위치하므로 행렬식의 값은 0보다 작아야 합니다. (p_2-p_3) 벡터와 (p_4-p_3) 벡터의 행렬식을 구합니다. (p_4-p_3)이 반시계 방향에 위치하므로 행렬식의 값은 0보다 커야 합니다. 이 조건이 [그림 5-32]의 왼쪽에 명시되어 있습니다. 그러면 두 선분이 겹칠 가능성이 있습니다. 비슷하게 오른쪽 그림처럼 조건을 검사해서 두 조건이 모두 만족되면 두 선분이 교차한다는 의미입니다.

이차원 벡터 두 개가 이루는 면적을 구하기 위해서 행렬식을 정의했습니다. 비슷하게 삼차원 벡터 세 개가 이루는 기하구조의 부피(volume)를 구하기 위해 행렬식을 사용할 수 있습니다.

소행렬식(마이너, Minor)

3×3 행렬의 행렬식을 이해하기 위해 먼저 소행렬식을 정의합니다. **소행렬식**(minor)은 행렬 A로부터 행이나 열을 제거한 작은 정방행렬의 행렬식입니다. 행렬 A가 다음의 (식 5−56)과 같이 주어졌다고 가정해 봅시다.

$$A = \begin{bmatrix} 1 & 4 & 7 \\ 3 & 0 & 5 \\ -1 & 9 & 11 \end{bmatrix} \quad \text{(식 5−56)}$$

위 행렬 A에 대해 2행과 3열을 제거한 소행렬식 $M_{2,3}$은 다음과 같이 정의할 수 있습니다.

$$M_{2,3} = \begin{vmatrix} 1 & 4 & \square \\ \square & \square & \square \\ -1 & 9 & \square \end{vmatrix} = \det \begin{vmatrix} 1 & 4 \\ -1 & 9 \end{vmatrix} = 9 - (-4) = 13$$

(식 5−57)

A에서 2행과 3열을 제거한 부분행렬을 구하고 그것의 행렬식을 계산합니다. 위의 경우 그 값은 13입니다.

3×3 행렬의 행렬식을 계산하기 위해 다음과 같은 삼차원 기저를 고려해 봅시다.

$$r1 = (a, d, g) \quad \text{(식 5−58)}$$
$$r2 = (b, e, h) \quad \text{(식 5−58b)}$$
$$r3 = (c, f, i) \quad \text{(식 5−58c)}$$

$r1$, $r2$, $r3$을 축으로 하는 변환행렬을 A라고 하면, 3×3 행렬 A의 행렬식을 다음 (식 5-59)와 같이 계산할 수 있습니다.

$$|A| = \begin{vmatrix} a & b & c \\ d & e & f \\ g & h & i \end{vmatrix} \quad \text{(식 5-59)}$$

$$= a \begin{vmatrix} \square & \square & \square \\ \square & e & f \\ \square & h & i \end{vmatrix} - b \begin{vmatrix} \square & \square & \square \\ d & \square & f \\ g & \square & i \end{vmatrix} + c \begin{vmatrix} \square & \square & \square \\ d & e & \square \\ g & h & \square \end{vmatrix}$$

$$= a \begin{vmatrix} e & f \\ h & i \end{vmatrix} - b \begin{vmatrix} d & f \\ g & i \end{vmatrix} + c \begin{vmatrix} d & e \\ g & h \end{vmatrix}$$

$$= aei - afh - bdi + bfg + cdh - ceg$$

(식 5-59)에서 b의 계수가 -1인데, 행렬식 계산에서 계수의 부호는 $M_{i,j}$에 대해서 $(-1)^{i+j}$로 결정하기 때문입니다. b는 1행 2열의 요소이므로 부호는 $(-1)^{1+2} = -1$입니다. 변환행렬 A의 각 열이 기저를 구성하므로, (식 5-58)과 같이 기저가 구성된다고 가정했지만, 전치행렬 A^T에 대한 행렬식은 원래 행렬 A의 행렬식과 같습니다. 즉 $|A| = |A^T|$이므로 A에 대해 다음 (식 5-59b)와 같은 기저를 사용한다고 가정해도 됩니다.

$$r1 = (a, b, c) \quad \text{(식 5-59b)}$$
$$r2 = (d, e, f) \quad \text{(식 5-59c)}$$
$$r3 = (g, h, i) \quad \text{(식 5-59d)}$$

(식 5-59)는 삼차원 공간에서 $r1$, $r2$, $r3$가 결정하는 **평행육면체(parallelepiped)**의 단위부피를 구합니다. 행렬식은 임의의 n차원 공간에서 스케일 요소를 구합니다. 예를 들면, 행렬이 4×4인 경우, 해당하는 행렬식은 사차원 **초육면체**(hyper cube)의 부피를 구합니다.

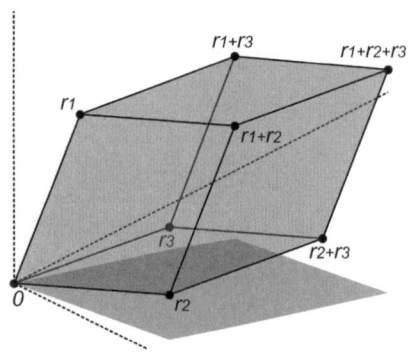

[그림 5-33] 3×3 행렬의 행렬식은 기저 단위가 이루는 부피(volume)입니다. (출처: Wikimedia Commons)

행렬식이 스케일 요소이므로, A의 역행렬(inverse matrix)을 구할 때는 스케일 요소를 상쇄시켜 주기 위해, $1/\det(A)$를 곱해 주는 과정이 필요하게 됩니다.

행렬식의 값을 구하는 방법 중 **소러스[15]의 규칙**(Rule of Sarrus)이라는 방법이 있습니다. [그림 5-34]에 소러스의 규칙을 이용하여 행렬식을 구하는 방법을 나타내었습니다.

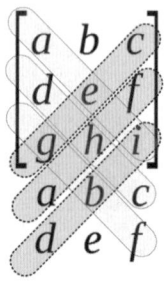

[그림 5-34] 소러스의 규칙을 이용하면 행렬식을 평가하는 방법을 쉽게 기억할 수 있습니다. 소러스의 규칙은 사차원 이상에서는 동작하지 않습니다.

---

15) 소러스는 프랑스의 수학자 이름입니다.

주어진 행렬의 첫 번째 줄과 두 번째 줄을 반복해서 4행과 5행에 적습니다. 그리고 주대각선의 요소들을 모두 곱해서 더합니다.

$$aei + dhc + gbf \quad \text{(식 5-60)}$$

반대각선의 요소들은 모두 곱해서 이전 결과에서 빼 줍니다.

$$-gec - ahf - dbi \quad \text{(식 5-61)}$$

그러면 A의 행렬식을 (식 5-62)와 같이 얻을 수 있습니다.

$$|A| = \begin{vmatrix} a & b & c \\ d & e & f \\ g & h & i \end{vmatrix} = aei - afh - bdi + bfg + cdh - ceg$$

(식 5-62)

(식 5-62)의 값은 (식 5-59)와 같은 것을 알 수 있습니다.

● 벡터의 추가적인 연산: 외적

필자가 대학에서 선형대수(linear algebra)와 컴퓨터 그래픽스(computer graphics)를 배울 때, 외적에 대해서 직관적인 이해를 가지는 것이 어려웠습니다. 행렬식이 기저가 결정하는 기하도형의 면적 요소라는 것을 이해하는 것이 외적에 대한 직관을 가지는 필요조건입니다.

외적을 이해하기 위해서는 행렬식의 의미를 명확하게 이해할 필요가 있습니다.

2×2 행렬 $M = \begin{bmatrix} a & b \\ c & d \end{bmatrix}$에 대해 이차원 기저 (a, c)와 (b, d)가 이루는 단위 면적을, 다음 그림과 같이 구할 수 있다는 것을 우리는 이미 살펴보았습니다. M의 행렬식은 $ad - bc$입니다.

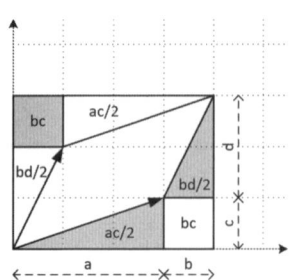

(a+b)(c+d)-ac-bd-2bc=ad-bc

[그림 5-35] 행렬식은 변환의 스케일 요소입니다. 이차원에서는 면적의 변화 정도를, 삼차원에서는 부피의 변화 정도를 나타냅니다.

행렬식은 행렬식을 구성하는 기저가 나타내는 변환의 스케일 요소입니다. 이제 다음과 같은 두 개의 삼차원 벡터 $\vec{u}, \vec{v}$를 고려해 봅시다.

$$\vec{u} = (a,\ b,\ c)\ \text{(식 5-63)}$$
$$\vec{v} = (d,\ e,\ f)$$

$\vec{u}$와 $\vec{v}$는 삼차원상에서 정의된 벡터인데, 각 벡터에서 z성분을 무시하고 행렬식을 구하면 그것은 무엇을 의미하는 것일까요? 즉 $\vec{u}$와 $\vec{v}$가 모두 xy평면에 직교 투영(orthogonal projection)되었다고 가정하는 것입니다. 그러면 새로운 $\vec{u}'$, $\vec{v}'$은 다음과 같은 벡터입니다.

$$\vec{u}' = (a,\ b,\ 0)\ \text{(식 5-64)}$$
$$\vec{v}' = (d,\ e,\ 0)$$

z성분을 무시한 $(a,\ b)$와 $(d,\ e)$의 행렬식은 다음과 같습니다.

$$\begin{vmatrix} a & d \\ b & e \end{vmatrix} = \begin{vmatrix} a & b \\ d & e \end{vmatrix} = ae - bd = z^{ignore}\ \text{(식 5-65)}$$

z성분을 무시한 이 행렬식을 z^{ignore}이라고 적도록 하겠습니다. z^{ignore}은 xy평면에 대한 스케일 요소를 의미합니다. 이러한 방식으로 x^{ignore}과 y^{ignore}을 구할 수 있습니다. 표현의 편의를 위해서 **변형된 행렬식(augmented determinant)**을 다음과 같이 정의합니다.

$$\begin{vmatrix} a & b & 0^{ignore} \\ d & e & 0^{ignore} \end{vmatrix} = ae - bd = z^{ignore}\ \text{(식 5-66)}$$

위 (식 5−66)의 변형된 행렬식이 의미하는 것은, z성분은 모두 무시되었다는 의미입니다. 이러한 방식으로 x^{ignore}, y^{ignore}, z^{ignore}을 다음과 같이 정의할 수 있습니다.

$$\begin{vmatrix} 0^{ignore} & b & c \\ 0^{ignore} & e & f \end{vmatrix} = x^{ignore} \text{ (식 5-67)}$$

$$-\begin{vmatrix} a & 0^{ignore} & c \\ d & 0^{ignore} & f \end{vmatrix} = y^{ignore} \text{ (식 5-67b)}$$

$$\begin{vmatrix} a & b & 0^{ignore} \\ d & e & 0^{ignore} \end{vmatrix} = z^{ignore} \text{ (식 5-67c)}$$

y^{ignore}에 대해서는 $-$부호(minus sign)를 붙이는데, 이것은 면적 요소가 뒤집혔다고(flip) 가정하는 것입니다. 이것은 밑에서 적용할 가짜 행렬식을 위한 준비입니다. 이제 세 개의 성분을 구했으므로, 이것을 하나의 삼차원 벡터로 표현해 보겠습니다.

$$(x^{ignore},\ y^{ignore},\ z^{ignore}) \text{ (식 5-68)}$$

위 벡터의 각 요소가 의미하는 것은 명확합니다. 그런데 이 벡터의 방향이 의미하는 것은 무엇일까요? 방향이 의미하는 것을 직관적으로 이해하기 위한 준비 단계로, $(x^{ignore},\ y^{ignore},\ z^{ignore})$ 벡터를 좀 더 쉽게 구하는 방법을 알아보겠습니다. 그것은 **가짜 행렬식**(pseudo determinant)를 이용하는 것입니다.

우리는 3×3 행렬 A의 행렬식을 구하는 방법을 알고 있습니다. 그것은 다음 (식 5-69)와 같습니다.

$$|A| = \begin{vmatrix} a & b & c \\ d & e & f \\ g & h & i \end{vmatrix} \quad \text{(식 5-69)}$$

$$= a\begin{vmatrix} \square & \square & \square \\ \square & e & f \\ \square & h & i \end{vmatrix} - b\begin{vmatrix} \square & \square & \square \\ d & \square & f \\ g & \square & i \end{vmatrix} + c\begin{vmatrix} \square & \square & \square \\ d & e & \square \\ g & h & \square \end{vmatrix}$$

$$=a\begin{vmatrix}e&f\\h&i\end{vmatrix}-b\begin{vmatrix}d&f\\g&i\end{vmatrix}+c\begin{vmatrix}d&e\\g&h\end{vmatrix}$$

$$=aei-afh-bdi+bfg+cdh-ceg$$

이 행렬식이 삼차원 변환의 부피요소를 의미한다는 것을 기억하세요. 이제 A의 첫 번째 행을 각 축의 기저를 의미하는 $\vec{i}$, $\vec{j}$와 $\vec{k}$ 벡터로 바꾸어서 행렬식을 구성해 보겠습니다. $\vec{i}$, $\vec{j}$와 $\vec{k}$는 벡터이므로 아래 (식 5-70)의 P는 진짜 행렬식은 아닙니다.

$$P=\begin{vmatrix}\vec{i}&\vec{j}&\vec{k}\\a&b&c\\d&e&f\end{vmatrix}$$

(식 5-70, 외적)

$$=\vec{i}\begin{vmatrix}\square&\square&\square\\\square&b&c\\\square&e&f\end{vmatrix}-\vec{j}\begin{vmatrix}\square&\square&\square\\a&\square&c\\d&\square&f\end{vmatrix}+\vec{k}\begin{vmatrix}\square&\square&\square\\a&b&\square\\d&e&\square\end{vmatrix}$$

$$=\vec{i}\begin{vmatrix}b&c\\e&f\end{vmatrix}-\vec{j}\begin{vmatrix}a&c\\d&f\end{vmatrix}+\vec{k}\begin{vmatrix}a&b\\d&e\end{vmatrix}$$

$$=(x^{ignore},\ y^{ignore},\ z^{ignore})$$

위 식에서 보듯이 가짜 행렬식을 이용하면 (x^{ignore}, y^{ignore}, z^{ignore})을 구할 수 있습니다. 우리는 지금 이 벡터의 방향의 의미를 파악하려고 합니다. 문제를 간단하게 하기 위해 (a, b, c)와 (d, e, f)를 모두 xy평면에 직교 투영시켜서 $(a, b, 0)$과 $(d, e, 0)$으로 만듭니다. 그리고 이 벡터에 대해서 (x^{ignore}, y^{ignore}, z^{ignore})을 구합니다. 다음 (식 5-71)을 보세요.

$$P = \begin{vmatrix} \vec{i} & \vec{j} & \vec{k} \\ a & b & 0 \\ d & e & 0 \end{vmatrix} \quad \text{(식 5-71)}$$

$$= \vec{i}\begin{vmatrix} \square & \square & \square \\ \square & b & 0 \\ \square & e & 0 \end{vmatrix} - \vec{j}\begin{vmatrix} \square & \square & \square \\ a & \square & 0 \\ d & \square & 0 \end{vmatrix} + \vec{k}\begin{vmatrix} \square & \square & \square \\ a & b & \square \\ d & e & \square \end{vmatrix}$$

$$= \vec{i}\begin{vmatrix} b & 0 \\ e & 0 \end{vmatrix} - \vec{j}\begin{vmatrix} a & 0 \\ d & 0 \end{vmatrix} + \vec{k}\begin{vmatrix} a & b \\ d & e \end{vmatrix}$$

$$= 0\vec{i} - 0\vec{j} + \vec{k}\begin{vmatrix} a & b \\ d & e \end{vmatrix}$$

$$= (0,\ 0,\ \begin{vmatrix} a & b \\ d & e \end{vmatrix})$$

위 식에서 보듯이 x^{ignore}과 y^{ignore} 요소가 모두 0이 되어서 $(0,\ 0,\ \begin{vmatrix} a & b \\ d & e \end{vmatrix})$ 벡터를 얻었습니다. 이 벡터의 방향은 명확합니다. z축 방향입니다. z축은 xy평면과 수직이며 이것은 x축, y축 모두와 수직인 것을 의미합니다. 비슷한 방식으로 (x^{ignore}, y^{ignore}, z^{ignore})의 방향을 계산해 보면, 주어진 두 벡터 (a, b, c)와 (d, e, f)에 모두 수직인 벡터임을 알 수 있습니다! 이것이 **외적**(outer product)입니다.

$\vec{u} = (a, b, c) = (u_x, u_y, u_z)$라고 하고, $\vec{v} = (d, e, f) = (v_x, v_y, v_z)$라고 하면, $\vec{u} \times \vec{v}$는 (식 5-71b)처럼 행렬과 행렬의 곱셈 형식으로 나타낼 수 있습니다.

$$\vec{u} \times \vec{v} = \begin{bmatrix} 0 & -u_z & u_y \\ u_z & 0 & -u_x \\ -u_y & u_x & 0 \end{bmatrix} \begin{bmatrix} v_x \\ v_y \\ v_z \end{bmatrix} \quad \text{(식 5-71b)}$$

임의의 벡터 A에 대해서 행렬식은 전치행렬 A^T에 대해서 결과가 같습니다.

$$|A| = |A^T| \quad \text{(식 5-71c)}$$

그러므로 [그림 5-36]에서 일반적인 삼차원 기저는 행렬을 구성하는 열인 $(\hat{i}, a, d)$, $(\hat{j}, b, e)$와 $(\hat{k}, c, f)$이지만, 기저가 $(\hat{i}, \hat{j}, \hat{k})$, (a, b, c)와 (d, e, f)라고 가정해도 됩니다.

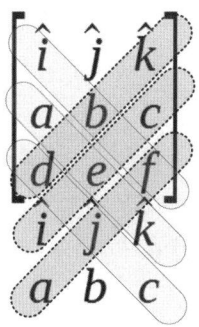

[그림 5-36] 첫 번째 행을 $(\hat{i}, \hat{j}, \hat{k})$로 하고, 두 번째와 세 번째 행이 (a, b, c)와 (d, e, f)인 행렬의 행렬식을 계산한 후, $\hat{i}, \hat{j}$와 $\hat{k}$의 계수를 모아 구성한 벡터가 외적의 결과입니다.

$\vec{u} = (a, b, c)$와 $\vec{v} = (d, e, f)$가 삼차원 공간상의 벡터일 때, **외적**(outer product, cross product) $u \times v$는 다음과 같이 정의합니다.

$$\vec{u} \times \vec{v} = (bf - ce,\ cd - af,\ ae - bd) \quad \text{(식 5-72)}$$

내적과 달리 외적의 결과는 벡터입니다. 외적은 **가짜 행렬식**(pseudo determinant)에 소러스의 규칙을 적용하여 유도할 수 있습니다.

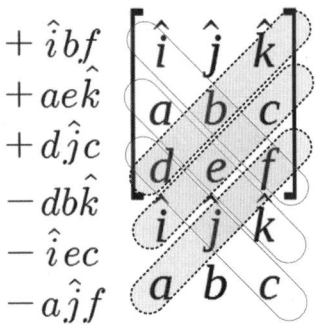

[그림 5-37] 외적을 찾기 위한 소러스의 규칙(Rule of Sarrus)

[그림 5-37]에서 주대각선 성분의 곱들의 합은 (식 5-73)과 같습니다.

$$+\hat{i}bf \\ +ae\hat{k} \\ +d\hat{j}c$$ (식 5-73)

반대각선 성분의 곱들의 합은 (식 5-74)와 같습니다.

$$-db\hat{k} \\ -\hat{i}ec \\ -a\hat{j}f$$ (식 5-74)

(식 5-73)과 (식 5-74)를 더해서 구성한 식에서 $\hat{i}$, $\hat{j}$와 $\hat{k}$의 계수를 모아서 구성한 삼차원 벡터가 (a, b, c)와 (d, e, f)의 외적입니다. 이 벡터는 (식 5-72)와 결과가 같습니다.

행렬식이 기저가 이루는 기하도형의 크기요소을 계산한다는 것을 상기해 보세요. 그것은 [그림 5-37]에서 (a,b,c)와 (d, e, f)가 이루는 밑면적에 높이 성분 $(\hat{i}, \hat{j}, \hat{k})$을 곱해서 부피를 구해야 한다는 의미입니다. 밑면적의 높이 성분은 밑면적을 구성하는 벡터 (a, b, c)와 (d, e, f)에 모두 수직이어야 합니다. 그러므로 가짜 행렬식을 계산한 후, $\hat{i}, \hat{j}$와 $\hat{k}$의 계수를 모아서 구성한 벡터는 (a, b, c)와 (d, e, f)에 모두 수직이어야 하는 것입니다.

(식 5−72)에서 외적의 결과를 구성하는 요소를 모두 구할 수 있으므로, 벡터의 크기를 구할 수 있습니다. 그런데 삼차원에서는 행렬식이 부피를 계산하므로, $|\vec{u} \times \vec{v}|$는 (a, b, c)와 (d, e, f)가 이루는 평행사변형의 면적을 의미합니다.

두 벡터의 평행사변형의 면적은 기하학적인 방법으로도 구할 수 있습니다. [그림 5−38]은 기하학적인 방법으로 두 벡터가 이루는 평행사변형의 면적을 구하는 방법을 보여줍니다.

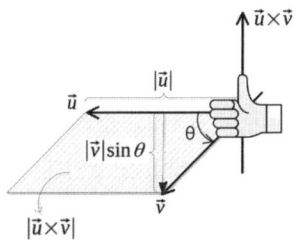

[그림 5−38] 외적의 크기는 스케일 요소입니다. 이차원에서는 면적을 삼차원에서는 부피를 의미합니다.

위 [그림 5−38]을 보면 $|\vec{v}|\sin\theta$가 $\vec{u}$와 $\vec{v}$가 이루는 평행사변형의 높이이므로 $|\vec{u}||\vec{v}|\sin\theta$는 평행사변형의 면적입니다. 외적 $\vec{u}$와 $\vec{v}$이 이루는 각이 θ일 때, $\vec{u} \times \vec{v}$의 결과가 의미하는 벡터는 두 벡터 $\vec{u}=(a, b, c)$와 $\vec{v}=(d, e, f)$에 모두 수직이면서, 크기는 다음과 같습니다.

$$|\vec{u} \times \vec{u}| = |\vec{u}||\vec{v}|\sin\theta \quad \text{(식 5-75)}$$

외적의 방향이 $\vec{u}$, $\vec{v}$에 모두 수직이라고 했는데, 수직인 벡터는 두 종류가 있을 수 있습니다. **오른손 좌표계**(RHS, right-hand coordinate system)를 쓰는 경우, 외적의 결과 벡터의 방향은 **오른손 법칙**(right-hand rule)에 의해 구할 수 있습니다. 다음 [그림 5-39]를 보세요.

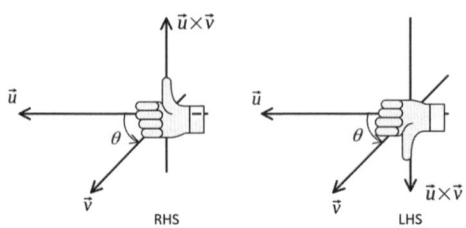

[그림 5-39] 오른손 좌표계에서 오른손 법칙: 외적 벡터의 방향은 오른손을 오므렸을 때 엄지가 가리키는 방향입니다. 오른손을 폈을 때 손끝이 가리키는 방향이 $\vec{u}$이고, 오므렸을 때 손끝이 가리키는 방향이 $\vec{v}$라면, 엄지의 방향이 외적 벡터의 방향이 됩니다. 왼손 좌표계(LHS)의 경우는 외적의 방향이 반대가 되므로 주의하세요.

$\vec{u}$와 $\vec{v}$의 외적의 의미를 크기 요소의 관점에서 직관적으로 이해해 보면, **외적은 $\vec{u}$와 $\vec{v}$의 스케일 요소인데, 이 값이 $\vec{u}$와 $\vec{v}$축에는 영향을 끼치지 않아야 하므로**, 외적 벡터의 방향이 $\vec{u}$와 $\vec{v}$ 모두에게 직각이 되는 것입니다.

외적의 결과가 좌표계마다 다른 것 같지만, 사실 외적은 일관된 성질을 가집니다. 왼손 좌표계든, 오른손 좌표계든 $\vec{z} = \vec{x} \times \vec{y}$의 성질을 만족합니다. 좌표계와 상관없이 각 축들에 대해서 외적은 다음의 성질을 만족합니다.

$$\vec{z} = \vec{x} \times \vec{y} \quad \text{(식 5-76)}$$

$$\vec{x} = \vec{y} \times \vec{z}$$
$$\vec{y} = \vec{z} \times \vec{x}$$

(식 5-76)에서 보듯이 표준기저의 각 축들은 서로 직각입니다. 그러면 사차원 공간에 대해서 네 번째 축의 방향은 어떻게 정할 수 있을까요? 네 번째 축을 $\vec{w}$라고 하면, $\vec{w}$는 $\vec{x}, \vec{y}, \vec{z}$와 모두 직각입니다. 그러면 그 축의 방향은 $\vec{x} \times \vec{y} \times \vec{z}$로 구할 수 있습니다. 그런데 $\vec{x} \times \vec{y} = \vec{z}$이고, $\vec{z} \times \vec{z} = 0$이므로, 축의 방향을 결정할 수 없는 문제가 발생합니다. 사실 이 네 번째 축의 방향은 삼차원 공간의 모든 방향으로 향합니다. 우리는 이 축의 방향을 표현하는 방법을 7장에서 배울 것입니다.

외적은 내적과 더불어 빈번하게 사용합니다. 예를 들면, 면의 방향을 판별하기 위해서, 점이 직선이나 평면의 어느 쪽에 놓여 있는지를 검사하기 위해서 외적을 사용할 수 있습니다.

가짜 행렬식을 이용해서 외적을 정의했으므로, 행렬식과 내적, 외적은 연관되어 있는 것을 유추해 볼 수 있습니다. $r1, r2, r3$을 기저로 하는 행렬 A의 행렬식을 구하는 과정을 살펴봅시다.

$$r1 = (a, b, c)$$
$$r2 = (d, e, f)$$
$$r3 = (g, h, i)$$

설명의 편의를 위해 A 행렬의 행으로 기저를 구성했다고 가정하고, 행렬식을 계산해보면 (식 5-76b)와 같습니다.

$$|A| = \begin{vmatrix} a & b & c \\ d & e & f \\ g & h & i \end{vmatrix} \quad \text{(식 5-76b)}$$

$$= a\begin{vmatrix} \square & \square & \square \\ \square & e & f \\ \square & h & i \end{vmatrix} - b\begin{vmatrix} \square & \square & \square \\ d & \square & f \\ g & \square & i \end{vmatrix} + c\begin{vmatrix} \square & \square & \square \\ d & e & \square \\ g & h & \square \end{vmatrix}$$

$$= a\begin{vmatrix} e & f \\ h & i \end{vmatrix} - b\begin{vmatrix} d & f \\ g & i \end{vmatrix} + c\begin{vmatrix} d & e \\ g & h \end{vmatrix}$$

$$= aei - afh - bdi + bfg + cdh - ceg$$

(식 5-76b)의 계산과정을 보면 $r2 \times r3$을 계산하고, 이 결과를 $r1$과 내적을 취한 것을 확인할 수 있습니다. 그러므로 $|A|$는 다음 (식 5-76c)와 같이 정의할 수 있습니다.

$$|A| = \begin{vmatrix} a & b & c \\ d & e & f \\ g & h & i \end{vmatrix} = r1 \cdot (r2 \times r3) \quad \text{(식 5-76c)}$$

(식 5-76c)를 **스칼라 삼중곱**(scalar triple product)이라고 합니다. 행렬식의 특징에 의해, (식 5-76c)의 계산은 $(r1 \times r2)$의 외적을 계산하고, 이것을 $r3$와 내적 취한 것을 의미하기도 합니다. 그래서 (식 5-76d)의 성질을 얻을 수 있습니다.

$$|A| = \begin{vmatrix} a & b & c \\ d & e & f \\ g & h & i \end{vmatrix} = r1 \cdot (r2 \times r3) \quad \text{(식 5-76d)}$$
$$= (r1 \times r2) \cdot r3$$
$$= r2 \cdot (r3 \times r1)$$

내적은 교환법칙이 성립하므로 (식 5-76d)에 대해서 다음의 식이 성립합니다.

$$r1 \cdot (r2 \times r3) = (r2 \times r3) \cdot r1$$
$$(r1 \times r2) \cdot r3 = r3 \cdot (r1 \times r2)$$
$$r2 \cdot (r3 \times r1) = (r3 \times r1) \cdot r2$$

스칼라 삼중곱에서 임의의 두 벡터가 같다면 그 결과는 0입니다.

$$r1 \cdot (r2 \times r1) = 0$$

위 식을 보면, $r2 \times r1$은 $r2$와 $r1$에 모두 수직인 벡터입니다. $r1$에 수직인 벡터와 $r1$의 내적은 0이므로 결과가 0이 됩니다.

세 개의 벡터에 대해 외적을 연속적으로 취한 **벡터 삼중곱** (vector triple product)도 다음 (식 5-76e)와 같이 유도됩니다.

$$\vec{a} \times (\vec{b} \times \vec{c}) = (\vec{a} \cdot \vec{c})\vec{b} - (\vec{a} \cdot \vec{b})\vec{c} \quad \text{(식 5-76e)}$$

유도과정[16]은 별도로 적지 않습니다.

이차원 벡터에 대한 외적

이차원에서도 외적의 결과는, 대상 공간인 이차원에서 벡터여야 합니다. 가짜 행렬식으로 이차원 벡터 (a, b)의 외적을 다음

---

16) 벡터 삼중곱(Vector triple product), https://en.wikipedia.org/wiki/Triple_product#Vector_triple_product

과 같이 구할 수 있습니다. $\hat{i}=(1, 0)$, $\hat{j}=(0, 1)$이라고 가정합니다.

$$\begin{vmatrix} \hat{i} & \hat{j} \\ a & b \end{vmatrix}$$ (식 5-77)

위의 가짜 행렬식의 결과는 이차원 좌표 (a, b)가 시계 방향으로 90도 회전된 $b\hat{i}-a\hat{j}=(b, -a)$가 됩니다.

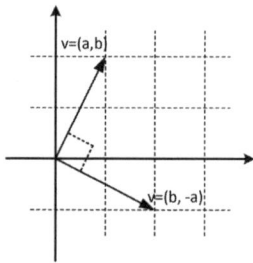

[그림 5-39b] (a, b)가 시계 방향으로 90도 회전된 좌표는 $(b, -a)$입니다.

두 개의 이차원 벡터의 외적은 어떻게 구할 수 있을까요? 두 개의 삼차원 벡터인 경우, 외적은 두 벡터에 모두 직각이면서, 외적의 결과가 삼차원 공간에 존재합니다. 하지만 이차원 벡터의 외적은 이차원 공간을 벗어나는 문제가 발생합니다. 두 벡터에 모두 직각이어야 하는데, 두 개의 이차원 벡터에 모두 수직인 벡터는 이차원 공간에 존재하지 않기 때문입니다.

이차원에서 두 벡터 $\vec{u}=(a, b)$와 $\vec{v}=(c, d)$의 외적을 이해하기 위해, $\vec{u}, \vec{v}$를 삼차원 공간으로 옮겨서 외적을 계산해 봅시다. 그러면 $\vec{u}, \vec{v}$는 다음 (식 5-78)과 같이 확장됩니다.

$$\vec{u}=(a, b, 0)$$ (식 5-78)
$$\vec{v}=(c, d, 0)$$ (식 5-78b)

이제 $\vec{u}$, $\vec{v}$는 삼차원 공간의 벡터이므로, 가짜 행렬식을 이용해서 외적을 계산할 수 있습니다. 결과는 (식 5-79)와 같습니다.

$$\begin{vmatrix} \vec{i} & \vec{j} & \vec{k} \\ a & b & 0 \\ c & d & 0 \end{vmatrix} = (0,\ 0,\ \begin{vmatrix} a & b \\ c & d \end{vmatrix}) = (0,\ 0,\ ad-bc) \quad \text{(식 5-79)}$$

(식 5-79)를 보면, 두 개의 이차원 벡터의 외적은 삼차원 벡터인데, 결과 벡터의 x, y요소가 항상 0이므로, z요소만 하나의 실수로 나타내는 방법을 사용할 수 있습니다. 그래서 이차원에서 두 벡터 $\vec{u}=(a,\ c)$와 $\vec{v}=(b,\ d)$에 대해서 행렬식의 결과를 외적의 결과처럼 사용하기도 합니다.

$$\det(A) = |A| = \begin{vmatrix} a & b \\ c & d \end{vmatrix} = ad-bc = |\vec{u}||\vec{v}|\sin\theta \quad \text{(식 5-80)}$$

이차원에서 행렬식의 결과를 외적으로 사용하면, 이차원에서 외적은 다음과 같이 정의할 수 있습니다.

$$\vec{u}=(a,\ b)$$
$$\vec{v}=(c,\ d)$$
$$\vec{u}\times\vec{v} = \begin{vmatrix} a & b \\ c & d \end{vmatrix} = ad-bc$$

(식 5-81, 이차원 벡터에 대한 외적)

(식 5-81)을 보면 이차원에서 외적의 결과가 하나의 실수 값을 가지는데, 이차원에서 외적의 결과가 실수 w이면 사실은 실수 값 w가 아니라, 삼차원 벡터 $(0,\ 0,\ w)$를 의미한다고 생각해야 합니다. 그러면 이차원에서 실수와 이차원 벡터, 이차원 벡터

와 실수의 외적을 정의하는 것이 가능합니다.

실수 w와 이차원 벡터 $\vec{u}=(a,b)$의 외적은 다음 (식 5-82)와 같이 구할 수 있습니다.

$$\begin{vmatrix} \vec{i} & \vec{j} & \vec{k} \\ 0 & 0 & w \\ a & b & 0 \end{vmatrix} = \vec{i}\begin{vmatrix} 0 & w \\ b & 0 \end{vmatrix} - \vec{j}\begin{vmatrix} 0 & w \\ a & 0 \end{vmatrix} + \vec{k}\begin{vmatrix} 0 & 0 \\ a & b \end{vmatrix} \quad \text{(식 5-82)}$$
$$= \vec{i}(-wb) - \vec{j}(-wa) + \vec{k}(0)$$
$$= (-wb, +wa, 0)$$

(식 5-82)에 의해 실수 w와 이차원 벡터 $\vec{u}$의 외적은 다음 (식 5-83)과 같습니다.

$$w \times \vec{u} = w \times (a,b) = (-wb, wa) \quad \text{(식 5-83)}$$

비슷하게, 이차원 벡터 $\vec{u}$와 실수 w의 외적은 (식 5-84)와 같이 계산할 수 있습니다.

$$\begin{vmatrix} \vec{i} & \vec{j} & \vec{k} \\ a & b & 0 \\ 0 & 0 & w \end{vmatrix} = \vec{i}\begin{vmatrix} b & 0 \\ 0 & w \end{vmatrix} - \vec{j}\begin{vmatrix} a & 0 \\ 0 & w \end{vmatrix} + \vec{k}\begin{vmatrix} a & b \\ 0 & 0 \end{vmatrix} \quad \text{(식 5-84)}$$
$$= \vec{i}(wb) - \vec{j}(wa) + \vec{k}(0)$$
$$= (wb, -wa, 0)$$

(식 5-84)에 의해 이차원 벡터 $\vec{u}$와 실수 w의 외적은 다음 (식 5-85)와 같습니다.

$$\vec{u} \times w = (a,b) \times w = (wb, -wa) \quad \text{(식 5-85)}$$

이러한 수학적 정의들을 배울 때, "이러한 것들이 어디에 사용되지?"라고 의문을 가질 수 있습니다. 컴퓨터공학을 전공하고, 게임을 개발하는 게임 개발자의 입장에서, 이 책에서 설명하는 내용은 3D 게임 프로그래머에게는 반드시 필요한 내용이라고 장담합니다. 이 책에서 설명하는 수학적 내용은 하나도 빠짐없이 모두 게임 프로그래밍에 사용됩니다.

● 복소수의 곱셈

벡터의 내적과 외적을 이해했으므로, 복소수(복잡한 수, complex number)의 곱셈의 의미를 살펴보도록 하겠습니다.

$v=a+bi$와 $w=c+di$에 대해, 두 복소수의 곱은 (식 5-90)과 같이 구할 수 있습니다.

$$\begin{aligned}vw &= (a+bi)(c+di) \quad \text{(식 5-90)}\\ &= ac+adi+bci+bdi^2\\ &= ac+adi+bci+bd(-1)\\ &= ac+adi+bci-bd\\ &= (ac-bd)+(ad+bc)i\end{aligned}$$

$\vec{v}$를 일반 좌표계에서 (a, b)라고 가정하고, $\vec{w}$를 일반 좌표계에서 (c, d)라고 가정한 후 $\vec{v}$와 $\vec{w}$의 내적과 외적을 구하면 (식 5-91), (식 5-91b)와 같습니다.

$$\vec{v} \cdot \vec{w} = (a, b) \cdot (c, d) = ac+bd \quad \text{(식 5-91, 벡터의 내적)}$$
$$\vec{v} \times \vec{w} = (a, b) \times (c, d) = ad-bc \quad \text{(식 5-91b, 이차원의 외적)}$$

(식 5-91)을 보면, 복소수 곱셈의 결과 실수부(real part)는 $\vec{v}$와 $\vec{w}$의 내적, 허수부(imaginary part)는 $\vec{v}$와 $\vec{w}$의 외적과 관계된 것을 알 수 있습니다. 다만, $i^2=-1$이라는 특징 때문에 일반적인 벡터의 내적, 외적과 달리 부호가 바뀌었다고 생각하면 됩니다.[17]

---

17) 실제로는 복소수의 사차원 형태인 사원수(quaternion)의 연산에서 내부, 외부에 나타납니다. 책의 분량상 이 부분은 포함시키지 않았습니다.

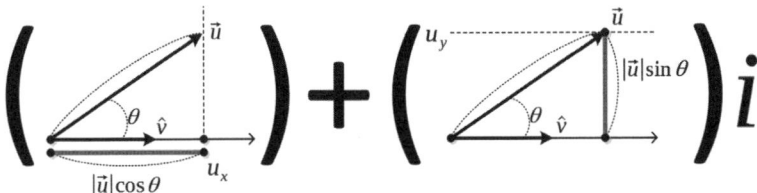

[그림 5-40] 복소수 곱셈의 결과, 실수부는 내적, 허수부는 외적과 상관이 있습니다.

실제 복소수의 내적은 (식 5−91)과 같이 정의하지 않습니다. 일반 데카르트 좌표계에서 내적은 길이를 나타냅니다. $\vec{v}$가 일반 공간에서의 벡터라면 $|\vec{v}|=\sqrt{(\vec{v}\cdot\vec{v})}$입니다. 이러한 자연스러움을 유지하기 위해 복소수의 내적도 허수가 포함되지 않은 실수 길이가 나오도록 정의합니다. $v=a+bi$에서 허수부의 부호를 바꾼 $a-bi$를 **켤레 복소수**(complex conjugate)라고 하고 v^*(혹은 $\bar{v}$)라고 적습니다. v^*v를 계산하면 (식 5−91c)와 같이 실수 값이 나오는데 이것은 피타고라스의 정리를 만족하는 실수 길이입니다. 그래서 (식 5−91e)를 복소수의 내적으로 정의합니다.

$$v^*v=(a-bi)(a+bi)=a^2-b^2i^2=a^2+b^2 \text{ (식 5-91c)}$$
$$v\cdot v=v^*v=a^2+b^2=|v|^2 \text{ (식 5-91d)}$$
$$v\cdot w=w^*v \text{ (식 5-91e, 복소수의 내적)}$$

(식 5−91e)가 복소수의 내적의 정의이므로 복소수 v와 w의 내적을 계산하면 (식 5−91f)와 같습니다.

$$\begin{aligned}v\cdot w=w^*v&=(c-di)(a+bi) \text{ (식 5-91f)}\\&=ac+bci-adi-bdi^2\\&=(ac+bd)-(ad-bc)i\\&=(\vec{v}\cdot\vec{w})-(\vec{v}\times\vec{w})i\end{aligned}$$

(식 5-91f)를 보면, 복소수의 내적 계산에서 안쪽(inner) 실수부는 데카르트 공간에서의 내적(inner product), 바깥쪽(outer) 허수부는 데카르트 공간에서의 외적(outer product) 성분을 가지는 것을 알 수 있습니다.

벡터를 행벡터로 표현한 경우, 행렬의 곱셈으로 나타내기 위해서는 w^*의 전치행렬과 v를 곱해야 합니다. $(w^*)^T = w^H$로 나타내면, $v \cdot w = w^* v = w^H v$입니다.

이제 복소평면상에서 원점과의 길이가 항상 1인 단위 원(unity circle) 위에 위치하는 복소수를 고려해 봅시다. 각 복소수를 P, Q라고 하고, 반시계 방향으로 각각 α, β만큼 회전되었다고 가정해 봅시다. 이것을 [그림 5-41]에 나타내었습니다.

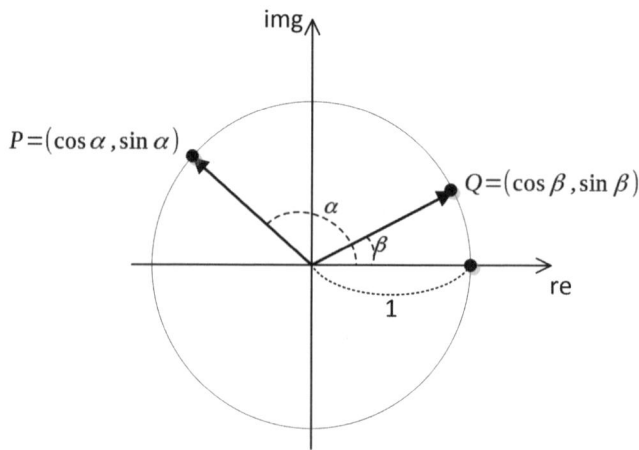

[그림 5-41] 복소평면의 단위 원에 두 개의 복소수 P와 Q를 나타내었습니다.

P와 Q는 (식 5-92)처럼 정의됩니다.

$$P=(\cos\alpha,\ \sin\alpha)\quad \text{(식 5-92)}$$
$$Q=(\cos\beta,\ \sin\beta)\quad \text{(식 5-92b)}$$

두 복소수 P와 Q를 곱하면, (식 5-93)과 같은 결과를 얻습니다.

$$\begin{aligned}PQ&=(\cos\alpha+i\sin\alpha)(\cos\beta+i\sin\beta) \quad \text{(식 5-93)}\\&=\cos\alpha\cos\beta+i\cos\alpha\sin\beta+i\sin\alpha\cos\beta+i^2\sin\alpha\sin\beta\\&=(\cos\alpha\cos\beta-\sin\alpha\sin\beta)+i(\sin\alpha\cos\beta+\cos\alpha\sin\beta)\end{aligned}$$

4장 삼각함수에서 cos, sin 함수의 합과 차의 법칙을 증명한 적이 있습니다. 그 법칙이 복소수의 곱셈의 결과를 간단하게 하는데 사용되기 때문에, 다시 적어 보겠습니다. cos, sin 함수의 파라미터가 두 개의 값 α, β의 합으로 표현된 경우, **각의 합과 차의 법칙** (the angle addition and subtraction theorems)은 다음 (식 5-94)와 같습니다.

$$\sin(\alpha+\beta)=\sin\alpha\cos\beta+\cos\alpha\sin\beta\quad \text{(식 5-94, 허수부)}$$
$$\sin(\alpha-\beta)=\sin\alpha\cos\beta-\cos\alpha\sin\beta\quad \text{(식 5-94b)}$$
$$\cos(\alpha+\beta)=\cos\alpha\cos\beta-\sin\alpha\sin\beta\quad \text{(식 5-94c, 실수부)}$$
$$\cos(\alpha-\beta)=\cos\alpha\cos\beta+\sin\alpha\sin\beta\quad \text{(식 5-94d)}$$

복소수 곱셈의 결과에서 (식 5-93)의 실수부는 (식 5-94c)에 의해 $\cos(\alpha+\beta)$로 간단히 되고, 허수부는 (식 5-94)에 의해 $\sin(\alpha+\beta)$로 간단히 됩니다. 그러므로 P와 Q의 곱셈의 결과는 (식 5-95)와 같습니다.

$$(\cos\alpha+i\sin\alpha)(\cos\beta+i\sin\beta)=\cos(\alpha+\beta)+i\sin(\alpha+\beta)$$
$$\text{(식 5-95)}$$

곱셈의 결과를 복소평면에 나타내면 [그림 5-42]와 같습니다.

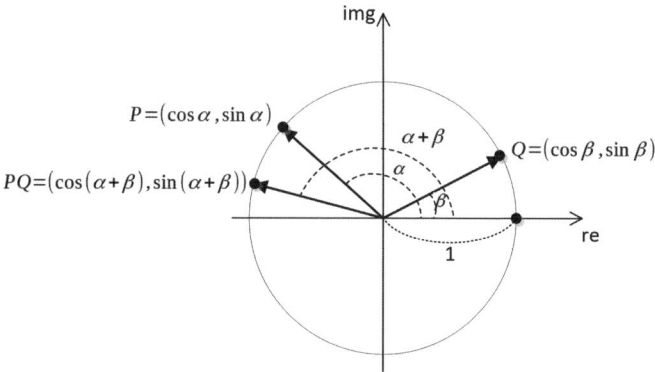

[그림 5-42] PQ의 결과는 P를 Q가 나타내는 각 β만큼 회전한 점의 위치입니다.

복소수의 곱셈의 결과인 (식 5-95)를 보면, 길이가 1인 단위원상의 두 복소수를 곱하면, 길이는 바뀌지 않고 각 복소수가 나타내는 회전 값을 더한 결과를 얻은 것을 알 수 있습니다. P가 의미하는 회전 값이 α이고, Q가 의미하는 회전 값이 β이므로 PQ는 회전 값 $(\alpha+\beta)$를 의미하는 복소수가 되는 것입니다. 이것이 복소수 곱셈의 의미입니다!

복소수의 곱셈에서 실수부는 내적과 관련이 있으므로, (식 5-95)를 보면 실수부에 cos 함수가 사용되었고, 허수부는 외적과 상관이 있으므로 허수부에 sin 함수가 사용된 것을 알 수 있습니다. [그림 5-15]를 보면서 다시 한번 내적과 외적의 직관에 대해서 머릿속에서 정리해 보시기 바랍니다.

이제 우리는 아름다운 공식을 이해할 준비를 모두 마쳤습니다!

● 오일러의 공식(Euler's Formula)

무언가를 곱하면, 더한 결과를 얻는 것은 우리가 이미 지수함수에서 살펴보았습니다. 그것은 복소수의 곱셈이 지수함수와 관련이 있다는 의미입니다. 지수 a^n과 a^m을 곱하면 $a^n a^m = a^{n+m}$이 됩니다. 수학자 오일러(Euler)는 이러한 성질을 바탕으로 복소수 $\cos\theta + i\sin\theta$를 $e^{i\theta}$로 나타낼 수 있다는 것을 알아내었습니다. 이것을 (식 5-96)으로 나타낼 수 있는데, 이것을 **오일러의 공식(Euler's Formula)**[18]이라고 합니다.

$$e^{i\theta} = \cos(\theta) + i\sin(\theta) \quad \text{(식 5-96, 오일러의 공식)}$$

(식 5-96)은 매우 놀랍습니다. **모든 기본함수를 포함하고 있고, 모든 기본수를 포함하고 있으며, 기본수를 유도하는 과정에서 사용했던 미분의 개념을 포함하고 있으며, 벡터의 내적과 외적의 개념을 포함하고 있으며, 복소수입니다!**

(식 5-96)은 또한 매우 당황스럽습니다. 지수 자리에 i가 사용되었기 때문입니다. e를 i번 곱한다는 것은 어떤 의미일까요?

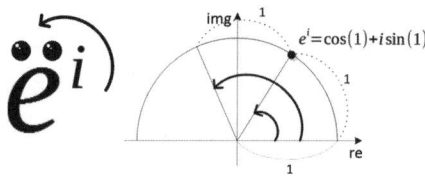

[그림 5-43] 지수 위치에 사용된 허수(imaginary number)는 복소수를 의미합니다. 복소수의 곱셈은 회전을 의미합니다. e^i는 복소평면상에서 1라디안(radian)회전을 의미하는 복소수입니다.

---

18) 오일러의 공식에 대한 증명은 뒤에서 다룹니다. 지금은 식이 의미하는 직관을 가지는 것이 중요합니다.

지수 자리에 허수가 사용되었을 때, 이것에 대한 직관을 가지는 것은 매우 중요합니다. **허수가 지수 위치에 사용되면, 그것은 복소수와 회전을 의미합니다.** e^i는 복소평면에서 1라디안(radian)회전을 의미하는 복소수 $\cos(1)+i\sin(1)$입니다. $e^i e^i = e^{2i}$는 2라디안 회전된 복소수를 의미합니다. 오일러의 공식에서 θ 대신에 π를 대입하면 식은 다음과 같이 (식 5-97)로 정리됩니다.

$$e^{i\pi} = \cos(\pi) + i\sin(\pi) \quad \text{(식 5-97)}$$
$$= -1 + 0$$

(식 5-97)을 다시 정리하면, (식 5-98)을 얻을 수 있는데, 이것을 **오일러의 항등식(Euler's Identity)**이라고 합니다.

$$e^{i\pi} + 1 = 0 \quad \text{(식 5-98, 오일러의 항등식)}$$

오일러의 공식을 이용하면, 복소수가 나타내는 연속적인 회전을 쉽게 나타낼 수 있습니다. 반시계 방향으로 각각 α, β만큼 회전하는 복소수는 $e^{i\alpha}$, $e^{i\beta}$입니다. 두 복소수가 주어졌을 때, $\alpha+\beta$만큼 회전하기 위해서는 $e^{i\alpha}$와 $e^{i\beta}$를 곱합니다. $e^{i\alpha} e^{i\beta} = e^{i(\alpha+\beta)}$가 됩니다. 복소수가 아닌 수 b와 복소수 $e^{i\alpha}$의 곱도 밑을 e로 하는 지수 형태로 나타내는 것이 가능합니다. 로그 함수의 정의에 의해 임의의 수 b에 대해 $b = e^{\ln b}$입니다. 그러므로 $be^{i\alpha}$를 (식 5-98c)처럼 나타낼 수 있습니다.

$$b = e^{\ln b} \quad \text{(식 5-98b)}$$
$$be^{i\alpha} = e^{\ln b} e^{i\alpha} = e^{\ln b + i\alpha} \quad \text{(식 5-98c)}$$

(식 5-98c)를 보면 지수 위치에 순수허수가 아니라 복소수가 사용되었습니다. 이것을 어떻게 해석할 수 있을까요? 예를 들면

지수로 $a+bi$를 사용한 e^{a+bi}는 어떻게 해석해야 할까요?

$$e^{a+bi} = e^a e^{bi} \quad \text{(식 5-98d)}$$

e^{bi}는 $\cos(b)+i\sin(b)$이므로 b 라디안만큼의 회전을 의미합니다. 그 복소수에 실수 e^a를 곱했으므로, **길이를 e^a만큼 변경시킨다는 의미**입니다. 이해를 쉽게 하기 위해 θ만큼 회전한 복소벡터의 길이가 a인 복소수는 지수 부분에 복소수 $\ln a + i\theta$를 사용하여 (식 5-98e)와 같이 쓸 수 있습니다.

$$e^{\ln a + i\theta} = e^{\ln a} e^{i\theta} = ae^{i\theta} \quad \text{(식 5-98e)}$$

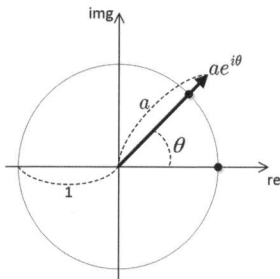

[그림 5-43a0] $e^{\ln a + i\theta} = ae^{i\theta}$의 의미: θ만큼 회전한 복소수의 길이가 a라는 의미입니다. 지수 부분에 있는 복소수의 허수 부분은 회전을 나타내고, 실수 부분은 길이를 나타냅니다.

우리는 함수를 정의할 때마다 함수를 그리는 방법을 함께 살펴보았습니다. 이제 지수 위치에 복소수를 가진 식을 그리는 방법을 살펴보도록 하겠습니다. 그러면 해당 식이 복소평면에 어디에 위치하는지를 알아야 합니다. 예를 들면 $\left(\frac{1}{2}\right)^{2+i}$는 복소평면상의 위치를 어떻게 구할 수 있을까요? 위치를 알기 위해, 지수 부분이 복소수인 경우, 복소벡터의 길이와 회전한 정도를 알기 위해서 입력을 $ae^{i\theta}$ 형태로 변환합니다. 그러면 길이가 a이면서 θ라디안회전한 복소벡터를 복소평면상에 그릴 수 있습니다.

$$\ln\frac{1}{2}=\ln 2^{-1}=-\ln(2) \text{ (식 5-98f)}$$

$$\frac{1}{2}=e^{\ln\frac{1}{2}}=e^{-\ln 2} \text{ (식 5-98g)}$$

$$\left(\frac{1}{2}\right)^{2+i}=\frac{1}{2}^{2}\left(\frac{1}{2}\right)^{i}=\frac{1}{4}\left(\frac{1}{2}\right)^{i}=\frac{1}{4}(e^{-\ln 2})^{i}=\frac{1}{4}e^{(-\ln 2)i} \text{ (식 5-98h)}$$

(식 5-98f)와 (식 5-98g)는 로그함수의 성질을 상기하기 위해 적은 식입니다. 그러면 최종 (식 5-98h)를 유도할 수 있습니다. 이 식의 의미는 길이가 1/4이면서 $-\ln 2$라디안회전을 의미하는 복소수입니다. 먼저 길이가 1/4이면서 회전하지 않은 복소수는 실수이므로, [그림 5-43a1]처럼 벡터로 나타낼 수 있습니다.

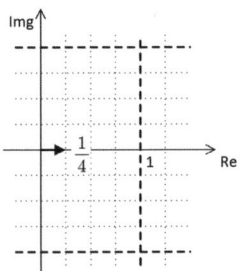

[그림 5-43a1] 복소수 1/4는 실수축상에 위치합니다.

$-\ln 2$라디안[19]을 계산기로 계산하면 (식 5-99i)와 같이 약 $-39.7°$입니다.

$$\pi\, rad = 180°$$

---

19) 자연로그를 지원하는 계산기를 사용하여 계산하면 $\ln 2\, a \approx 0.69314$입니다.

$$1\,rad = \left(\frac{180}{\pi}\right)^\circ$$

$$-\ln(2)\,rad = -\ln(2)\left(\frac{180}{\pi}\right)^\circ \approx -39.7^\circ \quad \textbf{(식 5-99i)}$$

이제 길이가 0.25(=1/4)인 복소수를 약 -39.7° 회전한 위치를 복소평면상에 그릴 수 있습니다.

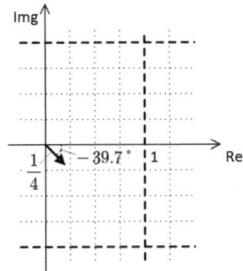

[그림 5-43a2] 복소수 $(1/4)e^{(-\ln 2)i}$는 길이가 1/4이면서 $-\ln 2$ 라디안($=-39.7^\circ$) 회전한 위치입니다.

회전한 정도 a와 길이를 사용하여 좌표를 나타내는 것을 **극좌표**(polar coordinate)라고 하는데, 지수 위치에 복소수가 있으면, 극좌표를 사용하여 위치를 나타내는 것을 알 수 있습니다.

오일러 공식의 증명

(식 5-96)의 오일러의 공식은 몇 가지 방법으로 증명할 수 있는데, 테일러 급수(Taylor Series)[20]를 사용하지 않고 증명하는

---

[20] 주어진 변수를 거듭제곱한 항들을 무한히 더한 것을 멱급수(power series)라고 합니다. 해석함수(analytic function)란 적은 범위에서(locally) 수렴하는 멱급수로 나타낼 수 있는 함수를 말합니다. 테일러 급수는 특정한 값에서 계산된 미분함수를 포함하는 항들

방법을 사용해 보겠습니다.

> 필자가 이 절 "오일러의 공식"의 원고를 완성하고, 계속해서 읽으면서 오일러의 공식에 대한 증명을 쉽게 설명하려고 수정하고 수정했습니다. 하지만 미분(differentiation)에 대한 이해가 약한 분들에게 어렵게 느껴질 수 있습니다. 그것은 독자들의 이해력이 떨어져서가 아니라, 미분을 깊이 있게 다루지 않았기 때문입니다.

오일러 공식을 증명하기 위해 함수 g와 h를 (식 5-99), (식 5-99b)와 같이 정의하고, 합성함수 f를 (식 5-99c)와 같이 정의합니다.

$$g(\theta) = e^{-i\theta} \quad \text{(식 5-99)}$$
$$h(\theta) = (\cos\theta + i\sin\theta) \quad \text{(식 5-99b)}$$
$$f(\theta) = g(\theta)h(\theta) = e^{-i\theta}(\cos\theta + i\sin\theta) \quad \text{(식 5-99c)}$$

함수 f에 대해서 접하는 미분함수(직선의 기울기를 리턴하는 함수)를 구합니다. f의 미분함수를 구하기 위해서는 미분의 공식 중에서 **곱의 법칙(product rule)과 연쇄 법칙(chain rule, 체인 룰)**을 알아야 합니다. 합성함수 f의 미분은 (식 5-100)과 같이 구할 수 있는데, 이것을 곱의 법칙이라고 합니다.

$$f(\theta) = e^{-i\theta}(\cos\theta + i\sin\theta) \quad \text{(식 5-99d)}$$
$$f'(\theta) = g'(\theta)h(\theta) + g(\theta)h'(\theta) \quad \text{(식 5-100, 곱의 법칙)}$$

을 무한히 더해서 해석함수를 나타내는 방법입니다. 변수의 덧셈, 곱셈으로 구성된 항들을 무한히 더하는 방식으로 sin, cos 함수를 정의할 수 있어, 많은 곳에서 유용하게 사용하는 수학적인 도구입니다. https://en.wikipedia.org/wiki/Taylor_series

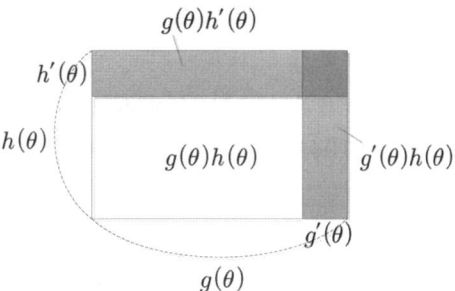

[그림 5-43b] 곱의 법칙(product rule): $f(\theta)=g(\theta)h(\theta)$가 주어졌을 때, θ에 대해서 미분한다는 것은, θ가 아주 조금 변했을 때, $g(\theta)$와 $h(\theta)$가 이루는 도형의 면적을 구하는 것으로 생각할 수 있습니다. θ가 무한대로 조금 변하면, 이 면적은 $g'(\theta)h(\theta)+g(\theta)h'(\theta)$와 같습니다.

(식 5-100)을 구하기 위해 g'과 h'을 구해야 합니다. 구하는 과정은 뒤에서 증명하기로 하고, 결과를 적으면 (식 5-101), (식 5-102)와 같습니다.

$$g'(\theta)=-ie^{-i\theta} \text{ (식 5-101)}$$
$$h'(\theta)=(-\sin(\theta)+i\cos(\theta)) \text{ (식 5-102)}$$

(식 5-101), (식 5-102)를 곱의 법칙인 (식 5-100)을 이용하여 전개합니다.

$$f'(\theta)=-ie^{-i\theta}(\cos(\theta)+i\sin(\theta))+e^{-i\theta}(-\sin(\theta)+i\cos(\theta))$$
$$f'(\theta)=e^{-i\theta}(-i\cos(\theta)-i^2\sin(\theta)-\sin(\theta)+i\cos(\theta))$$
$$f'(\theta)=e^{-i\theta}(-i\cos(\theta)+\sin(\theta)-\sin(\theta)+i\cos(\theta))$$

최종적으로 (식 5-103)을 얻습니다.

$$f'(\theta)=e^{-i\theta}(0)=0 \text{ (식 5-103)}$$

(식 5-103)을 보면 $f'(\theta)$의 결과가 0이 되는 것을 알 수 있습니다. 미분함수의 결과가 0이라는 것은 원래 함수 f가 모든 입력에 대해서 기울기가 0인 **상수함수**(constant function)라는 의미입니다. 이것을 (식 5-104)에 나타내었습니다. $\forall$는 '모든(for all)'을 의미하는 기호입니다.

$$f(\theta)=k, \ \forall \theta \quad \text{(식 5-104)}$$

$f(\theta)$는 '모든($\forall$)' θ에 대해 어떤 상수 값 k를 가지는 함수입니다. 이 결과를 이용해서 (식 5-99d)를 다시 쓰면 (식 5-105)와 같습니다.

$$e^{-i\theta}(\cos\theta+i\sin\theta)=k, \ \forall \theta \quad \text{(식 5-105)}$$

(식 5-105)는 모든 θ에 대해서 성립하므로 임의의 θ값을 대입할 수 있는데, $\theta=0$이라고 가정하고 식을 정리합니다.

$$e^{-i(0)}(\cos(0)+i\sin(0))=e^0(1+0)=1(1+0)=1=k$$
$$e^{-i\theta}(\cos\theta+i\sin\theta)=1$$

위 마지막 식에서 양변에 $\dfrac{1}{e^{-i\theta}}=e^{i\theta}$를 곱하면, 최종적으로 (식 5-106)의 오일러 공식이 성립하는 것을 알 수 있습니다.

$$(\cos\theta+i\sin\theta)=e^{i\theta} \quad \text{(식 5-106)}$$

이제 (식 5-101), (식 5-102)의 $g'(\theta)$와 $h'(\theta)$를 유도하는 과정을 살펴봅시다. 미분함수 (식 5-102)를 유도하는 과정은 우리가 이 책에서 다룬 내용이므로 비교적 쉽게 이해할 수 있습니다.

$\cos'(\theta) = -\sin(\theta)$이고, $(i\sin(\theta))' = i\sin'(\theta) = i(\cos(\theta))$입니다. 그리고 (식 5−101)은 **연쇄법칙**(chain rule)을 사용해야 하는데, 연쇄법칙은 '무한에 대한 직관'으로 이해할 수 있습니다.

함수 (식 5−107)이 주어졌을 때, 접하는 직선의 기울기를 구하는 함수는 (식 5−108)과 같이 주어집니다.

$$g(\theta) = e^{-i\theta} \text{ (식 5-107)}$$
$$g'(\theta) = -ie^{-i\theta} \text{ (식 5-108)}$$

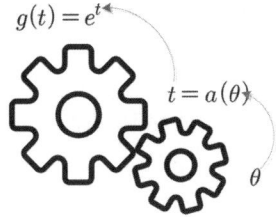

[그림 5-43c] 연쇄법칙: θ가 조금 변했을 때 이 값이 t를 조금 변하게 만듭니다. t는 $g(t)$를 조금 변하게 만듭니다.

함수 $g(\theta) = e^{-i\theta}$에 대해 접하는 직선의 기울기를 찾기 위해 무한에 대한 직관을 이용합니다. 우리는 지수함수 e^x의 접선의 기울기를 구하는 함수는 e^x 자신인 것을 이미 알고 있습니다. 이제 $e^{-i\theta}$의 $-i\theta$ 부분을 t라고 둡니다. 그러면 $(\theta+h)$에 대해 무한대로 $h \to 0$일 때, $-i\theta$의 변한 정도, $d(-i\theta)/d\theta = t'$을 알 수 있습니다. 그러면 t가 무한대로 작게 증가한 어떤 값인데, 그러한 t에 대해 e^t가 변한 정도의 비율을 구하면 접선(tangent line)의 기울기입니다. 이것을 일반적인 공식으로 나타내면 (식 5−109b)와 같습니다.

$$g(\theta) = b(t) = b(a(\theta)) \text{ (식 5-109)}$$

$$g'(\theta)=a'(\theta)b'(t)=a'(\theta)b'(a(\theta))$$ **(식 5-109b, 연쇄법칙)**

$a(\theta)=-i\theta$, $b(t)=e^t$라고 두고 연쇄법칙을 적용합니다.

$$t=a(\theta)=-i\theta \text{ (식 5-109c)}$$
$$b(t)=e^t \text{ (식 5-110)}$$

(식 5-109c)에 대해 θ에 대한 미분은 $a'(\theta)=(-i\theta)'=-i$ 입니다.

$$\lim_{h \to 0}\frac{(a(\theta+h)-a(\theta))}{h}=-i \text{ (식 5-111)}$$

(식 5-110)에 대해 t에 대한 미분은 $b'(t)=(e^t)'=e^t$입니다.

$$\lim_{h \to 0}\frac{(b(t+h)-b(t))}{h}=e^t \text{ (식 5-112)}$$

a'과 b'을 구했으므로, 연쇄법칙 (식 5-109b)를 적용합니다. (식 5-111)과 (식 5-112)를 (식 5-109b)에 대입하면 (식 5-113)을 얻을 수 있습니다.

$$g'(\theta)=a'(\theta)b'(t)=-ie^t=-ie^{-i\theta} \text{ (식 5-113)}$$

이것으로 (식 5-101)이 성립하는 것을 증명했고, 오일러의 공식이 참인 것을 증명했습니다. 우리는 마침내 기본함수와 기본수의 관계를 기술하는 아름다운 식을 찾았고 이해하게 되었습니다!

아름다운 오일러 공식의 응용

오일러의 공식에서 지수 위치에 음수(minus) 기호가 사용된 e^{-ix}는 어떤 의미일까요? 오일러 공식을 사용해서 적으면 (식 5-113b)와 같습니다.

$$e^{-ix}=e^{i(-x)}=\cos(-x)+i\sin(-x) \quad \text{(식 5-113b)}$$

$\cos(-x)=\cos(x)$이고 $\sin(-x)=-\sin(x)$이므로 (식 5-113b)는 다음 (식 5-113c)와 같이 적을 수 있습니다.

$$e^{-ix}=e^{i(-x)}=\cos(x)-i\sin(x) \quad \text{(식 5-113c)}$$

복소수 $v=\cos x+i\sin x$라고 하면, (식 5-113c)는 v의 **켤레복소수**(complex conjugate) $\bar{v}=v^*=\cos x-i\sin x$입니다. 켤레복소수는 허수부의 부호가 바뀐 복소수에 대한 정의입니다.

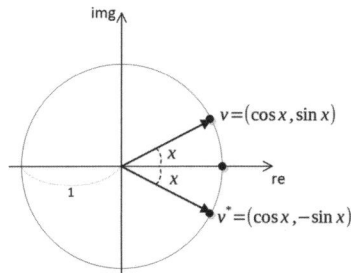

[그림 5-43d] v^*v는 $-x$회전 이후에 $+x$회전을 의미하므로, 복소수가 항상 실수축에 머물게 됩니다. 복소수가 실수축에 머물면 허수부를 제거할 수 있습니다.

켤레복소수는 복소평면에서 x축을 중심으로 대칭되는 성질을 가집니다. v^*와 v를 곱하면, $-x$회전 이후에 $+x$회전을 의미하므로, 복소수가 항상 실수축에 머물게 됩니다. 이 성질은 매우 중요한데, 복소수가 실수축에 위치하면, i를 포함한 허수부를 제거할 수 있기 때문입니다. (식 5-113d), (식 5-113e)는 단위원에 위치하는 임의의 복소수에 대해, 켤레복소수와의 곱은 1이 되는 것을 보여줍니다.

$$v^*v = e^{-ix}e^{ix} = e^{-ix+ix} = e^0 = 1 \text{ (식 5-113d)}$$
$$v^*v = (\cos x - i \sin x)(\cos x + i \sin x) = \cos^2 x + \sin^2 x = 1$$
(식 5-113e)

식 v^*wv의 의미를 살펴보기 전에 (식 5-113e)의 $v^*v=1$과 $A^{-1}A=I$의 유사성을 기억할 필요가 있습니다. 그리고 직교행렬(orthogonal matrix)과 전치행렬(transpose matrix)의 의미를 알게 되면, A가 직교행렬이고, A^T가 A의 전치행렬일 때, $A^TA=I$가 되는 것과도 유사합니다.

이제 임의의 복소수 $w=c+di$에 대해, v^*wv가 어떤 의미를 가지는지 파악해 봅시다. 식의 결과는 (식 5-113f)와 같이 w 자신이 되는 것을 알 수 있습니다.

$$v^*wv = (\cos x - i\sin x)(c+di)(\cos x + i\sin x) \text{ (식 5-113f)}$$
$$= (\cos x - i\sin x)(\cos x + i\sin x)(c+di)$$
$$= (\cos^2 x + \sin^2 x)(c+di) = 1(c+di) = c+di$$

$v^*wv=w$가 되는 것은 오일러의 공식을 이용하면 더욱 직관적입니다. (식 5-113g)를 보세요.

$$v^*wv = e^{-ix}(c+di)e^{ix} = e^{-ix}e^{ix}(c+di) = c+di \text{ (식 5-113g)}$$

v를 길이가 1인 복소수라고 가정하지 않고, 임의의 두 복소수 v와 w에 대해서 v^*wv가 어떤 의미를 가지는지 파악해 보도록 하겠습니다.

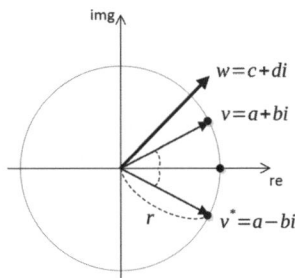

[그림 5-43e] $v=a+bi$와 $w=c+di$에 대해 v^*v의 중간에 w를 위치시켜서 v^*wv의 의미를 파악하려고 합니다.

복소수 $v=a+bi$와 $w=c+di$를 [그림 5-53e]에 나타내었습니다. 복소수 $v=(a, b)$와 원점과의 거리를 $r=\sqrt{a^2+b^2}$이라고 합시다. 복소수 내적의 정의에 의해 $r=|v|=\sqrt{v \cdot v}=\sqrt{v^*v}$입니다.

$$v=a+bi \quad \text{(식 5-113h)}$$
$$w=c+di \quad \text{(식 5-113i)}$$
$$r=|v|=\sqrt{a^2+b^2} \quad \text{(식 5-113j)}$$

v와 w에 대해 v^*wv를 계산하면 (식 5−113k)와 같습니다.

$$\begin{aligned} v^*wv &=(a-bi)(c+di)(a+bi) \quad \text{(식 5-113k)} \\ &=(a-bi)(a+bi)(c+di) \\ &=(a^2+b^2)(c+di) \\ &=r^2(c+di) \end{aligned}$$

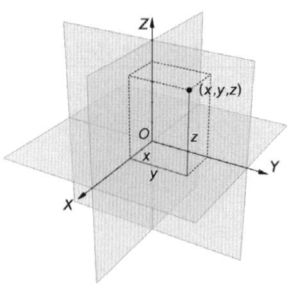

[그림 5-43e2] 모든 축이 서로 직교하는 굽지 않은 공간을 유클리드 공간이라고 합니다. (출처: Wikimedia Commons)

(식 $5-113k$)를 보면 v^*와 v의 곱 사이에 w를 두면, w에 v가 나타내는 길이 r의 제곱값인, r^2을 곱한 새로운 복소수가 되는 것을 알 수 있습니다. 이것을 [그림 $5-43f$]에 나타내었습니다.

$$w' = v^* wv = v^*(c+di)v = v^* v(c+di) = r^2(c+di)$$

(식 5-113m)

$v^* wv$의 결과가 w의 방향을 그대로 유지하면서, 크기만 바꾸는 것은 매우 유용한 성질입니다. 이제 w가 복소수가 아니고, **유클리드 공간**(Euclidean space)의 벡터 $\vec{w} = (c, d)$를 복소수 $w = c + di$로 나타낸 것이라고 가정해 봅시다.

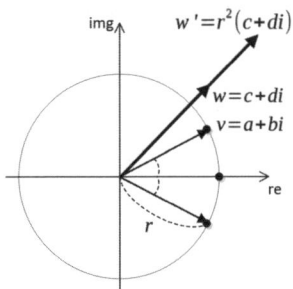

[그림 5-43f] $v=a+bi$와 $w=c+di$에 대해 v^*wv는 복소평면에서 $\vec{w}$의 방향은 유지한 채로 크기요소(scalar)를 바꾼 복소수를 의미합니다. v^*wv는 $|v|^2w$를 의미합니다.

그러면 v^*wv는 벡터 $\vec{w}=(c, d)$의 크기를 r^2만큼 바꾸는 변환으로 동작하는 것을 알 수 있습니다. 하지만 이렇게 사용하기 위해서는 v^*wv의 결과 $r^2(c+di)$를 다시 유클리드 공간의 벡터인 (r^2c, r^2d)로 변경해 주어야 합니다.

v^*wv 형태의 식이 가지는 성질은 매우 유용한데, 식의 유용함을 살펴보도록 하겠습니다. 어떤 임의의 실수 s, t와 x에 대해, 실수 s와 복소수 v의 곱은 sv입니다. 그런데 sv는 복소수이므로 e^{ix} 형태로 나타낼 수 있습니다. 어떤 값을 e^{ix} 형태로 나타내면, 오일러의 공식에 의해, 변량의 곱의 형태가 합의 형태(선형)로 표현되므로 다루기가 쉬워집니다. sv는 미분이 힘들지만, $s+v$는 **미분의 선형성(linearity)**[21]에 의해 각 항을 미분하면 되므로 계산이 쉽습니다.

$$sv=e^{ix} \text{ (식 5-113n)}$$

(식 5-113n)은 다루기가 쉽지만, 여전히 허수 i를 포함하므

---

21) 미분의 선형성, https://en.wikipedia.org/wiki/Linearity_of_differentiation

로, 실제 결과를 공학적인 용도로 사용할 수는 없습니다. 그런데 v^*를 sv와 곱하면, 원래 s의 성질이 그대로 유지되면서 크기요소만 변경된 새로운 스칼라 t를 얻을 수 있습니다. t는 허수를 포함하지 않으므로 실제 공학적인 사용의 대상이 됩니다.

$$t=v^*(sv)=v^*sv \quad \text{(식 5-113o)}$$

이러한 성질은 이제 다음과 같이 이용할 수 있습니다. 임의의 데이터 s(s가 꼭 실수일 필요는 없습니다)에 대해 s를 복소수를 사용하여 (as, bs)로 인코딩(encoding)하도록 정의합니다. 여기서 a와 b는 임의의 실수입니다. 지금 예에서는 간단한 인코딩 규칙을 사용했는데, 대상 데이터 s를 두 개의 요소로 구성된 벡터로 만들면서, 실수부에는 a를 곱하고, 허수부에는 b를 곱한 것입니다.

$$s \rightarrow (as, bs)=ab+ibs \quad \text{(식 5-113-1, 인코딩)}$$

그러면 s는 복소수 $s'=as+ibs$로 인코딩됩니다. 이제 s'와 v를 곱하면 v가 s'에 대해 어떤 변환을 수행한다고 가정해 봅시다. v는 원래 데이터 s에 대해서는 변환 적용이 불가능하므로 s를 s'으로 인코딩하는 것입니다. 그 결과를 s''이라고 하면 다음과 같이 나타낼 수 있습니다.

$$s'=(as, bs)=as+ibs \quad a, b \in R \quad \text{(식 5-113-2)}$$
$$s''=s'v$$

위 결과에서 s''은 s'에 대해서 v공간으로 변환된 데이터이므로 결과를 바로 사용할 수 없습니다. 그런데 s''을 v공간으로 변환되기 전의 공간으로 다시 가져올 수 있으면, 인코딩 결과가 의미가 있으므로, 이 값을 디코딩(decoding)하여 결과를 사용하는 것이 가능해집니다. s''을 다시 원래 인코딩 공간으로 가져오기 위해서 v^*와 곱해서 v^*s'을 계산합니다. 계산 결과를 s'''이라고 하면, 다음과 같이 나타낼 수 있습니다.

$$s'''=v^*s'v \text{ (식 5-113-3)}$$
$$s'''=(at, bt) \longrightarrow t \text{ (식 5-113-4, 디코딩)}$$

위 (식 5−113−3)에서 s'''이 (at, bt)를 가진다고 가정해 봅시다. 즉 s를 복소수로 인코딩했을 때, 실수부의 계수 a와 허수부의 계수 b를 그대로 가지면서, s에 해당하는 부분만 t로 변경되었다고 가정하는 것입니다. 그러면 s'''을 디코딩하면 실수부에서 계수 a를 제거하고, 허수부에서 계수 b를 제거하면 t를 얻는데, 이 값을 계산의 결과로 사용하는 것입니다. 입력 s에 대해 변환 v를 적용하여 복소수 공간으로 가져간 다음, 변환의 결과를 사용하기 위해 다시 s가 속한 공간으로 가져오는 방법입니다.

이러한 기법의 실제 예로, 푸리에 변환(Fourier Transform)이나 사원수(쿼터니언, quaternion), 행렬의 대각화(diagonalization) 계산을 들 수 있습니다.[22]

오일러의 공식을 이용하면 삼각함수를 사용하지 않고도, 삼각함수를 계산할 수 있습니다. 예를 들면, e^{ix}와 e^{-ix}를 더하면 $\cos x$를 계산할 수 있습니다. 이것을 (식 5−113p)에 나타내었습니다.

$$e^{ix}+e^{-ix}=(\cos(x)+i\sin(x))+(\cos(x)-i\sin(x))$$
$$=2\cos(x)$$

---

[22] 사원수와 행렬의 대각화에 대한 예를 원고의 분량상 포함하지 않았습니다.

$$\cos(x) = \frac{e^{ix} + e^{-ix}}{2} \quad \text{(식 5-113p)}$$

필자는 책의 머리말에서 오일러 공식이 우주의 비밀과 관련이 있다고 했습니다. 소수(prime number)의 규칙성과 관련된 수식은 양자역학에서 소립자들의 운동을 나타내는 방정식과 관련이 있습니다. 그런데 소수의 규칙은 오일러 공식에 사용된 π와 관련이 있습니다. 이것에 대한 기본적인 아이디어는 **리만 제타 함수**(Riemann Zeta Function)에서 살펴보도록 하겠습니다.

함수 개념의 확장

우리는 수(number)를 정의하고, 수를 입력으로 받아 수를 리턴하는 기본함수들을 정의했습니다. 기본함수가 하나의 실수를 리턴하는 경우, **스칼라 함수**(Scalar Valued Function)라고 합니다.

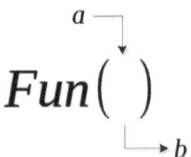

[그림 5-43g] 스칼라 함수(Scalar Valued Function)는 실수를 입력으로 받아 실수를 리턴합니다.

접하는 직선의 기울기를 구하는 과정은, 함수를 입력으로 받아, 함수를 리턴하는 함수라고 생각할 수 있습니다. 예를 들면 x^2의 미분함수는 $2x$인데, 미분함수를 구하는 함수는 입력 x^2에 대해 $2x$를 출력하는 함수라고 가정하는 것입니다.

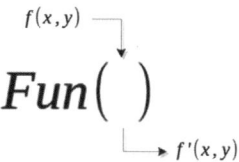

[그림 5-43h] 미분(Differentiation)함수를 구하는 과정을 함수를 입력으로 받아 함수를 구하는 함수로 생각할 수 있습니다.

이러한 함수의 정의는 우리가 새로운 수학적 대상을 발견할 때마다 확장될 수 있습니다. 우리는 파워함수의 역함수를 정의하는 과정에서 **복소수**(Complex Number)를 정의했습니다. 그러면 복소수를 입력으로 받아, 복소수를 리턴하는 **복소함수**(Complex valued function)를 정의할 수 있습니다.

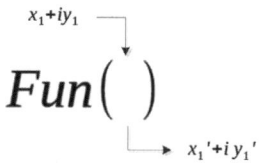

[그림 5-43i] 복소함수(Complex valued function)는 복소수를 독립변수로 받아, 복소수를 리턴하는 함수입니다.

우리는 또한 크기와 방향을 가지는 벡터(Vector)에 대해서 동작하는 함수를 정의했습니다. 벡터를 입력으로 받아 벡터를 리턴하는 함수는 내부 연산에서 행렬(Matrix)을 사용해야 합니다. 이러한 행렬이 입력 벡터의 좌표를 다른 좌표계로 변환하는 데 사용되면, 변환행렬(Transform Matrix)이라고 합니다.

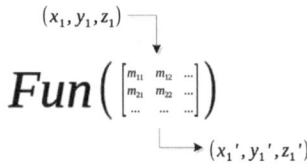

[그림 5-43j] 벡터함수(Vector valued function)는 벡터를 리턴합니다. 함수의 내부는 행렬 연산을 수행합니다.

복소수와 벡터의 개념을 결합하면, 벡터의 각 요소가 복소수인 **복소 벡터공간**(Complex Vector Space)을 정의할 수 있습니다. 다음의 예는 이차원 복소 벡터공간을 나타낸 것입니다.

$$(x_1+iy_1,\ x_2+iy_2)$$

벡터를 이루는 각 요소가 복소수이면서, 성분의 수에 제한이 없고, 인접한 요소의 값이 불연속적인 제한도 없는 특별한 복소 벡터공간을 생각해 볼 수 있습니다. 이러한 복소 벡터공간을 **힐베르트 공간**(Hilbert space)[23]이라고 하는데, 양자역학(Quantum mechanics)[24]을 기술하는 데는 힐베르트 공간을 사용해야 합니다.

복소평면은 하나의 허수축과 하나의 실수축을 사용합니다. 우리는 복소평면의 개념을 보다 높은 차원으로 확장할 수 있습니다. 복소수 i 이외에 제곱하면 -1이 되는 다른 복소수 j와 k가 있다고 가정해 봅시다. 그러면 i, j와 k는 다음 성질을 만족합니다.

$$i^2 = -1$$
$$j^2 = -1$$

---

23) 힐베르트 공간, https://en.wikipedia.org/wiki/Hilbert_space
24) 양자역학, https://en.wikipedia.org/wiki/Quantum_mechanics

$$k^2 = -1$$
$$i \neq j \neq k$$

i, j, k, 하나의 실수축을 사용하는 사차원 공간의 점(Point)을 수(Number)로 간주할 수 있는데 이러한 수를 **쿼터니언**(quaternion, **사원수**)이라고 합니다. 사원수는 다음의 식으로 표현할 수 있습니다.

$$w + a\vec{i} + b\vec{j} + c\vec{k} = (w, a, b, c)$$

사실 복소수는 사원수의 특별한 경우입니다. 복소수가 이차원 공간에서 회전을 나타내듯이, 사원수를 사용하면 삼차원 공간에서 회전을 나타낼 수 있으므로, 컴퓨터 그래픽스에서는 필수적으로 사용해야 합니다.

우리는 **함수의 출력을 무한의 개념으로 확장**할 수 있습니다. 독립변수 x, y를 가지는 함수가 주어졌을 때, 모든 입력 조합 (x, y)에 대한 출력을 구한다고 가정해 봅시다. 예를 들면 다음과 같은 삼각함수가 주어졌습니다.

$$\sin(2\pi(xy))$$

이 함수에 대해 모든 입력 조합 (x, y)에 대해서 함수의 출력값을 계산하는 것은 함수가 무한 차원의 행렬을 리턴하는 것입니다.

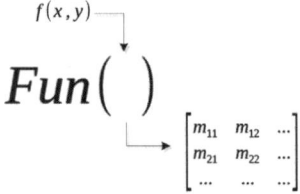

[그림 5-43k] 스칼라 필드(Scalar Field)는 무한 차원의 행렬을 리턴하는 함수의 출력값입니다.

리턴되는 무한차원의 행렬의 요소가 모두 스칼라인 경우, 이것을 **스칼라 필드**(Scalar Field)라고 합니다. 스칼라 필드를 표현하는 방법 중 하나는 입력의 범위를 제한하고, 각 (x, y)에 대한 함수의 출력을 색(Color)으로 표현하는 것입니다. $\sin(2\pi(xy))$ 함수에 대한 스칼라 필드는 [그림 5-43l]처럼 표현할 수 있습니다.

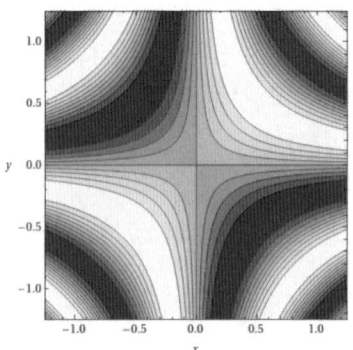

[그림 5-43l] 공간의 모든 위치에 대해 대응하는 스칼라 값을 연관시킨 것을 스칼라 필드(Scalar Field)라고 합니다.

함수를 입력으로 받아, 모든 요소가 함수인 벡터를 리턴하는 함수도 생각해 볼 수 있습니다. [그림 5-43m]은 함수 $f(x, y)$를 입력으로 받아, $(g(x, y), h(x, y))$ 벡터를 리턴하는 함수입니다.

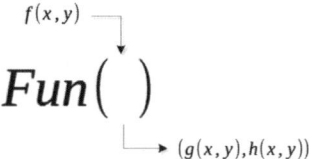

[그림 5-43m] 함수를 입력으로 받아, 벡터의 요소가 함수인 벡터를 리턴합니다.

리턴되는 벡터의 요소가 모두 함수이므로, 이것은 모든 요소가 벡터인 무한 차원의 행렬이라고 가정할 수 있습니다. 이것을 **벡터 필드**(Vector Field)라고 합니다.

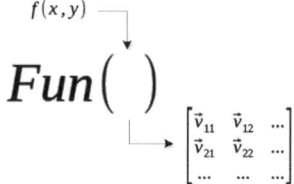

[그림 5-43n] 벡터 필드(Vector Field)는 주어진 함수의 모든 입력조합에 대한 출력이 벡터로 구성됩니다.

벡터 필드의 예는 [그림 5-43o]를 참고하기 바랍니다.

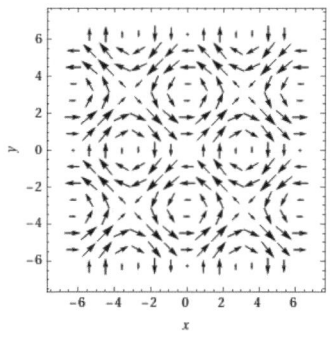

[그림 5-43o] 벡터 필드: $(\sin y, \sin x)$가 나타내는 벡터 필드입니다.

소수(prime number)의 규칙과 오일러 공식

스칼라 필드와 벡터 필드는 함수의 출력을 무한으로 확장한 것입니다. 미분함수는 함수를 구성하는 특정한 값이 0에 무한히 가까이 간다고 가정합니다.

$$f'(x) = \lim_{h \to 0} \frac{f(x+h) - f(x)}{h}$$ (미분함수의 정의)

이처럼 함수를 정의하는 데 무한의 개념이 사용됩니다. 이제 함수의 정의 자체가 무한히 반복되는 항을 포함한다고 가정해 볼 수 있습니다. 복소함수는 입력으로 복소수를 받아서, 복소수를 리턴하는 함수입니다.

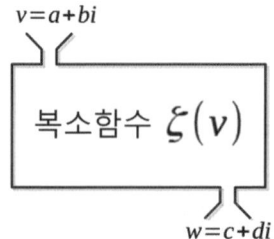

[그림 5-43p] 복소함수(complex valued function)는 복소수를 입력으로 받아 복소수를 리턴합니다.

복소함수 중에서 **리만**(Bernhard Riemann)이라는 수학자가 그리스 문자 **제타**(Zeta, s)를 사용해서 정의한 **리만 제타 함수**(Riemann Zeta Function)가 있습니다. 정의는 (식 5-113q)와 같으며 s는 복소수입니다. 이 함수는 규칙성 있는 무한히 반복되는 계산을 포함하는 함수입니다.

$$\varsigma(s) = \frac{1}{1^s} + \frac{1}{2^s} + \frac{1}{3^s} + \frac{1}{4^s} + \cdots \quad \text{(식 5-113q, 리만 제타 함수)}$$

(식 5−113q)를 항(term)들의 합을 나타내는 $\sum$(시그마, sigma) 기호로 나타내면 (식 5−113r)과 같습니다.

$$\varsigma(s) = \sum_{n=1}^{\infty} \frac{1}{n^s} = \frac{1}{1^s} + \frac{1}{2^s} + \frac{1}{3^s} + \frac{1}{4^s} + \cdots \quad \text{(식 5-113r)}$$

리만 제타 함수(Riemann Zeta Function)를 이용하여 $\varsigma(2)$를 계산하면 다음 (식 5−113s)와 같습니다. 입력 복소수가 $s=2+0i$인 경우입니다.

$$\varsigma(2) = \frac{1}{1^2} + \frac{1}{2^2} + \frac{1}{3^2} + \cdots \quad \text{(식 5-113s)}$$

지수 위치에 사용된 복소수의 의미를 이해하면 (식 5−113s)가 어떤 값에 가까이 갈 것이며 그것이 π와 상관이 있을 것이라고 어느 정도는 직관을 가질 수 있습니다. 왜냐하면 지수 위치에 복소수를 사용하면 회전을 의미하며, 회전은 π와 상관이 있기 때문입니다. $\varsigma(2)$ 함수는 π와 상관이 있는데, 그것은 (식 5−113t)와 같습니다.

$$\frac{1}{\varsigma(2)} = \frac{6}{\pi^2} \quad \text{(식 5-113t)}$$

$$\varsigma(2) = \frac{\pi^2}{6}$$

π와는 전혀 상관이 없는 숫자들의 무한 합에서 π가 나오는 것은 참으로 신기합니다. 또 $6/\pi^2$는 소수(prime number)와 관련이 있다는 것이 밝혀졌는데, 그것은 (식 5−113u)와 같습니다.

$$\frac{6}{\pi^2} = \left(1-\frac{1}{2^2}\right)\left(1-\frac{1}{3^2}\right)\left(1-\frac{1}{5^2}\right)\left(1-\frac{1}{7^2}\right)\left(1-\frac{1}{11^2}\right)\cdots$$
(식 5-113u)

(식 5-113u)에서 요소의 분모(denominator)가 모두 소수로 구성되어 있습니다. 항(term)들의 곱을 의미하는 Π(파이)를 사용하여 (식 5-113u)를 나타내면 (식 5-113v)와 같은데 이것을 **오일러 곱(Euler product)**이라고 합니다.

$$\prod_{p}^{\infty}\left(1-\frac{1}{p^2}\right) = \frac{6}{\pi^2}$$ (식 5-113v, 오일러 곱)

(식 5-113v)의 오일러 곱은 놀랍습니다. 전혀 관계가 없어 보이는 **소수와 π가 서로 연관되어 있는 것**입니다! $\varsigma(s)=0$을 만족시키는 해(solution) 중에 음의 짝수($s=-2, -4, -6, \cdots$)에 대해서는 자명한 영(trivial zero)점을 가진다는 것이 알려져 있습니다. **리만 가설(Riemann hypothesis)**은 복소함수 $\varsigma(s)=0$을 만족시키는 비자명한 모든 영점의 실수부(real part)가 $\frac{1}{2}$라는 추측인데, 19세기 중반에 발표된 이래로 수학사에서 주요 미해결 난제의 하나로 남아 있습니다. 많은 사람들이 리만 가설이 증명되면, 소수의 규칙성을 발견하게 되는 것이라고 생각하는데 그렇지는 않습니다.

[그림 5-43q] 리만(Bernhard Riemann) 가설은 괴델의 불완전성의 원리처럼 참이지만 증명할 수 없는 예라고 생각됩니다. (출처: Wikimedia Common)

지금까지 발견한 모든 비자명 영점의 실수부는 1/2이므로 리만 가설은 참인 것 같습니다. 하지만 비자명 영점해의 간격에 규칙이 없으므로, 소수의 규칙성은 증명되는 것이 아닙니다. "시간에 대한 직관"이 가능한 우주에서 우리는 소수의 규칙성을 1+1을 이해하듯이 이해하게 될 것입니다.

우리는 3장 지수함수에서 오일러 수 e를 다루면서, 이 수는 규칙이 있는 수이지만, 무한에 대한 직관이 필요하다고 이야기했습니다. 마찬가지로 π도 규칙 있는 수이지만, 제한된 시간 차원에 살고 있는 우리는 π의 소수점 이하 유효자리가 규칙이 없이 나열된다고 생각합니다. 그런데 (식 5-113u)를 보면, 어떤 수의 집합 $P=\{p_0, p_1, p_2, \cdots\}$에서 차례대로 수를 골라 식 $\left(1-\dfrac{1}{p_i^2}\right)$을 구성하고, 이 식을 무한으로 계속 곱하는 연산을 취했을 때, 이 수가 $6/\pi^2$라는 규칙이 있는 수가 된다고 말합니다.

그러면 수의 집합 P를 구성하는 수열에는 규칙이 있는 것일까요? 필자의 대답은 "그렇다"입니다. 하지만 아무리 많은 시간을 들여도 π의 유효자리 수의 규칙을 찾아낼 수 없듯이, 수의 집합 P를 구성하는 수열의 규칙도 분명히 있지만, 제한된 시간 차원에 사는 우리 우주에서는 찾아낼 수 없을 것입니다.

사실 규칙을 찾아낼 수 없다는 표현은 부적절합니다. 규칙은 있지만, 우리 우주에서 존재하는 방식으로는 이해하지 못할 뿐입니다. P에서 임의의 p_i를 고르면 우리는 그 수가 1과 자신 외에는 약수(divisor)를 가지지 않는다는 것을 압니다. 하지만 1부터 p_i까지의 약수를 모두 안다고 해서, 다음 약수 p_{i+1}이 어떤 값일지는 정확히는 알지 못합니다. 다만 확률로 어느 정도에서 나타날지 알 수는 있습니다. 만약 p_i까지의 소수를 구했을 때, 다음

소수 p_{i+1}이 무엇인지 정확하게 알 수 있다고 가정해 봅시다. 그러면 (식 5-113u)의 결과는 무한에 대한 직관이 필요한 π가 아니라, 유한한 어떤 수를 포함한 식으로 표현되는 것이 자연스러워 보입니다.

이렇게 접근하면 소수의 규칙은 π의 유효자리에 규칙이 없듯이, 우리가 이해할 수 있는 규칙이 없는 것이 당연하게 생각됩니다. 우리는 (식 5-113t)에 대해서 규칙이 있다고 생각합니다. 왜냐하면 그것은 명확하게 수학식으로 표현되었기 때문입니다. 하지만 (식 5-113t)가 의미하는 값을 정확하게 적으려고 하면 적을 수 없습니다. 무리수 π 때문에 어떤 식이 명확하게 수학적으로 표현된다고 해서 그 값을 정확하게 알 수 있는 것은 아닙니다. 소수의 규칙에 대한 필자의 근본적인 직관은 다음과 같습니다.

> 수 π를 구성하는 유효자리 수에 우리가 이해할 수 없는 규칙이 있듯이, 소수의 집합 P를 구성하는 수 p_i에는 우리가 이해할 수 없는 규칙이 있을 것이다.

무한의 계산을 가정할 때만 이해할 수 있는 수 e와 π가 있다면, 수의 집합들 중에서 무한의 계산을 가정할 때만 이해할 수 있는 수의 집합이 있으며 그 한 예가 소수의 집합(set of prime number)이라고 생각하고 있습니다. 수학을 전공하지 않아서 이러한 유추가 터무니없고 엉터리일 수 있습니다. 하지만 필자는 우리 인류는 우리가 사는 우주에서는 소수의 규칙을 발견할 수 없을 것이라고 생각하고 있습니다. 무한에 대한 직관이 가능한 우주에 사는 사람은 이미 소수의 규칙성을 발견했습니다. 그것은 (식 5-113u)입니다. 하지만 그 규칙성을 우리가 사는 우주에서 이해하려고 하면, 무한을 가정하지 않으면 불가능한 것입니다.

복소함수를 그리는 다양한 방법이 있습니다. 그중에서 복소수 z의 절댓값 $|z|$를 0일 때는 검은색, $+\infty$일 때는 흰색으로 가정하고, 색의 밝기가 선형적으로 증가하는 것이 아니라, 지수적으로 증가한다고 가정하면 [그림 5-43r]처럼 리만 제타 함수를 나타낼 수 있습니다.

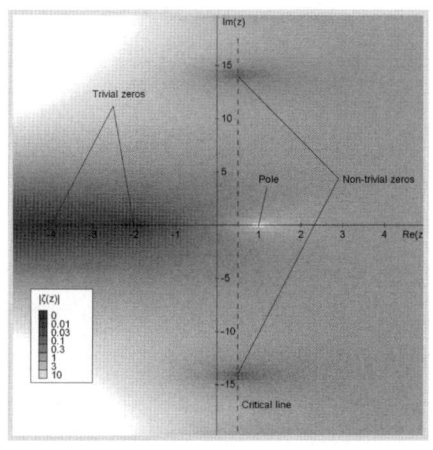

[그림 5-43r] 리만 제타 함수의 절댓값을 스칼라 필드로 나타냈습니다. (출처: Wikimedia Commons)

[그림 5-43r]에서 수렴하는 어두운 부분을 제타 함수의 출력이 0이라는 의미인데, 2사분면과 3사분면을 제외하면 실수부가 모두 1/2인 곳에 수렴하는 어두운 부분이 있는 것을 알 수 있습니다.

4장에서 살펴보았듯이, 제타 함수의 근의 분포를 나타내는 식은 원자핵의 에너지 분포를 나타내는 식과 밀접한 관계가 있습니다. 그 식들을 다시 적어보겠습니다.

$$1-\sin c^2(u) = 1-\left(\frac{\sin(\pi u)}{\pi u}\right)^2$$

(식 4-19g, 제타 함수의 근의 분포)

$$\sin c^2(r) = \left(\frac{\sin(\pi r)}{\pi r}\right)^2$$

(식 4-19h, 원자핵의 에너지 분포)

(식 4-19g)는 제타 함수의 근의 분포를 나타내는 식이고, (식 4-19h)는 원자핵의 에너지 분포를 나타내는 식입니다. 이 식은 별개의 학문으로 여겨지던 수학의 소수의 규칙성과 원자핵에 대한 연구가 서로 밀접한 관련이 있다는 사실을 우리에게 말해 줍니다. 우리 우주에서 이해할 수 있는 소수의 규칙성이 있다면, 어떤 소수 p_i를 알 때, 다음 소수 p_{i+1}을 정확하게 예측할 수 있습니다. 그것은 원자핵의 에너지 분포를 정확하게 예측할 수 있다는 의미인데, 이러한 결론은 현재 양자역학의 결론과 모순되어 보입니다. 그러므로 우리 우주에서 이해할 수 있는 소수의 규칙성은 없는 것 같습니다.

● 수학에서 가장 아름다운 표(table)

기본함수와 기본수, 오일러의 항등식을 [그림 5-44]에 나타내었습니다.

	함수	접하는 직선	역함수	이상한 수
파워함수	x^n	nx^{n-1}	$^n x$	i
지수함수	e^x	e^x	$_e x$	e
삼각함수	$\cos(\theta)$ $\sin(\theta)$	$-\sin(\theta)$ $\cos(\theta)$	$\mathrm{acos}(\theta)$ $\mathrm{asin}(\theta)$	π
오일러의 항등식	$e^{i\pi}+1=0$			

[그림 5-44] 수학에서 가장 아름다운 표: 오일러의 공식은 기본함수, 벡터와 행렬이 서로 밀접하게 연관되어 있음을 의미합니다.

[그림 5-44]는 다음 (식 5-114)와 같이 하나의 공식으로 표현됩니다.

$$e^{i\theta}=\cos\theta+i\sin\theta \quad \text{(식 5-114)}$$

오일러의 공식(Euler's Formula)은 참으로 놀랍습니다. 이 공식은 파워함수, 지수함수, 삼각함수, 벡터와 행렬이 서로 밀접하게 연관되어 있음을 나타냅니다. 고등학교에서 배우는 거의 대부분의 수학, 혹은 대학에서 일반적인 공대생들이 필수적으로 알아야 하는 수학 내용이 오일러의 공식에 포함되어 있는 것입니다. 왜 우리 우주에 이러한 규칙이 존재하는 것일까요?

오일러 항등식의 의미가 우주의 법칙에만 관련이 있고 내가 일상생활을 하는 데는 아무런 관련이 없다고 생각할 수 있습니다. 하지만 그렇지 않습니다. 오일러 항등식을 구성하는 기본수들은 우리의 일상생활에서 항상 나타나는 수이며, 자연 현상이나 사회 현상을 통계적으로 설명하기 위해서는 이 수가 반드시 필요합니다. 이 부분을 이해하기 위해서는 미분과 적분뿐만 아니라 확률과 통계도 알아야 합니다. 이 절에서 사용된 수식을 자세하게 이해할 필요는 없지만, 기본수와 우리의 일상생활의 밀접한 연관성을 이해하는 데 도움이 될 것입니다.

우리의 일상과 오일러의 항등식

기본수인 e, π와 소수(prime number)는 서로 관련이 있으므로, 전혀 예상하지 못한 곳에서 이들은 함께 나타나기도 합니다. 예를 들면, (식 5-115)를 고려해 봅시다.

$$\frac{1}{e^{x^2}} = e^{-x^2} \quad \text{(식 5-115)}$$

(식 5-115)에서 입력 x의 값이 무한대로 커지거나 작아지면 분모가 ∞로 가므로, 출력은 0에 수렴하여, 다음과 같은 종(bell) 모양의 곡선으로 표현됩니다.

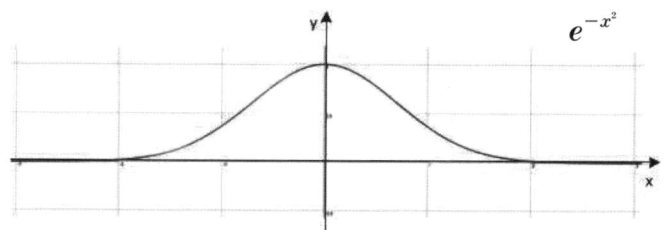

[그림 5-45] $\frac{1}{e^{x^2}}=e^{-x^2}$의 그래프는 종(bell) 모양의 곡선으로 표현됩니다.

그런데 e^{-x^2} 그래프와 x축이 이루는 면적을 계산해 보면, 놀랍게도 그 값은 π와 상관이 있습니다. 입력 x의 범위가 $-\infty$에서 $+\infty$이므로, 면적을 구하기 위해서 e^{-x^2}을 x에 대해서 적분을 취하면 그 값은 정확하게 $\sqrt{\pi}$가 됩니다.

$$\int_{-\infty}^{+\infty} e^{-x^2} dx = \sqrt{\pi} \text{ (식 5-116)}$$

(식 5-116)은 e와 π가 서로 밀접하게 연관되어 있다는 것을 보여줍니다. 그런데 이 식에는 더 놀라운 사실이 숨어 있습니다.

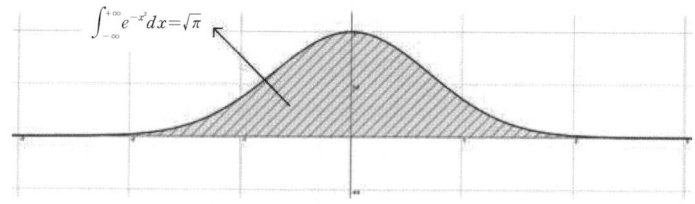

[그림 5-46] $\frac{1}{e^{x^2}}=e^{-x^2}$의 그래프와 x축이 이루는 면적을 구하면 그 값은 $\sqrt{\pi}$입니다.

(식 5-116)과 x축이 이루는 면적이 1이 되도록 식을 재구성할 수 있습니다. 이렇게 하는 이유는 면적이 1이 되면 이 함수를 어떤 연속된 값의 분포에 대해서 특정한 입력 범위의 확률을 구하는 함수로 사용할 수 있기 때문입니다. 이러한 함수를 **확률밀도**

함수(probability density function)이라고 합니다.

적분의 결과에서 $\sqrt{\pi}$를 제거하고, 지수에서 발생하는 2를 제거하기 위해 (식 5-115)의 $1/e^{x^2}=e^{-x^2}$을 다음과 같이 재구성할 수 있습니다.

$$f(x)=\frac{1}{\sqrt{2\pi}}e^{-\frac{1}{2}x^2} \quad \text{(식 5-117)}$$

(식 5-117)에 대해서 $-\infty$에서 $+\infty$까지의 x값에 대해서 적분을 취하면 이제 그 값은 1입니다.

$$\int_{-\infty}^{+\infty}f(x)dx=1 \quad \text{(식 5-118)}$$

자연, 사회 현상의 많은 경우 샘플의 수가 증가하면, 분포가 (식 5-117)을 따른다고 알려져 있습니다. 그러므로 분포가 알려지지 않은 표본을 분석할 때 자연과학, 사회과학 분야에서 (식 5-117)을 사용할 수 있습니다. (식 5-117)은 평균이 항상 0이라고 가정하고, 또한 표본의 편차(deviation)를 고려하지 않았으므로 실제로는 평균과 편차를 고려하여 식을 일반화시켜 나타낼 수 있습니다. 표본의 평균을 μ(뮤, mu)라고 하고, 표준편차(standard deviation)를 σ(시그마, sigma)라고 하면, (식 5-119)로 나타낼 수 있는데 이것을 **표준정규분포(standard normal distribution)**라고 합니다.

$$f(x)=\frac{1}{\sigma\sqrt{2\pi}}e^{-\frac{1}{2}\left(\frac{x-\mu}{\sigma}\right)^2} \quad \text{(식 5-119)}$$

확률과 통계를 다룰 때, (식 5-116) 형태가 너무 자주 나타나므로, 이것을 하나의 함수로 다룰 수 있으면 개념과 식을 간단하게 나타낼 수 있습니다. 어떤 확률변수 X의 평균이 0이고, 표준 편차가 $1/\sqrt{2}$일 때, X가 범위 $[-x, x]$에 있을 확률을 다음과 같이 나타낼 수 있습니다.

$$erf(x) = \frac{2}{\sqrt{\pi}} \int_0^x e^{-t^2} dt \text{ (식 5-120)}$$

(식 5-120)을 **에러 함수**(error function)라고 하는데, 함수의 정의 자체가 무한에 대한 직관을 포함한 것을 알 수 있습니다. 에러 함수를 이용하면 무한에 대한 직관이 필요한 수식을 하나의 대상으로 취급할 수 있습니다. 예를 들면, e^{-x^2}에 대해서 부정적분(indefinite integral)을 취하면 그 결과를 $erf(x)$를 이용하여 나타내는 것이 가능합니다.

$$\int e^{-x^2} dx = \frac{1}{2}\sqrt{\pi}\, erf(x) + C \text{ (식 5-121)}$$

그러면 임의의 확률분포를 $erf(x)$를 사용하여 나타내는 것이 가능하고, $erf(x)$를 사용하여 확률분포 간의 특징을 수식으로 표현하는 것이 가능해집니다.

공학과 과학의 한계

오일러의 공식은 우주의 규칙성뿐만 아니라, 우리가 경험하는 과학의 한계에 대해서도 이야기합니다. 오일러의 항등식을 구성하는 기본수에서 허수 i를 실제 공학에서 사용할 때는, 인코딩,

디코딩 과정을 거쳐야 합니다.[25] 예를 들면 푸리에 변환(Fourier Transform)이나 사원수(quaternion) 계산에서 최종 결과에서 허수 i를 없애기 위해 추가적인 계산과정이 필요합니다. i를 제거하지 않아도 식을 그대로 사용할 수 있는 그런 우주는 없을까요?

그리고 기본수 e, π는 무리수이므로 공학 계산에서 사용할 때는 실제 값을 사용할 수 없고, 근사 값을 사용할 수 있을 뿐입니다. 비행기, 컴퓨터 등 모든 곳의 공학 계산은 무한의 정밀도로 설계하는 것은 본질적으로 불가능합니다.

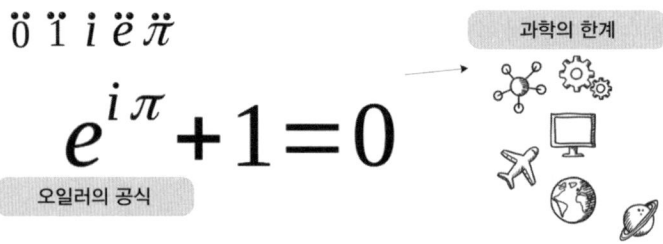

[그림 5-47] 기본수의 값을 정확하게 알 수 없으므로, 공학적인 설계에는 정밀도의 한계가 존재합니다.

소수(prime number)의 규칙성을 찾는 문제는 잘 알려진 **밀레니엄 상금 문제(Millennium Prize Problem)**입니다. 필자의 직관으로는 무리수(irrational number)의 유효자리에 규칙이 없듯이, 소수에도 규칙성이 없을 것이라고 생각합니다. 규칙이 없는 수가 있다면, 그러한 수를 포함하는 수들의 집합에서 간격에 규칙이 없는 수열(sequence)이 존재할 것이라고 가정하는 것이 직관적입니다. 소수의 규칙성을 설명하는 리만 가설(Riemann hypothesis)이 참이더라도, 비자명 영점(nontrivial zeros)의 해의 간격에는 규칙성이 없다

---

25) 수학에서 허수 i는 수학적 대상이므로 별다른 인코딩이 필요하지 않습니다.

는 것이 언젠가는 증명될 것이라고 생각합니다.

기본수 e, π, 소수의 규칙성을 완전하게 이해하는 한 가지 방법은 우리가 '시간에 대한 직관'이 가능한 우주의 존재가 되는 것입니다. 시간이 존재하지 않는 그 우주에서는 무한의 계산이, 지금 우리가 1+1을 이해하듯이 이해하게 될 것입니다. 이것이 공상 과학(science fiction)의 허튼소리가 아니라 과학의 대상임을 7장에서 살펴보도록 하겠습니다.

우주의 기원을 설명하는 이론들 중에 **시뮬레이션 가설**(Simulation hypothesis)[26]이 있습니다. 이 이론은 어떤 진보된 문명이 우리 우주 전체를 컴퓨터 시뮬레이션처럼 시뮬레이션하고 있다는 가설입니다. 저는 이 가설이 난센스(nonsense)라고 생각하는데, 왜냐하면 기본수를 이해하기 위해서는 무한에 대한 직관이 필요하기 때문입니다. 이진수 0과 1만을 사용하는 컴퓨터 시뮬레이션과는 달리 우리 우주는 무한에 대한 직관이 필요한 기본수에 의해서 법칙이 기술됩니다. 그러므로 이 수를 사용한 어떤 시뮬레이션은 무한의 정밀도로 구현하는 것이 불가능합니다. 만약 무한에 대한 직관과 시간에 대한 직관이 당연한 우리 우주를 넘어서는 차원의 우주에서 우리 우주를 시뮬레이션한다고 가정한다면 그것은 창조주를 회피하기 위한 과학적 도구일 뿐 창조와 차이가 없어 보입니다.

무한에 대한 직관을 사용해야 표현할 수 있는, 무리수로만 표현되는 기본수의 존재가 창조주가 인간의 한계를 위해서 고의로 도입한 수라고는 생각하지 않습니다. 그 수들은 우리가 사실은 무한하고 영원한 존재일 가능성을 열어 둡니다.

---

26) 시뮬레이션 가설, https://en.wikipedia.org/wiki/Simulation_hypothesis

> **표준수학**

미분 공식

미분을 알면 세상이 달라 보입니다. 많은 물리 법칙이 미분 방정식인 경우가 많습니다. 이 절에서는 미분공식을 정리합니다. 상수항의 미분은 0입니다. 임의의 실수 c에 대해 (식 5−126)이 성립합니다.

$$h(x)=c$$
$$c'=0 \text{ (식 5-126)}$$
$$\frac{d}{dx}(c)=0$$

파워함수의 미분은 (식 5−127)과 같습니다. n은 임의의 실수입니다.

$$f(x)=x^n$$
$$f'(x)=(x^n)'=nx^{n-1} \text{ (식 5-127)}$$
$$\frac{d}{dx}x^n=nx^{n-1}$$

밑이 e가 아닌 지수함수의 미분은 (식 5−128)과 같습니다. a, c는 임의의 실수이고 $\ln c = \log_e c$를 의미합니다.

$$f(x)=c^{ax}$$
$$f'(x)=(c^{ax})'=ac^{ax}\ln c \text{ (식 5-128)}$$
$$\frac{d}{dx}c^{ax}=ac^{ax}\ln c$$

밑이 e인 지수함수의 미분은 (식 5-129)와 같습니다.

$$f(x) = e^{ax}$$
$$f'(x) = ae^{ax} \text{ (식 5-129)}$$
$$\frac{d}{dx} e^{ax} = ae^{ax}$$

로그의 정의에 의해 $a = e^{\ln a}$이므로 (식 5-129)는 다음과 같이 적을 수 있습니다.

$$f'(x) = ae^{ax} = e^{\ln a} e^{ax} = e^{\ln a + ax} \text{ (식 5-129b)}$$

로그함수의 미분은 (식 5-130)과 같습니다.

$$f(x) = \log_c x$$
$$f'(x) = (\log_c x)' = \frac{1}{x \ln c} \text{ (식 5-130)}$$
$$\frac{d}{dx} (\log_c x) = \frac{1}{x \ln c}$$

자연로그(natural logarithm)의 미분은 (식 5-131)과 같습니다.

$$f(x) = \ln x$$
$$f'(x) = (\ln x)' = \frac{1}{x} \text{ (식 5-131)}$$
$$\frac{d}{dx} (\ln x) = \frac{1}{x}$$

> 표준수학

삼각함수(trigonometric)의 미분은 (식 5-132), (식 5-133)과 같습니다.

$$(\sin x)' = \sin' x = \cos x \text{ (식 5-132)}$$
$$\frac{d}{dx}\sin x = \cos x$$
$$(\cos x)' = \cos' x = -\sin x \text{ (식 5-133)}$$
$$\frac{d}{dx}\cos x = -\sin x$$

미분은 선형성(linearity)을 가집니다. 그러므로 더하기(+)로 연결된 항(term)을 가지는 식의 미분은 각 항을 미분하고 더하면 됩니다.

$$h(x) = af(x) + bg(x)$$
$$h'(x) = af'(x) + bg'(x) \text{ (식 5-134)}$$
$$\frac{d}{dx}(af+bg) = a\frac{d}{dx}f + b\frac{d}{dx}g$$

곱의 규칙(product rule)은 (식 5-135)와 같습니다.

$$h(x) = f(x)g(x)$$
$$h'(x) = f'(x)g(x) + f(x)g'(x) \text{ (식 5-135)}$$
$$\frac{d}{dx}(fg) = \left(\frac{d}{dx}f\right)g + f\left(\frac{d}{dx}g\right)$$

역수(reciprocal) 형태의 함수의 미분은 (식 5-136)과 같습니다.

$$h(x) = \frac{1}{f(x)}$$
$$h'(x) = -\frac{f'(x)}{(f(x))^2} \text{ (식 5-136)}$$
$$\frac{d}{dx}\left(\frac{1}{f}\right) = -\frac{1}{f^2}\frac{d}{dx}f$$

몫의 법칙(quotient rule)은 (식 5-137)과 같습니다.

$$\left(\frac{f}{g}\right)' = \frac{f'g - fg'}{g^2} \text{ (식 5-137)}$$
$$\frac{d}{dx}\left(\frac{f}{g}\right) = \frac{\left(\frac{d}{dx}fg - f\frac{d}{dx}g\right)}{g^2}$$

연쇄 법칙(chain rule)은 (식 5-138)과 같습니다.

$$h(x) = f(g(x))$$
$$h'(x) = f'(g(x))g'(x) \text{ (식 5-138)}$$
$$\frac{d}{dx}h(x) = \frac{d}{dg(x)}f(g(x))\frac{d}{dx}g(x)$$

연쇄 법칙을 적용하면 자연로그가 취해진 임의의 함수 f의 미분에 대한 미분을 (식 5-139)처럼 구할 수 있습니다.

$$(\ln f(x))' = \frac{f'(x)}{f(x)} \text{ (식 5-139)}$$

> 표준수학

몫의 법칙을 사용하면 $\tan x$의 미분을 (식 5-140)처럼 구할 수 있습니다.

$$\tan x = \frac{\sin x}{\cos x}$$
$$\tan' x = \frac{\sin' x \cos x - \sin x \cos' x}{\cos^2 x} \text{ (식 5-140)}$$
$$= \frac{\cos x \cos x - \sin x (-\sin x)}{\cos^2 x}$$
$$= \frac{\cos^2 x + \sin^2 x}{\cos^2 x}$$
$$= \frac{1}{\cos^2 x}$$

몇 가지 대표적인 미분의 예를 살펴보도록 하겠습니다.

$$\sigma(x) = \frac{1}{1+e^{-x}} \text{ (식 5-141, 시그모이드 함수)}$$

S자 형태의 시그모이드 함수는 $-\infty \sim +\infty$ 범위의 입력을 $0 \sim 1$ 사이의 출력으로 정규화(normalization)하는 성질을 가지고 있어서, 인공신경망의 **활성화 함수**(activation function)로 사용되고는 합니다.[27] 그래프의 모양은 [그림 5-48]과 같습니다.

---

27) 활성화 함수, https://en.wikipedia.org/wiki/Activation_function

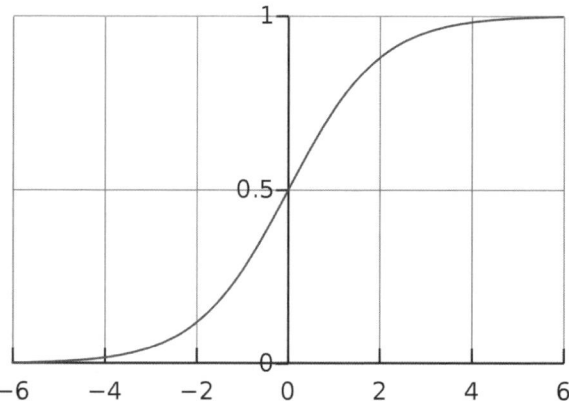

[그림 5-48] 시그모이드 함수는 −∞~+∞ 범위의 입력을 0~1 사이의 출력으로 정규화(normalization)하는 성질을 가지고 있습니다.

시그모이드 함수의 미분 결과는 (식 5−142)입니다.

$$\sigma'(x) = \frac{d}{dx}\sigma(x) = \sigma(x)(1-\sigma(x))$$ **(식 5-142)**

시그모이드 함수의 미분을 유도하는 과정은 다음과 같습니다.

$$\begin{aligned}\frac{d}{dx}\sigma(x) &= \frac{d}{dx}\left(\frac{1}{1+e^{-x}}\right) \\ &= \frac{d}{dx}(1+e^{-x})^{-1} \\ &= -1 \times (1+e^{-x})^{-2}(-e^{-x}) \\ &= \frac{-e^{-x}}{-(1+e^{-x})^2}\end{aligned}$$

$$=\frac{e^{-x}}{(1+e^{-x})^2}$$
$$=\frac{1}{1+e^{-x}}\frac{e^{-x}}{1+e^{-x}}$$
$$=\frac{1}{1+e^{-x}}\frac{e^{-x}+(1-1)}{1+e^{-x}}$$
$$=\frac{1}{1+e^{-x}}\frac{(1+e^{-x})-1}{1+e^{-x}}$$
$$=\frac{1}{1+e^{-x}}\left(\frac{1+e^{-x}}{1+e^{-x}}-\frac{1}{1+e^{-x}}\right)$$
$$=\frac{1}{1+e^{-x}}\left(1-\frac{1}{1+e^{-x}}\right)$$
$$=\sigma(x)(1-\sigma(x))$$

다음으로 리만 제타 함수의 미분을 살펴보도록 하겠습니다. 리만 제타 함수는 (식 5-143)과 같이 정의됩니다.

$$\varsigma(s)=\sum_{n=1}^{\infty}\frac{1}{n^s}=\frac{1}{1^s}+\frac{1}{2^s}+\frac{1}{3^s}+\frac{1}{4^s}+\cdots \text{ (식 5-143)}$$

$1/n^x$의 미분은 (식 5-136)을 적용하면 (식 5-144)와 같이 유도할 수 있습니다.

$$\frac{d}{dx}\frac{1}{n^x}=\frac{(n^x)'}{(n^x)^2}=\frac{n^x\ln x}{(n^x)^2}=\frac{\ln x}{(n^x)} \text{ (식 5-144)}$$

그러면 리만 제타 함수의 미분은 (식 5-145)와 같습니다.

$$\frac{d}{dx}\varsigma(x) = -\sum_{n=1}^{\infty}\frac{\ln n}{n^x} = -\frac{\ln 2}{2^x} - \frac{\ln 3}{3^x} - \frac{\ln 4}{4^x} - \cdots$$

(식 5-145)

성경의 핵심 주제는 모두 초자연적입니다. 천지창조, 성육신 (incarnation), 동정녀 탄생, 부활(resurrection), 승천(ascend to heaven). 그리고 기도를 통해서 현재도 초자연이 자연에 개입한다고 믿습니다.

6장에서는 변환이라는 수학적 연산이 우리 내부에서 항상 일어나고 있으며, 변환이 일어나기 전과 후를 비교함으로써, 우리 우주에서 모순처럼 보이는 것들을 해석하는 한 가지 방법을 익힙니다.

7장의 내용을 이해하기 위해서는 6장의 내용을 모두 정확하게 이해해야 합니다. 7장에서는 우주의 역사 138억 년과 성경의 역사 약 1만 년의 모순을 해석하는 한 가지 방법을 배웁니다. 실제로 우리는 특수 상대성 이론(special theory of relativity)을 배울 것인데, 이것은 생각보다 어렵지 않습니다.

현대 물리학은 일반 상대성 이론과 양자역학(quantum mechanics)을 포함합니다. 하지만 이 주제는 이 책의 범위를 벗어나므로, 수학적인 정의를 설명하지는 않습니다.

제2부

변환

6장 변환

이야기의 흐름
실세계를 인식하는 방법
클래스(Class)와 인스턴스(Instance)
 ─ 인스턴스의 구조
시공간의 종료조건
변환의 실재
변환(Transformation)
 ─ 쉬어 변환(Shear Transform)
 ─ 크기 변환(Scale Transform)
 ─ 회전 변환(Rotation Transform)
 ─ 선형 변환(Linear Transformation)의 특징
 ─ 하나 이상의 벡터 입력에 대한 표현
 ─ 행렬의 역 구하기
 ─ 여인자 행렬과 수반행렬
 ─ 역행렬(Inverse Matrix)의 정의
 ─ 동차함수(Homogeneous Function)
 ─ 선형 시스템(Linear System)의 해석
 ─ 동차행렬(Homogeneous Matrix)
 ─ 어파인 변환(Affine Transformation)
 ─ 삼차원으로의 확장
투영 변환(Projection Transform)
 ─ 차원 사이의 변환
 ─ 창조의 시간
 ─ 사건에 대한 인식

● 이야기의 흐름

먼저, 어떤 대상을 창작할 때 구분해야 하는 클래스(Class)와 인스턴스(Instance)의 개념을 알아볼 것입니다. 우리는 이 구분을 통해 우주가 창조될 때도 클래스의 창조와 인스턴스의 생성이 필요하다고 유추할 수 있습니다.

우리는 주위에 실제 존재하는 객체들을 인식합니다. 이 과정에서 높은 차원에서 낮은 차원으로 입력 데이터의 변환이 발생합니다. 그러므로 우리가 실제라고 인식하는 것은 변환된 결과이지 실제가 아닙니다. 이러한 변환으로 인해 우리가 잘못 인식하는 예를 살펴보고, 실제로는 모순이 아니지만 변환된 결과만 보는 우리가 모순으로 느낄 수밖에 없는 사실들을 살펴볼 것입니다.

그리고 수학적으로 변환이 어떻게 수행되는지 알아볼 것입니다.

● 실세계를 인식하는 방법

우리는 실세계를 어떻게 인식할까요? 우리는 눈(eye)과 감각기관으로 입력을 받고, 그 입력을 해석하는 함수로 뇌(brain)를 사용하여 인식(recognition)이라는 출력을 하는 것 같습니다. 여기서 한 가지 의문이 생깁니다. 우리는 실세계를 있는 그대로 인식할 수 있을까요?

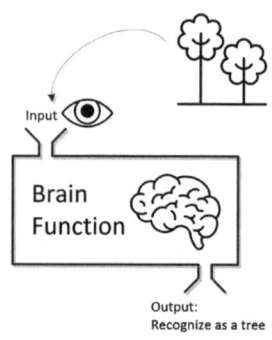

[그림 6-1] 우리는 객관적 사실을 본다고 생각합니다. 하지만 어느 누구도 어떤 대상의 본질을 볼 수 없습니다. 우리는 뇌(brain)라는 함수가 눈의 입력을 변환한 결과를 사실이라고 인식합니다.

사람의 눈(eye)은 곡면 이차원이고, 입력은 사차원 이상의 데이터입니다. 입력을 해석하는 뇌(brain)가 눈의 시신경(optic nerve)과 연결되어 있으므로, 우리는 보는 실재를 인식한다고 생각하지만 그것은 사실이 아닙니다. 뇌가 해석한 결과를 실재라고(본다고) 이해하는 것입니다.[1] 이 사실은 너무 중요해서 다시 적겠습니다.

---

1) 데이비드 롭슨, 《기대의 발견》, (까치, 2023).

"우리는 보는 실재를 인식하는 것이 아닙니다. 뇌가 해석한 인식을 보이는 실재라고 생각하는 것입니다." **(주장 6-1)**

이것은 빛과 시공간을 이용해서 관측하는 우리가 겨우 우주의 5%만 관측할 수 있으며, 95%에 해당하는 암흑에너지(Dark Energy)와 암흑물질(Dark Matter)은 빛과 시공간을 이용해서 관측할 수 없다는 예로 설명될 수 있습니다. 미래에 암흑 물질의 실체가 밝혀지더라도 여전히 이해하지 못하는 무언가가 존재할 것입니다.

우리가 인식하는 실재는 **"변환(Transformation)"**이라는 과정을 거쳐서, 우리에게 정보로 전달됩니다. 이 "변환"은 실재이며, 로보틱스(Robotics)나 인공지능(AI, Artificial Intelligence)이 대상을 인식하거나 의사 결정을 위해서 사용하는 방법이기도 합니다.

인간의 인식의 과정을 정확하게 이해하기 위해, 먼저 우리는 클래스와 인스턴스라는 개념을 통해 무언가를 만들어 내는 작업의 과정을 파악해 보겠습니다.

또 **빅뱅이론(Big-Bang Theory)**이나 **창조론(Creationism)**을 기술하는 데 내재하는 필연적인 모순과, "변환"을 거치면서 일어나는 필연적인 제약을 이해해 보도록 하겠습니다. 그래서 현실에서는 모순인 개념이 실제는 모순이 아닐 가능성이 있으며, 우리가 인식하는 우주에서는 완벽하게 설명할 수 없는 어떤 개념들이 존재할 수밖에 없다는 사실에 대해서 살펴보도록 하겠습니다.

오해의 소지를 없애기 위해 "빅뱅을 믿는다"가 무엇을 의미하는지 정의할 필요가 있습니다. 빅뱅은 어느 정도 가치가 부여되어 있어서 "빅뱅에 대한 믿음"은 가끔 오해를 받기도 합니다. 만약 "빅뱅이 우연히 만물과 생명을 만들었다"라는 의도로 사용한 단어라면 필자는 빅뱅을 믿지 않습니다.

저는 창조주가 목적을 가지고 우리 우주를 만들었다고 확신합니다. 제가 믿는 빅뱅은 그 창조의 과정을 현재 과학이 기술하는 방식이 빅뱅이라고 생각하는 것입니다.

● 클래스(Class)와 인스턴스(Instance)

먼저 어떤 것을 창작할 때, 구분해야 하는 중요한 개념에 대해서 설명하겠습니다. [그림 6-2]에 자동차를 두 대 그렸습니다.

[그림 6-2] 두 자동차는 같습니다. 또 두 자동차는 다릅니다.

[그림 6-2]에 대해서 누군가가 다음과 같이 말하는 것에 대해서 생각해 봅시다.

> "이 두 자동차는 같다. 또 이 두 자동차는 다르다" (주장 6-2)

(주장 6-2)에서는 '같다'와 '다르다'를 서로 다른 **대상**(object)에 대해서 사용하고 있습니다. 다의성의 오류(polymorphic fallacy)가 있는 문장이지만, 우리가 일상에서 사용하는 단어가 이러한 다의성을 포함한다는 것을 강조하기 위하여 의도된 것입니다. 그러면 두 자동차는 무엇이 같고, 무엇이 다른 것일까요?

우리가 특정한 대상을 이야기할 때, 대상이 나타내는 개념이 다름에도 불구하고 하나의 용어를 사용하여 표현할 때가 있습니다. 말하는 사람이 그것을 알아차리지 못해도 아무 문제가 되지 않는 것은 특별한 설명이 없음에도 불구하고 듣는 사람이 그것을 해석하여 이해하기 때문입니다. 예를 들면 자동차 운전자 A씨의 다음과 같이 말을 생각해 봅시다.

> "자동차는 참 편한 도구인 것 같아." (주장 6-3)
> "어제 자동차에 기름을 넣었어." (주장 6-4)

우리는 A씨가 말한 (주장 6-3)에서 언급하는 자동차를 손으로 만질 수가 없습니다. 왜냐하면 그것은 '특정한 자동차'를 이야기하는 것이 아니라, '자동차 자체'를 말하기 때문입니다. A씨의 두 번째 문장 (주장 6-4)에서 언급한 자동차는 손으로 만질 수가 있습니다. 그것은 '자동차 자체'를 말하는 것이 아니라, A씨 자신이 소유한 '특정한 자동차'를 말하기 때문입니다. 이 두 가지를 구분하는 것은 창작의 과정을 이해하는 데 매우 중요합니다. 이 두 가지를 구분하는 용어를 컴퓨터 프로그래밍에서 각각 '**클래스**(class)' 그리고 '**인스턴스**(instance)'라고 합니다.

(주장 6-2)를 클래스와 인스턴스를 사용하여 표현하면 다음 (주장 6-5)로 적을 수 있습니다.

> "이 두 자동차의 클래스는 같다. 또 이 두 자동차의 인스턴스는 다르다." (주장 6-5)

클래스는 대상을 기술하는 틀(template)을 말합니다. **인스턴스는 클래스라는 틀로 만들어진 구체적인 대상**(instance, 예)을 말합니다. 일반적으로 우리는 인스턴스는 만질 수 있지만, 클래스는 만질 수 없습니다. 예를 들면, 우리는 자동차 자체를 만질 수는 없지만, 특정한 자동차를 만질 수 있습니다. '만진다'라는 표현은 클래스와 인스턴스를 구분하는 유일한 기준은 아닙니다. 인스턴스임에도 불구하고 만질 수 없는 것들이 많이 존재하기 때문입니다.

그러한 것들에는 사랑, 느낌 같은 실재하는 것들이 포함됩니다. 저는 아내를 사랑합니다. 이 사랑은 클래스를 말하는 것이 아니라, 인스턴스입니다. 왜냐하면 사랑 그 자체가 아니라, '특정한 내가 특정한 아내를 사랑하는 것'을 말하기 때문입니다. 나는 아내라는 인스턴스를 만질 수는 있어도, '아내에 대한 사랑'의 인스턴스는 만질 수 없습니다. 하지만 둘 모두는 인스턴스입니다.

프로그래머에게 클래스와 인스턴스는 프로그래밍에서 항상 사용하는 개념이어서 전혀 거부감이 없지만, 프로그래밍을 접해 본 적이 없는 독자분들에게는 신선한 개념일 수 있습니다. 예를 들어서 윈도우즈 운영체제(Windows Operating System) 환경에서 C^{++}라는 프로그래밍 언어를 사용하여, 벡터를 생성하는 예를 살펴보겠습니다.

[그림 6-3]은 표준좌표계에 두 개의 벡터를 생성한 예입니다. 독자들은 링크[2]에서 프로그램을 다운로드(download)받아 실행해보거나, 프로그래밍 소스를 확인해 볼 수 있습니다.

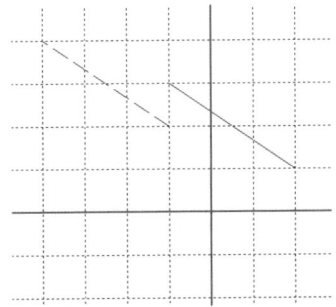

[그림 6-3] 표준좌표계에 이차원 벡터를 두 개 생성했습니다.

이렇게 눈에 보이는 인스턴스 벡터를 생성하기 위해서는 먼저 벡터라는 클래스를 생성해 주어야 합니다. [그림 6-4]는 [그

---

2) https://github.com/GP101/UnderstandingUnity/tree/master/LinearAlgebra

림 6-3]의 벡터를 생성하기 위해서, 먼저 생성(프로그래밍)해 준 KVector2라는 클래스의 소스코드 일부입니다.

```cpp
class KVector2
{
public:
    float   x;
    float   y;

public:
    KVector2(float tx=0.0f, float ty=0.0f) { x = tx; y = ty; }
    KVector2(int tx, int ty) { x = (float)tx; y = (float)ty; }
    float Length() const
    {
        return sqrtf(x*x + y*y);
    }
    void Normalize()
    {
        const float length = Length();
        x = x / length;
        y = y / length;
    }
};
```

[그림 6-4] 벡터 인스턴스를 생성하기 위해서는 먼저 벡터 클래스를 생성해야 합니다. 이것은 프로그래밍의 필수적인 과정입니다.

그리고 프로그래머는 생성된 벡터 클래스를 이용하여, 벡터 인스턴스를 생성할 수 있습니다. [그림 6-5]는 벡터 인스턴스를 생성하는 소스코드의 일부입니다.

```cpp
else if (iAnimState >= 1)
{
    const float animSpeed = 0.5f;
    static float lerpTime = 0.0f;
    lerpTime += fElapsedTime_ * animSpeed;

    KMatrix3 matRot;
    float rotDelta;
    rotDelta = Lerp(0, M_PI / 2.0f, lerpTime);
    matRot.SetRotation(rotDelta);

    KVector2 transBegin = KVector2(0, 0);
    KVector2 transEnd = KVector2(2.0f, 1.0f);
```

[그림 6-5] 벡터 클래스를 먼저 생성한 이후에, 벡터 인스턴스를 생성할 수 있습니다.

[그림 6-5]의 제일 밑의 두 줄을 보면 KVector2와 연관된

transBegin과 transEnd를 볼 수 있는데, 이것이 인스턴스를 생성하는 코드입니다. 이렇게 없던 무언가를 창작하기 위해서는 "클래스의 생성" → "인스턴스의 생성"의 순서를 따라야 한다는 것을 알 수 있습니다. 무언가를 만들기 위해서는, 설계도를 먼저 만들고, 설계도에 따라 대상을 만드는 과정을 거치는 것입니다.

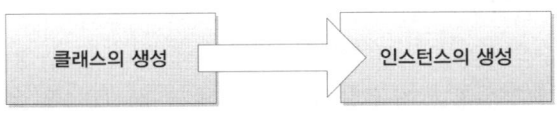

[그림 6-6] 무언가를 만들기 위해서는 "클래스의 생성" → "인스턴스의 생성"의 순서를 따라야 합니다.

우주의 기원을 설명하는 **빅뱅이론**(Big-Bang Theory)도 이 순서를 따르는 것을 알 수 있습니다. **에드윈 허블**(Edwin Hubble)은 1929년 우주는 팽창한다는 허블의 법칙을 발견했습니다.

"우주는 팽창한다." (주장 6-6, 허블(Hubble)의 법칙, 1929)

$$V = HR \quad (H, \text{Hubble constant}) \quad (\text{식 6-7})$$

(식 6-7)의 허블의 법칙은 매우 간단합니다. 우주가 팽창하는 속도 V는 관측자(observer)로부터 떨어진 거리 R에 비례하여 커집니다. H는 허블상수입니다. 우주 단위에서는 거리를 나타내기 위해서 **파섹**(Parsec)이라는 단위를 사용하는데, 1파섹은 빛이 3.26광년 동안 진행하는 거리입니다.[3] **메가파섹**(Mpc, Mega Parsec)은 10^6파섹인데, **허블상수는 약** $72(\text{km/s})/\text{Mpc}$입니다. 그러므로 허블의 법칙은 어떤 별이 지구로부터 3.26×10^6광년(1파

---

[3] 왜 3.26광년을 사용하는지는 다음 링크에서 알 수 있습니다. https://astronomy.com/magazine/ask-astro/2020/02/why-is-a-parsec-326-light-years

섹) 떨어져 있다면, 지구로부터 1초에 72km의 속도로 멀어지고 있다는 의미입니다.

초기의 선형적인(linear) 팽창이론은 1981년 **알란 구스(Alan Guth)의 인플레이션 빅뱅이론(Inflation Big-Bang Theory)**으로 수정되었습니다. 초기 빅뱅이론의 편평도(Flatness) 문제[4]와 지평선(Horizon) 문제[5] 등을 해결하기 위해서 구스가 제안한 이론은 빅뱅이후 10^{-32}초에 우주의 크기가 10^{26}배로 커지면서 우주를 구성하는 법칙들이 구성되었다고 가정합니다. 3장에서 계산한 우주의 나이가 초 단위로 약 10^{18}인 것을 생각하면 이 속도가 얼마나 빠른지 비교할 수 있습니다. 이 속도는 1m 크기의 공이, 1초 만에 백억(10^{10}) 광년 크기로 커지는, 빛의 속도보다 수백조(10^{12}) 배 빠른 속도입니다. 급팽창 빅뱅이론은 1964년 **우주 배경 복사(CMB, Cosmic Microwave Background)** 관측 성공으로 크게 지지를 받고 있습니다.

빅뱅에서 말하는 시간에 대해 가정이 필요합니다. 빅뱅 이후 1초라고 할 때, 이 1초는 현재 인류가 정의한 1초의 시간(두 전자 스핀의 사이클 수)을 의미하는 것입니다. 하지만 빅뱅이 시간을 창조하는 과정이므로 이러한 정의에는 필연적인 모순이 존재하게 됩니다. 시간의 창조에 걸린 시간을 측정하는 문제입니다. 그럼에도 불구하고 이러한 일관된 정의가 없다면 과학적인 기술을 시작할 수 없습니다. 필자의 직관은 시간이 창조되는 처음의 과정이 인플레이션처럼 관측 결과로 보여질 것이라고 예상합니다. 즉 인플레이션이라는 특별한 단계가 필요했던 것이 아니라, 현재 인류가 정의한 시간으로 시간의 창조를 기술하는 데 필연적으로 존재하

---

[4] 우주가 수백억 년 되었다면 빅뱅이 시작될 무렵 우주 전체의 밀도가 오차 범위 $1/10^{62}$ 안에 있어야 하는 문제
[5] 우주가 너무 커서 빛이라도 우주의 한쪽 끝에서 다른 쪽 끝까지 갈 수 없는 문제

는 모순 때문에 나타나는 현상일 가능성이 있는 것입니다.

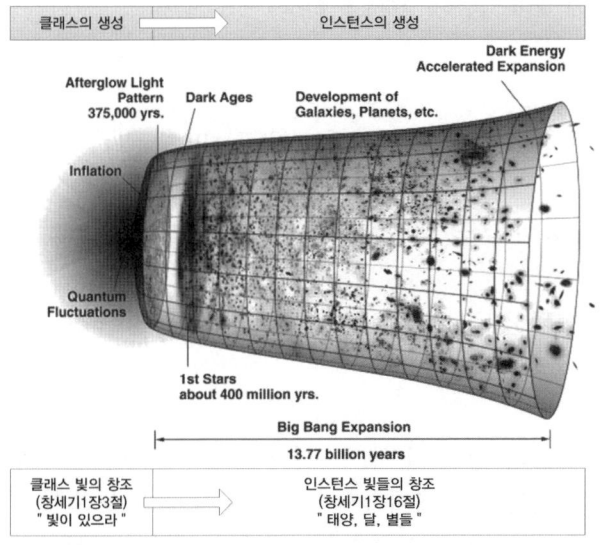

[그림 6-7] 빅뱅 시작 이후 거의 0에 가까운 시간에 클래스(우주의 법칙들)가 만들어졌고, 이것을 바탕으로 인스턴스(우주의 대상들)가 만들어졌습니다. (출처: https://en.wikipedia.org/wiki/File:CMB_Timeline300_no_WMAP.jpg)

빅뱅 이론에 따르면 우리 우주는 인플레이션 시기에 클래스(법칙들)가 만들어지고, 급팽창이 중단하는 **우아한 출구**(graceful exit)를 거치면서 인스턴스(은하, 별, 행성 및 생명체)들이 만들어진 것 같습니다.

우리 우주의 빅뱅을 관측하는 것은 불가능한데, 관측에는 빛과 시간이 필요하기 때문입니다. 그런데 빅뱅이 빛과 시간을 만들었으므로 우리 차원에서는 빅뱅을 관측하는 것이 불가능합니다. 그럼에도 불구하고, 우리 우주의 외부에서 누군가가 이 사건을 관측한다고 상상해 보겠습니다. 그러면 빅뱅을 관측한 누군가는 다음 (주장 6-8)과 같이 빅뱅의 순간을 한 문장으로 묘사하지 않을까요?

> **"태초에 빛이 있었다."** (주장 6-8)

"태초에 하나님이 천지를 창조하시니라"(창 1:1).

"하나님이 이르시되 빛이 있으라 하시니 빛이 있었고"(창 1:3).

창세기 1장 3절은 "빛이 있으라"라며 클래스 빛을 창조하는 창조주의 모습을 묘사합니다.

성경(Bible)의 창조 순서도 "클래스" → "인스턴스"의 순서를 따릅니다. 성경의 창세기 1장 3절은 먼저 클래스 빛을 만들었다고 선언합니다. "빛이 있으라"는 문장의 빛에 해당하는 히브리어 '오르'(אוֹר)는 클래스 빛이므로 정관사 없이 빛(light)으로 번역됩니다. 하지만 1장 18절[6]의 빛은 '하오르'(הָאוֹר)로 1장 3절의 빛으로 만들어진 하나의 인스턴스 빛(the light)인 태양을 의미하므로 정관사 the가 붙어 있습니다.

창세기를 기록했던 성경의 저자는 클래스 빛의 존재 유무를 구분하기 위해 낮(Day)과 밤(Night)이라고 칭하며 이 창조의 끝을 첫째 날이라고 기술하고 있습니다. 낮과 밤에 대한 히브리어 원문에 대한 번역도 1장 5절[7]의 경우는 정관사 없이, 영어의 경우 첫 글자를 대문자로 시작해서 클래스 낮(day가 아니라 Day)과 밤

---

6) 창세기 1장 18절, 낮과 밤을 주관하게 하시고 빛(the light)과 어둠을 나뉘게 하시니 하나님이 보시기에 좋았더라
7) 창세기 1장 5절, 하나님이 빛을 낮(Day)이라 부르시고 어둠을 밤(Night)이라 부르시니라 저녁이 되고 아침이 되니 이는 첫째 날이니라

(night가 아니라 Night)을 명시하고 있고, 태양이 만들어진 이후의 낮과 밤은 1장 14절[8]을 보면 정관사 the를 사용하여 인스턴스 낮(the light)과 밤(the night)을 기술하는 것을 알 수 있습니다. 성서의 영어 번역본들이 대부분 창조의 일곱 날을 명시할 때 정관사 the를 붙여서 첫째 날(the first day), 둘째 날(the second day)이라고 명시하고 있지만, 히브리어 원문에서는 첫째 날부터 다섯째 날까지는 정관사를 사용하지 않고, 한 날(day)이라고 사용하고, 여섯째 날과 일곱째 날은 정관사를 붙여서 그 날(the day)이라고 사용하고 있는데, 이것과 관계된 시간의 해석은 7장에서 살펴보도록 하겠습니다.

창세기 1장 3절의 "빛이 있으라"는 선언은 클래스 빛을 포함한 클래스 시간과 클래스 공간 등 우주의 법칙을 창조하는 빅뱅에서의 10^{-32}초로 기술할 수 있습니다. 즉 법칙 자체를 창조하는 것을 묘사한 것입니다.

인스턴스 빛들은 그 이후에 만들어졌다고 창세기 1장 14절에 기록되어 있습니다.

> "하나님이 이르시되 하늘의 궁창에 광명체들이 있어 낮과 밤을 나뉘게 하고 그것들로 징조와 계절과 날과 해를 이루게 하라 또 광명체들이 하늘의 궁창에 있어 땅을 비추라 하시니 그대로 되니라 하나님이 **두 큰 광명체**를 만드사 큰 광명체로 낮을 주관하게 하시고 작은 광명체로 밤을 주관하게 하시며 또 **별들을 만드시고**"(창 1:14-16).

---

[8] 창세기 1장 14절, 하나님이 이르시되 하늘의 궁창에 광명체들이 있어 낮(the day)과 밤(the night)을 나뉘게 하고 그것들로 징조와 계절과 날과 해를 이루게 하라

창세기 1장 16절은 인스턴스 빛인 두 큰 광명체와 별들을 창조하는 모습을 묘사합니다.

빅뱅이나 성경에서 모두, 만들어진 순서를 기술하는 데 있어서 필연적인 과학적 한계를 이해하고 넘어갈 필요가 있습니다. 이것은 논리학에서 자기 참조의 오류, 프로그래밍에서 순환 참조(cyclic reference)를 해결하는 문제, 혹은 수학적 재귀정의(recursive definition)에서 종료조건(end condition)을 지정하는 문제와 비슷합니다.

빅뱅은 법칙과 빛, 시공간을 만들었습니다. 그런데 빅뱅이 시간을 만드는 중인데, 빅뱅을 시간으로 설명하고 있습니다. 자기 참조의 오류입니다. 하지만 우리는 빅뱅을 우리가 현재 이해하고 있는 시공간의 개념으로 설명할 수밖에 없습니다. 인플레이션의 속도가 빛보다 수백조 배 빠른 속도라는 것은 빛의 속도를 정하기 위해 빛의 속도를 이용한 자기 참조의 오류입니다. 하지만 우리는 자기 참조를 이용하지 않고는 빅뱅을 설명할 수 없습니다.

성경은 넷째 날에 태양과 달이 창조되었다고 묘사합니다. 하지만 현재 우리가 지구에서 인식하는 시공간 및 날(Day)의 개념이 없는 그 이전 상태에서 창조의 단계를 어떻게 묘사해야 할까요? 성경은 부득이하게 날(Day)이라는 용어를 사용해서 창조의 단계를 묘사하지만 이것은 자기 참조이므로 모순이 발생합니다. 하지만 이러한 모순은 무에서 창조된 어떤 것을 기술하는 데 피할 수 없는 상황입니다.

인스턴스의 구조

클래스를 바탕으로 만들어진, 인스턴스의 종류를 크게 두 가지로 구분할 수 있습니다. 첫 번째 종류는 인스턴스가 오로지 미리 정해진 법칙만을 따르는 경우입니다. 예를 들면 돌(stone)은 중력의 법칙을 따라 떨어질 수는 있어도, 스스로 움직이지는 않습니다. 태양도 내부에서 핵융합 발전을 하지만 그것은 우주에 정해진 법칙을 따르고 있을 뿐입니다.

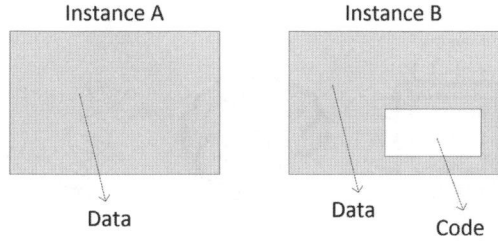

[그림 6-8] 인스턴스가 데이터만을 가진 경우 혹은 데이터와 코드를 가진 경우가 있습니다.

반면에 인스턴스의 내부에서 자신을 제어하는 어떤 동작을 가진 것처럼 생각되는 객체들이 있습니다. 식물과 동물을 포함한 생명이 그렇습니다. 인스턴스가 동작 의도를 가지는 경우 인스턴스를 구성하는 어떤 부분은 **데이터**(Data)를 나타내고, 또 다른 어떤 부분은 데이터를 활용하는 **동작**(코드, Code)을 나타냅니다.

예를 들면 동물의 뇌를 구성하는 뇌세포의 일부는 데이터를 나타내고, 일부는 코드를 나타냅니다. 기억은 뇌의 데이터에 해당하고, 기억을 활용하여 논리적인 사고를 해 나가는 과정은 코드에 해당합니다. 심지어 세포마다 들어 있는 DNA도 어떤 부분은 데이터를 나타내고 어떤 부분은 코드를 나타냅니다. 예를 들면 머리카락의 색은 DNA의 데이터가 결정하지만, 머리카락 세포를 만들도록 지시하는 부분은 DNA의 코드에 해당합니다.

우리가 사용하는 컴퓨팅 장치의 메모리도 어떤 부분은 데이터를 나타내고, 어떤 부분은 코드를 나타냅니다. 화면에 표시되는 글자의 색을 결정하는 부분은 데이터이지만, 글자를 인쇄하는 과정을 제어하는 부분도 역시 메모리에 존재하지만 코드입니다. 인스턴스에 코드가 존재할 때 우리는 코드가 존재하는 인스턴스를 특별하게 다루어야 할까요?

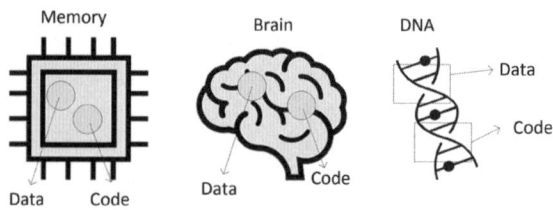

[그림 6-9] 메모리의 0과 1, 뇌의 뇌세포, DNA의 염기는 모두 어떤 부분은 데이터를 다른 어떤 부분은 코드를 나타냅니다.

예를 들어서 동물의 뇌와 매우 비슷한 컴퓨터를 고려해 봅시다. 우리가 아무리 동작 중인 컴퓨터의 CPU와 메모리를 관찰하더라도, 모든 동작은 정확하게 우주에 정해진 법칙을 따라서 동작합니다. 그러므로 코드를 포함한 인스턴스도 특별한 게 없어 보입니다. 하지만 컴퓨터 하드웨어와 컴퓨터 프로그램에는 프로그램을 설계한 사람의 디자인 의도가 포함되어 있습니다. 그것이 비록 0과 1의 조합으로 표현되어 메모리에 데이터로 저장되어 있더라도, 메모리의 어떤 특정한 부분만 봐서는 알 수 없는, 디자이너의 의도가 존재하는 것입니다.

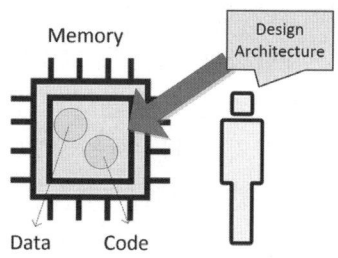

[그림 6-9b] 컴퓨터 메모리의 0과 1을 관찰하면 전자기 법칙을 따라 동작하는 물리적 현상을 관찰할 수 있습니다. 하지만 그렇게 동작하도록 디자이너가 의도한 소프트웨어 아키텍처는 0과 1의 관찰만으로는 알 수 없습니다.

소프트웨어 엔지니어링 분야에서는 그것을 디자인 혹은 **소프트웨어 아키텍처**(Software Architecture)라고 부릅니다. 이 아키텍처는 메모리의 어떤 특정한 부분을 본다고 알 수 있는 것이 아닙니다. 메모리의 전반에 걸쳐서 모든 것이 정교하게 얽혀 있기 때문입니다.

뇌에서 우리는 데이터와 코드를 관찰합니다. 뇌세포 전반에 걸쳐서 나타나는 그러한 소프트웨어 아키텍처를 무엇이라고 불러야 할까요? 그것을 **마음**(mind) **혹은 혼**(Soul)이라고 부를 수 있을 것 같습니다. 많은 사람들은 혼(soul)과 영혼(living soul, spirit)을 구분하지 않지만, 저는 혼과 영혼을 구분합니다. 저는 모든 생명이 육(body)과 혼(soul)을 가진다고 믿습니다. 육은 물질로 구성된 하드웨어를 말하는 것이고, 혼(soul)은 생명체의 세포에 있는 DNA라는 결과로 나타나는 설계자의 디자인 의도라고 생각합니다. DNA가 설계자의 의도를 포함하고 있다면 환원주의 적인 방법으로는 혼을 과학적으로 증명하는 것은 거의 불가능합니다. 생명 중에서도 사람은 혼뿐만 아니라 하나님의 영(spirit)을 가진다고 성경은 기록하고 있습니다.[9] 그런데 우리 차원의 과학적

---

9) 창세기 2장 7절

인 방법으로는 증명이 불가능한 영은 우리 차원의 육과 혼을 통해 잠시 이 세상에 존재합니다. 그래서 그것을 영혼(spirit)이라고 부릅니다. 만약 우리 자아의 실체가 불멸의 영혼이라면 그 영혼의 상태와 미래에 대해서 기술하는 책을 읽고 실제 자아를 대면하는 순간을 준비해야 할 것입니다.

어떤 사람들은 여기에 동의하지 않습니다. 동물의 움직임은 그저 이미 정해진 우주의 법칙만을 따르고 있다고 생각합니다. 이것은 과학의 범주에서 합리적인 결론입니다. 왜냐하면 우리가 아무리 동물의 움직임에 대해서, 뇌세포를 관찰하더라도 물리적인 결과만 관측할 수 있기 때문입니다.

하지만 그렇지 않을 가능성도 있습니다. 컴퓨터 프로그램의 디자이너처럼 뇌의 디자이너가 있을 가능성이 있습니다. 과학을 하는 합리적인 사람이라면 이 가능성도 대답의 후보에 두어야 한다고 생각합니다. 컴퓨터 프로그램의 디자이너는 사람이므로 과학의 범주에 속하지만 뇌의 디자이너를 가정하면 창조자를 인정해야 하므로 과학의 범주에 포함시키지 않는다면, 과학의 합리성을 위반하는 결정이라고 생각합니다. 무조건 창조자의 존재를 인정하는 것은 과학의 합리성을 위반한다고 생각합니다. 하지만 "창조자의 존재"를 대답의 후보에서조차 제외시켜 버리는 것 역시 과학의 합리성을 위반하는 것이 아닐까요?

● 시공간의 종료조건

A를 정의할 때 A를 사용해서는 안 됩니다. A를 정의하는 데 A를 사용하면 순환 참조의 오류라고 합니다. 하지만 순환 참조의 오류는 가끔 국어사전 등에서도 발견되기도 합니다. 다음과 같은 순환 참조의 예를 고려해 봅시다.

> 경제학자는 경제학을 공부하는 학자이다.
> 그러면 경제학은 무엇입니까?
> 경제학은 경제학자가 공부하는 학문이다. (정의 6-9)

위의 예는 경제학과 경제학자에 대한 어떠한 정보도 주지 않습니다. 수학에서는 어떠한 개념을 재귀적으로 정의할 수 있는데, 이러한 순환 참조의 오류를 막기 위해, **재귀적 정의**(recursive definition)에서는 반드시 **종료 조건**(end condition)을 명시해야 합니다.

입력 n에 대해 n보다 작은 모든 수의 곱셈을 $n!$('엔 팩토리얼'이라고 읽습니다)로 나타내고 **팩토리얼**(factorial, 계승)로 정의할 수 있습니다.

$$n! = n \times (n-1) \times (n-2) \times \cdots \times 2 \times 1 \text{ (식 6-10)}$$

(식 6-10)은 팩토리얼에 대한 정의입니다. $n!$을 정의하기 위해서 기호 느낌표(!, exclamation mark)를 정의의 일부로 사용할 수 있습니다.

$$n! = n \times (n-1)! \quad \text{(식 6-11)}$$

하지만 (식 6−11)은 팩토리얼(!)을 정의하는 데 팩토리얼(!)을 사용했으므로, 임의의 n에 대해서 무한의 반복이 필요합니다. 이러한 무한 반복을 없애기 위해서 "종료 조건"을 정의에 추가합니다. 팩토리얼의 경우 다음과 같이 종료 조건을 정의할 수 있습니다.

$$0! = 1 \quad \text{(식 6-12, 팩토리얼의 종료 조건)}$$

종료 조건을 이용하여, 이제 팩토리얼을 재귀적으로 다음 (식 6−13)과 같이 정의할 수 있습니다.

$$0! = 1$$
$$n! = n \times (n-1)!, \text{ where } n >= 1 \quad \text{(식 6-13)}$$

이러한 재귀적 정의의 종료 조건은, 우리가 일반적인 개념을 정의할 때도 필요한 경우가 있습니다. 우리 우주에 주어진 시공간에서 자동차를 만드는 과정에 대해서 생각해 봅시다. 우리는 "주어진 시공간"에 "주어진 재료"를 사용하여 자동차를 만들 수 있습니다. 자동차를 만들기 위해서는 시간과 공간은 이미 주어진 것이라고 가정합니다.

이제 시공간 자체를 만드는 과정을 생각해 봅시다. 우리가 인식하는 시공간보다 높은 차원이 있어서 그곳의 누군가는 우리 차원의 시공간 만들기를 객관적으로 인식할 수 있을 것입니다. 그것은 우리가 삼차원 공간에서 시간을 들여서 이차원 평면을 만드는 것과 비슷합니다.

하지만 우리 우주의 시공간에 현재(시간) 존재하는(공간) 우리가, 우리가 인식하는 시공간을 만드는 것을 인식하려고 하면 논리적인 모순이 발생할 수밖에 없습니다. 그것은 마치 종료조건이 없는 팩토리얼 같아서 끊임없이 질문이 반복됩니다. 빅뱅을 믿는 사람들은 다음과 같은 모순된 질문을 할 수 있습니다.

> "빅뱅 전에는 무엇이 있었나?" **(질문 6-14)**

(질문 6-14)는 순환 참조(circular reference)를 하고 있습니다. 왜냐하면 빅뱅이 시간을 만들었는데, "빅뱅이 만든 시간 전"을 질문하기 때문입니다. 이러한 오류는 창조론에서도 마찬가지입니다.

> "하나님은 창조 전에 무엇을 하고 계셨나?" **(질문 6-15)**

하나님께서 창조를 통해서 시공간을 만드셨는데, "창조 전"이라는 시간에 대해서 질문하기 때문에 순환 참조를 하고 있습니다. 이러한 잘못된 질문에 대한 대답은 재귀 정의에서 무한 재귀를 막기 위해 도입한 "종료 조건"을 추가하는 것입니다. 빅뱅이론과 창조론 모두에서 종료 조건은 "무(nothing)"입니다. 하지만 빅뱅이론의 무와 창조론의 무는 다른 의미를 가집니다. 빅뱅이론의 무는 무 이외의 어떤 것의 존재도 인정하지 않습니다. 창조론의 무도 이와 비슷하지만 시공간과 물질이 없는 '무'라는 상태를 초월하는 어떤 절대자가 스스로 있다고 가정하는 것입니다.

우리의 시공간의 창조자가 존재한다면, 어떻게 우리가 창조자를 인식할 수 있는지에 대한 시뮬레이션은 n차원에서 (n+1)차원을 해석하는 방법을 통해서 어렴풋이 이해할 수 있습니다. 이것을 변환이라고 하는데, 공간의 변환에 대한 내용을 먼저 살펴보고, 시간의 상대성으로 인한 변환에 대한 추가적인 내용은 7장에서 살펴보도록 하겠습니다.

우리는 철학적인 사고와 수학적인 사고를 분리하려는 경향이 있습니다. 그러기보다는 형이상학적(metaphysics)인 사고를 물리과학(physical science)에 기반하여 이해하는 것이 더 자연스러워 보입니다. 우주를 기술하는 언어가 수학이고, 우리 우주가 규칙이 있다는 것 자체가 벌써 경외감을 느끼게 합니다.

● 변환의 실재

변환(transformation)과 차원(dimension)을 이해하기 위해 함수를 살펴보기로 합시다. 다음 (식 6-16), (식 6-17)과 같이 두 개의 함수를 정의하였습니다.

$$\text{next}(x) = x+1 \quad \text{(식 6-16)}$$
$$\sin(x) \quad \text{(식 6-17)}$$

$\text{next}(x)$ 함수는 함수가 전달받은 값 x에 대해, x보다 1 큰 값을 리턴(return)합니다. 이제 다음과 같은 문장을 생각해 봅시다.

"next(0)과 sin(90도)는 같다" (주장 6-18)

이 문장은 참일까요, 거짓일까요? sin이라는 함수가 파라미터에 대해서 어떤 변환 과정을 거쳐서 출력을 결정하는지 이해하지 못하는 사람들이 이 문장을 참이라고 받아들이는 것은 불가능해 보입니다. 이제 여러분이 sin이라는 함수의 변환 과정을 이해했다고 합시다. 그러면 여러분은 sin(90도)가 next(0)과 같다는 사실을 이해할 수 있게 되겠지요. 하지만 '무엇'이 같습니까? 분명 next(0)과 sin(90도)는 다른 함수입니다. 그러면 '무엇'이 같습니까? 그렇습니다. 함수가 변환 과정을 거친 후의 계산 결과가 같습니다.

이제 우리는 함수와 변환에 대해서는 전혀 이해하지 못하는 어떤 사람이 이러한 문장을 들었을 때의 당혹감에 대해서 생각해 봅시다. 그는 이렇게 대답하겠지요. "next(0)과 sin(90도)가 어떻게 같을 수가 있어요? 분명히 달라요." 그러면 우리는 그 사람에게 함수와 변환을 설명할 수 없어서 (주장 6-18)이 거짓이 아니라, 참이라는 사실을 그 사람에게 이해시키는 데 실패하게 될 것입니다. 이러한 일들이 우리가 경험하는 실세계에서도 존재하는 것이 아닐까요? 변환 과정을 모르기 때문에 모순이나 틀렸다고 생각하지만 변화 과정을 고려한다면 틀렸다고 생각되는 것들이 사실일 수도 있다는 것이 이해되지 않을까요?

함수와 변환에 대한 이해가 중요한 이유는, 우리가 경험하는 일상의 삶이 사실은 '뇌(brain)'라는 함수의 출력이기 때문입니다. 우리는 눈으로 보는 것을 입력이라고 생각합니다. 하지만 엄격한 의미에서 이것은 잘못입니다. 우리가 보는 것은 입력인 동시에 출력입니다.

우리가 순수한 입력을 보는 것은 불가능합니다. 우리가 본다고 생각하는 것은 눈으로 들어온 입력을 뇌가 해석한 결과입니다. 예를 들면, 맹점(blind spot)은 우리가 모든 것을 보지는 못한다는 것을 증명하는 예가 아니라, 뇌가 모든 것을 해석할 수 없다는 예입니다. 우리가 보는 것이 뇌의 해석의 결과라는 것은, 인간은 본질적으로 사물의 본질을 이해할 수 없다는 것을 말합니다. 우리는 함수(뇌)의 변환 결과(해석)를 봅니다.

함수와 변환이라는 개념이 게임 프로그래머에게 친숙한 이유는, 게임을 개발하는 데 중요한 요소가 삼차원 공간을 이차원 평면공간으로 변환하는 작업을 포함하기 때문입니다. **변환행렬(transform matrix)**을 어떻게 구성하느냐에 따라서 삼차원 공간은 다양한 방식으로 이차원 스크린 공간(screen space)에 표현됩니다. 이제 우리가 사는 이 우주에 실재로 항상 발생하는 변환을 이해하기 위해 함수에 대해서 더 살펴보겠습니다.

두 개의 파라미터를 전달받는 pos(x, y)라는 함수를 생각해 봅시다. pos( ) 함수를 다음과 같이 정의합니다.

pos(x, y) = {어떤 대상의 위치(position)를 결정한다.}

(식 6-19)

pos( ) 함수는 주어진 공간(space)에서 대상의 위치를 결정하는 함수입니다. 이제 수직선상에서의 위치를 결정하는 함수 pos(x)를 생각해 봅시다. 수직선상에서 원점(origin point)이 정해지면 우리는 하나의 인자(parameter)를 받는 pos(x) 함수를 이용해서 대상의 위치를 정확하게 결정할 수 있습니다.

[그림 6-10] pos(x) 함수는 수직선상에서 위치를 결정합니다.

위치를 결정하는데, 최소 두 개의 파라미터를 사용해야 하는 경우를 생각해 봅시다. 그러한 함수가 위치를 유일하게 결정하는 대상은 평면(plane) 공간입니다.

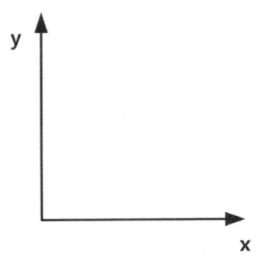

[그림 6-11] pos(x, y) 함수는 평면의 위치를 결정합니다.

이제 원점이 주어지면 우리는 pos(x, y)를 이용해서 대상의 위치를 정확하게 결정할 수 있습니다. pos( ) 함수의 파라미터를 좀 더 늘려보겠습니다. pos(x, y, z)가 결정하는 대상은 어떠한 모양을 하고 있을까요? 그것은 육면체(cube, 큐브)일 것입니다.

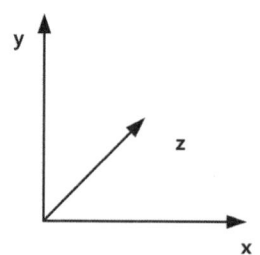

[그림 6-12] pos(x, y, z) 함수는 육면체 공간의 위치를 결정합니다.

이제 입체공간에서 pos(x, y, z)는 대상의 정확한 위치를 결정할 수 있습니다. 대상 공간에서 위치(사건)[10]를 결정하는 함수의 파라미터의 개수를 **차원(dimension)**이라고 합니다. 직선은 일차원입니다. 직선 위의 임의의 점(point)의 위치를 결정하는 데 하나의 파라미터만 있으면 충분하기 때문입니다. 가로축을 x축이라고 하면, 직선의 위치를 결정하는 함수는 하나의 파라미터만을 가집니다. 평면(plane)은 이차원입니다. 평면 위의 임의의 점의 위치를 나타내기 위해서는 두 개의 파라미터 (x, y)가 필요하기 때문입니다. 입체는 삼차원입니다. 입체공간에서 임의의 점의 위치를 나타내기 위해서는 세 개의 파라미터 (x, y, z)가 필요하기 때문입니다. 이제 우리는 우리가 살고 있는 우주에 대해서 다음과 같이 질문할 수 있습니다.

> "우리는 몇 차원에 살고 있습니까?" (질문 6-20)

---

10) 차원을 구성하는 축에 시간축이 포함되면 위치(position)라고 하지 않고, 사건(event)이라고 합니다.

이 질문은 다음과 같이 바꾸어 물을 수 있습니다. "우주에서 우리의 위치를 결정하는 위치함수의 파라미터의 개수는 몇 개입니까?" $pos(x, y, z)$로 충분합니까? $pos(x, y, z, t)$가 되어야 합니까? 아니면 파라미터가 11개 정도 필요한 것이 아닐까요?[11]

우리는 최소한 사차원 이상의 우주에 살고 있는 것 같습니다. 왜냐하면 우주에 존재하는 어떤 대상의 위치를 나타내기 위해서는 최소 네 개의 파라미터가 필요하기 때문입니다. 지구의 중심을 우주의 원점이라고 합시다. 그러면 우리는 지구 표면에 위치한 어떤 대상의 위치를 결정하기 위해서는 (〈위도(latitude)〉, 〈경도(longitude)〉, 〈고도(altitude)〉) 그리고 (〈시간(time)〉)이 필요합니다. 위치를 결정할 때 시간을 고려해 주어야 하는데, 왜냐하면 대상의 위치는 시간이 경과함에 따라 항상 바뀌기 때문입니다. 그래서 우리는 우리가 살고 있는 우주 공간을 **사차원 시공**(4-dimensional space-time)이라고 부릅니다.

우리는 차원을 관찰함으로써 보다 높은 차원에서 낮은 차원으로의 '변환'이 일어날 때, 어떠한 일들이 발생할 수 있는지를 살펴보려고 합니다. [그림 6-13]을 봅시다. 4개의 직선이 그어져 있는데, 직선 $\overline{AB}$와 $\overline{CD}$는 평행합니다. 그런데 누군가가 "직선 $\overline{EF}$와 $\overline{GH}$도 서로 평행하다"는 주장을 한다면, 우리는 그 사실에 동의할 수 없을 것입니다.

---

11) M-이론, https://en.wikipedia.org/wiki/M-theory

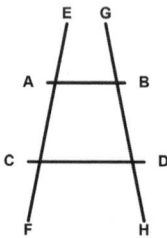

[그림 6-13] 직선 $\overline{AB}$와 $\overline{CD}$는 평행합니다. $\overline{EF}$와 $\overline{GH}$도 평행할 수 있을까요?

우리는 [그림 6-13]에서 서로 평행한 두 직선 $\overline{AB}$와 $\overline{CD}$를 관찰합니다. 그리고 서로 평행하지 않은 두 직선 $\overline{EF}$와 $\overline{GH}$도 관찰합니다. 우리가 이차원에 살고 있고, 높은 차원의 존재 자체를 모른다면 직선 $\overline{EF}$와 $\overline{GH}$가 평행하다는 주장을 어떠한 식으로도 납득시킬 수 없습니다. 하지만 다행히도 우리는 이차원보다는 높은 차원에 살고 있습니다. [그림 6-13]에서 선의 의미가 원래 [그림 6-14]의 삼차원 공간의 기찻길을 나타낸 것이었다면 직선 $\overline{EF}$와 $\overline{GH}$는 서로 평행한 것이 맞습니다.

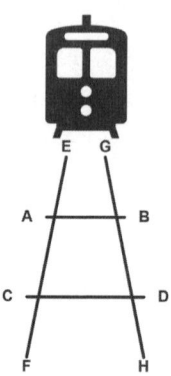

[그림 6-14] 직선 $\overline{AB}$와 $\overline{CD}$는 평행합니다. $\overline{EF}$와 $\overline{GH}$도 평행합니다.

삼차원에서는 평행한 직선 $\overline{EF}$와 $\overline{GH}$가 이차원에서 평행하지 않게 보이는 이유는 삼차원에 존재하는 직선을 이차원으로 '변환'[12]해서 표현했기 때문입니다. 우리는 우리 우주에서 이러한 변환을 눈으로 무언가를 보는 매순간 수행합니다. 같은 크기의 물체가 거리에 따라 크기가 다르게 보이는 것을 당연하게 생각하고 있습니다. 삼차원 공간에서 이차원 평면(눈)으로의 변환을 이미 학습했기 때문입니다. 눈은 둥근 표면을 가지고 있기는 하지만 여전히 평면(plane)이므로, 두 개의 파라미터로 위치를 기술할 수 있습니다.

변환 때문에 발생한 오해의 가능성을 명확하게 하기 위해 한 가지 예를 더 살펴봅시다. [그림 6-15]에는 세 가지 종류의 각이 표현되어 있습니다. 각각은 **예각**(acute angle), **둔각**(obtuse angle)과 **직각**(right angle)입니다. 이 그림에 대해서 어떤 사람이 "[그림 6-15]의 세 각은 모두 직각이다"라는 주장을 합니다. 말도 안 되는 소리처럼 들립니다. 하지만 변환을 고려한다면 혹시 맞는 주장이 아닐까요?

[그림 6-15] 이차원 평면에 세 종류의 각을 나타내었습니다. 예각, 둔각, 직각입니다.

[그림 6-16]은 이 그림이 변환되기 전의 삼차원에서의 각의 상태를 보여줍니다. 모두 직각입니다. 삼차원 공간에 존재하는 직각을 이차원으로 **투영**(projection)**시키는 변환** 때문에, 같은 각이 서로 다른 각처럼 보이는 것입니다. 이제 삼차원을 인지한 어떤 사람이 이차원 세계에 나타나, "세 각은 다르게 보이지만 사실은

---

12) 변환 중에서 투영 변환(projection transform)이 적용된 것입니다.

모두 같은 각이야"라고 주장할 때 그 주장을 듣는 이차원에 살고 있는 사람들의 당황스러움에 대해서 생각해 봅시다. 말도 안 되는 소리라고 생각하거나, 미쳤다고 생각할 것 같습니다.

[그림 6-16] 하나의 육면체가 이차원으로 변환되면, 직각은 다른 각으로 보입니다.

지금까지의 간단한 관찰을 통해 우리는 높은 차원에서 낮은 차원으로의 변환이 발생할 때는 같은 대상(사실)에 대해서, 하나는 맞고, 다른 하나는 틀리다고 생각되는 것들이 사실은 모두 맞는 것일 수 있다는 가능성에 대해서 알게 되었습니다. 또 하나의 사실이 변환에 따라 세 가지로 해석되는 예를 살펴보았습니다.

제가 여러분들을 교묘한 수학으로 속이고 있다고 생각해서는 안 됩니다. 이러한 차원의 변환에 대한 관측은 실제입니다. 상상 속의 실험이 아니라 주위에서 항상 일어나는 일입니다. 그러면 우리가 살고 있는 우주에 우주보다 높은 차원에서 발생하는 어떠한 사실을, 우리가 사는 이곳 우주에서 관찰할 때, 어떤 모순되어 보이는 주장들이 사실은 진실이며, 서로 다르게 인식하는 대상이 사실은 하나의 대상에 대한 변환된 표현일 수 있는 가능성이 있다는 실제를 받아들여야 하겠습니다.

물론 이러한 사실을 받아들이는 데는 믿음이 필요합니다. 그것은 변환이 발생할 수도 있다는 믿음[13]이 아니라, 우리가 존재

---

13) 변환은 실재로 항상 일어나는 일이므로 믿음이 필요하지 않습니다. 관측되지 않거나 사실로 인정되지 않은 주장에 대해서는 이를 받아들이는 '믿음'이 필요합니다.

하는 우주보다 높은 차원이 존재할 것이라는 믿음입니다. 우리가 존재하는 우주보다 높은 차원이 존재한다는 사실을 허튼소리라고 확신하는 사람들에게는 '변환'에 대한 주장들은 모두 틀린 것이며, 말도 되지 않는 소리입니다.

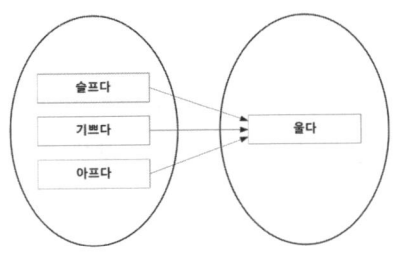

[그림 6-17] 풍부한 감정은 가끔 하나의 감각으로 표현됩니다.

변환에 대한 사실 한 가지를 더 관찰해 보겠습니다. [그림 6-17]에는 울고 있는 사람이 가질 수 있는 감정(emotion)의 상태를 나타내었습니다. 어떤 사람이 울고 있는 이유가 무엇인지 우리는 알 수 없습니다. 슬퍼서, 기뻐서, 아파서 등의 많은 이유가 존재할 수 있기 때문입니다. 격한 슬픔과 격한 기쁨이 어떻게 같은 '울음'으로 표현될까요? 그것은 보다 풍부한 것에서 풍부하지 않은 것으로, 보다 높은 차원에서 낮은 차원으로의 변환으로 해석할 수 있습니다.

감정은 신체를 통한 감정의 표현보다는 풍부합니다. 우리가 인식하는 차원보다 높은 차원에는 우리가 이해할 수 없는 어떤 사실이 많이 있을 것입니다. 그러한 사실들이 우리가 인식하는 차원으로 변환되어 표현될 때, 표현은 우리가 이해할 수 있는 정도로 제한될 것입니다.

우리는 이러한 차원이 달라지는 변환에서 다음과 같은 사실을 관찰합니다. 그것은 다른 것이지만, 같게 보일 수 있다는 가능성입니다. 변환 전에는 분명히 다른 것이지만, 변환 과정을 통해 우리는 같다고 관찰하게 되는 것이지요. 관찰된 사실 이전에 변환이라는 과정이 있었다는 사실을 받아들이지 못한다면 우리는 슬픔과 기쁨이 모두 눈물을 흘리는 표현형을 가지므로 "슬픔과 기쁨은 같은 것"이라고 결론을 내려야 할 것입니다.

이제까지의 관찰을 통해 우리는 '변환'에 대한 실제를 알아보았습니다. 우리가 높은 차원이 있다는 것을 받아들이는 것과 상관없이, 높은 차원에서 낮은 차원으로 '변환'이 일어나면 다음과 같은 실제가 존재합니다.

1) 같은 것이 다르게 보일 수 있습니다.
2) 다른 것이 같게 보일 수 있습니다.

우리가 인식하는 우주보다 높은 차원이 있을 수도 있다는 것을 받아들이는 문제는 '믿음'의 문제입니다. 영혼이나 귀신의 존재를 믿는 사람들은 이 가능성을 받아들이는 사람들입니다.

기독교는 이렇게 주장합니다. "하나님은 세 분이고, 한 분이시다." 모순을 포함한 주장입니다. 하지만 하나님이 계신 그곳을 우리가 사는 우주의 차원으로 설명할 때 불가피한 변환 과정이 있었다면 기독교의 주장은 참이 아닐까요?

기독교는 이렇게 주장합니다. "모든 일들은 하나님의 섭리이다.[14] 하지만 인간에게는 자유의지가 있다."[15] 역시 참으로 황당

---

14) 시편 103편 19절, 여호와께서 그의 보좌를 하늘에 세우시고 그의 왕권으로 만유를 다스리시도다
15) 창세기 2장 16-17절, (16) 여호와 하나님이 그 사람에게 명하여 이르시되 동산 각종 나무

한 주장입니다. 하나님은 모든 일들을 알고 있습니다. 하지만 일들의 진행을 결정하는 것은 우리의 자유의지입니다. 하나님의 전지전능과 인간의 자유의지는 공존할 수 없어 보입니다. 하지만 우리가 변환 과정을 놓치고 있는 것은 아닐까요?

어떤 분이 이렇게 이야기합니다. "하나님을 믿는 내가 가는 곳이 천국이고, 하나님을 믿지 않는 사랑하는 내 가족이 가는 곳이 지옥이라면 차라리, 나는 사랑하는 가족을 만날 수 있는 지옥을 선택하겠다." 천국에서 사랑하는 가족을 만나지 못한다면 천국이 아닙니다. 기독교는 내가 사랑하는 대상에 상관없이 그 사람이 하나님을 믿지 않는다면 천국에 가지 못한다고 주장[16]합니다. 내가 사랑하는 가족이 천국에 갈 수 없는 상황, 사랑하는 대상을 사랑할 수 없는 상황이 펼쳐지는 것이지요. 그러한 불완전한 곳이 천국일까요? 하지만 우리가 변환 과정을 놓치고 있어서 모순처럼 느끼고 있는 것이 아닐까요?

이러한 변환을 실제로 계산해 보는 것은 참으로 흥미롭습니다. 모든 학문이 그렇듯이 학문 자체는 그것을 알아갈 때의 성취감으로 학문을 공부하는 모든 사람에게 보상합니다. 다음 절에서는 삼차원 데이터를 이차원으로 **투영 변환**(Projection Transformation)하는 데 사용하는 수학에 대해서 구체적인 계산 방법을 알아보도록 하겠습니다. 이 과정은 7장에서 시간의 상대성을 이해하기 위한 수학적 방법을 이해하는 데 필수적인 전 단계입니다.

의 열매는 네가 임의로 먹되 (17) 선악을 알게 하는 나무의 열매는 먹지 말라 네가 먹는 날에는 반드시 죽으리라 하시니라

16) 사도행전 4장 12절, 다른 이로써는 구원을 받을 수 없나니 천하 사람 중에 구원을 받을 만한 다른 이름을 우리에게 주신 일이 없음이라 하였더라

● **변환**(Transformation)

삼차원 공간의 모든 점을 삼차원 벡터 (x, y, z)로 나타낼 수 있고, 이를 변환하는 기능을 3×3 행렬로 표현할 수 있습니다. 하지만 게임이나, 삼차원 그래픽 소프트웨어에서는 일관된 변환을 위해서 삼차원 벡터를 사차원 벡터 $(x, y, z, 1)$로 변경한 다음에, 4×4 행렬을 이용하여 변환을 수행합니다. 아무튼 변환을 수학적인 방법으로 표현하기 위해서는 행렬을 사용해야 합니다.

삼차원 변환을 이해하기 전에 먼저 더 간단한 이차원에서의 변환에 대해서 살펴보도록 하겠습니다. 우리는 5장에서 이차원 벡터 $\vec{v}=(v_x, v_y)$를 정의하였을 때, 변환을 위한 함수 $f(\vec{v})$를 (식 6-21)처럼 정의하였습니다.

$$f(\vec{v}) = \begin{bmatrix} a & b \\ c & d \end{bmatrix} \begin{bmatrix} v_x \\ v_y \end{bmatrix}$$ (식 6-21)

(식 6-21)은 이차원 벡터 $\vec{v}$를 기저벡터 $\begin{bmatrix} a \\ c \end{bmatrix}$와 $\begin{bmatrix} b \\ d \end{bmatrix}$를 가지는 공간으로 변환한다는 의미입니다. 그러면 행렬과 벡터의 곱셈 연산의 결과는, $\begin{bmatrix} a \\ c \end{bmatrix}$와 $\begin{bmatrix} b \\ d \end{bmatrix}$를 기저로 가지는 공간에서의 벡터 $\vec{v}=(v_x, v_y)$가 $\begin{bmatrix} 1 \\ 0 \end{bmatrix}$와 $\begin{bmatrix} 0 \\ 1 \end{bmatrix}$을 기저로 하는 표준 공간에서 어떻게 표현되는지를 구합니다. 예를 들어 다음 (식 6-22)를 고려해 봅시다.

$$A = \begin{bmatrix} 2 & -1 \\ 1 & 1 \end{bmatrix}$$ (식 6-22)

$$f(\vec{v}) = \begin{bmatrix} 2 & -1 \\ 1 & 1 \end{bmatrix} \begin{bmatrix} 3 \\ -2 \end{bmatrix}$$ (식 6-22b)

위 (식 6-22b)는 $\begin{bmatrix} 2 \\ 1 \end{bmatrix}$와 $\begin{bmatrix} -1 \\ 1 \end{bmatrix}$을 축으로 가지는 이차원 A 공간에서의 점 $\begin{bmatrix} 3 \\ -2 \end{bmatrix}$가 표준 공간에서는 어떤 점이 되는지 구합니다. 이것을 구해 보면 다음과 같습니다.

$$\begin{bmatrix} 2 & -1 \\ 1 & 1 \end{bmatrix}\begin{bmatrix} 3 \\ -2 \end{bmatrix} = \begin{bmatrix} 2 \\ 1 \end{bmatrix}3 + \begin{bmatrix} -1 \\ 1 \end{bmatrix}(-2)$$

$$= \begin{bmatrix} 2\times3+(-1)\times(-2) \\ 1\times3+1\times(-2) \end{bmatrix} = \begin{bmatrix} 8 \\ 1 \end{bmatrix}$$

그러므로 A공간에서 $\begin{bmatrix} 3 \\ -2 \end{bmatrix}$는 표준 공간에서 $\begin{bmatrix} 8 \\ 1 \end{bmatrix}$입니다. 이 것의 기하학적인 의미는 [그림 6-18]과 같습니다.

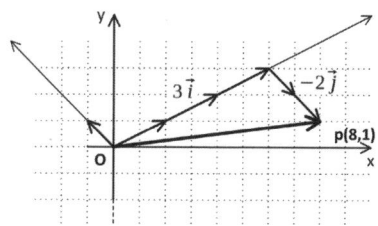

[그림 6-18] 벡터 $\vec{i}=(2, 1)$와 $\vec{j}=(-1, 1)$를 기저로 가지는 축에서의 벡터 (3, -2)의 의미

$\begin{bmatrix} 3 \\ -2 \end{bmatrix}$는 첫 번째 $\begin{bmatrix} 2 \\ 1 \end{bmatrix}$축을 따라 3만큼 진행하고, 두 번째 $\begin{bmatrix} -1 \\ 1 \end{bmatrix}$축을 따라 -2만큼 진행하라는 의미입니다. 이렇게 진행하면 [그림 6-18]에서 보는 것처럼 그 값은 $\begin{bmatrix} 8 \\ 1 \end{bmatrix}$이 됩니다.

쉬어 변환(Shear Transform)

기저를 구성하는 벡터들이 서로 직교일 필요는 없습니다. 기저가 서로 직교하지 않도록 설정하면, 변환의 결과가 기울어지도록 (shear) 할 수 있습니다. 예를 들면 첫 번째 기저벡터를 (1, 0)으로 사용하고, 두 번째 기저벡터를 (1, 1)로 사용하면, 이러한 좌표계로의 변환은 표준 좌표계의 벡터들이 모두 오른쪽으로 45도 기울어지도록 합니다.

변환행렬을 다음 (식 6-23)과 같이 설정할 수 있습니다.

$$\begin{bmatrix} 1 & 1 \\ 0 & 1 \end{bmatrix}$$ (식 6-23)

이렇게 설정된 좌표계상에 (3, -2) 벡터를 표시하면 [그림 6-19]와 같습니다. 이것은 $\begin{bmatrix} 1 \\ 0 \end{bmatrix}$ 벡터를 따라 3만큼, $\begin{bmatrix} 1 \\ 1 \end{bmatrix}$ 벡터를 따라 -2만큼 이동한 결과입니다.

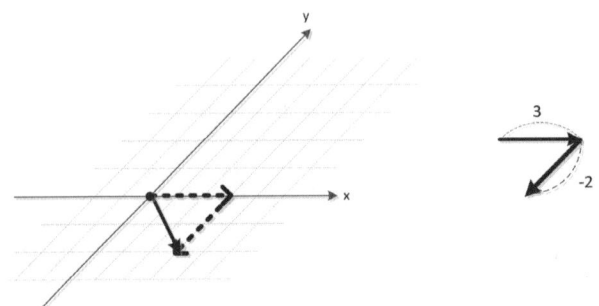

[그림 6-19] 쉬어 변환(Shear Transform): $\vec{i}=(1, 0)$과 $\vec{j}=(-1, 1)$ 벡터를 기저로 사용합니다.

쉬어 변환을 이용하여 $\begin{bmatrix} 3 \\ -2 \end{bmatrix}$를 변환하면 (식 6-24)와 같습니다.

$$\begin{bmatrix} 1 & 1 \\ 0 & 1 \end{bmatrix}\begin{bmatrix} 3 \\ -2 \end{bmatrix} = \begin{bmatrix} 3-2 \\ 0-2 \end{bmatrix} = \begin{bmatrix} 1 \\ -2 \end{bmatrix}$$ (식 6-24)

[그림 6-20]에서 (3, -2)의 위치는 표준 좌표계상에서 (1, -2)상에 표시된 것을 확인할 수 있습니다.

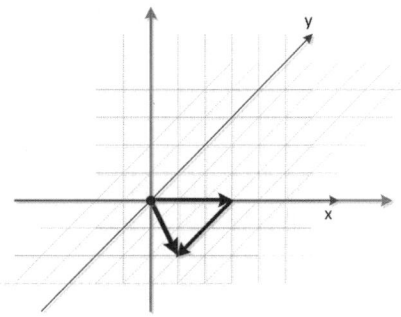

[그림 6-20] 변환 전의 (3, -2)는 변환 후에 표준 좌표계에서 (1, -2)입니다.

크기 변환(Scale Transform)

특정한 축을 따라서 크기가 변환되도록 기저를 설정하는 것이 가능합니다. x축을 따라 s_x만큼, y축을 따라 s_y만큼 크기를 변경하는 변환은, 표준 x축 $\begin{bmatrix} 1 \\ 0 \end{bmatrix}$에 스칼라 s_x를 곱하고, 표준 y축 $\begin{bmatrix} 0 \\ 1 \end{bmatrix}$에 스칼라 s_y를 곱한 벡터를 기저로 사용하면 됩니다. 그것은 다음 (식 6-25)와 같이 표현할 수 있습니다.

$$\begin{bmatrix} s_x & 0 \\ 0 & s_y \end{bmatrix}$$ (식 6-25)

s_x와 s_y의 값이 같으면 모든 축을 따라 동일한 크기로 변환합니다. 이 값이 다르면 각 축을 따라 다른 크기로 변환합니다. 예를 들면 $s_x=2$, $s_y=1$로 정해진 (식 6-26)은 x축을 따라서만 크기를 두 배 변환하는 행렬입니다.

$$\begin{bmatrix} 2 & 0 \\ 0 & 1 \end{bmatrix}$$ (식 6-26)

(식 6-26)이 나타내는 **비균일 크기변환(non-uniform scaling)**을 적용한 후에, (식 6-23)이 나타내는 쉬어 변환을 적용하는 것은 다음 (식 6-27)처럼 나타낼 수 있습니다.

$$\begin{bmatrix} 1 & 1 \\ 0 & 1 \end{bmatrix}\begin{bmatrix} 2 & 0 \\ 0 & 1 \end{bmatrix}=\begin{bmatrix} 2 & 1 \\ 0 & 1 \end{bmatrix}$$ (식 6-27)

(식 6-27)은 x축을 따라 먼저 크기를 두 배 변환하고, 그것을 다시 쉬어 변환한다는 의미입니다. $\begin{bmatrix} 3 \\ -2 \end{bmatrix}$에 대한 변환을 계산하면 (식 6-28)과 같습니다.

$$\begin{bmatrix} 2 & 1 \\ 0 & 1 \end{bmatrix}\begin{bmatrix} 3 \\ -2 \end{bmatrix}=\begin{bmatrix} 6-2 \\ 0-2 \end{bmatrix}=\begin{bmatrix} 4 \\ -2 \end{bmatrix}$$ (식 6-28)

그러면 $\begin{bmatrix} 3 \\ -2 \end{bmatrix}$에 대한 변환은 [그림 6-21]과 같이 표현됩니다.

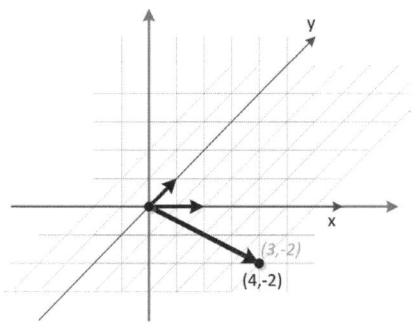

[그림 6-21] x축 방향의 스케일 변환(Scale Transform): $\vec{i}=(2,\ 0)$ 즉 첫 번째 축을 따라서 크기가 2 증가합니다.

(1, 0)과 (1, 1)이 쉬어 변환이었다는 것을 생각해 보면, 이 변환에서 첫 번째 기저벡터 (1, 0) 대신에 2(1, 0)을 사용한 변환의 결과로 첫 번째 기저벡터를 따라 값들이 2배 크기 변환된 결과를 확인할 수 있습니다. [그림 6-21]을 보면 이 값은 표준 좌표계에서 (4, -2)입니다.

회전 변환(Rotation Transform)

이차원 평면에서, 임의의 점 $Q=(a,\ b)$를 θ만큼 회전시킨 새로운 점 $Q'=(a',\ b')$을 구하는 문제를 생각해 봅시다. 표준 좌표계에서 점 Q는 다음 (식 6-29)와 같이 변환행렬로 나타낼 수 있습니다.

$$Q=\begin{bmatrix}1 & 0 \\ 0 & 1\end{bmatrix}\begin{bmatrix}a \\ b\end{bmatrix} \quad \text{(식 6-29)}$$

(식 6-29)에서 a, b가 임의의 실수이므로, x축 (1, 0)과 y축 (0, 1)이 스팬(span)하는 모든 이차원 점(point)들을 의미합니다.

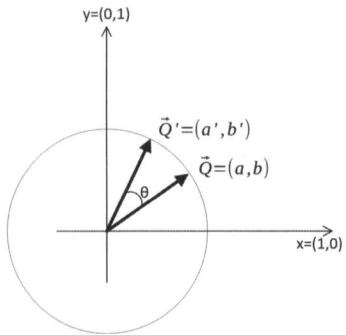

[그림 6-22] 회전 변환: $Q=(a, b)$를 θ만큼 회전시킨 새로운 점 $Q'=(a', b')$을 구하는 문제는 기저를 변환하는 문제, 즉 축을 회전시키는 문제로 생각할 수 있습니다.

[그림 6-22]에서 점 Q를 반시계 방향으로 회전했을 때의 새로운 위치를 Q'이라고 하고, Q와 Q'이 이루는 각을 θ라고 하겠습니다. 변환행렬을 찾기 위해, Q를 회전하는 것이 아니라, Q가 정의된 기저를 회전하는 문제로 생각해 볼 수 있습니다. Q의 값이 (a, b)였다면, 회전된 기저에서도 Q'은 (a, b)로 표현될 것입니다.

회전된 새로운 위치 $Q'=(a', b')$는 표준 x축과 y축이 θ만큼 회전된—즉 기저가 변환된—새로운 점이며 회전된 기저를 $x'=(x_1, y_1)$, $y'=(x_2, y_2)$라고 하면 $Q'=(a', b')$은 다음 (식 6-30)과 같이 적을 수 있습니다.

$$Q' = \begin{bmatrix} a' \\ b' \end{bmatrix} = \begin{bmatrix} x_1 & x_2 \\ y_1 & y_2 \end{bmatrix} \begin{bmatrix} a \\ b \end{bmatrix} \quad \text{(식 6-30)}$$

기존 축이 정규직교 기저였으므로, 새로운 축 x', y'도 정규직교(orthonormal) 기저 조건을 만족해야 합니다. 이것을 [그림 6-23]에 나타내었습니다.

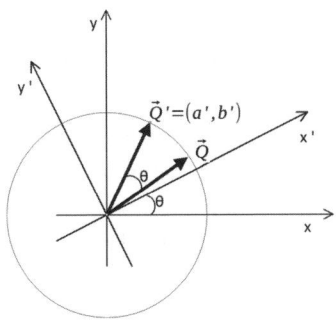

[그림 6-23] 축 변환(axis transformation): 회전 변환을 축을 변환시키는 문제로 생각하면 변환된 새로운 축을 구성하는 정규직교 기저를 구하면 됩니다.

새로운 축 x', y'은 삼각함수(trigonometric functions)의 정의에 의해서 [그림 6-24]처럼 구할 수 있습니다.

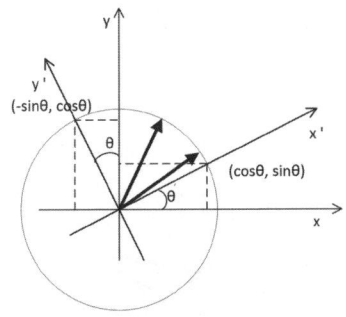

[그림 6-24] 회전 변환된 새로운 축: 새로운 축은 반지름이 1인 원의 원주를 따라 움직이므로 항상 정규직교 기저 조건을 만족합니다.

단위 원과 x'의 교점의 좌표는 x성분이 $\cos\theta$이고, y성분이 $\sin\theta$입니다. 단위 원과 y'의 교점은 x성분이 $-\sin\theta$이고, y성분이 $\cos\theta$입니다. 그러므로 회전 변환된 새로운 축은 (식 6-31)과 같습니다.

$$x'=(\cos\theta,\ \sin\theta),\ y'=(-\sin\theta,\ \cos\theta)$$ **(식 6-31)**

이 값을 (식 6-30)에 대입하면, 회전된 새로운 점의 위치를 다음 (식 6-32)와 같이 나타낼 수 있다.

$$Q' = \begin{bmatrix} a' \\ b' \end{bmatrix} = \begin{bmatrix} \cos\theta & -\sin\theta \\ \sin\theta & \cos\theta \end{bmatrix} \begin{bmatrix} a \\ b \end{bmatrix}$$ (식 6-32)

예를 들어 45도 회전된 변환을 나타내고 싶다면, 45도(45°)는 $\pi/4$ 라디안이므로 다음과 같이 회전 변환행렬을 구성할 수 있습니다.

$$\begin{bmatrix} \cos(\pi/4) & -\sin(\pi/4) \\ \sin(\pi/4) & \cos(\pi/4) \end{bmatrix}$$

새롭게 회전된 좌표계상에 벡터 (3, -2)를 그려보면 [그림 6-25]와 같은 결과를 얻습니다.

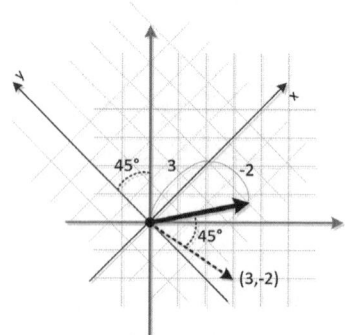

[그림 6-25] 회전 변환(Rotation Transform): 단위 원에 대한 삼각함수의 규칙을 이용하면, 회전된 새로운 기저를 얻는 것이 가능합니다.

[그림 6-25]에서 굵은 실선 화살표로 표현된 결과 벡터는 표준 기저상에서 점선 화살표로 표현된 (3, -2)가 반시계 방향(CCW, counterclockwise)으로 45도($\pi/4$ 라디안) 회전된 결과인 것을 확인할 수 있습니다.

선형 변환(Linear Transformation)의 특징

 선형 변환(linear transformation)은 다음과 같은 두 가지 성질을 만족해야 합니다.

1) 변환되기 전의 좌표계에서 선(Line)은 변환 후에도 선(Line)이어야 합니다.
2) 원점의 위치가 변하지 않아야 합니다.

 이렇게 되기 위해서는, 변환 전의 평행한 격자(Grid)는 변환 후에도 축을 따라 평행을 유지해야 합니다. 지금까지 살펴본 크기 변환, 쉬어 변환 및 회전 변환은 2×2 행렬로 표현되는 선형 변환입니다.

 선형 변환을 구성하는 각 행렬을 변환행렬(Transform Matrix)이라고 합니다.

$$Q' = \begin{bmatrix} x' \\ y' \end{bmatrix} = \begin{bmatrix} \cos\theta & -\sin\theta \\ \sin\theta & \cos\theta \end{bmatrix} \begin{bmatrix} x \\ y \end{bmatrix} \quad \text{(식 6-33)}$$

 위의 회전 변환에서, 행렬 $\begin{bmatrix} \cos\theta & -\sin\theta \\ \sin\theta & \cos\theta \end{bmatrix}$를 **선형 변환행렬**(linear transformation matrix)이라고 합니다. 선형 변환은 기저를 이루는 벡터의 선형 조합을 간단하게 나타낸 것입니다.

 이제 (x, y) 벡터의 위치를 (a, b)만큼 위치를 이동하는 변환을 생각해 봅시다. 그것은 다음 (식 6-34)처럼 나타낼 수 있습니다.

$$Q' = \begin{bmatrix} x' \\ y' \end{bmatrix} = \begin{bmatrix} x \\ y \end{bmatrix} + \begin{bmatrix} a \\ b \end{bmatrix} = \begin{bmatrix} x+a \\ y+b \end{bmatrix}$$ (식 6-34)

(식 6-34)를 보면 변환행렬이 사용되지 않았고, 선형 조합식으로도 나타낼 수 없는 것을 알 수 있습니다. 위치를 (a, b)만큼 바꾸는 변환은 원점의 위치를 기존 $(0, 0)$에서 $(0, 0)+(a, b)=(a, b)$로 바꾸는 변환으로 생각해 볼 수 있습니다. 그런데 선형 변환의 두 번째 조건에서 원점의 위치가 바뀌지 않아야 하므로, 위치를 바꾸는 변환은 선형 변환이 아닙니다.

선형 조합(Linear Combination)이 스칼라와 벡터의 곱 및 이들의 합으로 표현된다는 것을 기억하세요. 그러면 모든 선형 변환은 선형 조합으로 표현할 수 있습니다. 이차원 선형 변환을 위해서 두 개의 기저 벡터를 사용하는 선형 조합을 사용하면 이차원 모든 벡터를 스팬(span)할 수 있습니다. 하지만 이 선형 조합이 위치 변환(translation transform)을 표현할 수 없다는 한계가 있습니다. 이 한계를 극복하는 방법을 알아보기 전에 두 개 이상의 변환행렬을 곱하는 것의 의미를 먼저 알아보겠습니다.

하나 이상의 벡터 입력에 대한 표현

지금까지 우리는 하나의 벡터를 행렬을 이용하여 선형 변환하는 방법에 대해서 알아보았습니다. 예를 들면 기저 $i(2, 1)$과 $j(-1, 1)$에 대해서 벡터 $\vec{v}=(3, -2)$를 선형 변환하는 방법은 다음과 같습니다.

$$\begin{bmatrix} 2 & -1 \\ 1 & 1 \end{bmatrix} \begin{bmatrix} 3 \\ -2 \end{bmatrix} = \begin{bmatrix} 2 \\ 1 \end{bmatrix} 3 + \begin{bmatrix} -1 \\ 1 \end{bmatrix} (-2)$$

$$=\begin{bmatrix} 2\times 3+(-1)\times(-2) \\ 1\times 3+1\times(-2) \end{bmatrix}=\begin{bmatrix} 8 \\ 1 \end{bmatrix}$$

다른 벡터 $\vec{w}=(2, 2)$를 선형 변환하기 위해서 같은 식을 적용할 수 있습니다.

$$\begin{bmatrix} 2 & -1 \\ 1 & 1 \end{bmatrix}\begin{bmatrix} 2 \\ 2 \end{bmatrix}=\begin{bmatrix} 2 \\ 1 \end{bmatrix}2+\begin{bmatrix} -1 \\ 1 \end{bmatrix}2$$

$$=\begin{bmatrix} 2\times 2+(-1)\times 2 \\ 1\times 2+1\times 2 \end{bmatrix}=\begin{bmatrix} 2 \\ 4 \end{bmatrix}$$

이제 우리는 두 개의 벡터를 동시에 선형 변환하는 식을 구성하려고 합니다. 다음의 (식 6-35)에서 두 번째 행렬의 각 열은 선형 변환을 원하는 벡터 $\vec{v}=\begin{bmatrix} 3 \\ -2 \end{bmatrix}$와 $\vec{w}=\begin{bmatrix} 2 \\ 2 \end{bmatrix}$입니다. 그러면 이 식은 2×2 행렬 두 개를 곱하는 것을 의미합니다.

$$\begin{bmatrix} 2 & -1 \\ 1 & 1 \end{bmatrix}[\vec{v}\ \vec{w}]=\begin{bmatrix} 2 & -1 \\ 1 & 1 \end{bmatrix}\begin{bmatrix} 3 & 2 \\ -2 & 2 \end{bmatrix}=\begin{bmatrix} 8 & 2 \\ 1 & 4 \end{bmatrix} \text{ (식 6-35)}$$

이러한 행렬 간의 곱셈에서, 결과로 얻어지는 2×2 행렬의 i행 j열의 값은, 좌변에서 첫 번째 행렬의 i행과 두 번째 행렬의 j열을 곱해서 더한(내적, inner product) 결과입니다. (식 6-35)에서 $\begin{bmatrix} 3 \\ -2 \end{bmatrix}$의 변환 결과는 첫 번째 열 $\begin{bmatrix} 8 \\ 1 \end{bmatrix}$로, $\begin{bmatrix} 2 \\ 2 \end{bmatrix}$의 변환 결과는 두 번째 열 $\begin{bmatrix} 2 \\ 4 \end{bmatrix}$로 얻어진 것을 알 수 있습니다. 2×2 행렬 두 개를 곱하는 (식 6-36b)를 봅시다.

$$A = \begin{bmatrix} a & b \\ c & d \end{bmatrix}, B = \begin{bmatrix} e & f \\ g & h \end{bmatrix}$$ (식 6-36)

$$AB = \begin{bmatrix} a & b \\ c & d \end{bmatrix}\begin{bmatrix} e & f \\ g & h \end{bmatrix}$$ (식 6-36b)

(식 6-36b)는 $\begin{bmatrix} e \\ g \end{bmatrix}$와 $\begin{bmatrix} f \\ h \end{bmatrix}$를 A 변환 적용한 결과를 2×2 행렬로 얻는 식이라고 생각할 수 있습니다. 그런데 (식 6-36b)에 열벡터 $\begin{bmatrix} x \\ y \end{bmatrix}$를 곱하는 연산을 (식 6-37)처럼 생각해 볼 수 있습니다.

$$AB\begin{bmatrix} x \\ y \end{bmatrix} = \begin{bmatrix} a & b \\ c & d \end{bmatrix}\begin{bmatrix} e & f \\ g & h \end{bmatrix}\begin{bmatrix} x \\ y \end{bmatrix}$$ (식 6-37)

(식 6-37)은 $\begin{bmatrix} x \\ y \end{bmatrix}$를 먼저 B 변환을 적용하고, 다음으로 A 변환을 적용한 뒤의 결과를 얻는 것입니다. 변환행렬의 곱셈을 이렇게 이해할 수 있는 것입니다.

행렬의 역 구하기

수의 곱셈에 대한 항등원을 구하기 위해서는 역(reciprocal)을 정의해야 합니다. 역을 정의하면 수식이 주어졌을 때, 항들을 등호의 좌우로 옮기거나, 역수를 곱하여 식을 간단하게 하고, 풀이하는 것이 가능합니다. 행렬을 포함한 식이 주어졌을 때도, 식을 풀이해야 하므로, 행렬의 역을 정의해 주어야 합니다.

역행렬(inverse matrix)을 구하기 위해서는 행렬식, 소행렬식(마이너, minor) 및 여인자 행렬(코팩터 행렬, cofactor matrix)에 대해서 알아야 합니다.

실수의 역을 구하는 방법은 이미 알고 있습니다. 0이 아닌 실수 r에 대해 그것의 역수는 $1/r$이며, $r \times (1/r) = r \times r^{-1} = 1$의 결과는 **곱셈에 대한 항등원**(identity element for multiplication)이 1인 것을 보여줍니다. 행렬의 역행렬을 구할 수 있다면, 정방행렬(square matrix) A의 역행렬 A^{-1}에 대해서 다음의 성질을 만족합니다. 다음 (식 6-38)에서 I는 A와 차원이 같은 항등행렬(identity matrix)이라고 가정합니다.

$$A\frac{1}{A} = AA^{-1} = I \text{ (식 6-38)}$$

역행렬은 변환을 구성하는 식에서 문제 해결을 위한 기본적인 도구입니다. 입력 벡터 v에 대해 선형 변환 A를 거친 v'을 구하는 다음의 (식 6-39)를 고려해 봅시다.

$$v' = Av \text{ (식 6-39)}$$

이제 v'이 주어졌을 때 v를 구해야 한다면, 식의 양변에 A^{-1}을 곱하면 다음의 (식 6-40)을 유도할 수 있습니다.

$$A^{-1}v' = A^{-1}Av \text{ (식 6-40)}$$

정의에 의해서 $A^{-1}A = I$이므로 다음의 (식 6-41)을 얻습니다.

$$A^{-1}v' = A^{-1}Av = Iv = v$$
$$v = A^{-1}v' \text{ (식 6-41)}$$

이와 같이 역행렬을 이용하면, 입력으로 v'을 주면 v를 구할 수 있습니다. 이제 A^{-1}을 구하는 과정을 알아봅시다.

여인자 행렬과 수반행렬

여인자 행렬(Cofactor Matrix)을 구하기 위해 소행렬식(Minor)의 정의를 다시 살펴보겠습니다. 3×3 정방행렬이 주어졌을 때, 2행과 3열을 제거한 소행렬식은 다음과 같이 구할 수 있습니다.

$$M_{2,3} = \begin{vmatrix} a & b & \square \\ \square & \square & \square \\ g & h & \square \end{vmatrix} = \det(\begin{bmatrix} a & b \\ g & h \end{bmatrix}) = ah - bg$$

소행렬식은 정방행렬에서 특정한 행과 열을 제거하고 남는 부분으로 구성한 작은 행렬의 행렬식입니다. 다음의 행렬 A를 고려해 봅시다.

$$A = \begin{vmatrix} 1 & 4 & 7 \\ 3 & 0 & 5 \\ -1 & 9 & 11 \end{vmatrix} \quad \text{(식 6-42)}$$

(식 6-42)의 행렬 A에 대해 2행과 3열을 제거한 소행렬식 $M_{2,3}$은 다음과 같습니다.

$$M_{2,3} = \begin{vmatrix} 1 & 4 & \square \\ \square & \square & \square \\ -1 & 9 & \square \end{vmatrix} = \det \begin{vmatrix} 1 & 4 \\ -1 & 9 \end{vmatrix} = 9 - (-4) = 13$$

(식 6-42b)

소행렬식을 구할 수 있다면, $n \times n$ 크기의 정방행렬에 대해 **여인자 행렬**(cofactor matrix) C를 다음 (식 6-43)과 같이 정의할 수 있습니다.

$$C = ((-1)^{i+j} M_{i,j})_{1 \leq i, j \leq n} \text{ (식 6-43)}$$

여인자 행렬은 i행 j열의 요소는 소행렬식 $M_{i,j}$의 값을 가집니다. 그리고 그것의 부호는 $i+j$가 양수라면 +1을 곱하고, 음수라면 -1을 곱해서 결정합니다. 예를 들면 A의 여인자 행렬의 2행 3열의 값은 다음 식으로 구할 수 있습니다.

$$C_{2,3} = (-1)^{2+3}(M_{2,3}) = -13$$

(식 6-42b)에서 구한 대로 2행 3열의 소행렬식 $M_{2,3}$은 13입니다. 그리고 여인자 행렬의 2행 3열의 최종 값은 2+3이 홀수이므로, $-1 \times 13 = -13$이 됩니다. 위와 같은 방식으로 모든 행과 열에 대해 소행렬식을 구하면, 3×3의 여인자 행렬은 다음 (식 6-44)와 같이 구성할 수 있습니다.

$$C = \begin{bmatrix} C_{1,1} & C_{1,2} & C_{1,3} \\ C_{2,1} & C_{2,2} & C_{2,3} \\ C_{3,1} & C_{3,2} & C_{3,3} \end{bmatrix} \text{ (식 6-44)}$$

수반행렬(adjugate[17] matrix)은 여인자 행렬의 전치 행렬(transpose matrix)입니다. 행렬 A의 수반행렬은 $adj(A)$로 나타낼 수 있으며 그것은 다음 (식 6-45)와 같습니다.

$$adj(A) = C^T \text{ (식 6-45)}$$

수반행렬은 C의 전치행렬이므로 (식 6-46)으로 나타낼 수

---

17) adjugate는 수학에서 여인자 행렬의 전치행렬을 의미하는 단어로만 사용됩니다.

있습니다.

$$adj(A) = C^T = ((-1)^{i+j} M_{j,i})_{1 \leq i, j \leq n}$$

$$adj(A) = C^T = \begin{bmatrix} C_{1,1} & C_{2,1} & C_{3,1} \\ C_{1,2} & C_{2,2} & C_{3,2} \\ C_{1,3} & C_{2,3} & C_{3,3} \end{bmatrix}$$ (식 6-46)

역행렬(Inverse Matrix)의 정의

이제 **역행렬(inverse matrix)**을 정의할 수 있습니다. 행렬 A의 역행렬은 다음과 (식 6-47)과 같이 정의합니다.

$$A^{-1} = \frac{1}{\det(A)} adj(A)$$ (식 6-47)

(식 6-47)에서 $1/\det(A)$는 A의 면적 성분을 취소해서 크기를 1로 만드는 역할을 합니다. $adj(A)$는 A 행렬의 각 요소의 대각성분을 1로, 나머지 요소를 0으로 만드는 역할을 합니다. 그러므로 $A A^{-1} = I$ 입니다.

3×3 행렬보다는 간단한 2×2 행렬 A에 대해 역행렬을 계산해 보겠습니다. 먼저 행렬식을 다음과 같이 구할 수 있습니다.

$$\det(A) = \begin{vmatrix} a & b \\ c & d \end{vmatrix} = ad - bc$$

여인자 행렬의 요소는 다음과 같습니다.

$$C_{1,1} = [d]$$
$$C_{1,2} = [-c]$$
$$C_{2,1} = [-b]$$
$$C_{2,2} = [a]$$

그러면 수반행렬을 다음과 같이 구성할 수 있습니다.

$$adj(A) = \begin{bmatrix} C_{1,1} & C_{2,1} \\ C_{1,2} & C_{2,2} \end{bmatrix} = \begin{bmatrix} d & -b \\ -c & a \end{bmatrix}$$

이제 행렬 A의 역행렬 A^{-1}은 다음 (식 6-48)과 같습니다.

$$A^{-1} = \frac{1}{ad-bc} \begin{bmatrix} d & -b \\ -c & a \end{bmatrix} \quad \text{(식 6-48)}$$

2×2 변환행렬로는 이차원 위치 변환을 나타낼 수 없기 때문에, 이차원 위치 변환을 나타내기 위해서 행렬의 차원을 높여서 3×3 행렬을 사용할 수 있습니다. 이러한 개념을 이해하기 위해서는 먼저 동차함수(Homogeneous Function)와 동차행렬(Homogeneous Matrix)의 개념을 이해해야 합니다.

동차함수(Homogeneous Function)

동차함수(Homogeneous[18] Function)는 모든 독립변수(independent variable)를 t배 증가시켰을 때, 함수의 결과(종속 변수, dependent variable)가 t^a배 증가하는 함수입니다. 예를 들면 인자(argument)를

---

18) Homogeneous는 '같은'을 의미하는 homos와 '종족' 혹은 '종류'를 의미하는 genos의 합성어입니다. 완전히 같지는 않지만, 같은 종류의 것을 나타낼 때 사용하는 단어입니다.

두 개 가지는 함수 $f(x, y)$가 다음 (식 6-49)와 같은 성질을 만족한다면, f는 동차함수입니다.

$$f(tx, ty) = t^a f(x, y)$$ (식 6-49)

예를 들어 (식 6-50)의 함수 f를 고려해 봅시다.

$$f(x, y) = x^2 + y^2$$ (식 6-50)

독립변수 x, y 대신에 tx, ty를 대입해서 식을 전개하면 다음과 같은 결과를 얻을 수 있습니다.

$$f(tx, ty) = (tx)^2 + (ty)^2 = t^2 x^2 + t^2 y^2 = t^2(x^2 + y^2)$$ (식 6-51)
$$f(tx, ty) = t^2 f(x, y)$$

함수의 결과가 t^2에 비례하므로 (식 6-50)의 함수 f는 동차함수입니다. 이제 다음의 다른 함수 f를 고려해 봅시다.

$$f(x, y) = x^2 + y^2 + 2$$ (식 6-52)
$$f(tx, ty) = (tx)^2 + (ty)^2 = t^2 x^2 + t^2 y^2 + 2 = t^2(x^2 + y^2) + 2$$
$$f(tx, ty) \neq t^a f(x, y)$$

(식 6-52)의 함수 f는 종속변수가 t^a에 비례하지 않습니다. 그러므로 f는 동차함수가 아닙니다.

동차함수는 모든 독립변수에 t가 곱해져도, 결과 값이 원래의 식을 포함하는 형태이므로 다루기가 쉽게 됩니다.

선형 시스템(Linear System)의 해석

(식 6-53)은 (2, 1)과 (-1, 1)을 기저로 하는 선형 변환을 나타냅니다.

$$\begin{bmatrix} 2 & -1 \\ 1 & 1 \end{bmatrix} \begin{bmatrix} x \\ y \end{bmatrix} = \begin{bmatrix} 2 \\ 1 \end{bmatrix} x + \begin{bmatrix} -1 \\ 1 \end{bmatrix} (y) =$$

$$= \begin{bmatrix} 2 \times x + (-1) \times (y) \\ 1 \times x + 1 \times (y) \end{bmatrix} = \begin{bmatrix} x' \\ y' \end{bmatrix} \text{ (식 6-53)}$$

선형 변환은 위의 식처럼 행렬과 벡터의 곱으로 나타낼 수 있습니다. 이제 위 식을 각각의 x'과 y'에 대해서 다음의 일차식으로 정리할 수 있습니다.

$$2x - 1y = 2x - y = x'$$
$$1x + 1y = x + y = y'$$

이렇게 선형 변환은 **선형 시스템(일차 연립방정식)**으로 나타낼 수 있습니다. 이제 선형 시스템의 해를 모두 0으로 하는 다음의 (식 6-54)를 고려해 봅시다.

$$\begin{aligned} 2x - 1y &= 0 \\ 1x + 1y &= 0 \end{aligned} \text{ (식 6-54)}$$

위 선형 시스템의 해를 구하면 $x=0$, $y=0$인 해를 구할 수 있는데, 이것이 유일한 해이므로, 이 식들은 선형 독립입니다. 선형 시스템의 해를 구하는 것은 어떤 의미일까요? 이제 $x'=1$, $y'=2$가 되는 다음의 선형 시스템을 고려해 봅시다.

$$2x - 1y = 1$$
$$1x + 1y = 2$$
(식 6-55)

위 일차 연립방정식을 풀이한다는 것은, x, y를 찾는 작업, 즉 변환의 결과로 표준 기저상에서 (1, 2)에 해당하는 위치가 되려면, 주어진 기저 (2, 1), (-1, 1)에서는 원래 어떤 위치에 있었는지를 찾는 것입니다. 이제 연립방정식을 풀이해 보겠습니다. 첫 번째 식을 y에 대해 정리하여, 두 번째 식에 대입합니다. 그 과정은 다음과 같습니다.

$$y = 2x - 1$$
$$1x + 1(2x - 1) = 2$$
$$3x - 1 = 2$$
$$3x = 3$$
$$x = 1$$

x값을 구했습니다. $x=1$을 (식 6-55)에 대입하면 y값을 구할 수 있습니다.

$$x = 1$$
$$2 \cdot (1) - 1y = 1$$
$$y = 1$$

그러면 $x=1$, $y=1$을 얻습니다. (1,1)은 두 방정식 모두의 해이므로, 두 직선 $y=2x-1$과 $y=-x+2$가 (1,1) 위치에서 서로 교차한다는 의미입니다. 이것을 [그림 6-26]에 나타내었습니다.

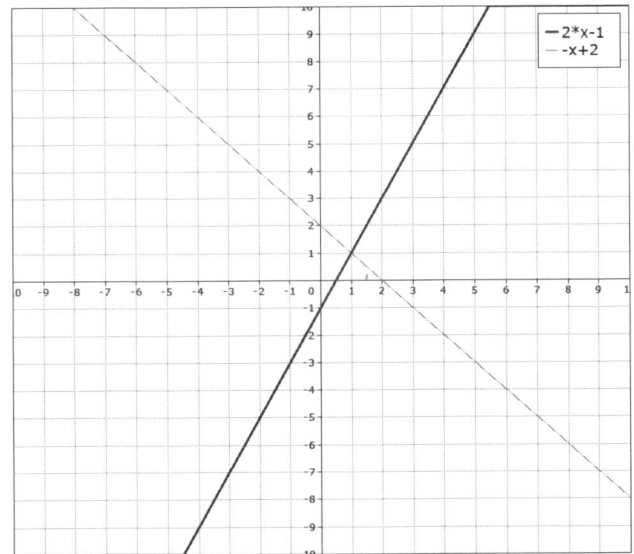

[그림 6-26] 선형 시스템의 해(Solution): 선형 시스템의 해는 두 직선의 교점의 좌표를 구하는 것으로 해석할 수 있습니다.

(식 6-55)는 다음 (식 6-56)과 같이 변환행렬 A를 사용하여 나타낼 수 있습니다.

$$2x - 1y = 1$$
$$1x + 1y = 2$$
$$A = \begin{bmatrix} 2 & -1 \\ 1 & 1 \end{bmatrix}$$

$$\begin{bmatrix} 2 & -1 \\ 1 & 1 \end{bmatrix} \begin{bmatrix} x \\ y \end{bmatrix} = \begin{bmatrix} 1 \\ 2 \end{bmatrix} \text{ (식 6-56)}$$

(식 6-56)에서 $\begin{bmatrix} x \\ y \end{bmatrix}$를 구하기 위해 (식 6-56b)를 구성할 수 있습니다.

$$\begin{bmatrix} 2 & -1 \\ 1 & 1 \end{bmatrix} \begin{bmatrix} x \\ y \end{bmatrix} = \begin{bmatrix} 1 \\ 2 \end{bmatrix}$$

$$\begin{bmatrix} 2 & -1 \\ 1 & 1 \end{bmatrix}^{-1} \begin{bmatrix} 2 & -1 \\ 1 & 1 \end{bmatrix} \begin{bmatrix} x \\ y \end{bmatrix} = \begin{bmatrix} 2 & -1 \\ 1 & 1 \end{bmatrix}^{-1} \begin{bmatrix} 1 \\ 2 \end{bmatrix}$$

$$I \begin{bmatrix} x \\ y \end{bmatrix} = \begin{bmatrix} 2 & -1 \\ 1 & 1 \end{bmatrix}^{-1} \begin{bmatrix} 1 \\ 2 \end{bmatrix}$$

$$\begin{bmatrix} x \\ y \end{bmatrix} = \begin{bmatrix} 2 & -1 \\ 1 & 1 \end{bmatrix}^{-1} \begin{bmatrix} 1 \\ 2 \end{bmatrix} \quad \text{(식 6-56b)}$$

2×2 정방행렬 A의 역행렬을 구하기 위해 (식 6−48)을 이용합니다.

$$A^{-1} = \frac{1}{ad-bc} \begin{bmatrix} d & -b \\ -c & a \end{bmatrix}$$

$$A^{-1} = \begin{bmatrix} 2 & -1 \\ 1 & 1 \end{bmatrix}^{-1} = \frac{1}{3} \begin{bmatrix} 1 & -(-1) \\ -1 & 2 \end{bmatrix} = \frac{1}{3} \begin{bmatrix} 1 & 1 \\ -1 & 2 \end{bmatrix}$$

(식 6-56c)

A^{-1}을 (식 6−56b)에 대입해서 $\begin{bmatrix} x \\ y \end{bmatrix}$를 구합니다.

$$\begin{bmatrix} x \\ y \end{bmatrix} = \left(\frac{1}{3} \begin{bmatrix} 1 & 1 \\ -1 & 2 \end{bmatrix} \right) \begin{bmatrix} 1 \\ 2 \end{bmatrix} = \frac{1}{3} \begin{bmatrix} 3 \\ 3 \end{bmatrix} = \begin{bmatrix} 1 \\ 1 \end{bmatrix} \quad \text{(식 6-56d)}$$

결과는 일차 연립방정식의 해와 같습니다. 이것은 주어진 기저 (2, 1), (−1, 1)에 대해서 변환하면 결과가 (1, 2)가 되도록 하는 입력은 (1, 1)이라는 의미입니다. [그림 6−27]을 보면, 표준좌표계에서 P는 (1, 2)입니다. 하지만 (2, 1) 및 (−1, 1)을 축으로 하는 좌표계에서는 이 좌표가 (1, 1)인 것을 확인할 수 있습니다.

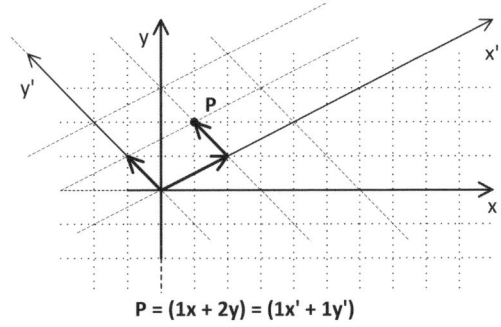

[그림 6-27] 연립방정식 풀이의 의미: 표준 기저 (1, 2) 위치가 주어진 기저 (2, 1), (-1, 1)에서는 어떤 위치에 있었는지 찾는 것입니다.

일반적으로 일차 연립방정식이 주어졌을 때, 연립방정식을 이루는 각각의 일차식은 동차함수가 아닙니다. 0이 아닌 상수항이 포함되어 있기 때문입니다. 일차 연립방정식의 모든 일차식이 동차함수가 되려면 모든 상수항의 값이 0이어야 합니다.

상수항이 있음에도 불구하고, 일차 연립방정식의 모든 식을 동차함수로 만들 수 없을까요? 우리는 이제 위치 변환을 일관된 행렬 연산으로 표현하기 위해, 가상의 축(변수)을 하나 더 도입하여 주어진 일차 연립방정식의 모든 식이 동차함수가 되도록 변형하는 방법에 대해서 알아볼 것입니다.

동차행렬(Homogeneous Matrix)

선형 변환을 선형 시스템으로 해석할 수 있다는 것을 살펴보았습니다. 그것은 역으로 선형 시스템이 주어지면, 해를 구하는 변환행렬을 구할 수 있다는 의미입니다. 다음 (식 6-57)과 같은 선형 시스템을 고려해 봅시다.

$$f_1(x, y, z) = 3x+4y+5z$$
$$f_2(x, y, z) = 7x+8y+9z \text{ (식 6-57)}$$
$$f_3(x, y, z) = 1x+2y+3z$$

(식 6-57)이 의미하는 변환행렬은 다음과 같습니다.

$$\begin{bmatrix} 3 & 4 & 5 \\ 7 & 8 & 9 \\ 1 & 2 & 3 \end{bmatrix}$$

선형 시스템을 구성하는 일차식의 모든 상수항이 0인 경우, 선형 시스템은 변수의 수와 계수(coefficient)의 값에 상관없이 모든 변수의 값이 0이면 성립하는 당연한 해(trivial solution)를 가지는데 이러한 선형 시스템을 **동차(호모지니어스, homogeneous)**라고 합니다. 그것은 선형 시스템을 구성하는 모든 일차식이 동차함수의 형태라는 의미입니다. (식 6-57)은 동차입니다. 위치 변환을 포함하면 선형 시스템을 구성했을 때, 상수항이 0이 아닌 일차식이 존재하게 됩니다. 그러면 그 선형 시스템은 동차가 아닙니다. 예를 들면 (식 6-58)은 동차가 아닙니다.

$$f_1(x, y, z) = 3x+4y+5z-6$$
$$f_2(x, y, z) = 7x+8y+9z-0 \text{ (식 6-58)}$$
$$f_3(x, y, z) = 1x+2y+3z-4$$

선형 시스템이 동차가 아닌 식을 가지면, (식 6-58)은 선형 조합으로 표현할 수 없게 됩니다. (식 6-58)은 (식 6-59)와 같이 표현할 수 있는데, 변환행렬로만 구성이 불가능하며, 행렬의 덧셈이 추가적으로 사용된 것을 확인할 수 있습니다.

$$\begin{bmatrix} x' \\ y' \\ z' \end{bmatrix} = \begin{bmatrix} 3 & 4 & 5 \\ 7 & 8 & 9 \\ 1 & 2 & 3 \end{bmatrix} \begin{bmatrix} x \\ y \\ z \end{bmatrix} + \begin{bmatrix} -6 \\ 0 \\ -4 \end{bmatrix}$$ (식 6-59)

하지만 입력에 특별한 가정을 하면 모든 선형 시스템을 동차로 만드는 것이 가능합니다. 다만, 입력에 적용된 특별한 가정 때문에 출력에 대해서도 특별한 조치가 필요합니다.

이차원 변환의 경우, 한 차원을 높여서 변수가 세 개인 선형 시스템을 동차로 만들고 해당하는 3×3 변환행렬을 구성할 수 있으며, 삼차원 변환의 경우에도, 한 차원을 높여서 변수가 네 개인 선형 시스템을 구성하고 4×4 변환행렬을 구성할 수 있습니다. 이렇게 구성된 행렬을 **동차행렬**(Homogeneous Matrix)이라고 합니다.

동차행렬은 선형 변환행렬이 아닙니다. 왜냐하면, 동차행렬로 변환을 수행할 때는, 입력에 적용된 특별한 가정 때문에, **동차 나눗셈**(Homogeneous Division)이라는 특별한 과정을 추가적으로 수행해야 하기 때문입니다.

어파인 변환(Affine Transformation)

우리는 이차원 선형 변환을 위해서 2×2 행렬을 사용했습니다. 하지만 선형 변환은 위치 변환을 나타내지 못한다는 큰 단점을 가지고 있습니다. 위치 변환을 행렬로 표현할 방법이 없을까요? 그러면 모든 변환을 하나의 행렬로 표현할 수 있으므로 일관된 연산으로 모든 변환을 표현하는 것이 가능해집니다.

이 과정을 이해하기 위해, 이차원에서 원점 (0, 0)을 새로운 위치 $(x', y') = (a, b)$로 옮기는 위치 변환을 생각해 봅시다. 행렬을 사용해서 나타내보면 (식 6-60)과 같습니다.

$$\begin{bmatrix} x' \\ y' \end{bmatrix} = \begin{bmatrix} 1 & 0 \\ 0 & 1 \end{bmatrix} \begin{bmatrix} x \\ y \end{bmatrix} + \begin{bmatrix} a \\ b \end{bmatrix} \text{ (식 6-60)}$$

(식 6-60)을 보면, 위치 변환은 하나의 2×2 행렬로는 나타낼 수 없고, 행렬의 덧셈이 추가적으로 필요한 것을 알 수 있습니다. (식 6-60)은 다음과 같은 선형 시스템(linear system)으로 표현할 수 있습니다.

$$x' = 1x + 0y + a \text{ (식 6-61)}$$
$$y' = 0x + 1y + b \text{ (식 6-61b)}$$

(식 6-61)을 하나의 변환행렬로 표현해 보면 $\begin{bmatrix} 1 & 0 & a \\ 0 & 1 & b \end{bmatrix}$이므로 이것을 2×1 행렬 $\begin{bmatrix} x \\ y \end{bmatrix}$와 곱할 수는 없습니다. 즉 위치 변환이 포함되면 선형 변환행렬로 표현할 수 없습니다. 그 문제를 해결하기 위해, 우리는 가상의 선형 방정식을 하나 추가할 수 있습니다.

$$1 = 0x + 0y + 1$$

이제 기존의 선형 시스템을 다음과 같은 변형된 선형 시스템이라고 가정합니다.

$$x' = 1x + 0y + a$$
$$y' = 0x + 1y + b \text{ (식 6-62)}$$
$$1 = 0x + 0y + 1$$

위 식은 상수항이 있으므로, 동차함수가 아닌 식이 포함되어 있으며, 이것은 동차행렬을 구성할 수 없다는 것을 의미합니다. 하지만 상수항에 해당하는 값들이 가상의 w축 값이라고 가정하면 어떨까요? 즉 (식 6-62)를 다음과 같이 (식 6-63)이라고 가정하는 것입니다.

$$x' = 1x + 0y + aw$$
$$y' = 0x + 1y + bw \quad \text{(식 6-63)}$$
$$1 = 0x + 0y + 1w$$

(식 6-63)에서 $aw=a$, $bw=b$ 그리고 $1w=1$이 되어야 하므로, 이차원 벡터를 나타내기 위해 세 번째 가상의 w축에 대한 요소를 추가했을 때, 이 값을 변환 전후에 항상 1이라고 가정해야 합니다. 이 가정을 하면 (x, y)는 (x, y, w) 즉, $(x, y, 1)$로 표현되며, 동차행렬은 (식 6-64)와 같이 구성할 수 있습니다.

$$\begin{bmatrix} 1 & 0 & a \\ 0 & 1 & b \\ 0 & 0 & 1 \end{bmatrix} \quad \text{(식 6-64)}$$

그러므로 위치 변환 식은 다음과 같이 행렬을 사용하여 표현할 수 있습니다.

$$\begin{bmatrix} x' \\ y' \\ w' \end{bmatrix} = \begin{bmatrix} x' \\ y' \\ 1 \end{bmatrix} = \begin{bmatrix} 1 & 0 & a \\ 0 & 1 & b \\ 0 & 0 & 1 \end{bmatrix} \begin{bmatrix} x \\ y \\ 1 \end{bmatrix} \quad \text{(식 6-65)}$$

추가로 w축을 도입하고, 그 값에 해당하는 성분은 변환 전후에 항상 1이라고 가정하면, 위치 변환을 선형 변환의 형태로 나타낼 수 있게 되는 것입니다! (식 6-65)의 경우에는 어떠한 입력 (x, y)에 대해서도 변환 후의 w'값이 항상 1이므로, 변환 후에 특별한 조치를 취해 줄 필요는 없습니다. 하지만 일반적인 이차원 변환을 위한 3×3 행렬이 변환 후에 w'값이 항상 1인 것은 아닙니다. 이차원 변환을 위한 일반식을 (식 6-66)과 같이 적을 수 있습니다.

$$\begin{bmatrix} x' \\ y' \\ w' \end{bmatrix} = \begin{bmatrix} a & b & c \\ d & e & f \\ g & h & i \end{bmatrix} \begin{bmatrix} x \\ y \\ 1 \end{bmatrix} \text{ (식 6-66)}$$

(식 6-66)에서 w'값은 다음 (식 6-67)과 같이 결정됩니다.

$$w' = gx + hy + i1 \text{ (식 6-67)}$$

(식 6-66)의 w'값은 항상 1이 아닙니다. 그런데 우리는 이 값을 항상 1이라고 가정했으므로, (식 6-66)의 출력 값에 대하여 w'을 1로 만드는 과정을 행렬 곱셈 이후에 특별하게 수행해 주어야 합니다. 그 계산은 다음 (식 6-68)과 같습니다.

$$\begin{bmatrix} x' \\ y' \\ w' \end{bmatrix} = \begin{bmatrix} x'/w' \\ y'/w' \\ w'/w' \end{bmatrix} = \begin{bmatrix} X' \\ Y' \\ 1 \end{bmatrix} \text{ (식 6-68)}$$

(식 6-68)을 보면 w'을 1로 만들기 위해, 모든 출력 요소를 w'으로 나누어 줍니다. 그래서 동차행렬로 표현된 변환에서는, 변환의 결과에 대해서 이러한 추가적인 나눗셈 연산을 수행해 주어야 하는데, 이것을 **동차 나눗셈**(Homogeneous Division)이라고 합니다.

이제 모든 이차원 변환을 동차행렬로 나타낼 수 있습니다. 동차행렬로 표현된 3×3 이차원 회전 변환은 (식 6-69)와 같습니다.

$$\begin{bmatrix} \cos\theta & -\sin\theta & 0 \\ \sin\theta & \cos\theta & 0 \\ 0 & 0 & 1 \end{bmatrix}$$ (식 6-69)

이차원 크기 변환은 다음과 (식 6-70)과 같이 나타낼 수 있습니다.

$$\begin{bmatrix} s & 0 & 0 \\ 0 & t & 0 \\ 0 & 0 & 1 \end{bmatrix}$$ (식 6-70)

이차원 위치 변환은 다음 (식 6-71)과 같이 나타낼 수 있습니다.

$$\begin{bmatrix} 1 & 0 & a \\ 0 & 1 & b \\ 0 & 0 & 1 \end{bmatrix}$$ (식 6-71)

이렇게 위치 변환을 행렬로 나타내기 위해서, 입력에 대해 추가적인 w축을 추가하고, w의 값이 항상 1이라고 가정하여 계산하는 변환을 **어파인 변환**(affine transform)이라고 합니다. 어파인(affine)은 친척인 사람이나 가까운 관계를 의미하는데, "선형 변환과 가까운 변환"이라는 의미라고 생각하면 됩니다.

모든 어파인 변환은 선형 변환과 위치 수정의 조합으로 표현할 수 있습니다. 어파인 변환을 하나의 행렬로 나타내었을 때, w의 값이 항상 1이라고 가정하고, 변환 후의 결과에 대해서도 w'의 값이 1이 되도록 만들어 주는 과정이 필요하므로, 이것을 선형 변환이라고 하지 않고, 어파인 변환이라고 구분하는 것입니다.

삼차원으로의 확장

우리가 인식하는 공간은 삼차원입니다. 그러므로 우리가 눈을 뜨고 있을 때 사물을 보면서 뇌가 수행하는 변환은 삼차원 변환입니다. 삼차원 좌표계로 오른손 좌표계를 사용한다고 가정합니다.

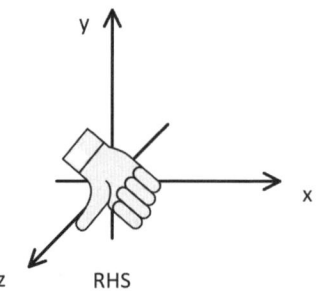

[그림 6-28] 오른손 좌표계: xy평면을 스크린이라고 가정하면, z축의 방향은 화면에서 사용자를 향하는 방향이 됩니다.

이차원 변환에서 3×3 동차행렬을 변환행렬로 사용하므로, 삼차원 변환에서는 4×4 동차행렬을 사용해야 합니다. 이차원 공간에서 xy평면상에서 회전하는 것은 삼차원 공간에서 z축을 중심으로 회전하는 변환입니다.

이차원 회전 변환은 다음과 같은 3×3 행렬을 사용하여 나타내었습니다.

$$\begin{bmatrix} \cos\theta & -\sin\theta & 0 \\ \sin\theta & \cos\theta & 0 \\ 0 & 0 & 1 \end{bmatrix}$$

이제 삼차원에서 z축 회전 변환을 나타내기 위해서, 다음과 같이 w축 $(0, 0, 0, 1)$을 추가하여 4×4 행렬로 나타낼 수 있습니다.

$$\begin{bmatrix} x' \\ y' \\ z' \\ 1 \end{bmatrix} = \begin{bmatrix} \cos\theta & -\sin\theta & 0 & 0 \\ \sin\theta & \cos\theta & 0 & 0 \\ 0 & 0 & 1 & 0 \\ 0 & 0 & 0 & 1 \end{bmatrix} \begin{bmatrix} x \\ y \\ z \\ 1 \end{bmatrix} \quad \text{(식 6-72)}$$

이러한 방식으로 삼차원 변환행렬을 유도할 수 있습니다. 삼차원에서 각 변환행렬은 다음과 같습니다.

1) 위치 변환(translation)

$$\begin{bmatrix} x' \\ y' \\ z' \\ 1 \end{bmatrix} = \begin{bmatrix} 1 & 0 & 0 & t_x \\ 0 & 1 & 0 & t_y \\ 0 & 0 & 1 & t_z \\ 0 & 0 & 0 & 1 \end{bmatrix} \begin{bmatrix} x \\ y \\ z \\ 1 \end{bmatrix} \quad \text{(식 6-73)}$$

2) 크기 변환(scaling)

$$\begin{bmatrix} x' \\ y' \\ z' \\ 1 \end{bmatrix} = \begin{bmatrix} s_x & 0 & 0 & 0 \\ 0 & s_y & 0 & 0 \\ 0 & 0 & s_z & 0 \\ 0 & 0 & 0 & 1 \end{bmatrix} \begin{bmatrix} x \\ y \\ z \\ 1 \end{bmatrix} \quad \text{(식 6-74)}$$

3) z축 회전 변환

$$\begin{bmatrix} x' \\ y' \\ z' \\ 1 \end{bmatrix} = \begin{bmatrix} \cos\theta & -\sin\theta & 0 & 0 \\ \sin\theta & \cos\theta & 0 & 0 \\ 0 & 0 & 1 & 0 \\ 0 & 0 & 0 & 1 \end{bmatrix} \begin{bmatrix} x \\ y \\ z \\ 1 \end{bmatrix} \quad \text{(식 6-75)}$$

4) x축 회전 변환

$$\begin{bmatrix} x' \\ y' \\ z' \\ 1 \end{bmatrix} = \begin{bmatrix} 1 & 0 & 0 & 0 \\ 0 & \cos\theta & -\sin\theta & 0 \\ 0 & \sin\theta & \cos\theta & 0 \\ 0 & 0 & 0 & 1 \end{bmatrix} \begin{bmatrix} x \\ y \\ z \\ 1 \end{bmatrix}$$ (식 6-76)

5) y축 회전 변환

$$\begin{bmatrix} x' \\ y' \\ z' \\ 1 \end{bmatrix} = \begin{bmatrix} \cos\theta & 0 & \sin\theta & 0 \\ 0 & 1 & 0 & 0 \\ -\sin\theta & 0 & \cos\theta & 0 \\ 0 & 0 & 0 & 1 \end{bmatrix} \begin{bmatrix} x \\ y \\ z \\ 1 \end{bmatrix}$$ (식 6-77)

임의의 축에 대한 회전 변환은 **사원수(쿼터니언, quaternion)**를 알아야 하므로 이 책에서는 다루지 않습니다.[19] 변환행렬들이 주어졌을 때, 변환행렬의 곱은 **합성 변환(composite transform)**을 의미합니다. 예를 들면, A가 회전 변환, B가 위치 변환행렬이라고 가정해 봅시다. 그러면 행렬의 곱 AB는 어떤 의미일까요?

$$AB$$

위 행렬 곱은 (벡터가 오른쪽에 있는 열벡터라 가정하므로) B 위치 변환 후의, A 회전 변환을 의미합니다. 열벡터가 행렬의 오른쪽에 있다고 가정하므로, 변환의 순서에 주의해야 합니다.

---

[19] 사원수는 사차원 복소수라고 생각하면 됩니다. 책의 내용 전개에 직접적인 관련이 없으므로 책에서 다루지는 않습니다.

● 투영 변환(Projection Transform)

실세계(real world)에서 같은 크기라도 멀리 있는 물체는 사람의 눈에 더 작게 보입니다. 거리가 멀어짐에 따라 물체는 점점 작아져서 결국은 한 점으로 수렴하게 되는데 이 점을 **소실점**(vanishing point)이라고 합니다.

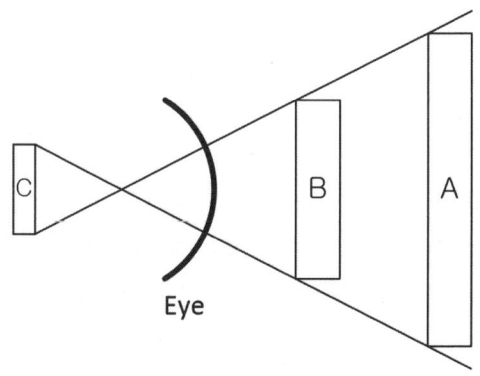

[그림 6-29] 사람의 눈 표면은 둥근 형태이므로, A가 B보다 더 멀리 있지만, 높이는 같다고 인식합니다. 사람은 학습에 의해서 양쪽 눈에서 보는 차이로 인해서 깊이를 인식합니다.

삼차원 개체를 이차원 컴퓨터 화면에 표시(렌더링, Rendering)할 때 이와 같은 눈과 물체의 거리를 고려해서 그려주는 것이 대부분의 경우 바람직합니다. 이렇게 삼차원 정보를 이차원 정보로 변환하는 행렬을 설정할 수 있는데 이 행렬을 **원근 투영 행렬**(Perspective Projection Matrix)이라고 합니다. 설명을 간단하게 하기 위해 투영된 개체들이 그려지는 평면을 항상 xy평면이라 가정하고, [그림 6-30]을 봅시다.

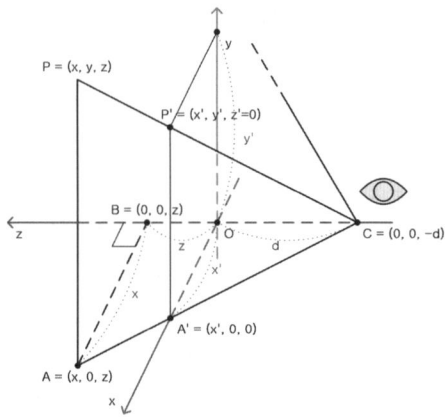

[그림 6-30] 투영행렬의 설정: xy평면을 투명평면(안구)이라고 가정하고, 실제 공간에서의 위치 P를 P'에 투영한다고 가정합니다.

눈(Eye)의 표면을 xy평면이라고 가정하고, 소실점을 $C=(0, 0, -d)$라고 가정합니다. 월드에 위치하는 점 $P=(x, y, z)$는 안구에 해당하는 xy투영평면 P'위치에 투영되어 표시됩니다. 이제 우리의 목적은 소실점 C와 입력 P가 주어졌을 때, P'을 구하는 것입니다. 이것을 구하는 식은 삼각형 △ABC와 삼각형 △A'OC의 닮음 관계에 의해 유도할 수 있습니다. 닮은 삼각형은 높이와 밑변의 길이의 비율이 같으므로, 비례식은 다음 (식 6-82)와 같습니다.

$$x : x' = (z+d) : d \quad \text{(식 6-82)}$$

(식 6-82)를 x'에 대해 정리하면 다음 (식 6-83)과 같습니다.

$$x'(z+d) = dx$$
$$x' = \frac{dx}{(z+d)} \quad \text{(식 6-83)}$$

비슷한 방법으로, y'과 z'을 유도할 수 있습니다.

$$y' = \frac{dy}{(z+d)},\ z' = \frac{dz}{(z+d)} \text{ (식 6-84)}$$

모든 식에 $\frac{d}{(z+d)}$가 있으므로, 동차 나눗셈의 분모 즉 w'이 $\frac{d}{(z+d)}$의 역수인 $\frac{(z+d)}{d}$가 되도록 선형 시스템을 구성해야 w'의 값을 1로 만들면서 x'과 y'값을 구성할 수가 있습니다. 그러면 w'를 다음과 같이 구성해야 합니다.

$$w' = \frac{(z+d)}{d} = \frac{1}{d}z + 1 = 0x + 0y + \frac{1}{d}z + 1 \text{ (식 6-85)}$$

그러면 $(x',\ y',\ z',\ w')$을 구하는 선형 시스템은 다음 (식 6-86)과 같이 구성할 수 있습니다.

$$x' = 1x + 0y + 0z + 0 \text{ (식 6-86)}$$
$$y' = 0x + 1y + 0z + 0$$
$$z' = 0x + 0y + 1z + 0$$
$$w' = 0x + 0y + z\left(\frac{1}{d}\right) + 1$$

삼차원 변환에서, 위의 선형 시스템의 결과 $w' \equiv 1$이 되어야 하므로, 동차 나눗셈의 분모가 $z\left(\frac{1}{d}\right) + 1 = \frac{(z+d)}{d}$가 되도록 설정한 것입니다. 임의의 삼차원 점 $(x,\ y,\ z)$를 (식 6-86)을 이용하여 투영 변환하기 위해서는, 먼저 입력 $(x,\ y,\ z)$를 $(x,\ y,\ z,\ 1)$로 변환합니다. 그리고 변환을 적용합니다. 그러면 $(x',\ y',\ z',\ w')$은 다음 (식 6-87)과 같습니다.

$$(x', y', z', w') = (x, y, z, \frac{(z+d)}{d}) \text{ (식 6-87)}$$

(식 6-87)에서 w'을 1로 만들기 위해, 모든 요소를 $\frac{(z+d)}{d}$로 나누어 주는 동차나눗셈을 수행합니다.

$$X' = \frac{x}{\frac{(z+d)}{d}} = \frac{dx}{(z+d)}$$

$$Y' = \frac{y}{\frac{(z+d)}{d}} = \frac{dy}{(z+d)}$$

$$Z' = \frac{z}{\frac{(z+d)}{d}} = \frac{dz}{(z+d)}$$

$$W' = \frac{\frac{(z+d)}{d}}{\frac{(z+d)}{d}} = 1$$

그러면 어파인 변환의 최종결과는 다음 (식 6-88)과 같이 얻을 수 있습니다.

$$(X', Y', Z', W') = \left(\frac{dx}{(z+d)}, \frac{dy}{(z+d)}, \frac{dz}{(z+d)}, 1\right) \text{ (식 6-88)}$$

최종 투영 변환행렬은 다음 (식 6-89)에 사용된 4×4 행렬로 구성해야 합니다. 하지만 이 행렬은 선형 변환행렬이 아니라, 어파인 변환행렬입니다.

$$\begin{bmatrix} x' \\ y' \\ z' \\ w' \end{bmatrix} = \begin{bmatrix} 1 & 0 & 0 & 0 \\ 0 & 1 & 0 & 0 \\ 0 & 0 & 1 & 0 \\ 0 & 0 & \frac{1}{d} & 1 \end{bmatrix} \begin{bmatrix} x \\ y \\ z \\ 1 \end{bmatrix} \quad \text{(식 6-89)}$$

(식 6-89)의 결과 w'의 값이 1이 아니므로, 투영 변환 후에 w'을 1로 만들도록 동차 나눗셈을 수행합니다.

$$\begin{bmatrix} X' \\ Y' \\ Z' \\ 1 \end{bmatrix} = \begin{bmatrix} x'/w' \\ y'/w' \\ z'/w' \\ w'/w' \end{bmatrix} \quad \text{(식 6-90, 동차나눗셈)}$$

실제 3D 컴퓨터 그래픽스에서는 (식 6-89)에서 제공한 것보다는 유연한 투영 변환행렬을 사용합니다.[20] 하지만 (식 6-89)가 투영 변환의 원리를 이해하는 데는 무리가 없다고 생각합니다.

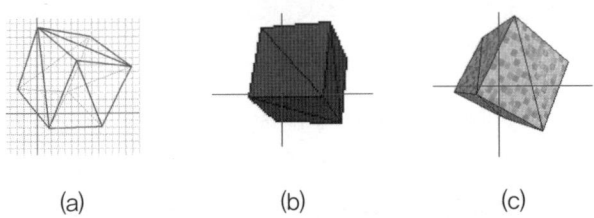

(a)　　　　　(b)　　　　　(c)

[그림 6-31b] 삼차원 공간의 육면체(Cube)를 투영 변환을 적용하여 이차원에 나타내었습니다.

[그림 6-31b]에 투영 변환을 적용하여 삼차원 육면체(Cube)를 이차원 컴퓨터 화면에 나타낸 것을 확인할 수 있습니다. 일반적으로 삼차원 물체는 표면을 삼각형(Triangle)으로 구성합니다.

---

20) DirectX가 사용하는 투영 변환, https://learn.microsoft.com/en-us/windows/win32/direct3d9/projection-transform

왜냐하면 삼각형의 세 점은 하나의 평면을 구성하는 최소 단위이기 때문에 그렇습니다. (a)는 육면체를 이루는 각 삼각형을 선으로 그렸습니다. 보이는 면과 보이지 않는 면을 구분하여, 보이지 않는 면은 점선으로 나타낸 것입니다. (b)는 각 면에 **셰이딩**(Shading)을 적용했습니다. 빛과 면의 색을 정하고 빛의 위치에 따라 면 전체의 색을 결정한 것입니다. (c)는 셰이딩과 **텍스처링**(Texturing)을 같이 적용한 것입니다. 삼차원 물체의 면을 모두 기하학(Geometry)으로 나타내는 것은 비용이 너무 많이 들기 때문에 면에 이미지를 입혀서 나타내는 방식을 텍스처링이라고 합니다. 독자들은 컴퓨터 프로그래밍 언어인 C^{++}을 이용하여 윈도우즈 플랫폼에서 동작하도록 만들어진 프로그램을 다운로드[21]해서 실행해 볼 수 있습니다.

차원 사이의 변환

n차원의 존재에게는 $(n+1)$차원의 존재가 일반적인 상황에서는 보이지 않습니다. 사차원에 무언가가 있다면, 이차원이나, 삼차원 존재는 사차원의 존재를 인식할 수 없습니다.

설명을 간단하게 하기 위해, 이차원에 존재하는 네모와 동그라미에 대해서 고려해 봅시다. [그림 6-31c]에 이차원에 네모와 동그라미를 나타내었습니다.

---

21) 렌더링엔진의 원리, https://github.com/GP101/UnderstandingUnity/tree/master/LinearAlgebra

[그림 6-31c] 이차원에 네모와 동그라미가 살고 있다고 가정해 봅시다. 네모와 동그라미는 인간처럼 의식을 가졌다고 가정합니다.

 이차원의 네모와 동그라미는 실제로 이차원에만 존재하는 객체일 수 있습니다. 하지만 이차원 네모와 동그라미의 실체가 사실은 삼차원 객체라고 가정해 봅시다. 그리고 삼차원 객체를 이차원에 표시하기 위해 투영 변환이 일어난다고 가정하는 것입니다. [그림 6-31d]에 삼차원 공간에 존재하는 육면체(Cube)와 실린더(Cylinder)를 이차원 평면에 투영된 결과와 함께 나타내었습니다.

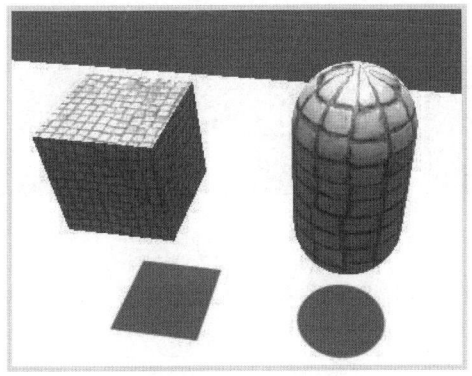

[그림 6-31d] 이차원의 객체가 삼차원 객체의 투영 변환의 결과일 수 있습니다.

 이차원 객체가 투영 변환의 결과가 아니라, 실제로 삼차원 객체의 일부일 가능성도 있습니다. 삼차원 육면체와 실린더를 가로지르는 이차원 평면에는 이차원 네모와 동그라미만 나타날 것입니다.

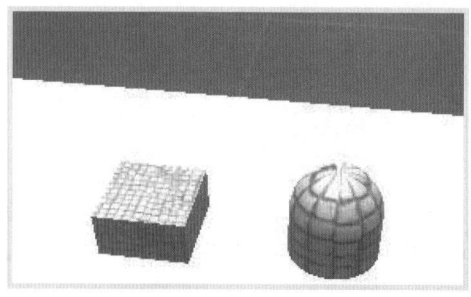

[그림 6-31e] 이차원 평면이 삼차원 공간의 한 단면이라면, 네모와 동그라미로 인식되는 이차원 객체는 실제로 육면체와 실린더일 수 있습니다.

우리 우주에서 인류는 만물을 이루는 물체들이 사차원 시공간에 존재한다고 생각합니다. 하지만 우리가 실제로는 더 높은 차원에 존재하는 어떤 존재일 가능성이 있을까요? 그 사실을 유추하기 위해 **에너지 보존 법칙**(law of conservation of energy)이 성립하는 이차원 세계를 준비해 보겠습니다.

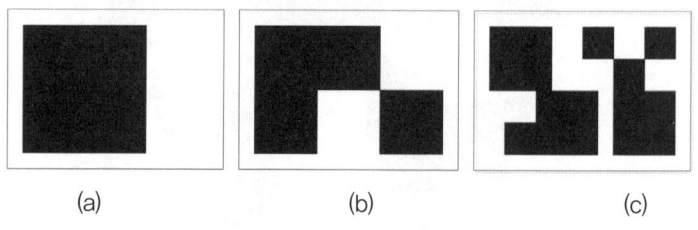

[그림 6-31f] 이차원 세계의 검은 사각형은 형태와 모양을 바꿀 수 있어도 총 면적은 항상 일정해야 합니다.

에너지 보존 법칙은 고립계에서 에너지의 총합은 일정하다는 것으로 물리학의 바탕이 되는 법칙 중 하나입니다. 에너지는 형태를 바꾸거나 다른 곳으로 전달될 수 있을 뿐 생성되거나 사라질 수 없습니다. 에너지 보존 법칙은 **특수 상대성 이론**을 통해 질량-에너지 보존 법칙으로 확장되었습니다. 특수 상대성 이론에 따르면 질량은 에너지의 한 종류이고 기준 관성계에 따라 측정되는 값이 다를 수는 있지만 같은 관성계에서 시간의 변화에 대해서 불변입니다. 열역학에 있어서의 에너지 보존 법칙을 **열역학 제1법칙**(the first law of thermodynamics)이라고 합니다. 우리가 준비한 이차원 세상에서 네모는 그 모양을 바꿀 수 있고 쪼개질 수는 있어도 검은색의 면적은 항상 일정해야 합니다. 이것을 이차원 공간의 에너지 보존 법칙이라고 가정해 봅시다.

이제 이러한 이차원 공간에서 **사고실험**(thought experiment)을 진행해 보겠습니다. 이차원에 존재하는 네모 A가 자신의 이차원 공간에서는 불가능한 어떤 현상을 목격한다고 가정해 봅시다. t_0시간에 점이 나타나더니 점이 점점 커지기 시작합니다. t_1시간에 점은 가장 큰 원을 이루더니 점점 작아지기 시작했습니다. t_2시간에는 원이 많이 작아졌고, 그 뒤에 사라져 버렸습니다.

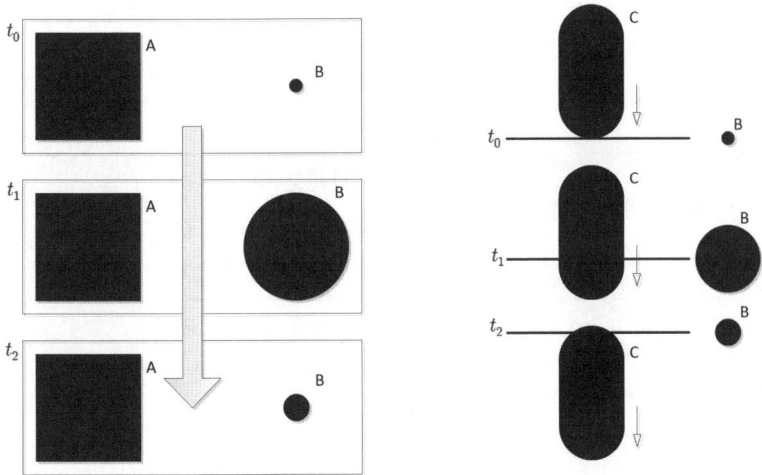

[그림 6-31g] 사고실험: 이차원 공간에 나타난 점이 점점 커져서 다시 작아지고 나서 사라지는 현상이 발생했습니다.

이 현상은 이차원에 존재하는 에너지 보존 법칙으로는 설명이 불가능한 현상입니다. 그런데 이차원보다 높은 삼차원이 있고, 이차원에서 네모 A가 인식한 원이 실제로는 삼차원 실린더 C였다면 이러한 현상을 설명하는 것이 가능합니다. t_0시간에 삼차원 실린더가 이차원 평면을 통과하기 시작했습니다. t_1시간에 통과를 계속하다가, t_2시간에 거의 통과를 마치는 상태입니다.

이 현상이 이차원 존재의 네모 A에게는 기적처럼 보이겠지만, 삼차원 실린더 C에게는 과학법칙을 따르는 당연한 현상일 뿐입니다. 이 실험에서 사고의 단계를 다음 표에 나타내었습니다. 사차원 시공간에 있는 우리는 이 실험의 사고의 단계에서 어디까지를 과학이라고 인식하는 것일까요?

[표 6-1] 사차원 시공간에 존재하는 우리 인류에게 사고의 단계 1), 2)와 3)은 모두 과학의 범주입니다.

사고의 단계	사고의 내용	과학의 범주
1) 이차원 에너지 보존 법칙 ↓	이차원에는 에너지 보존 법칙이 성립한다. 검은색 네모는 모양을 바꿀 수 있어도 면적은 항상 일정하다.	과학
2) 삼차원의 존재 가정 ↓	이차원 존재가 관측할 수는 없지만 네모 A가 존재하는 이차원 공간은 사실 삼차원 공간의 일부일 수 있다.	과학
3) 이차원 법칙을 무시하는 현상을 관측	삼차원 물체가 이차원 공간을 지날 때, 에너지 보존 법칙을 무시하는 현상이 일어난다.	과학

사차원 시공간에 존재하는 우리 인류에게 사고의 단계 1), 2)와 3)은 당연히 모두 과학의 범주에 속합니다. 그런데 이차원에

존재하는 A에게는 어디까지를 과학이라고 불러야 할까요?

[표 6-2] 이차원 공간의 존재에게 삼차원의 존재를 가정하는 것까지를 과학이라고 정의해 봅시다.

사고의 단계	이차원 네모에게 과학의 범주
1) 이차원 에너지 보존 법칙 ↓	과학
2) 삼차원의 존재 가정 ↓	과학
3) 이차원 법칙을 무시하는 현상을 관측	비과학

현재 인류의 과학은 우리가 인식하는 차원보다 높은 차원이 있다는 가정을 하는 경우가 있습니다.[22] 그러므로 보다 높은 차원을 가정하는 것은 과학의 범주입니다. 그런데 보다 높은 차원에서 발생하는 사건이 우리 차원에서 관측되는 것은 과학의 범주에 포함시키지 않습니다. 이것은 비난받을 일이 아니라 합리적인 사람에게는 당연한 것입니다. 어떤 자연현상이든 우리 차원의 과학법칙으로 설명을 시도하고, 아직 설명되지 않은 것들은 미지의 영역으로 남겨두는 방식을 선택하는 것입니다. 이러한 방식으로 우리 인류는 놀라운 기술 발전을 이룰 수 있었습니다.

하지만 지금의 과학법칙으로 설명할 수 없는 현상이 있다면, 우리 차원을 초월하는 어떤 존재를 가정하는 것도 대답의 한 후보로 남겨두는 것이 과학적인 태도라고 생각합니다. "그것이 정답이다"라고 주장하는 것이 아니라, "그것이 정답일 수도 있다"는 주장은 과학의 질문에 대한 하나의 대답이 되어야 하는 것입니다.

---

22) 스트링 이론(String Theory), https://en.wikipedia.org/wiki/String_theory

우리가 인식하는 사차원 시공간에서 과학으로 설명할 수 없는 어떤 일들이 가끔 관측된다면, 우리 차원보다 높은 어떤 차원이 존재하며, 그 차원의 존재가 가끔 우리 차원에 모습을 드러내기도 한다는 것이 가능한 설명의 한 후보가 되어야 할 것입니다. 대부분의 과학자들은 그러한 현상은 체계적으로 관측되지 않으며, 자연 법칙을 위반하기 때문에 과학이 아니라고 합니다. 하지만 바로 그 부분이 고차원 현상을 규정하는 특징입니다. 체계적으로 관측되며, 자연법칙을 따른다면 그것은 고차원 현상이 아닙니다.

저는 그러한 일들이 가끔 일어난다고 생각합니다. 개인적인 경험이며 재현 불가능하지만 귀신(ghost)을 목격하는 많은 개인적 경험들을 듣습니다.

혹은 NASA(National Aeronautics and Space Administration, 미국 항공 우주국)에서 공식적으로 인정한 UAP(unidentified anomalous phenomena, 미확인 이상현상)는 고차원이 존재하기 때문에 발생하는 현상일 가능성이 있습니다.

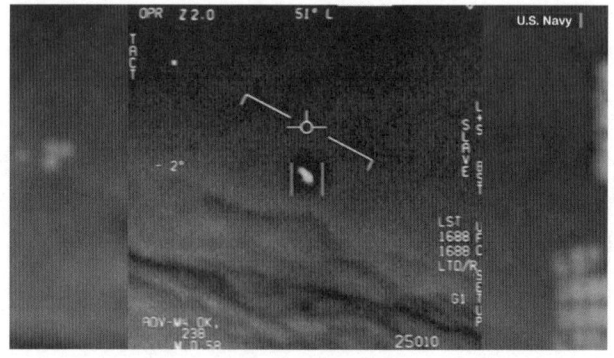

[그림 6-31h] NASA가 인정한 미확인 비행현상은 고차원이 존재하기 때문에 발생하는 현상일 가능성이 있습니다. (출처: DoD/US Navy)

물론 귀신이나 UAP는 고차원의 존재가 우리 차원에 표시되는 현상이 아니라, 아직까지 밝혀지지 않은 우리 차원의 과학적 현상일 가능성도 있습니다. 이러한 문제를 대하는 기본적인 태도는 **오컴의 면도날**(Occam's Razor)을 적용하는 것입니다. 오컴의 면도날을 요약하면 다음과 같습니다. 같은 현상을 설명하는 두 가지 이론이 있다면, 간단한 쪽을 선택하라는 것입니다.

귀신이나 UAP는 고차원의 존재를 가정하는 것이 제게는 훨씬 간단해 보입니다. 그렇다면 우리는 보다 높은 차원의 존재일 가능성이 있습니다. 그리고 보다 높은 차원에서는 지금 우리가 인식하는 시간이 흐르지 않을 가능성이 있습니다. 그것은 7장의 특수 상대성 이론에서 살펴보도록 하겠습니다. 만약 우리가 보다 높은 차원의 존재이고, 그 차원에서는 시간이 흐르지 않는다면, 우리 모두는 모두 불멸의 존재입니다. 우리 차원에서 경험하는 탄생과 죽음은 보다 높은 차원에서는 영원한 삶의 단계들일 뿐입니다.

다만 시간이 흐르지 않는 그 높은 차원에 기쁨이 있다면 영원한 기쁨일 것이고, 고통이 있다면 영원한 고통일 것입니다. 지금 이 삶에서 경험하는 죽음 이후에 우리가 불멸의 존재라는 사실을 인식할 때, 어떤 누군가는 영원한 기쁨의 존재가 되고, 어떤 누군가는 영원한 고통의 존재가 된다면 우리는 반드시 영원한 기쁨의 존재가 되는 삶을 살아야 합니다. 저도 그런 삶을 살아야 하고, 저의 사랑하는 가족도 그런 삶을 살아야 하고, 이 글을 읽고 있는 여러분도 반드시 그런 삶을 살아야 합니다.

창조의 시간

보다 높은 차원이 낮은 차원에 투영되어 표현된다면, 길이와 시간에서 발생하는 모순되는 현상을 설명할 수 있습니다.

한 시간에 1km를 움직이는 M이 있습니다. 관측을 시작한 이후로 M은 항상 1시간에 1km를 움직입니다. M의 이동속도를 우주의 법칙(Law of Universe)이라고 가정해 봅시다. 법칙은 변하지 않는 절대 진리라는 의미입니다.

[그림 6-31i]에서 A와 B 사이의 거리를 10km라고 가정합시다. 그러면 M이 A를 출발하여 B에 도착하는 데는 10시간이 걸립니다. 과학자들은 이 사실을 수도 없이 관측했고, 관측할 때마다 정확하게 10시간이 걸렸습니다.

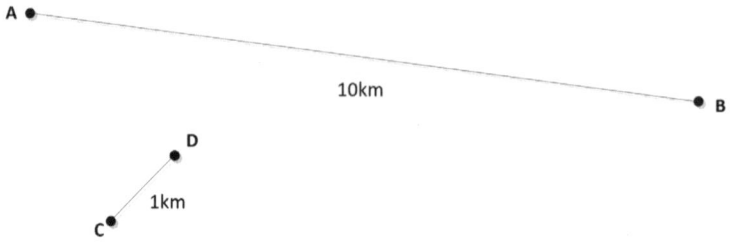

[그림 6-31i] 이차원에 존재하는 A와 B 사이의 거리는 10km입니다. C와 D의 거리는 1km입니다.

이 사실을 바탕으로 과학자들은 M이 C를 출발하여 D에 도착하는 시간을 예측하려고 합니다. C와 D 사이의 길이는 1km이므로, M이 C를 출발하여 D에 도착하기까지 1시간이 걸릴 것이라고 과학자들은 생각했습니다.

과학자들은 이 예측을 증명하기 위해 실험을 진행했습니다. 실제로 M을 C에 위치시킨 후에 D까지 도착하는 데 걸린 시간을 관측한 과학자들은 결과에 놀랐습니다. 왜냐하면 10시간이 걸렸기 때문입니다. 그래서 과학자들은 다음과 같은 합리적인 과학적 결과를 도출했습니다.

"M은 C에서 D로 이동할 때,
평소와는 다르게 1시간에 100m로 느리게 움직였다."

하지만 이 결과는 우주의 법칙을 위반하므로 과학자들은 받아들일 수 없었습니다. M의 이동속도는 변하지 않습니다. 항상 시속 1km입니다. 우주의 법칙을 위반하지 않으면서 결과를 수용하는 다른 방법이 있습니다. M이 C에서 D로 이동할 때 어떤 이유에서인지는 알 수 없지만, 시간이 평소보다 10배 늦게 흐른 것입니다.

우리가 사는 우주에서 시간과 공간(길이)은 상대적입니다. 왜 이런 현상이 발생하는 것일까요? 그것은 우주의 실재(reality)가 우리가 실재라고 느끼는 사차원 시공간(time-space)이 아니라, 보다 높은 차원 혹은 차원을 초월한 어떤 것이기 때문일 가능성이 있습니다. [그림 6-31j]와 [그림 6-31k]는 이것을 설명하기 위해 모델링한, A, B와 C, D의 삼차원 이미지입니다.

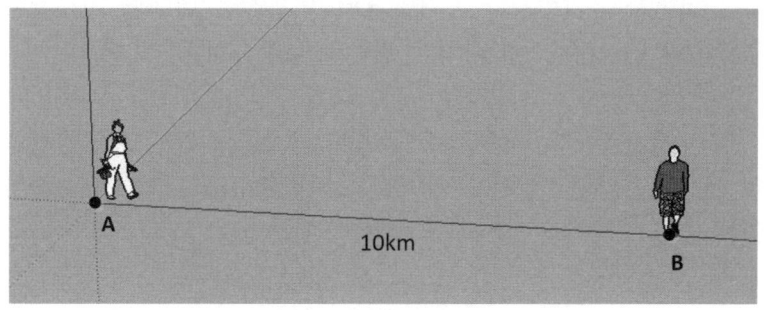

[그림 6-31j] A와 B 사이의 거리는 10km입니다.

점 A와 B가 모두 xy이차원 평면에 존재하는 점이라면 직선 $\overline{AB}$의 거리는 xy평면에서의 거리 10km를 의미합니다. 그런데 A와 B가 실제로는 삼차원 공간의 점이고, 어떤 이유에서 C와 D는 z축을 중심으로 회전한 이후에 이차원 평면에 투영되었다고 가정해 봅시다. 그러면 C와 D의 거리는 실제로는 10km이지만, 이차원 존재에게 1km로 관측될 수 있습니다.

이러한 변환이 있었다면, M의 이동속도는 늦어진 것이 아니라, 과학법칙을 그대로 따랐지만, 이차원에서는 확인할 수 없는 변환에 의해서 다르게 인식된 것입니다.

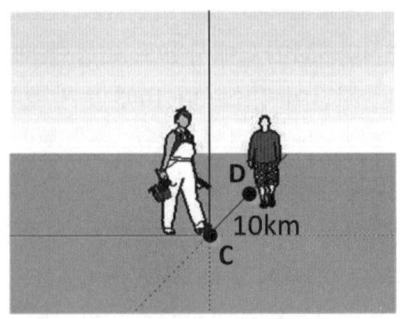

[그림 6-31k] C와 D 사이의 거리는 10km입니다.

A에서 B로 이동하는 데에는 10시간이 걸렸습니다. 이것은 과학을 위반하지 않습니다. C에서 D로 이동하는 데에도 10시간이 걸렸습니다. 이것 또한 과학을 위반하지 않습니다.

처음 제시한 그림에서 어떤 관측이 과학을 위반한다고 생각했던 이유는 삼차원 실재가 이차원으로 변환(transformation)된 숨어 있는 변환의 과학을 인지하지 못했기 때문입니다.

우리는 현재의 과학기술로 138억 년이 된 우리의 우주를 관측합니다. 성경이나 역사가 말하는 인류의 역사는 6,000년 정도입니다. 그래서 성경에 근거한 우주의 나이는 약 1만 년 정도라고 이야기하는 사람들이 있습니다.

우주론 중 하나인 끈 이론(string theory)은 우주가 11차원이라고 주장합니다.[23] 11차원인 우주가 우리가 인지하는 사차원 시공간에 변환되어 표현되고 우리가 과학적 방법으로 충실하게 그것을 관측할 때 138억 년일 수 있습니다.

보다 높은 차원에서는 6일 걸린 사실이 우리 차원으로 변환되었기 때문에 시간이 138억 년으로 달라졌을 가능성이 있습니다.

하나님께서는 6일 동안 천지를 창조하셨습니다. 그것은 시간의 창조를 포함합니다. 창조된 우주를 과학적 방법으로 관측하는 우리는 그것을 138억 년이라고 관측합니다. 모순처럼 보이지만 둘 모두 맞을 가능성이 있습니다.

시간이나 공간이 상대적이어서 줄어들거나 늘어날 수 있는 것은 과학적 사실입니다. 우리는 7장에서 특수 상대성 이론을 공부하면서 이것을 알아볼 것입니다. 특수 상대성 이론을 사용하면 정확하게 시간과 공간이 어떻게 줄어들거나 늘어나는지 계산할 수 있습니다.

하지만 왜 그런지는 설명하지 못합니다. 특수 상대성 이론이 그렇게 존재하는 이유는 높은 차원의 실재가 변환되어서 우리 우주에 표현되기 때문일 가능성이 있습니다.

---

[23] 끈 이론(string theory), https://en.wikipedia.org/wiki/String_theory

우리는 천국에서 거울로 보는 희미한 우주가 아니라, 얼굴과 얼굴을 마주하듯이 모든 만물의 실재를 보게 될 것입니다.[24] 아무도 질문할 필요를 느끼지 못할 것입니다. 왜냐하면 있는 그대로 알게 될 것이기 때문입니다.

사건에 대한 인식

인식(recognition)이라는 것을 수학적으로 이해해 봅시다. 그것은 실제 세계에 존재하는 (x, y, z, t)를 관찰하고 정보를 얻는 것을 말합니다. 실제 세계의 (x, y, z, t)는 공간(space)을 통해 시간(time)을 거치면서 전달된 광자(photon)의 정보가, 눈과 뇌의 변환 과정을 거쳐서 (X', Y', Z', T')으로 관측되는 것입니다. 그러므로 우리는 우리 우주에서 궁극적인 실체를 이해하는 것은 불가능합니다.

(x, y, z, t)를 있는 그대로 이해하기 위해서는 무한에 대한 직관이 당연한 우주, 무한의 시간을 들여야 하는 어떤 관측이 즉시 수행되는 우주여야 합니다.

그러한 우주에서는 과거와 현재와 미래가 영원한 현재이므로 묻는 즉시 대답을 얻을 것이고, 말하지 않아도 대화할 것이고, 고통이 있다면 무한의 강도로 무한의 시간에 걸쳐서, 기쁨이 있다면 무한의 강도로 무한의 시간에 걸쳐서 일어날 것입니다.

---

24) 고린도전서 13장 12절, 우리가 지금은 거울로 보는 것 같이 희미하나 그 때에는 얼굴과 얼굴을 대하여 볼 것이요 지금은 내가 부분적으로 아나 그 때에는 주께서 나를 아신 것 같이 내가 온전히 알리라

우리 모두에게 궁극적인 실체를 이해하는 순간이 매 순간 다가오고 있습니다. 궁극적인 실체를 이해하는 그 순간, 우리가 누리는 이 삶은 꿈처럼 느껴지게 될 것입니다.

우리는 그날을 준비해야 합니다. 그날은 우리의 선택에 따라, 누구에게는 무한의 고통으로, 누구에게는 무한의 기쁨으로 펼쳐질 것입니다.

7장 시간의 상대성

세상에서 가장 아름다운 방정식
공간과 시간의 상대성
– 초기 우주에 대한 사고실험
사차원 시공간의 표현
아인슈타인 변환
동시성의 상대성
– 공존하는 과거와 미래
– 전지전능과 자유의지
시간의 상대성
두 가지 기록
– 기본입자
– 우주의 역사
설계(Design)
– 컴퓨터가 정보를 표현하는 방법
– 사진수와 DNA
– 컴퓨터의 구조
– 세포의 구조
– 유전자 조작
– 이진열 데이터 조작
– 이진열 코드 조작
– 우연히 만들어진 DNA OS
– 요약 및 DNA 해석 방향
– 동물과 구분할 수 없는 로봇을 만드는 것이 가능한가?
– 외계 생명체는 존재하는가?
물질의 이중성
– 우주 진화와 생명 진화의 확률
– 창조자의 침묵

● 세상에서 가장 아름다운 방정식

우리는 5장까지 읽으면서, 가장 아름다운 수식 중의 하나인 오일러의 방정식을 살펴보았습니다. 하지만 물리학자들에게 세상에서 가장 아름다운 방정식이 무엇인지 생각하느냐고 물으면 그중 하나는 다음의 아인슈타인의 중력장 방정식입니다.

$$G_{\mu\nu} + \Lambda g_{\mu\nu} = \frac{8\pi G}{c^4} T_{\mu\nu}$$ (식 7-1)

다음의 [표 7−1]은 가장 아름다운 방정식의 후보들입니다.

[표 7-1] 가장 아름다운 방정식의 후보들

가장 아름다운 방정식의 후보들	
오일러의 항등식 (Euler's Identity)	$e^{i\pi} + 1 = 0$
시간의 상대성	$\Delta t = \dfrac{\Delta t}{\sqrt{1 - \left(\dfrac{v^2}{c^2}\right)}}$
아인슈타인의 장 방정식 (Einstein Field Equation)	$G_{\mu\nu} + \Lambda g_{\mu\nu} = \dfrac{8\pi G}{c^4} T_{\mu\nu}$
슈레딩거 방정식 (Schrödinger equation)	$i\hbar \dfrac{d}{dt} \vert\Psi(t)\rangle = \hat{H} \vert\Psi(t)\rangle$

두 번째 수식은 로렌츠 인자(Lorentz Factor)를 포함한 시간의 상대성을 나타내는 수식입니다. 이것은 아인슈타인의 특수 상대성 이론 중 시간팽창(time dilation) 혹은 시간지연을 나타내는 방정식

으로 잘 알려져 있습니다. 우리는 이 장에서 로렌츠 변환에 대해서 알아보고, 천지창조에 걸린 시간의 상대성에 대해서 살펴볼 것입니다.

세 번째 수식은 아인슈타인의 장 방정식(Einstein Field Equation)입니다. 이 수식은 우리의 시공간이 굽어 있다는 것을 말해줍니다. 시공간이 굽어 있다는 것은 우리가 인식하는 사차원 시공간보다 높은 차원(bulk dimension)이 존재할 것이라는 직관을 가지도록 합니다. 이 수식에는 텐서(tensor)가 사용되었습니다.

마지막 수식 슈레딩거 방정식(Schrödinger equation)은 양자역학(Quantum mechanics)적 관점에서 물질의 상태를 기술하는 방정식입니다. 빛이나 전자(electron) 등의 입자들이, 입자(particle)이기도 하면서 파동(wave)이기도 한 입자의 이중성을 기술하는 식입니다. 파동함수 ψ(psi, 프사이)와 브라켓(Bra-ket) 표기법이 사용되어서 현재 이 책의 단계에서는 이해할 수 없습니다.

● 공간과 시간의 상대성

20세기에 들어서 가장 놀라운 과학혁명 가운데 하나는 절대적이라고 믿었던 공간(space)과 시간(time)이 사실은 절대적이지 않으며 시작이 있었다는 발견일 것입니다. 우주는 스스로 존재하는 공간과 시간에서 만들어진 것이 아니라, 공간과 시간 자체가 우주와 함께 시작되었습니다. 우리 우주가 어떻게(how) 시작되었는지를 설명하는 과학이론 가운데 가장 지지받고 있는 이론이 빅뱅(The Big Bang Theory)이론입니다[그리고 우리 우주가 왜(why) 시작되었는지를 설명하는 주장이 성경입니다].

공간과 시간이 절대적이지 않다는 사실은 받아들이기 힘들어 보입니다. 우리가 알고 있는 직관에 반하기 때문입니다. 이 사실을 살펴보기 위해 삼차원 공간에서 x축의 방향으로 속력 v로 움직이고 있는 기차를 고려해 봅시다.

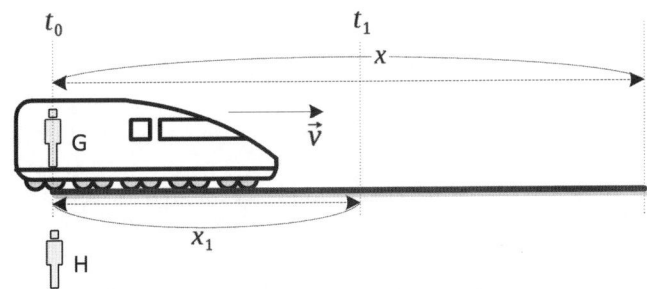

[그림 7-1] 기차가 속도 $\vec{v}$로 움직이고 있습니다. x_1만큼 움직였을 때, x까지 움직이기 위해서는 얼마나 더 가야 할까요? 이것을 기차에 탄 사람 G와 기차 바깥에 서 있는 사람 H가 관측하고 계산하려고 합니다.

기차 안에는 사람 G가 타고 있고 기차와 함께 속력 v로 움직입니다. 기차에 타고 있는 사람은 자신과 기차가 움직이고 있다고 생각합니다. 하지만 자신이 움직이고 있음에도 불구하고, 느끼지 못하는 경우가 있습니다. 예를 들면 지구에서 땅을 밟고 가만히 서 있는 사람 H도 움직이고 있습니다. 왜냐하면, 지구는 자전속력 약 1,300km/h로 회전하고 있으며, 또한 지구는 태양에 대해서 공전속력인 1초에 약 29.76km로 움직이고 있으며, 또한 우리 태양계는 은하 중심에 대해서 1초당 270km로 회전하고 있으며, 또한 우리 은하는 초기 우주 생성 이후에 계속해서 허블의 법칙을 만족하면서 서로에게서 멀어지고 있기 때문입니다.

일반적으로 위치에 차이가 나면 작은 물체가 큰 물체에 대해서 움직인다고 생각합니다. 기차와 지구를 비교해 보면, 지구는 기차에 비해서 엄청나게 큰 물체이므로 기차가 움직인다고 생각하는 것입니다. 하지만 기차 안에 있는 G입장에서는 지표면이 움직이는 것이고, 지표면에 서 있는 H입장에서는 기차가 움직인다고 생각할 수 있습니다.

G가 기차 안에서 기차의 움직임을 관측합니다. t_0시각에 출발한 기차는 t_1시각에 x_1거리를 움직였습니다. G 입장에서 경과한 시간을 t라고 하면, v, t 와 x_1 사이의 관계는 (식 7-2)와 같습니다.

$$t = t_1 - t_0$$
$$x_1 = vt \quad \text{(식 7-2, 거리＝속력×시간)}$$

관성계와 함께 움직이는 관찰자가 측정하는 시간을 **고유시간**(proper time, **참시간**)이라고 합니다. t는 G의 고유시간입니다. 기차가 총 움직일 거리가 x라고 하면, t시간이 지났을 때, 기차는 얼마나 더 가야 할까요? 기차 안에서 G가 이것을 측정하면, 총 거리는 x인데 현재 $x_1 = vt$만큼 움직였으므로, 남은 거리 x'은 다음과 같이 구할 수 있습니다.

$$x' = x - x_1 = x - vt \text{ (식 7-3)}$$

같은 측정을 기차 외부에서 H가 진행한다고 가정해 봅시다.

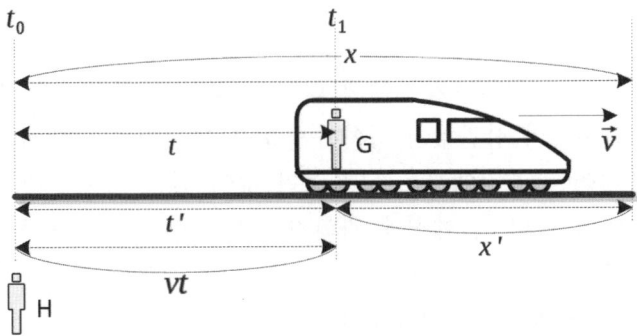

[그림 7-2] 기차가 vt만큼 움직였을 때 남은 거리는 G가 측정을 하든, H가 측정을 하던 같아야 하는 것이 당연하다고 생각됩니다.

H가 기차의 움직임을 측정합니다. 기차가 x_1만큼 움직였을 때, 시간을 측정해 보니 t'입니다. 그러면 기차가 가야 할 거리 x'은 다음과 같이 구할 수 있습니다.

$$x' = x - vt' \text{ (식 7-4)}$$

G가 측정했을 때 경과한 시간 t(G의 고유시간)와 H가 측정했을 때 경과한 시간 t'(H의 고유시간)은 같은 값을 가질 것 같습니다. 그러면 $t'=t$이므로 G와 H 모두 남은 거리 x'은 다음의 식으로 계산할 수 있습니다.

$$t' = t$$
$$x' = x - vt \text{ (식 7-5)}$$

(식 7-5)는 고전적인 운동법칙을 기술한 것인데, 물리학을 시작한 인물인 **갈릴레오 갈릴레이**(Galileo Galilei)의 이름을 기념하여 **갈릴레이의 상대성 이론**이라고 합니다. 하지만 (식 7-5)는 근사법칙이지 정확한 법칙이 아닙니다. 왜냐하면 G가 측정한 시간 t와 H가 측정한 시간 t'이 다르기 때문입니다!

놀랍게도 시간은 각자에게 다르게 흐르고 있습니다. 물체의 움직임 여부와 상관없이 정확하게 x'을 계산하기 위해서는 어떠한 움직이는 조건에서도 고정적인 값이 있어서 이것을 참조할 수 있어야 합니다. 예전에 과학자들은 그것이 길이나 시간으로 생각했지만, 그것은 틀렸으며 어떠한 조건에서도 고정적인 값은 바로 **빛의 속력**(the speed of light)입니다.

빛의 속력은 상수 c로 표현하며, 1983년 이후 그 값은 (식 7-6)과 같습니다. 빛의 속력은 상수이므로, 모든 조건에서 항상 같은 값을 가집니다.

$$c = 299{,}792{,}458\text{m/s} \approx 300{,}000\text{km/s} \quad \text{(식 7-6, 빛의 속력)}$$

지구의 지름은 약 12,742km이므로, 지구의 둘레는 다음과 같이 구할 수 있습니다.

$$2 \times \pi \times r = 12{,}742 \times \pi \approx 40{,}000\text{km}$$

빛의 속력은 약 300,000km/s인데, 300,000km는 지구 둘레의 7바퀴 반 정도에 해당하는 길이입니다. 그러므로 빛은 1초에 지구를 7바퀴 반 움직입니다. 이것은 매우 빠른 속력이지만, 우주적 수준에서 그렇게 빠른 것도 아닙니다. 예를 들면 태양빛은 지구에 도달하는 데 8분이 걸립니다. 인류가 속한 은하인 우리 은하(Milky way Galaxy)에서 가장 가까운 은하인 안드로메다 은하(Andromeda Galaxy)까지의 거리는 250만(2,500,000) 광년(light year)입니다.

빛의 속력이 상수인 것은 매우 기이한 성질입니다. 빛을 관측하는 관측자의 속도와 상관없이 빛은 항상 일정한 속력 c로 움직입니다. 우리 우주에서 이러한 성질을 가진 것은 빛뿐입니다.

이제 어떠한 움직이는 조건에서도 고정적인 값을 알았으므로, 움직이는 G가 측정한 시간 t와 고정된 H가 측정한 시간 t'의 관계를 나타내는 수식을 구할 수 있습니다.

$\vec{v}$로 달리는 기차에 탄 G가 기차의 바닥에서 천장으로 빛을 발사하는 실험을 생각해 봅시다.

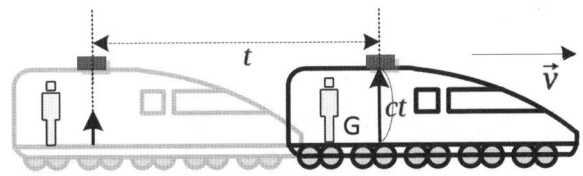

[그림 7-3] 기차에 탄 G가 기차의 바닥에서 천장으로 빛을 발사하는 실험을 진행합니다. 빛은 t초 후에 천장에 닿았습니다. 그러므로 바닥과 천장 사이의 거리는 ct (거리＝속력×시간)입니다.

기차에 탄 G가 기차의 바닥에서 천장으로 빛을 발사합니다. t 시간이 흘렀을 때, 빛이 천장에 닿았다고 가정하면, 바닥과 천장 사이의 거리는 ct입니다. 이제 이 실험을 기차 외부에서 서 있는 H가 관측한다고 가정해 봅시다.

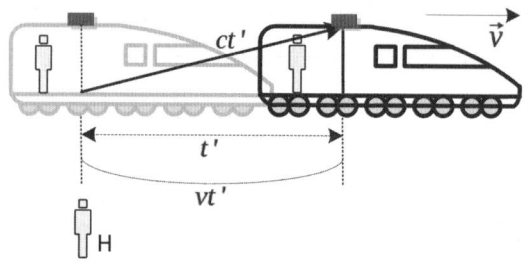

[그림 7-4] 기차 밖에서 고정된 H가 기차의 바닥에서 천장으로 빛을 발사하는 실험을 관측합니다. 빛이 천장에 닿았을 때 시간이 t'이었다면, 기차가 움직인 거리는 vt'이고, 빛이 바닥에서 천장까지 움직인 거리는 직각삼각형의 빗변의 거리인 ct'입니다.

H가 기차 안에서 행해진 빛의 움직임을 관측했을 때, 빛이 천장에 닿았을 때 측정한 시간이 t'이라고 가정해 봅시다. 그러면 기차가 x축 방향으로 움직인 거리는 vt'입니다. 그리고 빛이 바닥에서 천장까지 움직인 거리는 ct'입니다. 빛의 속도는 관측자의 운동 상태와 상관없이 똑같기 때문입니다. 그러면 t와 t'의 관계를 다음 직각삼각형(right triangle)으로 나타낼 수 있습니다.

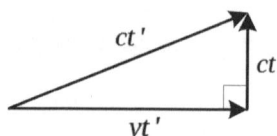

[그림 7-5] t와 t'의 관계를 직각삼각형으로 나타낼 수 있습니다. 피타고라스의 정리를 사용하여 t와 t'의 관계를 나타내는 식을 구할 수 있습니다.

직각삼각형의 세 변의 길이의 관계는 피타고라스의 정리로 나타낼 수 있습니다. 그러면 t와 t'의 관계는 피타고라스 정리를 사용하여 (식 7-7)로 나타낼 수 있습니다.

$$(ct')^2 = (ct)^2 + (vt')^2 \quad \text{(식 7-7)}$$

t와 t'의 관계를 구하기 위해 t를 우변에, t'을 좌변에 남도록 식을 정리하면 다음과 같이 식을 유도할 수 있습니다.

$$(c^2-v^2)t'^2 = c^2 t^2$$

$$t'^2 = \frac{c^2}{(c^2-v^2)} t^2$$

우변의 분자와 분모에 $\frac{1}{c^2}$을 곱하면 식은 다음과 같이 정리됩니다.

$$t'^2 = \frac{c^2 \frac{1}{c^2}}{(c^2-v^2)\frac{1}{c^2}} t^2$$

$$t'^2 = \frac{1}{1\left(1-\frac{v^2}{c^2}\right)} t^2$$

제곱을 없애기 위해 양변에 루트를 취하면 최종적으로 (식 7-8)을 얻습니다.

$$t' = \frac{1}{\sqrt{\left(1-\left(\frac{v}{c}\right)^2\right)}} t \quad \text{(식 7-8)}$$

(식 7-8)에서 우변에서 t의 계수를 γ(감마, gamma)라고 적으며 이것을 **로렌츠 인자(Lorentz factor)**라고 합니다.

$$\gamma = \frac{1}{\sqrt{\left(1-\left(\frac{v}{c}\right)^2\right)}} \quad \text{(식 7-9, Lorentz factor)}$$

로렌츠 인자는 시간과 공간의 상대성을 나타내는 아인슈타인의 특수 상대성 이론에서 서로 다른 **관성계(관성기준계, Inertial frame of reference, 등속운동을 하는 좌표계)**에서 시공간의 변환을 나타내는 데 사용합니다.

이 변환의 이름도 아인슈타인 변환이 아니라, **로렌츠 변환**(Lorentz transformation)이라고 하는데, **아인슈타인 인자**(Einstein factor), **아인슈타인 변환**(Einstein transformation)이라고 부르지 않는 이유는 아인슈타인인 특수 상대성 이론을 발표한 1905년보다 1년 앞서 로렌츠가 전하(electric charge)의 길이가 수축되는 현상을 설명한 논문에서 먼저 사용하였기 때문입니다.

[그림 7-6] 헨드릭 로렌츠(Hendrik Lorentz): 1902년에 노벨상을 수상한 그는 아인슈타인이 특수 상대성 이론을 설명하는 데 사용한 로렌츠 변환을 유도했습니다. (출처: Wikimedia Commons)

v와 c의 비율을 $\beta = \dfrac{v}{c}$로 나타내면, t와 t'의 관계는 다음 (식 7-10)과 같이 적을 수 있습니다.

$$\beta = \frac{v}{c}$$

$$t' = \frac{1}{\sqrt{\left(1-\left(\dfrac{v}{c}\right)^2\right)}} t = \frac{1}{\sqrt{(1-\beta^2)}} t \quad \text{(식 7-10)}$$

빛이 아닌 어떤 물체의 속력도 c보다 크거나 같을 수 없습니다. 그러므로 β는 항상 1보다는 작습니다. 그러면 (식 7−10)에서 로렌츠 인자의 분모는 0보다는 크고 1보다는 작거나 같은 값을 가집니다.

$$0 < (1-\beta^2) \leq 1$$

그러면 로렌츠 인자는 1보다 크거나 같고 무한대보다는 작은 것을 알 수 있습니다.

$$1 \leq \frac{1}{\sqrt{(1-\beta^2)}} < \infty \quad \text{(식 7-11)}$$

(식 7−10)을 보면 t'을 얻기 위해서 로렌츠 인자가 커지면 t는 t'보다는 작아져야 합니다. t는 움직이는 물체에서 측정한 시간이므로, 빠르게 움직이는 물체의 시간이 느리게 흐르는 것을 의미합니다. 너무나 놀라운 결과이지만 이것은 사실입니다.

초기 우주에 대한 사고실험

로렌츠 인자를 알았으므로 우리는 초기 우주의 생성과 생명의 발현에 대해서 의미 있는 사고실험을 할 수 있습니다. 먼저 우주를 만들기 위해서는 고정된 기준인 빛부터 만들어야 합니다. 그래서 우주 생성을 한 문장으로 표현하라고 한다면 "빛이 있으라"일 것입니다.

그리고 생명체를 구성하는 탄소(Carbon), 수소(Hydrogen), 질소(Nitrogen), 산소(Oxygen) 등의 원소는 별들의 생성과 소멸과정에서 생성된 것이므로 많은 별들을 생성하고 폭발하는 과정을 거쳐야 합니다.

그리고 그러한 원소들이 준비되면 생명이 살 만한 적절한 조건을 갖춘 행성에서 생명의 발현이 시작되어야 합니다.

우리가 관측하는 우주의 법칙들은 언제 만들어졌을까요? 우주의 법칙들이 먼저 만들어지고, 우주의 법칙을 따라 생명이 발현했다고 생각하고 싶지만, 생명의 발현은 열역학 제2법칙(엔트로피 증가의 법칙)을 위반하므로 쉽게 결정할 문제는 아닌 것 같습니다.

또 우주가 만들어지는 과정에 대한 시간 측정을 어떻게 할 수 있을까요? 현재 빛의 속력을 시간 측정의 기준으로 하고 있습니다. 그러면 빛을 만들 때 걸린 시간을 측정하는 것은 자기 참조의 오류입니다.

하지만 이렇게 하면 우주 생성에 걸린 시간을 측정할 수 없으므로, 현재의 시간 단위인 초(second)의 정의를 따른다고 가정해 봅시다. 현재의 초는 세슘(Cesium) 원자의 진동수로 결정하는데, 빅뱅 초기에는 세슘 원자가 만들어지지 않았으므로, 논리적인 오류는 존재한다는 것을 염두에 두기 바랍니다.

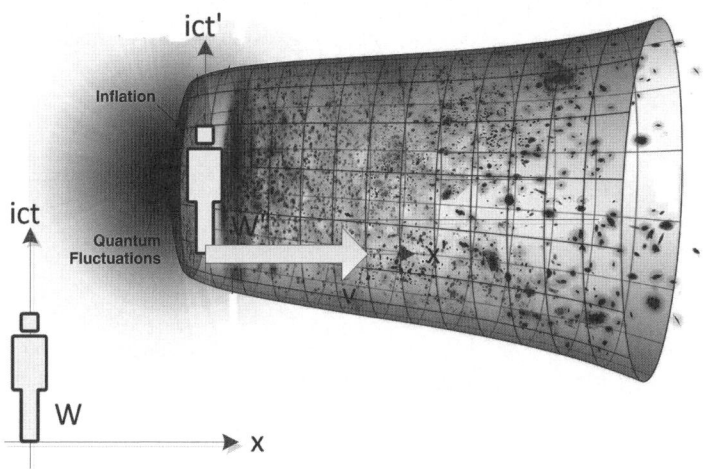

[그림 7-7] 우주 생성의 속도에 대한 로렌츠 인자의 $\beta^2=0.999,999,999,999$라고 가정해 봅시다. 빅뱅 외부의 관측자에게 138억 년이라고 관측된 사건은 빅뱅 내부에 있는 관측자에겐 13,800년 걸린 사건입니다. (출처: https://en.wikipedia.org/wiki/File:CMB_Timeline300_no_WMAP.jpg)

우리 우주가 만들어지는 관측을 우리 우주 내부에서 한다고 가정해 봅시다. 즉 우리 우주 생성의 시작부터 우주 내부에 있는 누군가가 우주 생성을 관측하고 시간을 측정하는 것입니다. 우주 생성의 속도는 현재 빅뱅 이론에서 팽창 단계에 따라 다르기는 하지만 거의 빛의 속도로 이루어졌을 것이므로 로렌츠 인자의 β^2을 0.999,999,999,999라고 가정해 봅시다.

$$\beta^2=0.999999999999$$

그리고 불가능한 가정이지만, 우주 생성의 외부에서 누군가 우리 우주 생성을 관측하고 있다고 가정해 봅시다.[25] 그러면 우

---

25) 이 가정은 과학의 범주를 넘어섭니다. 왜냐하면 우주의 모든 사물과 현상은 빅뱅 내부에서만 관측 가능하기 때문입니다.

주 생성의 내부에 있는 관측자가 측정한 시간 t와 우주 생성의 외부에서 관측하는 관측자의 시간 t'은 다음과 같은 관계가 있습니다.

$$t' = \frac{1}{\sqrt{(1-\beta^2)}} t$$

$$t' = \frac{1}{\sqrt{(1-0.999999999999)}} t = 1,000,000 t$$

즉 우주 생성의 내부에 있는 관측자가 측정한 시간은 외부 관측자에게는 백만 배 느리게 흐릅니다. 외부 관측자에게 우주 생성에 걸린 시간 t'이 138억 년이었다면, 우주 내부의 관측자에게 그 시간은 다음과 같이 계산할 수 있습니다.

$$t' = 13,800,000,000$$
$$13,800,000,000 = 1,000,000 t$$
$$t = 13,800,000,000 / 1,000,000 = 13,800$$

즉 우리 우주 생성의 외부 관측자가 측정한 138억 년은 우리 우주의 내부에서 관측한 측정자의 시간으로는 13,800년 걸린 것으로 측정되는 것입니다.

[표 7-2] 빅뱅과 성경의 창조의 기록은 같은 사건에 대한 다른 관측자의 해석으로 이해할 수 있습니다.

창조주가 없다	창조주가 있다
빅뱅	빛이 있으라

현재 우주 법칙의 거의 대부분 완성 1/2

별들의 진화	지구 생명체 구성에 필요한 원소들의 준비

지구에서 생명의 진화 (엔트로피 증가의 법칙 문제)	생명의 창조

현재 우주 법칙의 모든 완성 2/2

138억 년으로 관측	1만 년으로 관측

 현재 우리는 빅뱅의 내부에서 우주의 역사를 측정하고 우주의 나이가 138억 년이라고 결론 내립니다. 하지만 다른 관성계에서는 우리 우주의 역사가 약 1만 년이라고 관측될 수도 있습니다.

 이 결론은 세슘을 기준으로 1초를 정의하고 정의된 1초를 기준으로 시간을 역추산했다는 것과, 로렌츠 인자의 $\beta^2 = 0.999,999,999,999$ 라는 것을 가정했다는 것을 염두에 두어야 합니다. 이것이 말도 안 되는 소리가 아니라, 우주의 나이에 대한 질문에 하나의 후보 대답이라는 사실은 참으로 놀랍습니다.

● 사차원 시공간의 표현

우리가 사는 우주 공간에서 특정한 물체의 위치를 기술하기 위해서는 최소한 네 개의 파라미터가 필요합니다. 삼차원 공간에서의 위치에 대해서 (x, y, z)가 필요하고, 흐르는 시간에 대해서 추가적인 (t)가 필요하므로, 다음과 같이 요소가 네 개인 벡터로 위치를 표현할 수 있습니다.

$$(x, y, z, t)$$ (식 7-12)

그런데 (식 7-12)는 처음 세 요소인 x, y, z는 길이(length)를 단위로 사용하고, 마지막 요소인 t는 시간(time)을 단위로 사용하므로, 일관성이 없습니다. 그러므로 모두 같은 길이 단위를 사용하도록 (식 7-12)의 시간요소 t를 변경해야 합니다.

속도 v와 시간 t가 주어졌을 때, 거리 s는 다음과 같은 (식 7-13)을 사용하여 구할 수 있습니다.

$$s = vt$$ (식 7-13)

거리 s의 단위는 길이이므로, t에 빛의 속력에 해당하는 상수 c를 곱하면 ct는 길이를 단위로 가집니다. 그러면 사차원 시공간의 좌표를 다음과 같이 동일한 길이 단위를 가지는 네 개의 요소로 구성된 벡터로 나타낼 수 있습니다.

$$(x, y, z, ct)$$ (식 7-14)

(x, y, z, ct)를 삼차원 공간에 어떻게 표시할 수 있을까요?

[그림 7-8]에서 오른쪽 그림은 표준 기저를 사용한 삼차원 공간을 표현한 것입니다. 이 공간에서 모든 삼차원 벡터 (x, y, z)를 스팬(span, 펼침)할 수 있습니다. 이제 사차원 시공간을 삼차원 공간에 표현해 봅시다.

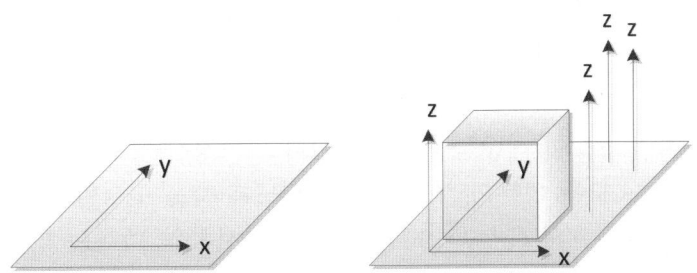

[그림 7-8] 이차원에 x축과 y축이 있습니다. 이차원 공간에 세 번째 축인 z축은 이차원 모든 공간에 무한개로 있습니다. 마찬가지로 삼차원 공간에 사차원의 네 번째 축은 삼차원의 모든 공간의 방향으로 향하는 축입니다.

네 번째 축에 해당하는 ct는 삼차원 공간에 존재하지 않는 값이므로, 그 축을 표현할 방법이 없습니다. ct축은 사차원 공간을 향한 축이므로, 삼차원 공간에서는 모든 방향으로 존재하는 축입니다. 하지만 삼차원 공간 어느 한 곳에 위치한다고 가정하면 [그림 7-9]의 오른쪽 그림과 같이 나타낼 수 있을 것입니다.

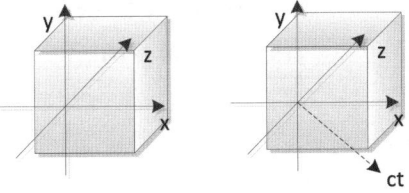

[그림 7-9] 삼차원 공간과 사차원 시공간

삼차원 벡터 (x, y, z)를 구성하는 각 축은 서로 직교합니다. 이와 같이 사차원 벡터 (x, y, z, ct)를 구성하는 각 축이 모두 서로 직교하도록 ct축을 정할 방법은 없을까요? ct축 벡터가 삼차원 공간에 존재하는 벡터라면 그 벡터가 추가되는 순간 사차원 공간의 기저를 구성하는 벡터들의 선형독립 조건이 파괴되므로, 기존에 존재하는 x축, y축, z축 모두와 직교하도록 ct축을 추가할 방법은 없어 보입니다.

하지만 ct값이 허수축상에 존재한다고 가정하면, 사차원 벡터를 이루는 모든 성분이 서로 직각이 되도록 축을 구성할 수 있습니다. 허수 단위 $i(=\sqrt{-1})$를 사용하면 사차원 벡터는 다음과 같이 나타낼 수 있습니다.

$$(x, y, z, ict) \quad \text{(식 7-15)}$$

사차원 벡터 (x, y, z, ict)를 모든 축이 서로 직각이 되도록 공간에 표현할 방법이 없을까요? 우리가 사는 공간은 삼차원이므로 방법은 없습니다. 하지만 y와 z값이 항상 0이라고 가정하면, x와 ict가 서로 직각이 되도록 이차원 공간에 표현하는 것이 가능합니다.

$$(x, 0, 0, ict) \quad \text{(식 7-16)}$$
$$(x, ict) \quad \text{(식 7-17)}$$

[그림 7-10]은 서로 직교하는 x축과 ict축을 이차원에 표현하는 다양한 방법을 보여줍니다.

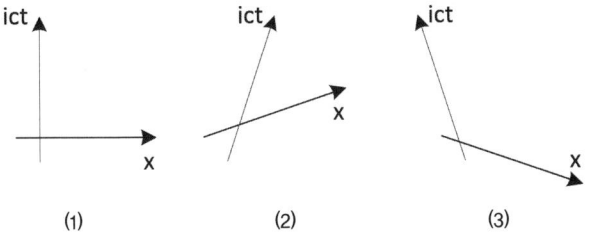

[그림 7-10] x축과 ict축은 서로 직교하므로 이차원 시공간을 이차원 평면에 나타날 때 (1)처럼 x축과 ict축이 서로 직교하도록 나타내는 것이 가장 적절해 보입니다. 하지만 두 축이 서로 직교하지 않게 보이더라도, 그 축들은 자신의 사차원 시공간에서 서로 직교합니다.

[그림 7−10]에서 (1)이 가장 적절해 보입니다. 왜냐하면 이차원 공간에서 두 축이 서로 직교하기 때문입니다. 하지만 (2) 혹은 (3)처럼 x축과 ict축을 표현하더라도 두 축은 서로 직교한다는 것을 염두에 두세요.

x축과 ict축을 가지는 두 개의 이차원 시공간 월드 좌표계를 고려해 봅시다.

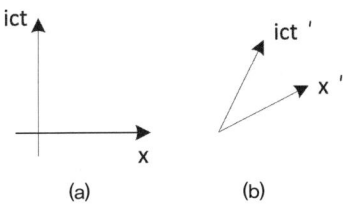

[그림 7-11] 왼쪽 좌표계 (a)에서 x축과 ict축은 직교합니다. 오른쪽 좌표계 (b)에서 x'축과 ict'축은 서로 직교합니다.

[그림 7−11]의 왼쪽 월드 좌표계에서 x축과 ict축은 서로 직교합니다. 오른쪽 월드 좌표계에서 x'축과 ict'축은 서로 직교합니다. 이제 두 좌표계를 비교하기 위해서 하나의 이차원 평면에

두 좌표계를 모두 나타낸다고 가정해 봅시다.

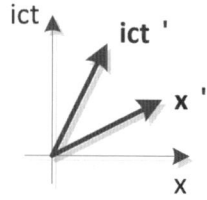

[그림 7-12] 하나의 이차원 평면에 좌표계 (a)와 (b)를 나타내었습니다.

[그림 7-12]에서 (a)-좌표계를 구성하는 축은 서로 직교합니다. (b)-좌표계를 구성하는 축은 (a) 입장에서는 비록 서로 직교하게 보이지는 않지만, (b)-좌표계를 구성하는 축들도 (b) 입장에서는 서로 직교한다는 것을 염두에 두어야 합니다. (b) 입장에서는 (a)-좌표계를 구성하는 축들이 직교가 아닌 것처럼 보일 것입니다.

삼차원 공간에서 시간이 지남에 따라 점 p가 p'의 위치로 움직이는 동작을 고려해 봅시다. 이것을 [그림 7-13]의 (a)에 나타내었습니다.

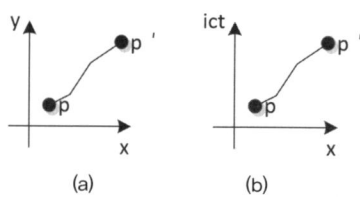

[그림 7-13] (a)는 이차원 공간에 점 p의 궤도를 나타낸 것입니다. (b)는 이차원 세계(World)에 사건(Event)의 연속을 p의 세계선(World line)으로 나타낸 것입니다.

이차원이나 삼차원 공간에서 p가 p'으로 움직인 경로를 **궤도**(orbit)라고 합니다. 삼차원 공간에서 정의한 **공간**(space), **점**(point)

및 궤도(orbit)를 사차원 시공간에서는 **월드(World), 사건(Event) 및 세계선(World line)**이라고 합니다.

[표 7-3] 삼차원 공간과 사차원 시공간의 같은 대상에 대한 용어 정의

3차원 공간		4차원 시공간
공간(Space)		월드(World)
점(Point)	●p	사건(Event)
궤도(Orbit)		세계선(World line)

어떤 것을 설명하면서 사차원 시공간에 대해서 월드(World), 사건(Event)이라는 단어를 사용하면, 일반적인 의미의 세계, 사건의 개념과 모호함이 발생할 수 있습니다. 그래서 모호함이 발생하지 않도록 어떤 경우는 '월드' 대신에 '월드 좌표', '사건' 대신에 '사건 좌표'라는 용어를 사용하도록 하겠습니다.

서로 다른 속도를 가지는 물체는 그 속도에 해당하는 자신만의 월드를 사용하여 움직임을 나타내야 합니다. 그러므로 서로 속도가 다른 물체들은 자신만의 고유한 월드로 자신의 움직임뿐만 아니라, 다른 물체의 움직임을 이해합니다.

공간에서는 단위 길이 1을 사용하면 각 축의 방향으로 일정한 간격을 나타낼 수 있습니다. 시공간에서는 빛의 속도 c를 사용하면 각 축의 방향으로 일정한 간격을 나타낼 수 있습니다.

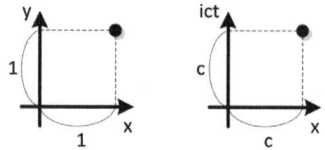

[그림 7-14] 이차원 시공간 좌표계에서 x축의 방향으로 c만큼 떨어진 거리는 ict축 방향으로 빛이 1초에 진행한 거리인 c와 같습니다.

공간에서 어떤 점 p가 있을 때, 좌표계가 회전하더라도 점 p와 원점이 이루는 거리 L은 변하지 않습니다. 그리고 L은 피타고라스의 정리를 사용하여 구할 수 있습니다. 이차원 공간의 경우 L은 다음을 만족합니다.

$$L^2 = x^2 + y^2 \quad \text{(식 7-18)}$$

삼차원 공간의 경우 L은 다음을 만족합니다.

$$L^2 = x^2 + y^2 + z^2 \quad \text{(식 7-19)}$$

사차원 시공간에서도 피타고라스의 정리가 성립한다고 가정해 봅시다. 그러면 사차원 시공간에서 원점과 사건(event) (x, y, z, ict) 사이의 시공간 거리 L은 다음을 만족해야 합니다.

$$L^2 = x^2 + y^2 + z^2 + (ict)^2 = x^2 + y^2 + z^2 - c^2 t^2 \quad \text{(식 7-20)}$$

놀랍게도 (식 7-20)을 사용하면 아인슈타인의 특수 상대성 이론을 정확하게 해석할 수 있는데, 이것은 시간이 차원을 구성하는 한 요소이므로 공간과 시간을 분리할 수 없고, 사차원 시공간에서 피타고라스의 정리가 성립한다는 것을 의미합니다. (x, y, z, ict)로 표현되는 사차원 시공간을 이것을 처음으로 보여준 수학자 민코프스키(Minkowski)의 이름을 따라 **민코프스키 사차원 시공간**이라고 합니다.

[그림 7-15] 민코프스키는 ict시간축을 도입함으로써 자신이 정의한 사차원 시공간에서 특수 상대성 이론을 정확하게 설명하였습니다. (출처: Wikimedia Commons)

   빛의 속력은 일정하므로, 서로 다른 시공간 좌표계에서도 빛의 움직임에 대한 세계선을 일치시키면 좌표 간의 관계를 쉽게 비교하는 것이 가능합니다. 이차원 시공간 좌표계에서 빛의 세계선은 어떻게 그릴 수 있을까요? 일반적인 유클리드 공간 좌표계에서는 각 축이 단위 길이를 사용합니다. 시공간 좌표계에서는 빛이 1초에 진행한 거리인 c를 단위 길이로 사용할 수 있습니다. 그러면 x축을 따라서 c 떨어진 위치는 ict축을 따라서 c만큼 떨어진 위치이므로 이차원 공간에 표현했을 때 같은 길이를 가지게 됩니다.

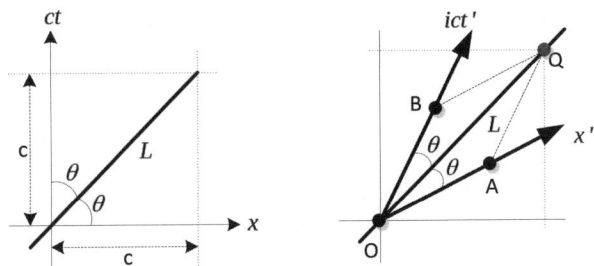

[그림 7-16] 시공간 좌표계에서 c를 단위 길이로 사용할 수 있습니다. 빛의 세계선은 x축과 ict축이 이루는 평면을 정확하게 이등분합니다.

빛의 세계선을 L이라고 하면, L이 x축과 이루는 각은 L이 ict축과 이루는 각과 같습니다. 이차원 평면에 x축과 ict축이 서로 직각이 되도록 월드(World) 축을 그린 경우, 빛의 세계선 L과 각 축이 이루는 각은 45°입니다. x축과 ict축이 직각이 아닌 경우 빛의 세계선을 그릴 때, L은 이차원 평면을 정확하게 이등분하는 경계를 지나도록 그려야 합니다.

세계선을 그리면 세계선과 ict축이 이루는 각 θ를 이용하여 세계선의 특징을 $\tan\theta$로 기술할 수 있습니다.

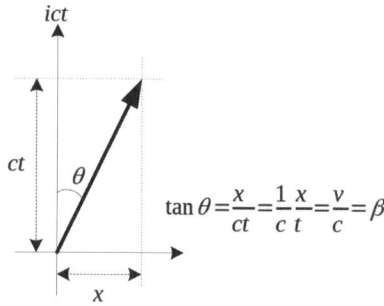

[그림 7-17] 세계선과 ict축이 이루는 각을 θ라고 하면 $\tan\theta$는 v와 c의 관계를 나타냅니다. 이 비율을 일반적으로 β라고 적을 수 있습니다.

$\tan\theta$는 '높이/밑변', 즉 $\dfrac{x}{ct}$입니다. 그런데 $v=\dfrac{x}{t}$이므로 $\tan\theta=\dfrac{v}{c}$입니다. 이 값을 β(beta, 베타)로 나타낼 수 있습니다. 일반적으로 v는 c보다 클 수 없으므로 β는 1보다 커질 수 없습니다. β가 0이면 두 시공간의 시간 차이는 발생하지 않는다는 의미입니다. β가 1에 가까워질수록 고정된 관측자에게 움직이는 대상의 시간은 늦게 흐른다는 의미입니다. β가 1이면, 어떤 의미일까요? β가 1이면, 로렌츠 인자의 분모가 0이 되므로 특이상황(singularity)이 발생합니다. 고정된 관측자에게 움직이는 대상의

시간이 흐르지 않는 상태입니다.

이제 속도 $\vec{v}$로 움직이는 기차가 x_1만큼 떨어진 가로등에 도달할 때의 상황을 이차원 시공간에 세계선으로 그려 봅시다. 기차는 오로지 x축의 방향으로만 움직인다고 가정하고, 모든 물체의 y값과 z값은 0으로 변하지 않는다고 가정합니다.

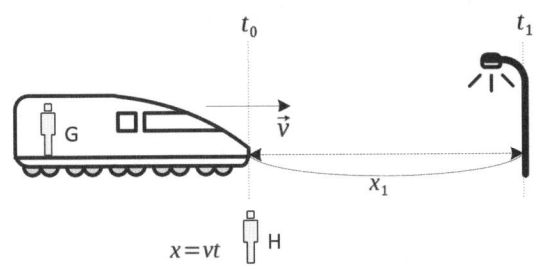

[그림 7-18] 기차가 x축의 방향으로 속도 $\vec{v}$로 움직일 때, 기차와 함께 움직이는 G와 기차 외부에서 고정된 H가 상황을 관측합니다.

기차가 x축의 방향으로 속력 v로 움직입니다. 관측을 시작할 때의 시각을 t_0, 기차가 가로등에 도달할 때의 시각을 t_1이라고 합시다. 그리고 기차가 움직인 시간을 $t=t_1-t_0$라고 합시다. 이러한 상황을 기차 외부에 서 있는 관측자 H가 관측합니다.

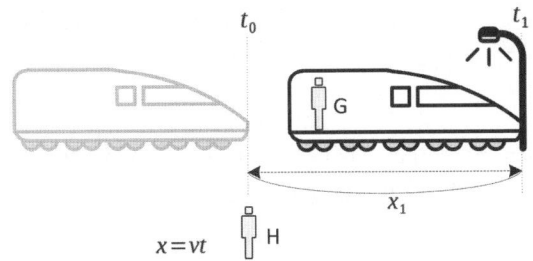

[그림 7-19] 지표에서 위치가 고정된 관측자 H는 속도 $\vec{v}$로 움직이는 기차가 t시간이 경과한 후에 x_1을 움직여 가로등에 도달하는 상황을 관측합니다.

관측자 H 입장에서, t초 후에 기차는 정확하게 가로등에 도달합니다. 기차가 움직인 거리는 x_1입니다. 기차의 속력이 v이므로 $x_1=vt$가 성립합니다.

관측자 H는 고정되어 있으므로, t시간이 지난 후에도 여전히 같은 위치에 서 있습니다. 관측자 H가 시공간의 원점에 있었다고 가정하면, 관측자 H를 위한 시공간 그래프에서 세계선을 [그림 7-20]처럼 그릴 수 있습니다.

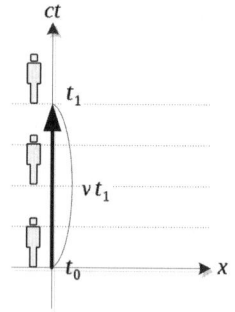

[그림 7-20] 관측자 H의 시공간 그래프에서 H의 세계선을 그립니다. x값은 바뀌지 않았고, 세계선은 ict축과 평행합니다.

관측자 H의 시공간 그래프에서 관측자의 세계선은 ict축과 평행합니다. 그리고 관측자는 움직이지 않았으므로 x값은 0으로 변하지 않습니다. 시공간 그래프에서 정지한 물체는 ict축과 평행한 형태가 됩니다.

다음으로 움직이는 기차의 세계선을 그려봅시다. 기차의 세계선은 다음 [그림 7-21]과 같습니다.

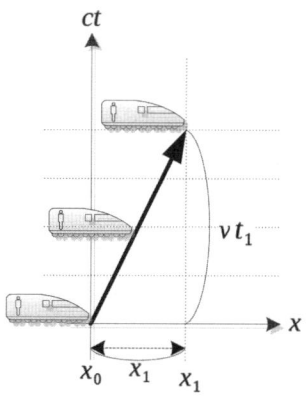

[그림 7-21] 등속으로 움직이는 기차의 세계선은 이차원 시공간 월드에서 직선으로 표현됩니다.

기차는 등속으로 움직이므로, 세계선은 이차원 시공간 월드에서 직선으로 나타납니다. t시간이 지났을 때, 움직인 거리는 x_1이므로 기차가 가로등에 도달했을 때의 사건 좌표는
$(x, 0, 0, vt_1) = (x_1, vt_1)$입니다.

다음으로 가로등의 세계선을 그리면 그것은 [그림 7-22]와 같습니다.

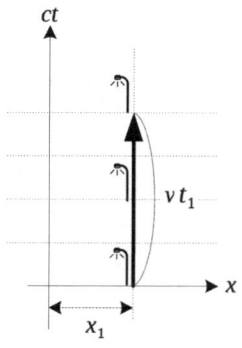

[그림 7-22] 가로등의 위치는 변하지 않습니다. 그러므로 가로등의 세계선은 ict축과 평행합니다.

가로등은 x_1 위치에서 움직이지 않았습니다. 그러므로 가로등 세계선의 시작점은 $(x_1, 0)$, 끝점은 (x_1, vt_1)인 ict 축과 평행한 직선으로 표현됩니다.

이제 관측자 H, 속력 v로 움직이는 기차, 가로등을 관측자 H가 사용하는 월드(World)에 세계선으로 모두 그려보겠습니다. 그것은 [그림 7−23]과 같습니다.

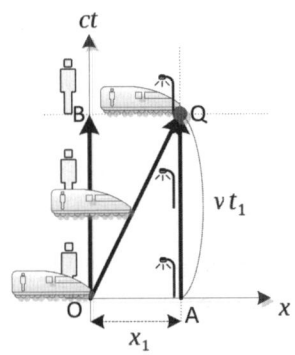

[그림 7-23] 관측자 H의 월드에 관측자 H, 기차 및 가로등의 세계선을 나타내었습니다. 사건 Q는 두 개의 세계선이 교차하는 지점이며, 기차가 가로등에 도착한 사건(Event)을 의미합니다.

기차가 정확하게 가로등에 도착한 시점은 사건 좌표 Q로 나타내었습니다. 이 사건은 관측자 H의 시공간에서 서로 만나는 지점이므로, 두 개의 세계선은 서로 교차합니다.

이제 기차에 함께 타고 있는 관측자 G의 월드에 세계선으로 같은 상황을 표현해 봅시다. 서로 속도가 다른 관측자는 자신만의 월드(World)로 물체의 움직임을 기술해야 한다는 것을 상기하시기 바랍니다.

관측자 G에게 기차는 고정되어 있고, 가로등이 점점 다가와 기차에 도달한 것이 됩니다. 그러므로 관측자 G의 세계선과 기차의 세계선은 일치합니다. 정지해 있으므로, x'값은 0이고, ict'축과 평행한 세계선이 됩니다.

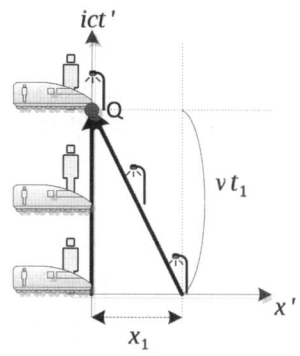

[그림 7-24] 관측자 G의 월드에 관측자, 기차 및 가로등의 세계선을 표현합니다.

가로등은 t_0시점에는 x_1위치에 있었지만, t'시간이 지난 후에는 기차에 도달했습니다. 그러므로 가로등 세계선의 시작점은 $(x_1, 0)$, 끝점은 $(0, vt_1)$인 직선으로 표현됩니다.

관측자 H의 월드와 관측자 G의 월드 간의 관계를 파악하기 위해, 두 월드를 하나의 이차원 시공간에 표현해 봅시다. 관측자 H의 월드가 이차원 공간에 서로 직교하는 축을 가지도록 표현되었다면, 관측자 G는 속도 $\vec{v}$로 움직이면 $\beta \neq 0$이므로, ict'축이 빛의 세계선 L 쪽으로 기울어져야 합니다. 관측자 H의 빛의 세계선과 관측자 G의 빛의 세계선이 일치하도록 하면, 관측자 G의 월드를 [그림 7-25]처럼 나타낼 수 있습니다.

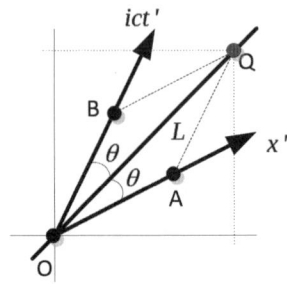

[그림 7-25] 관측자 G의 월드를 이차원 평면에 나타내었습니다. x'축과 ict'축이 서로 직교하지 않게 표현되었으며, 해당 월드에서 빛의 세계선 L은 정확하게 G의 월드를 이등분합니다.

관측자 H의 월드에서 사건 Q를 고려해 봅시다. 사건 Q가 일어난 위치를 파악하기 위해서는 Q에서 ict'축과 평행한 직선과 x'축의 교점을 찾아야 합니다. 그림에서 그 사건 좌표는 A입니다. 사건 Q가 일어난 시간을 파악하기 위해서는 Q에서 x'축과 평행한 직선과 ict'축의 교점을 찾아야 합니다. 그 사건 좌표는 B입니다.

이제 기차 안에 있는 관측자 G의 월드에서 가로등이 다가와 기차와 도달하는 상황을 세계선으로 표현하면 [그림 7-26]과 같습니다.

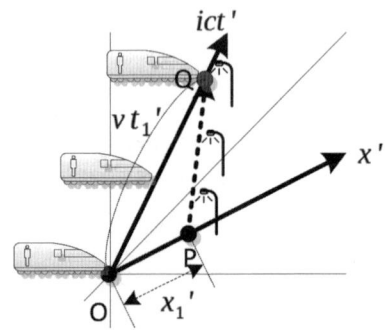

[그림 7-26] 움직이는 물체의 세계선은 이차원 평면에 서로 직교하지 않는 시공간 월드 좌표를 가지도록 표현됩니다. 관측자 G의 관점에서 가로등이 기차에 도달하는 상황을 세계선으로 나타내었습니다.

기차와 관측자 G는 움직이지 않았으므로, 관측자 G의 세계선과 기차의 세계선은 ict'축과 일치합니다. 가로등의 세계선은 굵은 점선으로 나타내었습니다. 가로등은 처음에 사건 좌표 (x_1', vt_0')에 있다가, 기차에 도달하는 사건 좌표는 $(0, vt_0')$이 됩니다.

이제 관측자 G의 월드와 관측자 H의 월드를 하나의 이차원 평면에 그려 봅시다. 원점과 빛의 세계선이 일치하도록 각 월드를 그리면 [그림 7-27]과 같습니다.

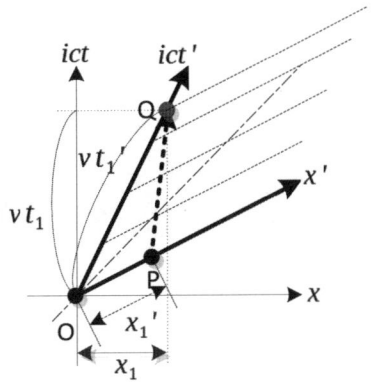

[그림 7-27] 관측자 G의 월드와 관측자 H의 월드를 하나의 이차원 평면에 나타내었습니다. 같은 사건 Q의 사건 좌표는 H의 월드에서 (x_1, vt_1)이며, G의 월드에서 (x_1', vt_1')으로 서로 다른 값을 가집니다.

같은 사건 Q를 지표면에 고정된 관측자 H의 월드에서는 다음과 같이 관측합니다. 관측자 H는 x축과 ict축을 사용하는 월드를 사용합니다.

"기차와 가로등의 거리는 x_1이다. t_1시간이 경과한 후에 움직이는 기차는 정지한 가로등의 위치에 도달하였다."

관측자 G는 x'축과 ict'축을 사용하는 월드를 사용하여 사건 Q를 이해합니다.

"기차와 가로등의 거리는 x_1'이다. t_1' 시간이 경과한 후에 움직이는 가로등은 정지한 기차의 위치에 도달하였다."

여기서 우리는 H가 관측한 길이 x_1은 G가 관측한 길이 x_1'과는 다르며, H가 관측한 시간 t_1과 G가 관측한 시간 t_1'이 다르다는 것을 기억해야 합니다. 그러면 x_1과 x_1'의 관계, 그리고 t_1과 t_1'의 관계를 나타내는 변환식을 구성할 수 없을까요? 그것이 **아인슈타인 변환(로렌츠 변환)**입니다!

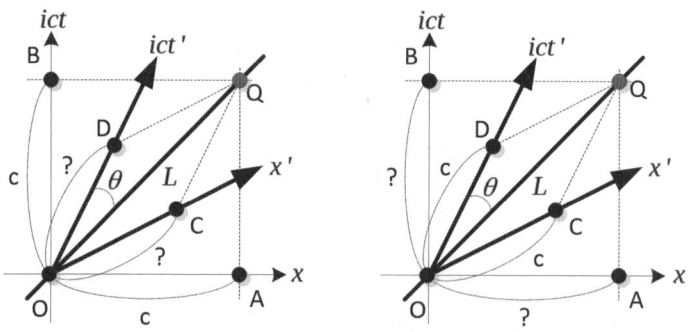

[그림 7-28] 하나의 사건 Q에 대해서 H는 그 사건이 c만큼 떨어진 곳에서 1초 뒤에 일어났다고 관측합니다. 그러면 이 사건은 G에게 어떻게 관측될까요? 또 G가 어떤 사건 Q를 c만큼 떨어진 곳에서 1초 뒤에 일어났다면 이 사건은 H에게 어떻게 관측될까요? 둘 사이의 변환을 로렌츠 변환이라고 합니다.

서로 다른 월드를 사용하는 관측자 사이에는, 같은 사실이 다르게 보일 수 있다는 것이 철학적인 사유가 아니라 과학적인 사실입니다. 그러므로 우리가 접하는 일상에서 서로 모순되어 보이는 두 개의 주장이 사실은 같을 수 있다는 것을 염두에 두시기 바랍니다.

어떤 물체도 빛의 속력보다 빨라질 수 없으므로, 모든 세계선은 두 개의 빛의 세계선이 이루는 내부에 위치하게 됩니다.

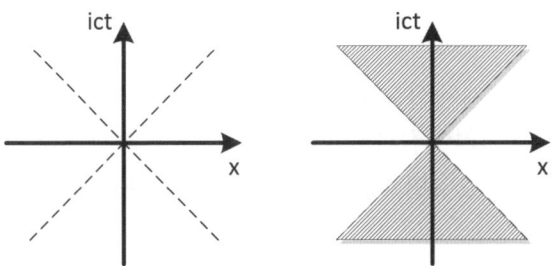

[그림 7-29] 빛 원뿔(Light Cone): 기울기가 양인 빛의 세계선과 기울기가 음인 빛의 세계선이 이루는 내부에만 우리가 인식하는 물체의 세계선이 존재할 수 있습니다.

[그림 7-29]에서 빛의 세계선이 이루는 내부 도형이 원뿔(Cone)의 모양을 이루고 있는데 이것을 **빛 원뿔(Light Cone)**이라고 합니다. 모든 세계선은 빛 원뿔 내부에 존재해야 합니다.

$β$값이 1이 되어 로렌츠 인자 $γ$가 무한대가 되는 특이점 상황(Singularity)을 생각해 볼 수 있습니다. 그러한 월드는 시간이 느려지다가 결국 흐르지 않게 되는 상황입니다. 시간 변환 식에서 분모가 0이 되므로, 수학적으로 다룰 수 없는 상태이지만, 세계선 그래프를 사용해서 그러한 세계를 어느 정도 유추해 보는 것이 가능합니다.

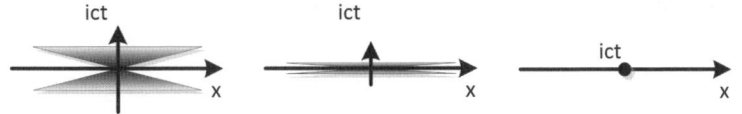

[그림 7-30] 빛 원뿔의 모든 사건이 점점 줄어들어서 하나의 점이 되는 특이점 상황에서는 과거, 현재와 미래의 구분이 없는 상황입니다. 영원한 현재라고 부를 수 있을 것 같습니다.

시간이 흐르지 않는다는 것은 과거, 현재와 미래의 구분이 없어진다는 의미입니다. 빛 원뿔의 모든 사건이 하나의 점으로 된다는 의미이므로, 빛 원뿔이 x축으로 납작하게 줄어들다가 결국은 빛 원뿔이 x축과 일치하게 되는 상태입니다.

이러한 관성계에서는 ict축의 길이가 0이므로 과거와 현재와 미래의 구분이 없어집니다. 시간이 흐르지 않게 되는 것입니다. 그러한 세계가 있다면 다음과 같은 특징을 가집니다.[26]

① 우리는 묻는 즉시 대답을 얻을 것입니다.
② 우리는 대화에 음파를 사용하지 않아도 되므로, 말을 하지 않아도 대화를 할 수 있습니다.
③ 모든 감정의 강도는 무한입니다. 예를 들면 기쁨이 있다면 그냥 기쁨이 아니라 무한한 강도로 무한히 계속되는 기쁨입니다.

이러한 관성계가 존재하는지 과학적으로 증명할 방법은 없습니다. 과학적이라는 말은 우리 차원에서 존재하는 법칙을 따른다는 의미입니다. 우리보다 높은 차원이 있어서 그곳에서 법칙을 따르는 과학적인 현상은 우리 차원에서는 초자연처럼 관측됩니다. 삼차원에서는 자연스러운 과학현상이 이차원에서는 초자연처럼 관측되므로 이차원의 법칙만으로는 그 현상을 설명할 수 없는 것과 같은 이치입니다. 많은 사람들은 우리보다 높은 차원이 존재하는 여부에 대한 질문을 비과학적인 질문이라고 생각합니다. 하지만 그것은 완전히 과학적인 질문입니다.

---

[26] c로 움직이는 상황에서의 측정 결과가 없기 때문에 과학은 어떤 결과를 논할 수 없는 부분입니다. 그러므로 과학적인 결과를 기술하는 논문이라면 특이점(singularity)이라고 언급할 뿐 어떤 다른 사실을 기술하기는 어렵습니다.

우리가 인식하는 차원보다 높은 차원이 존재하는가? (질문 7-20)

(질문 7-20)에 대해서 '네'라고 생각한다면, 초자연적인 현상이 우리 차원에서는 설명할 수 없는 과학적 현상일 수도 있다는 것을 고려해야 합니다. 그러한 차원이 있어서 가끔 우리 차원에 변환된 결과가 관측되는 현상[27]이 발생한다면, 이러한 관성계는 존재하지 않는다는 확신은 버려야 할 것 같습니다.

---

27) 이븐 알렉산더, 《나는 천국을 보았다》(Proof of Heaven), 고미라 옮김 (김영사, 2013).

● 아인슈타인 변환

월드 W의 관측자와 속력 v로 움직이는 월드 W'의 관측자를 고려해 봅시다.

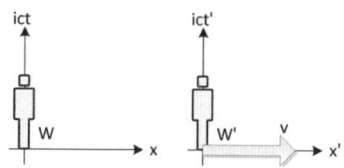

[그림 7-31] 고정된 월드 W와 속력 v로 움직이는 월드 W'이 있습니다.

W-관측자에게 t시간에 빛이 움직인 거리를 x라고 하면 그것을 (식 7-21)처럼 나타낼 수 있습니다.

$$x = ct \text{ (식 7-21)}$$

빛이 움직이기 시작한 시작점을 x_0, 끝점을 x_1이라고 하면, $x = x_1 - x_0$입니다.

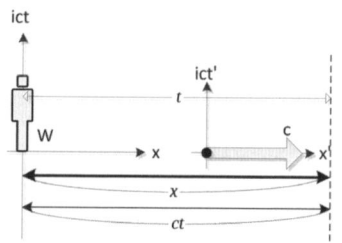

[그림 7-32] W-관측자에게 t시간에 빛이 움직인 거리는 $x = ct$입니다.

그런데 W'-관측자가 속도가 c보다는 작은 v로 움직인다고 생각해 봅시다. 그러면 W-관측자의 t시간 후에 W'-관측자는 x_0

와 x_1 사이의 어딘가에 위치하고 있을 것입니다. 이것을 [그림 7-33]에 나타내었습니다.

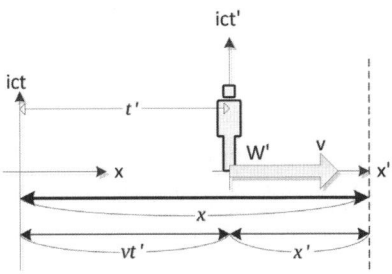

[그림 7-33] W-관측자에게 t만큼의 시간이 흘렀을 때, W'-관측자의 시계는 t'만큼 흘렀습니다. 아직 x'만큼 더 가야지 x에 도달합니다.

속도 v로 움직이는 좌표계의 W'-관측자 입장에서 측정한 시간을 t'이라고 하면, 관측자 W'은 지금까지 vt'만큼 움직였고, W-관측자가 예상하는 x에 도달하기 위해서는 W'-관측자의 월드에서 x'만큼 더 이동해야 합니다. 이것을 다음과 같이 나타낼 수 있습니다.

$$x = (x' + vt') \quad \text{(식 7-22, 갈릴레이의 상대성 이론)}$$

하지만 (식 7-22)는 성립하지 않는다고 했습니다. 움직이는 시공간 좌표계에서는 시간이 지연되거나 길이와 공간이 수축되는 현상이 발생하기 때문입니다. 즉 W-관측자가 예측한 시간 t는 움직이는 W'-관측자에게는 t가 아니라 t'이 됩니다. $t=t'$이 되기 위해서는 W-관측자, W'-관측자 모두 정지한 상태여야 합니다. 빛은 관측자의 운동상태와 상관없이 일정한 속력을 가지므로, W'-관측자에게 t'시간이 흘렀을 때, 빛이 움직인 거리는 (식 7-23)과 같이 적을 수 있습니다.

$$x' = ct' \text{ (식 7-23)}$$

월드 W에서 측정한 길이 x와 월드 W′에서 예측한 길이 ($x'+vt'$) 사이에는 달라지는 길이와 시간을 고려한 적절한 변환(transformation)을 수행해야 합니다.

월드 W와 월드 W′이 표현하는 길이가 선형 변환(linear transformation)으로 표현된다고 가정해 봅시다. 그러면 계수(coefficient) k를 사용하여 (식 7-22)를 다음과 같이 선형 변환으로 적을 수 있습니다.

$$x = k(x' + vt') \text{ (식 7-24)}$$

y와 z값은 변하지 않는다고 생각하면, 월드 W′에서 월드 W의 길이를 구하는 변환을 다음과 같이 구성할 수 있습니다.

$$x = k(x' + vt') \text{ (식 7-25)}$$
$$y = y'$$
$$z = z'$$

월드 W에서 월드 W′의 길이를 구하는 역변환은 다음과 같이 표현될 것입니다.

$$x' = k(x - vt) \text{ (식 7-26)}$$
$$y' = y$$
$$z' = z$$

k를 구하기 위해, (식 7-25)의 x'에 (식 7-26)을 대입하여 전개합니다.

$$x = k(x' + vt') = k(k(x-vt) + vt') = k^2(x-vt) + kvt'$$
$$x = k^2(x-vt) + kvt'$$

t를 좌변에 t를 우변에 위치시키기 위하여 정리합니다.

$$kvt' = x - k^2(x-vt) = (1-k^2)x + k^2vt$$
$$t' = \frac{(1-k^2)x + k^2vt}{kv} = kt + \left(\frac{1-k^2}{kv}\right)x$$

그러면 (식 7−27)을 얻습니다.

$$t' = kt + \left(\frac{1-k^2}{kv}\right)x \text{ (식 7-27)}$$

(식 7−23)과 (식 7−26)에 의해서 x'과 t'의 관계를 나타낼 수 있습니다.

$$x' = k(x-vt) = ct' \text{ (식 7-28)}$$

(식 7−27)을 (식 7−28)에 대입하여 전개합니다.

$$x' = k(x-vt) = c\left(kt + \left(\frac{1-k^2}{kv}\right)x\right)$$
$$kx - kvt = ckt + c\left(\frac{1-k^2}{kv}\right)x \text{ (식 7-29)}$$

(식 7−29)에서 좌변에 x만 남도록 식을 정리합니다.

$$kx - c\left(\frac{1-k^2}{kv}\right)x = ckt + kvt$$
$$\left(k - c\left(\frac{1-k^2}{kv}\right)\right)x = (c+v)kt$$

$$\left(\frac{k^2v-c+ck^2}{kv}\right)x=(c+v)kt$$
$$\frac{k^2(c+v)-c}{kv}x=(c+v)kt$$
$$x=(c+v)kt\frac{kv}{k^2(c+v)-c}=\frac{(c+v)k^2v}{k^2(c+v)-c}t$$

(식 7-21)에서 $x=ct$이므로 t를 없앨 수 있습니다.

$$\frac{(c+v)k^2v}{k^2(c+v)-c}t=ct$$
$$\frac{(c+v)k^2v}{k^2(c+v)-c}=c \quad \text{(식 7-30)}$$

(식 7-30)을 간단히 합니다.

$$(c+v)k^2v=c(k^2(c+v)-c)$$
$$k^2v(c+v)=k^2c(c+v)-c^2$$
$$k^2(v(c+v)-c(c+v))=-c^2$$

k^2에 대해서 정리하고 양변에 루트를 취하면 (식 7-31)을 얻습니다. 이 값을 **로렌츠 인자**(Lorentz factor)라고 합니다.

$$k^2=\frac{-c^2}{(v-c)(c+v)}=\frac{-c^2}{v^2-c^2}=\frac{-c^2\left(\frac{1}{-c^2}\right)}{v^2-c^2\left(\frac{1}{-c^2}\right)}$$
$$=\frac{1}{\frac{-c^2+v}{-c^2}}=\frac{1}{1-\left(\frac{v}{c}\right)^2}$$

$$k=\frac{1}{\sqrt{1-\left(\frac{v}{c}\right)^2}} \quad \text{(식 7-31, 로렌츠 인자)}$$

$\beta = \dfrac{v}{c}$ 라고 하면 로렌츠 인자 γ를 (식 7-32)와 같이 적을 수 있습니다.

$$\beta = \frac{v}{c}$$

$$\gamma = \frac{1}{\sqrt{1-\left(\dfrac{v}{c}\right)^2}} = \frac{1}{\sqrt{1-\beta^2}}$$ **(식 7-32. 로렌츠 인자)**

이제 우리는 사차원 시공간에서 공간 좌표가 어떻게 변환되는지 변환식을 구했습니다. 로렌츠 인자식에서 β를 x축, γ를 y축으로 하여 그래프를 그리면 [그림 7-34]와 같습니다.

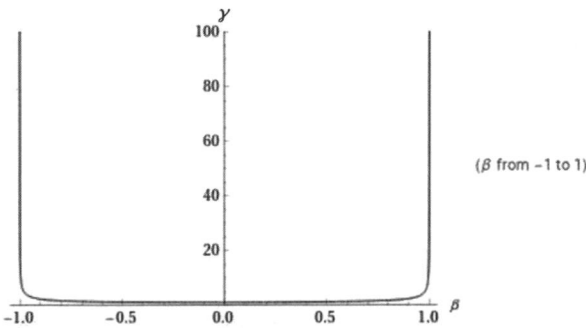

[그림 7-34] β가 1에 근접할 때만 γ는 상대론적 차이가 영향을 미치는 값을 가집니다.

로렌츠 인자의 그래프를 보면 β가 1 근처에서 거의 직선이고 다른 값들에 대해서는 거의 0에 근접한다는 것을 알 수 있습니다. 그것은 관성계의 속도 v가 거의 c에 근접할 때만 의미 있는 차이가 발생한다는 의미입니다.

로렌츠 인자를 사용해서 길이를 변환하는 식은 (식 7-33)과 같습니다.

$$x' = \gamma(x - vt)$$
$$x' = \gamma\left(x - \frac{v}{c}ct\right) = \gamma(x - \beta ct) \quad \text{(식 7-33, 로렌츠 길이 변환)}$$

로렌츠 인자를 사용하여 ict 시간축에 대한 변환도 구할 수 있습니다. (식 7-27)을 간단하게 정리해 보겠습니다.

$$t' = kt + \left(\frac{1-k^2}{kv}\right)x \quad \text{(식 7-27, 같은 식을 다시 적음)}$$

(식 7-27)에서 식을 이루는 분자 $1-k^2$을 v와 c로 표현되도록 정리해 보겠습니다.

$$1 - k^2 = 1 - \frac{1}{1-\left(\frac{v}{c}\right)^2} = \frac{\left(1-\left(\frac{v}{c}\right)\right)^2 - 1}{1 - \left(\frac{v}{c}\right)^2}$$

$$= \frac{-\left(\frac{v^2}{c}\right)}{1 - \left(\frac{v}{c}\right)^2} = -k^2\left(\frac{v^2}{c^2}\right)$$

이 결과를 다시 (식 7-27)에 대입하여 간단하게 정리합니다.

$$t' = kt + \left(\frac{1-k^2}{kv}\right)x$$
$$= kt + \left(\frac{-k^2\left(\frac{v^2}{c^2}\right)}{kv}\right)x$$
$$= kt - \left(\frac{k^2 v^2}{kvc^2}\right)x$$
$$= kt - \left(\frac{kv}{c^2}\right)x$$

우변에서 로렌츠 인자가 공통 계수가 되도록 정리하면 (식 7-34)를 얻습니다.

$$t' = k(t - \frac{v}{c^2}x)$$ (식 7-34)

(식 7-34)의 양변에 광속 c를 곱하면 ct와 ct'의 관계를 구할 수 있습니다.

$$ct' = k(ct - \frac{v}{c}x)$$ (식 7-35)

$\beta = \frac{v}{c}$를 이용하여 식을 다시 적으면 (식 7-36)의 로렌츠 시간 변환 식을 얻습니다.

$$ct' = \gamma(ct - \beta x)$$ (식 7-36, 로렌츠 시간 변환)

이차원 시공간에서 갈릴레이 변환과 로렌츠 변환을 정리하여 [표 7-4]에 나타내었습니다.

[표 7-4] 갈릴레이 변환과 로렌츠 변환

갈릴레이 변환	로렌츠 변환
$x' = x - vt$	$x' = \gamma(x - \beta ct)$
$y' = y$	$y' = y$
$z' = z$	$z' = z$
$ct' = ct$	$ct' = \gamma(ct - \beta x)$

[표 7-4]를 보면 갈릴레이 변환은 로렌츠 변환에서 v가 작은 값일 때의 근사치인 것을 알 수 있습니다. v가 작으면 $\gamma \approx 1$이므로,

$x'=\gamma(x-\beta ct)\approx(x-\dfrac{v}{c}ct)=x-vt$입니다. 또 $\beta=\dfrac{v}{c}\approx 0$ 이므로 $ct'=\gamma(ct-\beta x)\approx(ct-0x)=ct$가 됩니다.

이제 우리는 아인슈타인의 특수 상대성 이론을 모두 이해하게 되었습니다!

● 동시성의 상대성

특수 상대성 이론은 우리가 절대적이라고 믿었던 것들이 사실은 관측자에 따라서 서로 상대적이라는 사실을 말해 줍니다. 우리가 동시(Simultaneity)라고 생각하는 것은 상대적이며, 시간(Time)도 상대적이며, 길이(length)나 공간(space)도 상대적인 것은 과학적 사실입니다. 각각을 ① 동시성의 상대성(Relativity of Simultaneity), ② 시간의 상대성, ③ 길이의 상대성이라고 하는데, 이러한 상대성 때문에 하나의 현상에 대해서 모순처럼 보이는 두 개의 주장이 모두 참인 경우가 발생합니다.

움직이는 기차에서 행해진 광자(Photon)의 발사 실험을 통해서 동시성의 상대성 개념을 살펴봅시다. 움직이는 기차 안에서 H가 A의 위치에서 B의 위치로 광자(Photon)를 발사합니다.

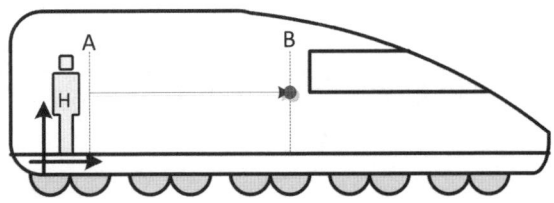

[그림 7-35] 움직이는 기차에 타고 있는 H가 A에서 B로 광자(Photon)를 두 번 발사하는 실험을 진행합니다.

첫 번째 광자가 B에 도착하면 H는 두 번째 광자를 발사합니다. 그러면 이 실험의 세계선을 다음과 같이 그릴 수 있습니다.

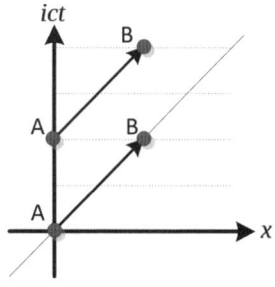

[그림 7-36] 첫 번째 광자가 A에서 B에 도착하면 두 번째 광자를 발사합니다. H는 어느 한순간에 하나의 광자만 관찰합니다.

A에서 발사한 첫 번째 광자가 B에 도착하고 나서, 두 번째 광자를 발사하므로, H는 어느 한순간에 하나의 광자만을 관찰합니다. 같은 사건을 기차 외부의 관찰자 G가 관측한다고 가정해 봅시다.

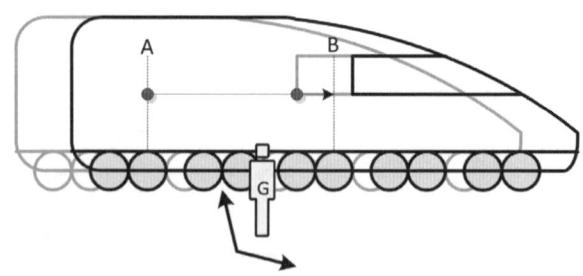

[그림 7-37] 기차 외부의 관찰자는 첫 번째 광자가 B에 도착하기 전에 두 번째 광자가 발사되는 것을 관찰합니다.

빛의 속력은 일정하므로 관찰자와 상관없이 일정한 속도 c로 움직입니다. 빛이 움직이는 동안 기차가 빛의 진행방향으로 움직이므로, 빛이 이동하는 거리가 조금 늘어났습니다. 그러므로 첫 번째 광자가 B에 도달하기 전에 두 번째 광자가 A에서 발사되는 것을 관찰합니다. G와 H의 시공간 그래프를 함께 그리면 [그림 7-38]과 같습니다.

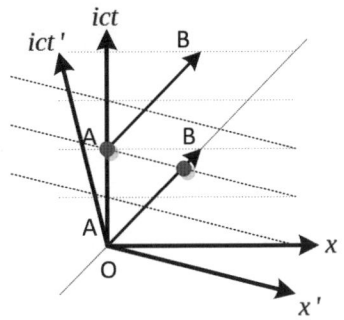

[그림 7-38] 기차 외부의 관찰자가 사용하는 x' 월드 좌표계에서는 x'과 평행한 기울어진 점선들이 동시를 나타내는 선입니다. 그러므로 두 번째 광자가 A를 출발할 때, 첫 번째 광자는 아직 B에 도착하지 않았습니다.

기차 외부의 관찰자가 사용하는 x' 월드 좌표계에서는 x'과 평행한 기울어진 점선들이 동시를 나타내는 선입니다. 그러므로 두 번째 광자가 A를 출발할 때, 첫 번째 광자는 아직 B에 도착하지 않았습니다. 그러므로 첫 번째 광자와 두 번째 광자가 동시에 존재하는 것을 관측하게 됩니다. H의 관측 결과와 G의 관측 결과에는 모순이 발생합니다.

① H의 주장 : 모든 순간에 광자는 하나만 존재한다.
② G의 주장 : 어떤 순간에 광자는 두 개 존재한다.

H의 주장과 G의 주장은 모순되게 보이지만, 둘 모두 사실입니다. 어떤 사람에게는 미래가 다른 관성계의 사람에게는 현재일 수 있습니다. 그렇다면 누군가의 미래를 예측하는 것이 가능할까요?

공존하는 과거와 미래

 미래를 예측한다는 개념을 이해하기 위해 월드 W와 월드 W′에 있는 두 명의 관측자 H와 G를 고려해 봅시다. 두 월드는 서로 다른 속도로 움직이고 있으며, 거리가 떨어져 있습니다.

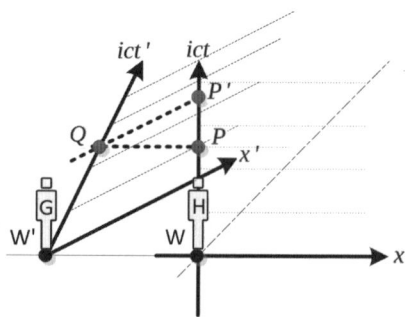

[그림 7-39] ict축을 사용하는 관측자 H의 현재 사건 P는 ict'축을 사용하는 관측자 G에게 현재 사건 Q입니다. 그런데 G는 관측자 H가 생각하는 현재 순간에 H의 미래 사건 P'을 알고 있습니다.

 관측자 H의 세계에서 현재 이벤트 P는 관측자 G에게 이벤트 Q에 해당하는 시간에 발생합니다. 그런데 관측자 G의 월드에서 이벤트 Q에 해당하는 월드 W의 동시 이벤트는 P'입니다. 관측자 G는 관측자 H의 미래를 알고 있는 셈이 됩니다.

 그러면 월드 W′에 살고 있는 G가 월드 W에 살고 있는 H에게 미래를 미리 알려주는 것이 가능할 것처럼 보입니다. 하지만 이것은 불가능합니다. 우리 시공간에서는 질량을 가지는 어떤 물체도 빛의 속도보다 빠를 수 없습니다. 정보 전달은 빛을 통해서 수행되는 것이므로, W′에서 G가 H의 이벤트 P를 전달받았을 때는 H의 기준 좌표계에서 P는 이미 과거입니다. 이벤트 Q

위치에서 P의 미래를 예측하기 위해 빛을 발사하면 빛이 날아가는 동안 H 기준 좌표계에서는 이벤트 P'은 이미 발생한 사건이므로 H에게도 G에게도 모순은 발생하지 않습니다.

인간은 꿈을 통해 미래를 보는 경우가 있습니다. 성경에 나오는 **요셉(Joseph)**도 자신의 몇십 년 후의 미래를 보고, 수많은 세월이 흐른 뒤에 그 꿈이 그대로 실현되는 것을 목격합니다.

인간은 가끔 꿈을 통해 미래를 보는 것이 가능하다고 가정해 봅시다. 이러한 현상은 실험적인 방법으로 재현 불가능하기 때문에 과학의 범주에 속하지는 않지만, 가정이 사실이라면 다른 시공간에 있는 어떤 존재가 우리의 미래를 볼 수 있어서, 정보를 전달해 주는 방식으로 꿈을 사용하고 있다고 가정할 수 있습니다. 그 공간에 있는 존재가 그들만의 과학적인 방법을 사용하고 있지만, 우리는 그것이 과학이라고 인지하지 못하는 상황인 셈입니다. 우리가 다른 시공간에 있는 존재에게 정보를 얻는 체계적인 방법을 아직 찾아내지 못한 것이 아닐까요?

꿈을 통해 미래를 보는 사건이 일반적이지는 않지만, 일어난다고 믿는다면, 그것은 우리의 자아가 우리가 인식하는 시공간을 초월하는 그 무엇일 가능성을 말해 줍니다. 그러한 인식이 우리 뇌를 통해서 일어난다면, 뇌는 빛보다 빠른 속도로 정보를 전달받을 수 있다는 것인데 이것은 물리적으로나 화학적으로는 불가능합니다. 우리가 뇌를 물리적, 화학적으로 분석하는 방법만으로는 알 수 없는, 시공간을 초월하는 존재라는 가정이 필요합니다.

인간 각자의 삶은 우리 공간에서 각자의 세계선을 생성합니다. 그러면 인간은 이미 그려진 세계선을 따라 움직이는지, 아니면 매 순간 자신의 세계선을 그려 나가는지 질문할 수 있습니다.

기독교에서는 세계선이 이미 그려져 있다면 **예정(Predestination)**이라고 하고, 세계선을 그려나가는 것이라고 하면 **자유의지(free will)**라고 합니다.

> 인간의 세계선은 결정된 것일까요? 결정하는 것일까요?
> (질문 7-37)

우리는 이 간단한 사고실험을 통해서 인간의 자유의지와 하나님의 예정 사이의 모순을 어느 정도 설명할 수 있습니다. 월드 W의 관측자 H에게 사건 P 이후에 일어나는 사건 P'은 미래이며, H의 자유로운 의지로 선택하는 것입니다. 월드 W'의 관측자 G에게 P'은 이미 일어난 사건이므로, 월드 W에 살고 있는 관측자 H는 G가 미래를 알고 있다고 생각할 것입니다. G가 H의 관성계에 자유롭게 개입하여 모든 것을 조정할 수 있다고 합시다.[28]

그러면 H에게 G는 **전지전능(Omniscience and Omnipotence)**한 존재가 될 것입니다. 그런데 H가 모르는 어떤 이유로, G가 그렇게 할 수 있음에도 불구하고 ① 허용된 규칙과 ② 허용되지 않은 규칙이 있어서 H의 요청이 있을 때 그것이 '허용된 규칙'일 경우에만 개입한다고 합시다. 그러면 H의 요청은 어떤 경우에는 응답을 받고, 어떤 경우에는 응답받지 못하는 상황이 발생할 것입니다.

G가 절대적으로 사랑을 추구하는 존재라고 가정해 봅시다. H가 극심한 고통의 상황에서 G에게 요구를 했을 때, 그것이 허용되지 않는 규칙이라면 G는 어떻게 행동할까요? G는 H가 슬퍼

---

28) G가 H의 관성계를 볼 수 있고, 개입할 수 있지만 개입하지 않는다는 신학적 주장을 이신론(deism, 자연신교)이라고 합니다.

할 때 같이 슬퍼하면서 어떻게 할 수 없어서 H가 아파하는 그 시간에 함께 아파하고 있을 것입니다.

이 유비에서 H를 Human(인간)이라고 하고, G를 God(하나님)이라고 하면, 기도와 하나님의 은혜와 하나님의 공의가 어떻게 동작하는지 알 수 있습니다.

God이 절대적으로 사랑을 추구하는 것을 God의 '은혜'라고 하고, ① 허용된 규칙과 ② 허용되지 않은 규칙을 따라서 행동하는 것을 God의 '공의'라고 하고, Human의 요청을 '기도'라고 할 수 있습니다. God은 Human의 기도 요청을 무조건 듣습니다(Hearing). 하지만 그 기도 요청이 자신의 속성인 사랑과 공의를 어긋나는 요청일 때, God은 Human의 관성계에 개입하지 않으십니다.

너무나 고통스러운 상황을 해결해 달라는 Human의 요청임에도 그것이 공의를 위반하는 규칙이라면 God은 어떻게 할 수 없어서 Human보다 더 고통스러워하며 아파하기만 할 뿐입니다. 우리는 하나님이 그렇다고 믿습니다. 왜냐하면 하나님 그분이 십자가에서 그렇다는 것을 직접 보여주셨기 때문입니다. 그래서 우리는 기도의 응답을 받지 못하더라도 기도해야 합니다.

전지전능과 자유의지

하나님께서는 우주의 모든 일어난 사건들 및 일어날 사건들을 알고 계십니다. 그것은 하나님의 전지전능입니다. 그것은 구원받을 사람들과 구원받지 못할 사람들도 모두 알고 계시다는 것을 의미합니다.

이러한 주장이 공격받는 이유는 인간의 자유의지와 충돌하기 때문입니다. 모든 것이 결정되어 있다면, 우리가 행하는 악도 하나님의 결정하신 것이므로 우리의 악에 대한 최종 책임은 하나님께 있습니다.

하지만 그렇지 않습니다. 우리는 자유의지로 우리의 미래를 결정합니다. 우리에게 자유의지가 있다면 우리의 악에 대해 우리는 비난받아야 하며, 책임을 져야 합니다.

우리의 구원은 우리가 자유의지로 선택하는 것입니다. 맞습니다. 하나님께서 해 놓으신 일을 받아들이는 것은 우리가 자유의지로 결정해야 합니다. 하지만 우리의 구원은 하나님의 주권으로 결정되는 것입니다. 하나님의 백성들의 삶은 예정되어 있는 것입니다. 모든 것이 은혜인 것이지요. 역시 맞습니다.

하나님의 창조의 기차에서 우주를 관측하지 못한 우리는 창조의 기차 바깥에서 우주를 관측하고 합리적인 과학적 결론을 내립니다. 빅뱅 이론이 그렇고, 진화론이 그런 것 같습니다. 기독교인들은 이러한 합리적인 결론을 무조건 비난하거나 무시해서는 안 됩니다. 또 창조주를 인정하지 않으면서 빅뱅과 진화를 믿는 사람들은 창조주를 가정한 빅뱅과 진화도 대답의 후보에 포함시켜야 한다고 생각합니다. 창조주의 관성계에서 행해진 창조 세계선이 우리 관성계에서는 빅뱅과 진화로 충분히 관측될 수 있습니다. 전지전능과 자유의지는 서로 모순되어 보이지만 모두 사실입니다. 같은 사건을 서로 다른 관성계에서 부르는 차이가 있을 뿐입니다.

다음과 같은 논증(argument) $P \Rightarrow Q$를 생각해 봅시다.

> 전지전능한 하나님께서 내일 내가 오전에 기도할 것이라고 말씀하셨다면(P), 나는 내일 오전에 기도할 것이다(Q). **(논증 7-1)**

위 (논증 7-1)은 참입니다. 왜냐하면 하나님은 전지전능하시기 때문입니다. 그러면 나는 이 사실을 알고도 아무 행동도 하지 않는다면, 하나님의 전지전능은 무효화되는 것일까요? (논증 7-1)이 명제라면 정의에 의해서 명제의 대우 $\sim Q \Rightarrow \sim P$도 참입니다.

Q가 아니라면, P도 아니다.

그러면 (논증 7-1)은 다음과 같이 적을 수 있으며 이것은 참입니다.

> 내가 내일 오전에 기도하지 않는다면($\sim Q$), 전지전능한 하나님께서 내일 내가 오전에 기도하지 않을 것이라고 말씀하신 것이다($\sim P$). **(논증 7-2)**

(논증 7-2)는 우리로 하여금 두려움과 책임감을 가지도록 합니다. 우리의 행동이 하나님의 전능을 결정하기 때문입니다. 시간 속에서 자유의지를 통해 결정하는 우리의 모든 행동은, 우리의 관점에서 시작하면 하나님의 전지전능과 모순되지 않습니다. 우리의 결정과 행동이 곧 하나님의 전지전능이므로, 우리가 하나님께 영광을 돌리는 방법은 선을 추구하며, 말과 행동에 책임을 지는 것입니다.

이러한 예는 우리 주님이 직접 가르쳐 주신 '주기도문'에서도 발견할 수 있습니다.

> 하나님이 우리를 용서해 주셨으므로(P), 우리도 우리에게 죄 지은 자들을 용서해 주어야 한다(Q). **(논증 7-3)**

(논증 7-3)은 사실입니다. 하지만 우리 주님은 이렇게 말씀하지 않으십니다. 우리의 말과 행동의 중요함을 아시는 주님께서는 마태복음 6장 15절에서 다음과 같이 말씀하십니다.

> 우리가 우리에게 죄 지은 자를 용서하지 않으면($\sim Q$), 하나님도 우리 죄를 용서하지 않을 것이다($\sim P$). **(논증 7-4)**

어떤 분들은 마태복음 6장 15절의 말씀에 불편해합니다. 사람의 용서가 하나님의 용서보다 우선되는 것처럼 보이기 때문입니다. 아닙니다. 하나님의 용서는 사람의 용서보다 우선됩니다. 하지만 사람이 용서하지 않는 것은, 하나님께서 용서하지 않는 것보다 우선됩니다. 그래서 우리 주님은 예배보다도 먼저 용서를 하라고 가르치십니다.

> 예배를 드리려다가 이웃에게 용서받을 일이 있는 것이 생각나면, 예배를 중단하고 먼저 가서 이웃에게 용서를 받으십시오. 그리고 다시 와서 예배를 드리십시오(마태복음 5장 23-24절).

● 시간의 상대성

다음 절로 넘어가기 전에 사람들이 잘 인식하지 못하는 시간의 상대성의 예를 성경에서 살펴보도록 하겠습니다. 모순이라고 생각되거나 대답 불가능한 많은 질문이 시간의 상대성과 관련이 있습니다.

성경의 창세기 3장에는 뱀이 여자를 유혹하여 하나님의 명령을 어기도록 하는 장면이 나옵니다. 여자는 뱀의 유혹에 대하여 하나님의 명령을 왜곡하면서 불만을 표시하고 타락하는 장면이 나옵니다. 여자는 뱀의 유혹에 대해서 다음과 같이 답합니다.

> "동산 중앙에 있는 나무의 열매는 하나님의 말씀에 너희는 먹지도 말고 만지지도 말라 너희가 죽을까 하노라 하셨느니라"(창세기 3장 3절).

하나님은 명령은 먹지 말라, 먹으면 죽는다고 하셨습니다.

> "선악을 알게 하는 나무의 열매는 먹지 말라 네가 먹는 날에는 반드시 죽으리라 하시니라"(창세기 2장 17절).

그런데 여자는 '만지지도 말라'는 말을 추가했고, 벌에 대해서는 '죽을까 하노라'고 하면서 원래의 의도를 약하게 만들고 있습니다. 즉, 하나님의 명령에 불만을 표시하고 있는 것입니다. 많은 사람들이 여자가 선악을 알게 하는 나무의 열매를 따 먹은 것을 원죄(original sin)의 순간으로 생각합니다. 맞습니다. 하지만 우리가 인식하는 시간 체계에서 모순처럼 보이는 부분도 존재합니다. 만약 창세기 3장 3절 이후에 여자가 선악을 알게 하는 나무의 열매를 따 먹지 않았다면, 인류의 역사에 원죄가 들어오지 않앉을까요? 여자가 비록 열매를 따 먹지 않았다고 하더라도, 하나님의 명령에 불만을 가지고 있으므로 이미 여자는 천국을 누리고 있지 못합니다. 불만을 가지고 있지만 속으로 꾹 참으면서 사는 에덴동산의 삶이 행복했을까요?

즉 여자는 선악을 알게 하는 나무의 열매를 따 먹기 전에 이미 타락한 상태가 되었고, 타락의 결과로 열매를 따 먹었다고 생각할 수도 있는 것입니다. 여자의 행동을 우리 관성계에서 시간의 흐름에 따라 서술하는 방식으로 기록된 성경에서 우리는 이러한 모순을 발견할 수밖에 없습니다.

저는 인류의 타락 사건이 우리 관성계에서 일어난 사건인 동시에 우리 차원을 초월한 사건이라고 믿습니다. 우리 차원을 초월한 타락에 의해서 죄의 법이 들어오게 되었고, 여자는 불만을 가지기 시작했으면, 필연적인 결과로 하나님께서 금하신 것을 행하는 죄를 범한 것 같습니다. 그러므로 우리 역사를 살아가는 인류는 유전에 의해서 죄가 전해지는 것이 아니라, 죄의 법의 영향 아래에 있는 우주에 태어나는 것입니다. 만유인력의 법칙이 실재이듯이 죄의 법칙도 실재인데, 이것에 대해서는 마지막 장에서 살펴보도록 하겠습니다.

● 두 가지 기록

하나님께서 창조한 우주를 인간과 지구 중심에서 기록한 책이 성경입니다. 하나님께서는 "시간을 들여서" 우주를 시작하시고, 생명을 만들고, 하나님의 형상(image)을 닮은 사람을 만드셨습니다. 우리는 그러한 창조세계에서 살고 있고, 장엄한 우주와 법칙과 생명을 관측합니다. 하나님께서 창조한 우주와 생명에 대한 기록은 성경뿐만 아니라 우리 우주에 그리고 지구에 남아 있습니다.

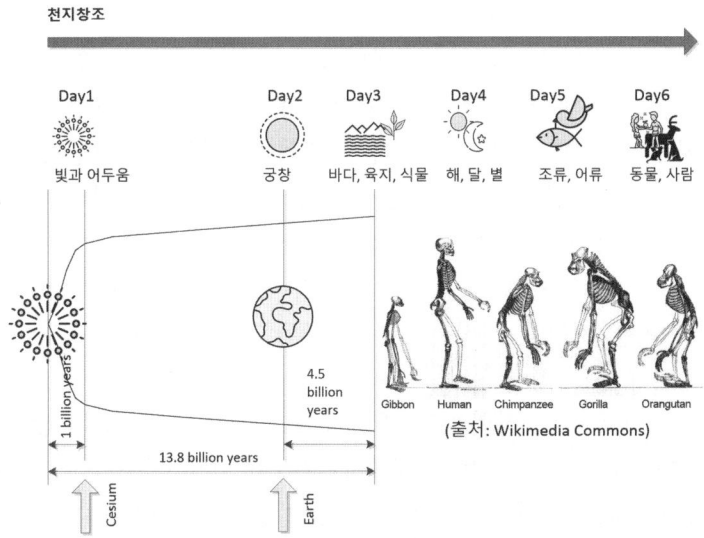

[그림 7-40] 하나님께서는 빅뱅과 진화론을 사용하여 천지를 창조하신 것이 아닙니다. 하나님의 천지창조를 하나님 없이 설명하는 방식이 빅뱅이고 진화론입니다. 그러므로 잘못된 가정에서 출발한 빅뱅과 진화론에는 설명할 수 없는 어떤 부분들이 반드시 존재할 것입니다. (뼈 이미지 출처: https://commons.wikimedia.org/wiki/File:Ape_skeletons.png)

이제 그 우주에서 살고 있는 지적인 우리 인류가, 창조주를 가정하지 않고 이러한 피조세계를 설명한다고 생각해 봅시다. 그러면 지금까지 알려진 관측 방법을 사용해서 별들의 거리와 나이를 측정하고, 지구의 지질과 생명의 흔적으로 역사를 역추적해서 일어났을 것이라고 생각되는 일들을 기술할 것입니다. 그것이 현대의 빅뱅 우주론이고 진화론입니다. 현대의 빅뱅 우주론은 우리 우주가 138억 년 전에 시작을 가졌다고 주장합니다.

어떤 사람들은 하나님께서 창조의 방법으로 빅뱅과 진화를 사용했다고 주장합니다.[29] 학자에 따라서 차이는 있지만 이 견해는 진화론에서 주장하는 자연선택(natural selection) 같은 것들을 거의 모두 수용합니다. 하지만 저는 하나님께서 진화의 방법으로 생명을 창조하셨다고 믿지 않습니다. 하나님께서는 목적을 가지고 우주를 창조하셨고, 생명을 그 종류대로 만들었다고 믿습니다. 그런데 우주와 지구를 관측하는 인류가 창조주 하나님을 가정하지 않고 창조의 결과를 해석하는 방식이 빅뱅과 진화론이라고 생각합니다. 이러한 분들이 발표하는 논문이나 책들은 창조주를 가정하지 않은 상태의 객관적인 사실에 바탕을 둔 자료이므로, 창조주를 가정하지 않았다는 사실 때문에 무조건 받아들이지 않거나 무시하는 것은 잘못된 과학적 태도입니다.

물론 빅뱅이나 진화론의 주장을 모두 받아들일 수는 없습니다. 왜냐하면, 창조주를 가정하지 않아서 발생하는 가정들 때문입니다. 예를 들면, 아주 정교하게 설정된 것처럼 보이는 우리 우주의 많은 상수들을 창조주 없이 설명하기 위해서 평행 우주(Parallel Worlds)[30]나 다중 우주(Multiverse)[31]를 주장하고, 혹은 인류 원리(anthropic principle)[32]로 설명합니다. 또 종류대로 창조된 생명

---

29) 유신진화론(Theistic evolution), https://en.wikipedia.org/wiki/Theistic_evolution
30) 미치오 카쿠, 《평행 우주》 (김영사, 2006).
31) 다중 우주, https://en.wikipedia.org/wiki/Multiverse
32) 인류 원리, https://en.wikipedia.org/wiki/Anthropic_principle

을 부정하기 위해서 중간 단계의 화석이 계속 발견되고 있다고 이야기합니다.[33] 하지만 창조론을 주장하는 어떤 분들은 중간단계의 화석은 없다고 이야기합니다.[34]

    창조론과 중간단계의 화석을 동시에 받아들인다는 의미는 하나님께서 목적을 가지지 않고, 알아서 저절로 생명의 종류가 결정되도록 했다는 의미입니다. 그렇지 않습니다. 하나님께서는 우주의 법칙과 생명을 목적대로 그 종류대로 창조하셨습니다. 저는 하나님의 창조를 설명하는 인간의 불완전한 이론이 빅뱅이고 진화론이라고 생각합니다. 성경은 창세기에서 하나님의 창조를 과학적으로 설명하는 것이 아니라 선포하고 있습니다. 그리고 하나님의 최종 목적인 인류 중심으로 기술하고 있습니다. 그러므로 창세기의 기록을 과학적인 방법으로 해석하려고 하면 설명할 수 없는 부분이 존재한다고 생각합니다.

    창조의 6일을 해석하는 다양한 과학적, 신학적 견해가 있습니다. 창조론으로 알려진 내용 중에서도 창조의 6일에 대한 견해가 다양합니다. 그러한 신학적 견해와 학자들 그리고 창조론자들의 구체적인 주장을 본 책에서는 적지 않습니다. 조금만 관심을 가지면, 구글링 등의 포털 사이트 검색이나 발간된 책들에서 정보를 얻을 수 있을 것입니다. 그러한 자료를 접해 보면 어떠한 이론도 현재의 우주를 100% 정확하게 설명하지 못합니다. 예를 들면 우연히 생명이 창조됐다는 진화론의 주장을 믿으려고 하면, 우주는 창조된 것처럼 보이는 증거가 넘쳐나고, 창조를 믿으려고 하면 창조론에서 주장하는 어떤 내용들은 현재의 관측 결과와 모순이 발생하는 경우가 있습니다. 그것들을 어떻게 이해

---

33) 도널드 R. 프로세로, 《진화의 산증인, 화석 25》 (뿌리와이파리, 2018).
34) 한국창조과학회, 4억 년 전(?) 물고기 눈이 중간단계?, https://creation.kr/Circulation/?idx=1294925&bmode=view

하고 받아들일지는 독자들의 몫입니다.

창조주를 가정하고 창조의 진행과정을 목격하는 관측자가 있다면, 그것이 관측자의 관성계에서는 어떻게 관측될지를 한번 기술해 보도록 하겠습니다. 그러면 빅뱅으로 관측된 창조가 만들어낸 물질과 법칙들에 대해서 먼저 이해할 필요가 있습니다.

기본입자

어떤 물질을 쪼개었을 때 더 이상 쪼갤 수 없는 가장 작은 덩어리는 무엇일까요? 물(Water)이라는 물질을 고려해 봅시다. 물은 분자(Molecule)라고 알려진 작은 덩어리들이 아주 많이 모인 것입니다. 물을 구성하는 분자를 물 분자라고 하는데, 물 분자 하나도 물의 성질을 가집니다. **분자(Molecule)**는 대상 물질의 고유한 성질을 가지는 가장 작은 단위 입자입니다. 그런데 분자는 여러 개의 원자(Atom)들이 그룹을 이룬 것입니다. 예를 들면, 물 분자를 이루는 원자는 세 개입니다.

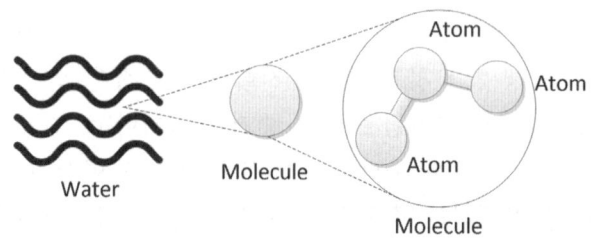

[그림 7-41] 물은 물 분자(Molecule)로 이루어져 있습니다. 분자는 하나 이상의 원자(Atom)로 이루어져 있습니다. 분자는 물질의 고유한 성질을 가지는 가장 작은 단위입니다. 물 분자 하나는 물의 성질을 가집니다.

원자(Atom)는 일상적인 물질을 이루는 가장 작은 단위입니다. 과학자들이 원자의 존재를 처음 발견했을 때, 원자의 구조는 내부에 **핵**(Nucleus)이라는 부분과 핵 주위에서 관측되는 **전자**(Electron)로 구성되어 있다는 것을 알았습니다. 원자핵은 더 작은 **양성자**(Proton)**와 중성자**(Neutron)로 구성되어 있는데, 양성자의 수에 따라 원자 각각에 이름을 붙여서 **원소**(Element)라고 부릅니다.

원자핵 속의 양성자의 수를 **원자번호**(atomic number)라고 하는데, 현재까지 118종류의 원소가 있다고 알려져 있습니다. 예를 들면 양성자가 1개이면 **수소**(Hydrogen), 양성자가 2개이면 **헬륨**(Helium) 등으로 이름을 붙이는데 이렇게 원자번호와 특성에 따라 알려진 모든 원소를 나열한 표를 **주기율표**(Periodic Table)라고 합니다.

원소가 전자(electron)를 공유하는 방식으로 결합되어 분자를 이루는데, 예를 들면 산소(Oxygen) 분자는 산소 원자가 두 개 모여서 구성되는 물질이기 때문에, O_2라고 적습니다. 물은 수소(Hydrogen) 원자 두 개와 산소(Oxygen) 원자 한 개로 구성되기 때문에 H_2O라고 적습니다. 분자가 서로 다른 두 개 이상의 원소로 구성되면 **화합물**(Compound)이라고 합니다. 산소 O_2는 화합물이 아니지만, 물 H_2O는 화합물입니다.

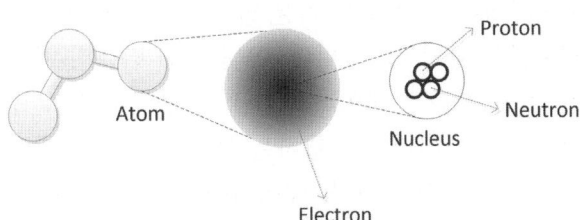

[그림 7-41b] 원자(Atom)는 원자핵(Nucleus)과 전자(Electron)로 이루어져 있습니다. 원자핵은 양성자(Proton)와 중성자(Neutron)로 구성되어 있는데, 원자핵의 양성자의 수에 따라 원자의 특성이 결정되고, 각각은 고유한 원소(Element)이름을 가집니다.

한때는 양성자 단위는 더 쪼개질 수 없다고 믿었지만, 미국의 물리학자 머리 겔만이 1964년 양성자를 구성하는 쿼크(quark)를 제안하고 명명했습니다. 후에 입자를 충돌시키는 방식으로 더 많은 소립자들이 발견되었습니다. 2023년 현재 물리학에서 다른 입자를 구성하는 가장 기본적인 소립자(particle)를 **기본입자(elementary particle)**라고 하며, 현재의 **표준모델(Standard Model of Particle Physics)**에서는 쿼크(quark), 렙톤(lepton), 게이지 보손(gauge boson)과 힉스 보손(Higgs boson) 등 17개의 기본입자들이 있습니다.

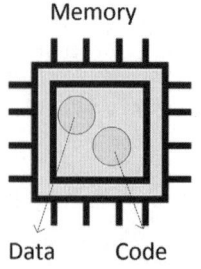
메모리의 0과 1은 데이터와 코드로 이루어져 있습니다.

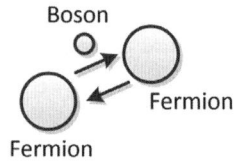
데이터 역할을 하는 입자와 코드 역할을 하는 기본입자가 있습니다.

[그림 7-42] 컴퓨터 메모리의 0과 1은, 어떤 경우는 데이터로, 어떤 경우는 데이터를 조작하는 코드로 사용됩니다. 기본 입자의 경우에도 물질을 이루는 페르미온(Fermion) 입자와 입자 사이의 힘을 전달하는 보손(Boson) 입자들을 가집니다. 데이터와 코드로 구성되는 객체에 대한 규칙은 DNA 및 뇌에도 적용됩니다.

6장에서 인스턴스를 이루는 기본 빌딩 블록들이 데이터와 코드를 가진다는 것을 살펴보았습니다. 예를 들면 컴퓨터 메모리에 있는 0과 1은 어떤 것들은 데이터로, 어떤 것들은 코드로 동작합니다. 기본입자들도 데이터에 해당하는 부분과 코드에 해당하는 부분으로 나누어 볼 수 있습니다. 데이터에 해당하는 기본입자들은 물질 자체를 구성하고, 코드에 해당하는 기본입자들은 자연계의 기본적인 힘 전달(force carrier)과 상호작용을 담당합니다.

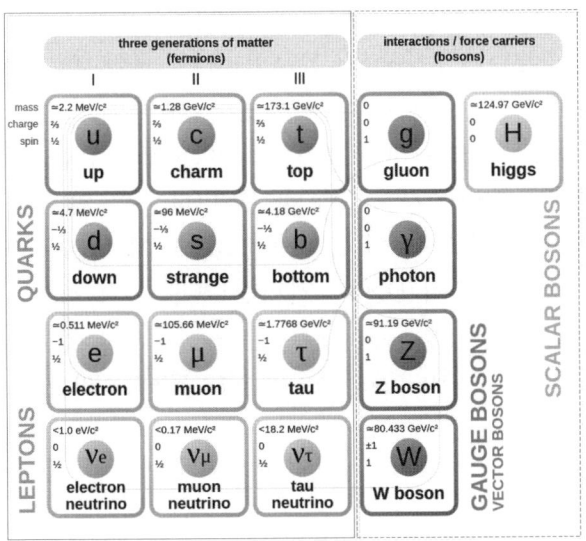

[그림 7-43] 표준 모형에서 다루는 기본 입자들입니다. 현재의 모델이므로 후에 변경될 가능성이 있습니다. 전자 단위에서 입자라고 부르는 것들은 관측의 결과가 아니라, 실험에서 나타나는 특성으로 입자라고 규정한 것이므로 본질은 무엇인지 알 수 없습니다. (출처: Wikimedia Commons, https://en.wikipedia.org/wiki/File:Standard_Model_of_Elementary_Particles.svg)

[그림 7-43]에 기본입자를 모두 나타내었습니다. 물질을 구성하는 기본입자들을 **페르미온(Fermions)**이라고 하고, 상호작용을 담당하는 기본입자들을 **보손(Boson)**이라고 합니다. 페르미온에서 양성자나 중성자를 구성하는 기본입자를 **쿼크(Quarks)**라고 하는데 모두 여섯 종류의 쿼크가 있습니다. 그 외의 물질을 구성하는 입자를 **렙톤(Leptons)**이라고 하며, **전자(Electron)**나 **뮤온(Muon)** 등이 이에 속합니다.

[그림 7-43]에서 점선으로 묶인 다섯 개의 **보손(Bosons)** 입자들은 코드로 동작하는 역할을 담당합니다. 기본입자의 코드 역할이란 힘을 전달하거나 입자의 상호작용을 담당한다는 뜻입니다. 빛이 입자로 동작할 때 **광자(Photon)**가 보손 그룹에 속합니다.

기본입자에 적용된 특수 상대성 이론은 유용하게 과학기술에 사용되고 있습니다. 그중에서 뮤온의 예를 살펴보겠습니다.[35] 우주에서 쏟아지는 방사선 입자인 **우주선**(cosmic rays)이 지구 대기에서 원자(atom)들과 부딪히면 물질을 이루는 기본입자들이 튀어나오는데, 뮤온(muon) 입자도 그중 하나입니다. 뮤온의 수명은 아주 짧습니다. 하지만 우주선이 원자와 충돌했을 때 튀어나오는 뮤온의 속도는 빛의 속도의 99.8%에 해당합니다.

$$2.19 \times 10^{-6} \text{ second}$$ (식 7-38, 뮤온의 수명)

그러면 뮤온의 움직이는 거리를 계산해 보면 다음과 같습니다.

$$s \approx 0.998 \times 3 \times 10^5 \times 2.19 \times 10^{-6} = 0.6556 \text{km/s}$$ (식 7-39)

(식 7-39)를 보면 뮤온의 생성되고 나서 약 655m를 움직일 수 있는데 이는 지표면에 도달하기에는 어려운 거리이지만, 실제 뮤온은 지표면에서도 관측됩니다. 아인슈타인의 특수 상대성 이론 덕분입니다. 뮤온의 관성계와 지표면의 사람의 관성계의 로렌츠 인자를 계산하면 다음과 같습니다.

$$\gamma = \frac{1}{\sqrt{1-\left(\frac{v}{c}\right)^2}} = \frac{1}{\sqrt{1-\left(\frac{0.998}{1}\right)^2}} = 0.063$$ (식 7-40)

$$\frac{1}{0.063} \approx 15.873$$ (식 7-41)

---

35) "Muon Experiment in Relativity", http://hyperphysics.phy-astr.gsu.edu/hbase/Relativ/muon.html. Retrieved 2017-02-24

그러므로 뮤온 입장에서는 거리가 약 15.8배 짧아진 것이고, 지표면의 관측자 입장에서는 뮤온의 수명이 약 15.8배 늘어난 것입니다.[36] 그러면 뮤온은 약 10km 진행할 수 있으므로 지표면의 관측자에게 관측되는 것입니다.

$$0.6556 \times 15.8 = 10.35 \text{km} \quad \textbf{(식 7-42)}$$

뮤온은 전자처럼 물질 내부를 잘 통과하고, 전자보다 207배나 무거워 밀도가 큰 암석 내부도 수백 미터까지 지나갈 수 있습니다. 이러한 특징을 이용해서 사람이 접근하기 힘든 화산, 원전사고 현장, 고대유물, 컨테이너 내부 등의 구조를 확인하는 데 사용하고 있습니다.[37]

물질은 일반적으로 분자 단위에서 **고체(solid)**, **액체(liquid)**, **기체(gas)**의 상태를 가집니다. 하지만 강력한 전기장이나 고온에서는 원자의 전자 등이 분리되어 나누어진 상태가 될 수 있는데 이러한 상태를 **플라즈마(Plasma)** 상태라고 합니다. 우리가 일상에서 경험하는 플라즈마 상태의 예는 네온사인(Neon Sign)이나 번개 등이 있습니다.

이제 물질들을 이루는 기본적인 빌딩 블록을 모두 파악했으므로, 빅뱅을 시작하고 싶지만, 한 단계가 더 남았습니다. 왜냐하면 우주의 이곳 지구에는 생명이 있기 때문입니다. 생명을 이루는 기본 빌딩 블록은 서로 다른 분자 여러 개로 구성된 화합물입니다. 그중에서 질소(Nitrogen)를 함유하고 있는 화합물 중 **핵염기**

---

[36] (식 7-38)의 뮤온의 수명을 1단위라고 하면, 뮤온의 수명은 15.8단위입니다. 관측자에 따라 뮤온의 수명이 달라지는 것입니다.
[37] 이인희, 보이지 않는 내부 어디든 본다...'뮤온'의 비밀, https://www.etnews.com/20220318000033, 전자신문

(Nucleobase)가 있는데, 아데닌(A), 구아닌(G), 사이토신(C), 티민(T), 유라실(U)의 5가지 핵염기를 주요 염기라고 합니다.

염기가 길게 연결되어 생명체의 데이터와 코드를 가지는데, 이것은 같은 내용이 각 세포(Cell)마다 존재합니다. 이것을 DNA(Deoxyribo Nucleic Acid, **디옥시리보 핵산**)라고 합니다. 만약 빅뱅의 목적이 생명을 만들어 내는 것이라면, 먼저 화합물을 생성할 준비를 마친 후에, 다음으로 화합물을 이용한 생명을 만드는 작업을 시작해야 합니다.

빅뱅을 시작하기 전에 관측을 위한 시간의 기준을 정해야 합니다. 현재의 기준은 세슘(Cesium) 원자의 진동수로 초(second)를 결정하므로, 같은 기준을 사용하겠습니다. 하지만 세슘은 빅뱅 이후 약 30만 년~10억 년이 지나고 나서 생성되었으므로, 빅뱅이 시작한 시간의 창조를 시간으로 측정하는 데는 불가피한 한계가 존재할 수밖에 없다는 것을 염두에 두시기 바랍니다.[38]

빅뱅이 시작되었습니다. 처음 10^{-43}초의 플랑크 시간 동안은 기술이 불가능합니다. 현재도 이 길이보다 작은 길이, 에너지 등은 존재하지 않습니다. 그리고 10^{-32}초가 되기 전에 공간은 기하급수적으로 10^{26}배나 팽창했습니다. 이 기간에 일어난 일을 과학적인 용어를 사용하지 않고 한 문장으로 기술하라고 한다면, 저는 "빛이 있었다"고 기술하고 싶습니다. 그리고 우연히 발생한 빅뱅이 아니라 생명을 창조할 의도를 가진 빅뱅이었다면, 현재 관측되는 모든 우주의 법칙들이 생성되기 시작한 단계입니다.

---

[38] 시간은 입자나 파동 같은 물리적 대상이 아니라 약속입니다. 이 약속은 빅뱅의 결과로 만들어진 물질에 기초하기 때문에 간접적인 자기 참조가 발생합니다.

다음 단계로 10^{-5} 정도의 시간이 경과되었을 때, 기본입자들이 생성되었습니다. 이때 쿼크나 렙톤이 생성되었는데, 이때 온 우주의 상태는 초고온의 플라즈마 상태였을 것입니다.

다음으로 빅뱅 이후 10초 정도가 흐르자, 원소(Atom)를 이루는 원자핵들이 생성되었습니다. 아직까지는 온도가 너무 높아 원소를 생성할 수는 없었습니다.

빅뱅 이후 약 30만 년이 흐르고 나서, 온도는 약 3,000도로 낮아졌고, 전자들이 원자핵들과 결합해서 수소(H), 헬륨(He) 등의 원소를 생성하기 시작했습니다.

빅뱅 이후 약 10억 년이 지나고 원소로 구성된 은하, 별, 행성 등이 만들어지기 시작했습니다. 별의 핵융합으로 탄소(C), 질소(N) 등이 형성되었고, 별들의 마지막 단계인 **초신성(Supernova)**의 폭발로 철(Fe)보다 무거운 원소들이 우주 공간에 방출되었습니다.

[표 7-5] 빅뱅 후 주요 사건: 지구의 생명을 구성하기 위해서는 10억 년부터 시작된 별들의 탄생과 죽음이 필요한 과정이었습니다.

	빅뱅	
$<10^{-43}$	플랑크 시대 (Planck Era)	플랑크 시간(Planck time)은 이론적으로 관측 가능한 최소 단위이므로, 이보다 더 작은 시간에 대해서는 과학적 기술이 불가능함
$<10^{-32}$	급팽창 시대 (Inflation Era)	$10^{-36} \sim 10^{-32}$초 정도의 사이에 10^{26}배만큼 공간이 커짐
10^{-12}	쿼크 시대 (Quark Era)	온도가 너무 높아 물질과 에너지는 구분할 수 없음. 핵은 존재할 수 없음
10^{-5}		강입자 경입자 시대 (Hadron and Lepton Era)
10초	핵융합 시대 (Nucleosynthesis Era)	우주 온도가 수백만 도까지 낮아져 양성자와 중성자가 썩어 중수소, 삼중수소, 헬륨 원자핵이 생성됨
30만 년		온도는 약 3,000도로 낮아져 전자들이 원자핵에 결합해 수소(H), 헬륨(He) 등의 원소 생성
10억 년		은하, 별, 행성 등이 만들어짐. 별의 핵융합으로 탄소(C), 질소(N) 등이 형성됨. 별의 진화 마지막 단계에서 초신성의 폭발로 철(Fe)보다 무거운 원소들이 우주 공간에 방출됨

지구의 생명을 구성하는 원소들의 대부분은 초신성의 폭발로 방출된 원소들입니다.[39] 초신성의 폭발이 없었다면 지구의 생명은 존재할 수 없었습니다. 지구의 나이는 약 45억 년으로 알려져 있습니다. 만약 빅뱅의 목적이 지구에 생명을 창조하는 것이었다면, 지구의 생명을 만드는 작업을 시작하기 위해 138－45＝93억 년 동안 원소를 준비한 셈입니다.

---
39) 이석영, 《초신성의 후예》 (사이언스북스, 2014).

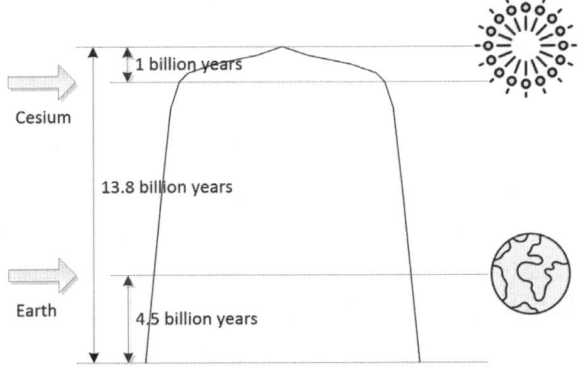

[그림 7-44] 지구의 나이는 45억 년입니다. 우주 138억 년의 나이에서 약 $\frac{1}{3}$을 차지합니다. 지구의 생명은 93억 년 동안 계속된 우주의 별들의 탄생과 죽음이 없었다면 불가능했습니다.

약 93억 년 동안 지구의 생명을 위한 환경작업에 필요한 모든 재료를 준비한 후, 이제 지구(Earth)에서 살아갈 생명을 만들기 위한 작업을 시작할 수 있었습니다. 가장 먼저 해야 할 일은 지구에 대기를 만들어, 유해한 우주선(Cosmic Ray)을 차단하는 작업일 것입니다. 현재 지구의 대기와 자기장이 없다면, 유해한 우주광선에 의해 모든 생명은 멸절하게 됩니다.

그리고 생명이 살아갈 수 있도록 바다와 육지를 만들고, 동물이 살아갈 수 있도록 식물을 만드는 작업을 해야 합니다. 식물을 포함한 생명의 데이터와 코드 정보는 DNA에 담겨 있습니다. 아데닌(A)은 티민(T)과 쌍을 이루고, 구아닌(G)은 사이토신(C)과 짝을 이루어 이중 나선 구조(Double Helix Structure)로 된 DNA에서, 한 가닥에 포함된 화합물의 개수는 약 30억 개(3×10^9)인데, 길이는 1.8m 정도 됩니다. 컴퓨터 메모리로 환산하면 약 834메가(Mega)에 해당하는 양입니다. 이것의 복잡성에 대해서는 다음 절(Section)에서 알아보도록 하겠습니다.

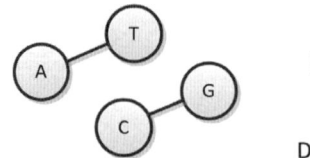 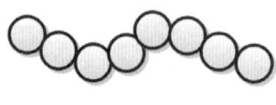

DNA(DeoxyriboNucleic Acid)

[그림 7-45] DNA는 A, T, C와 G로 구성된 화합물의 긴 줄입니다. 이것이 생명의 특징을 규정합니다. DNA는 모든 식물을 포함한 모든 생명의 각 세포마다 들어 있습니다. 컴퓨터로 비유하면 물리적인 DNA 자체는 하드웨어 메모리에 해당하고, DNA를 구성하는 A, T, C와 G가 이루는 순서는 메모리에 구성된 동작 정보를 의미합니다.

다음으로 바다의 생명과 하늘의 생명과 땅의 생명을 만들 수 있습니다. 현대의 지질학적인 관측에 의하면, **고생대**(Paleozoic Era)로 알려진 기원전 약 5억 4,100만 년 전인 **캄브리아기**(Cambrian)의 약 2,000만 년 동안 폭발적으로 동물군들이 생성되었다고 알려져 있습니다. 지구의 나이가 45억 년이므로 동물을 만들기 위해 약 40억 년을 준비한 셈입니다.

빅뱅의 최종 목적이 동물의 창조가 아니라 인간의 창조였다면, 창조된 인간이 살아갈 환경을 구성하는 작업이 필요해집니다. 지구의 생명을 위한 환경을 조성하기 위해 93억 년 동안 초신성의 탄생과 죽음을 통해 원소를 준비했듯이, 동물의 탄생과 죽음을 통해 인간이 살아갈 환경을 구축하는 것이 가능합니다.[40] 인류의 역사에는 남아 있지 않지만, 지난 5억 년간 다섯

---

40) 일반적으로 석유(petroleum)는 공기가 없는 상태에서 미세한 바다 유기물이 분해되면서 형성되었을 것이라고 추측합니다. 오스트리아 태생의 우주물리학자 토마스 골드는 천연가스와 석유가 지구 깊은 곳에 응축된 물질의 잔존물이라고 주장했는데, 석유에서 발견되는 유기분자들은 생물에 의해 오염된 것이라고 했습니다. 이것은 석유가 미생물로 이뤄졌다는 전문가들의 기존 정설에 대치되는 주장입니다. 우리는 아직도 석유의 기원을 정확하게 알지 못합니다. 하지만 석유가 없었다면 우리가 문명을 이룰 수 있었을까요?

번의 대멸종이 있었다고 알려져 있습니다. 가장 최근의 대멸종은 약 6,500만 년 전 **중생대**(Mesozoic Era) **백악기**(Cretaceous Period) 말 유카탄 반도(Peninsula of Yucatán)에 소행성이 떨어져 공룡이 멸종했다고 알려진 5차 대멸종 사건입니다.

창조의 목적이 인간이었다고 기술하는 책이 있습니다. 성경(Bible)입니다. 성경은 하나님이 6일(6 days) 동안 천지를 창조했다고 선언하고 있습니다. 첫째 날은 빛을 만들었습니다. 둘째 날은 지구의 하늘과 땅을 구분하는 공간을 만들었습니다. 셋째 날은 바다와 육지와 식물을 만들었습니다. 넷째 날은 해, 달과 별들을 만들었습니다. 다섯째 날은 물고기와 새들을 만들었습니다. 여섯째 날은 동물과 사람을 만들었습니다.

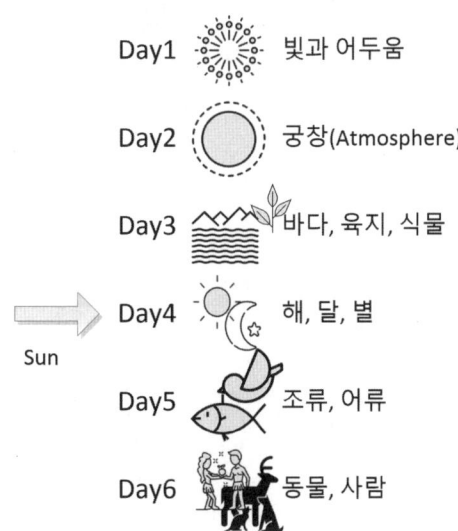

[그림 7-46] 성경의 창세기 기록은 넷째 날 해, 달과 별들을 만듭니다. 지구도 행성이지만, 지구 창조의 시작을 둘째 날부터 기록하고 있고, 다른 행성의 창조는 넷째 날에 되었다고 기술하고 있습니다. 또 해(Sun)를 만들기 전부터 날(day)이라는 시간 단위를 사용하고 있습니다.

성경의 창세기 1장에 기록된 창조의 기록이 과학적 서술이라면 문제가 되는 부분이 있습니다. 먼저 시간에 관한 것입니다. 해를 넷째 날 만들었는데, 해를 만들기 전부터 하루(day)라는 시간 단위를 사용하고 있습니다. 이 부분은 빅뱅의 시간을 다룰 때도 발생하는 근원적인 문제입니다. 예를 들면 세슘이 생성되기 전의 핵 융합이 있었던 과정에 대해서 핵융합시대(Nucleosynthesis Era)라는 시간 단위를 사용하고 있습니다. 시간에 관한 다른 문제는 우주의 역사 138억 년과 6일을 포함한 성경의 역사 1만 년의 차이입니다.[41] 두 번째 문제는 창조 과정의 기술이 빅뱅에서 유추한 과정과 일치하지 않는다는 것입니다. 둘째 날 지구의 궁창을 만들고, 넷째 날 해, 달과 별을 만들었다고 기록되어 있지만, 지구도 하나의 행성이므로 해, 달, 별과 함께 만들어지기 시작해야 합니다. 또 셋째 날 식물을 만들고, 넷째 날 태양을 만든다면, 식물은 태양으로부터 에너지를 얻을 수 없어 모두 죽고 말 것입니다. 그러므로 창세기의 기록은 창조에 대한 서술이지 과학적 기록은 아니라고 보는 것이 합리적입니다.

현재 과학으로 관측하는 우리 우주의 역사 138억 년과 성경에서 언급하는 우주의 역사의 차이를 해석하는 많은 연구[42]가 있습니다. 저는 특수 상대성 이론이 그 후보 중의 하나라고 생각합니다. 그러한 연구들 중 핵심적인 부분은 하루(one day)를 해석하

---

41) 일반적인 상식으로 이해되지 않는 시간과 관계된 성경의 예는 다음과 같은 것들이 있습니다. 여섯째 날 행해진, 동물과 인간의 창조가 정말 오늘 지구에서 말하는 하루 24시간이었다면, 어떻게 아담은 몇 시간 만에 수백만 종의 동물의 이름을 지을 수 있었을까요? 다른 예로 이스라엘 민족이 이집트를 빠져나올 때 인구는 약 200만 명이었습니다. 성경의 기록을 보면 약 하루 만에 200만 명이 홍해를 건넜다고 기록되어 있습니다. 대한민국 대전의 인구수가 약 150만 명인데, 대전 인구가 모두 대전을 빠져나오기 위해서는 하루에 10만 명이 빠져나오더라도 15일은 걸립니다. 홍해를 건넜다는 것은 분명한 사실이지만, 이러한 것들은 의문이 남는 부분입니다.
42) J. P. Moreland and John Mark Reynolds, eds., Three View of Creation and Evolution(Grand Rapids: Zondervan, 1999)

는 방법입니다.

성서의 영어 번역본들이 대부분 창조의 일곱 날을 명시할 때 정관사 the를 붙여서 첫째 날(the first day), 둘째 날(the second day)이라고 명시하고 있지만, 히브리어 원문에서는 첫째 날부터 다섯째 날까지는 정관사를 사용하지 않고, 한 날(day)이라고 사용하고, 여섯째 날과 일곱째 날은 정관사를 붙여서 그날(the day)이라고 사용하고 있습니다.[43] 그러면 다섯째 날까지는 오늘날의 24시간이 아니라 특별한 간격이고, 여섯째 날과 일곱째 날은 24시간이라고 생각할 수도 있지만, 그것 또한 100만 종이 넘는 동물의 이름을 아담이 하루 저녁에 모두 지었다는 것[44]을 받아들여야 하므로 모순이 발생합니다. 모순처럼 보이지만 저는 그 6일이 정확하게 6일이었으며, 또한 138억 년임을 동시에 받아들입니다. 독자분들은 여기에 거부감이 있을 수 있지만, 인류가 빛이 입자이면서 동시에 파동임을 받아들이는 데도 100여 년 이상의 시간이 걸렸습니다.

성경에는 창조의 기록 없이 등장하는 천사(angel)와 마귀(devil)[45]도 존재합니다. 이 존재들은 우리 관성계의 과학적인 측정으로는 관측되지 않으므로, 영적인 존재들입니다. 천사와 마귀의 창조 시점에 관한 논쟁을 보면, 창조의 6일 중 어느 날 창조되었다고 이야기하는 사람들이 있습니다. 혹은 창세기는 우리 관성계를 창조하는 기록이므로, 천사와 마귀는 창세기 1장 전에 창조되었다고 이야기하는 사람도 있습니다. 저는 둘 모두 맞

---

43) P. Schaff and H. Wace, A Select Library of Nicene and Post-Nicene Fathers of the Christian Church: St. Basil: Letters and Select Works, vol. VIII, 2nd series(New York: Christian Literature Company, 1895).
44) 창세기 2장 19절
45) 마태복음 25장 41절, 욥기 38장 7절

다고 생각하는데, 왜냐하면 천사와 마귀가 존재하는 관성계에서 시간은 우리가 인식하는 방법으로 존재하는 것이 아니기 때문입니다.

우리 관성계의 시간으로 천사와 마귀의 존재를 해석해 보면, 인류가 창조되기 전에 그들은 이미 존재하고 있었던 것은 확실한 것 같습니다. 그러면 여자를 유혹했던 악한 존재가 하나님께서 식물과, 해와 달과 별들과, 생명을 만들 때 어떤 방식으로든 아름답다고 평가하는 창조를 방해했을 것이라 예측할 수 있습니다. 저는 C. S. 루이스(C. S. Lewis)가 《고통의 문제》(The Problem of Pain)에서 이야기하듯이 악한 존재가 어떤 방식으로든 창조를 방해하는 일을 했을 것이라고 생각하고 그 흔적이 창조의 결과에 남아 있을 것이라고 생각합니다.

동시성의 상대성 때문에 우리 우주 W에서 일어날 미래의 어떤 사건이 다른 관성계 W′를 사용하는 곳에서는 현재 일어나고 있는 사건일 수 있습니다. 만약 그런 관성계가 있어서 미래를 모두 현재처럼 보고 있다면, 사건을 기술할 때 W의 시간 배열을 따르지 않고, W′의 입장에서 중요하다고 생각하는 사건들의 순서로 나열할 수 있습니다.

창세기에 기록된 창조의 목적이 인간의 창조였다면, 창조의 서술은 인간을 중심으로 한 서술일 것입니다. 실제로 첫째 날 빛의 창조는 빅뱅으로 관측되었을 것입니다. 하지만 그 뒤 둘째 날부터는 지구의 인간 중심으로 창조과정이 기술되어 있습니다. 진화론에 따르면 최초의 인류가 출현한 것은 약 300만 년 전입니다. 그것은 인류를 창조하기 위해 우리 우주와 지구가 138억 년 동안 준비되었다는 것을 의미합니다.

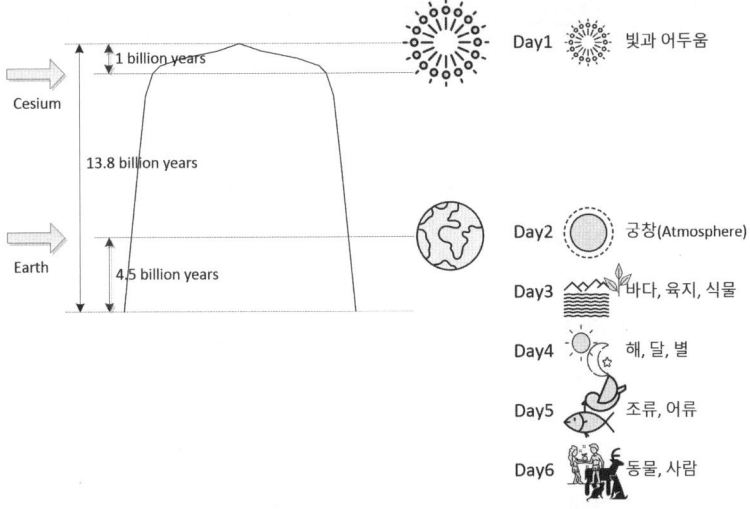

[그림 7-47] 성경의 창세기는 지구의 인간을 중심으로 한 창조의 기록이지 우리 관성계에서 물질이 만들어진 순서로 기술된 것은 아닌 것 같습니다. 우리 우주를 창조한 관성계에서 공간축과 시간축이 일치하여 시간이 흐르지 않는 상태라면, 창조된 순서대로의 기록은 의미가 없으며, 창조주가 있다는 선언이 의미가 있을 뿐입니다.

우리 인류는 ① 138억 년 뒤에 우연히 발생하게 된 것일까요? 아니면 ② 138억 년의 준비 과정을 거친 후에 마침내 인류를 창조한 것일까요? 만약 우리 존재가 우리 시공간 차원을 초월한 영원한 존재라면, 우리 한 사람 한 사람은 온 우주보다 더 귀합니다. 그래서 하나님께서는 우리를 위해서 우리 역사의 관성계에서 138억 년으로 관측되는 시간 동안 우주의 모든 구성 요소를 준비하신 것이라고 생각합니다.

우주의 역사

시작이 있었던 우리 우주는 끝이 있습니다. 우주의 마지막에 대한 다양한 이론[46]이 있는데, 성경도 우주의 마지막에 대해서 묘사하고 있습니다.[47]

"그러나 [주]의 날이 밤의 도둑같이 오리니 그 날에는 하늘들이 큰 소리와 함께 사라지고 원소들이 뜨거운 열에 녹으며 땅과 그 안에 있는 일들도 불태워지리라"(베드로후서 3장 10절, 킹흠정역).

성경(킹흠정역)의 베드로후서 3장 10절에서는 우주가 없어지고 원소들과 모든 우주의 물질들이 불태워 없어진다고 기록하고 있습니다. 킹흠정역에서 원소(the elements)로 번역된 단어는 헬라어로 스토이케이온(στοιχεῖον, stoicheion)인데, 기본요소나 기본원리를 의미하는 단어입니다. 예수님의 제자들이 마지막 때에 대해서 예수님께 물었을 때, 예수님은 이 세대(generation)가 지나가기 전에 마지막이 올 것이라고 했습니다.[48] 하지만 우리는 2,000여 년이 지난 지금도 여전히 우리 우주를 관찰하고 있습니다. 예수님께서 잘못 말씀하신 것일까요? 예수님은 우리 우주가 창조되기 전에 자신이 이미 존재했다고 말씀하심으로써, 자신은 시간을 초월한 존재임을 말씀해 주셨습니다.[49] 예수님은 모든 개인이 자신의 생애를 끝내는 순간 개인적 종말과 동시에 우주적 종

---

46) 빅 크런치, https://en.wikipedia.org/wiki/Big_Crunch
47) 베드로후서 3장 10절, 그러나 주의 날이 도둑 같이 오리니 그 날에는 하늘이 큰 소리로 떠나가고 물질이 뜨거운 불에 풀어지고 땅과 그 중에 있는 모든 일이 드러나리로다
48) 마태복음 24장 34절, 내가 진실로 너희에게 말하노니 이 세대가 지나가기 전에 이 일이 다 일어나리라
49) 요한복음 8장 58절, 17장 5절

말을 목격하게 될 것을 말씀하신 것이 아닐까요?

성경은 우주의 창조주가 인류를 구원할 목적으로 이 세상에 인간의 모습으로 오셨다고 기록하고 있습니다. 그것을 **성육신**(Incarnation)이라고 합니다. 그리고 그 창조주는 인류의 역사의 마지막에 다시 오실 것이라고 기록합니다. 그것을 **재림**(Second Coming)이라고 합니다. 인류 각각은 재림의 순간에 창조주의 앞에서 그 행위대로 심판과 상급을 받는다고 기록하고 있습니다.[50] 그 최후의 심판에서 의로운 자로 인정받기 위해서는 죄를 회개하고 예수님만을 믿어야 한다고 기록합니다.[51] 한편 우주의 역사 속에서 태어나, 개인의 역사를 살아가는 사람에게 다음과 같은 시간과 관계된 문제가 발생합니다.

① 예수님을 믿어야 한다는 복음을 듣기 전에 죽은 사람은 어떤 기준으로 심판받습니까?
② 예수님의 재림 전에 죽은 사람(지금까지 죽은 모든 사람)은 어디에서 재림을 기다리고 있으며 언제 심판받는 것입니까?

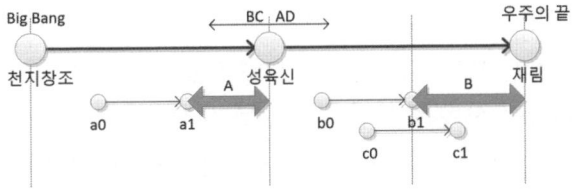

[그림 7-48] 우주의 역사에서 각 개인은 개인의 시작과 끝을 가지는 개인적 역사를 경험합니다. 그러면 복음이 전파되기 전에 살았던, a1에서 개인적 종말을 경험한, 복음을 듣지 못했던 A의 경우, 어떤 기준으로 심판을 받습니까? 또 예수님의 재림 전에 죽은, b1에서 개인적 종말을 경험한 많은 사람은 B의 기간 동안 어떤 상태입니까? 이 두 가지는 대표적인 시간과 관련된 질문입니다.

---

50) 요한계시록 20장 13절
51) 사도행전 4장 12절

개인적 종말과 **역사적 종말론**이 충돌하는 지점입니다. 그런데 성경은 개인적 종말이 곧 역사적 종말이라고 알려주고 있습니다. 우리가 우리 관성계에서 경험하는 탄생과 죽음을 포함한 개인적 역사는, 사실 우리 우주의 역사를 포함한 전체 역사와 같다고 이야기합니다. 나의 탄생 전에 나는 이미 존재하고 있었으며,[52] 나의 죽음과 함께 우주의 역사도 끝날 것이라고 이야기합니다.[53]

모순처럼 보이지만, 이것은 사실입니다. 각 개인의 관성계에서 자신의 죽음을 맞이할 때, 그 개인은 우주의 시작과 천지창조를, 자신의 모든 인생을, 자신의 최후와 다른 사람의 최후를, 우리 주님의 재림을 한꺼번에 목격하게 될 것입니다.[54] 우리는 어떤 위기의 순간에 시간이 느리게 흐르면서 자신의 모든 삶이 **주마등(revolving lantern)**처럼 지나갔다는 경험을 듣습니다. 그러한 경험이 우리가 사실은 시간이 존재하지 않는 영원한 관성계의 존재라는 사실을 보여주는 한 예가 아닐까요?

자신이 아닌 다른 개인의 죽음을 목격하는, 아직 지구에 살고 있는 우리 관성계에서 우리 우주와 각 개인의 역사는 여전히 계속될 것입니다. 어떤 분들은 역사적 종말이 수년 안에 곧 올 것처럼 이야기합니다. 138억 년 걸려서 생명을 준비한 우주가 곧 불타 없어질 것이라는 사실은 무한한 우주를 생각할 때 너무 어처구니없어 보입니다. 어떤 분들은 지구의 종말이 우주의 종말이라고 생각합니다. 그렇지는 않은 것 같습니다. 전 우주적 규모에서 지구는

---

52) 에베소서 1장 4절
53) 마태복음 24장 34절
54) 사랑하는 가족과 사별을 경험한 사람들은 사랑하는 이와 천국에서 만날 날을 손꼽아 기다립니다. 그런데 우리가 만나기를 원하는 그 사랑하는 사람은 이미 천국에서 당신과 함께 지내고 있습니다. 그분이 있는 관성계에는 시간이 흐르지 않기 때문입니다. 이것이 사별 이후에도 우리가 씩씩하게 삶을 살아내야 하는 이유입니다. 사별을 경험한 분께 이 사실이 위로가 되었으면 좋겠습니다.

하나의 행성이며, 지금도 수많은 별들이 탄생하고 폭발하고 있습니다. 지구가 없어진다고 해서, 우주는 없어지지 않습니다.

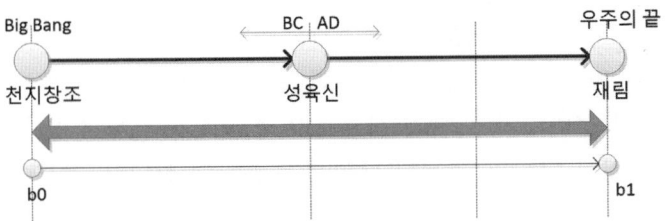

[그림 7-49] 각 개인이 우리 차원을 초월한 존재라면, 개인의 역사가 끝나는 날, 해당 개인은 모든 우주의 역사를 경험할 것입니다. 우주의 시간 속에서 b0시점에 태어나고, b1에서 개인적 종말을 경험한 사람은 자신이 사실은 천지창조 전부터 존재했다는 것을 알게 될 것이고, 우리 우주의 미래에 일어날 일도 모두 한순간에 경험하게 될 것입니다.

태양이 수명을 다하고, 지구가 수명을 다하는 먼 미래에 우리는 지구 외의 다른 행성을 개척하여, 우리 우주에서의 삶을 이어나가야 합니다. 안타깝게도 지금의 과학기술로는 방법이 없어 보입니다. 하지만 우리 인류는 결국 답을 찾아낼 것입니다.[55]

---

55) 우리는 이미 그 단계를 넘어섰을 수도 있습니다. 이곳 지구가 인류가 두 번째로 개척한 행성은 아닐까요?

● 설계(Design)

생명체의 세포를 구성하는 주요 구성물이 DNA입니다. 이 DNA를 자세히 살펴보면, 생명체는 설계자가 있다고 결론 내리는 것이 가장 합리적인 것 같습니다. 생명체의 DNA가 지금의 컴퓨터와 얼마나 유사한지 살펴보고, DNA가 진화로 우연히 만들어진 것이 아니라 설계된 것임을 변증하려 합니다.

컴퓨터가 정보를 표현하는 방법

소프트웨어의 설계의 결과는 이진코드(binary code)로 변환되어 컴퓨터의 메모리에 저장됩니다. 설계자에 의해 어떤 의도를 가진 이 소프트웨어는 컴퓨터의 메모리에 물리적으로 표현된 형태로 존재합니다. 컴퓨터가 정보를 표현하는 방법을 알아보기 위해서 진법(number notation)의 의미를 알아보도록 하겠습니다. 아래에 연속된 모양의 다음에 오는 모양은 무엇일까요?

○○○
○○△
○○□
○△○
○△△
○△□
○□○
○□△
○□□

△○○
(이곳에는 어떤 모양이 와야 할까요?)

위의 그림의 규칙은 동그라미(○), 세모(△)와 네모(□)가 반복된다는 것입니다. 가장 오른쪽 모양을 보면 ○ → △ → □의 순서로 반복되다가, 반복이 종료되면 왼쪽 앞칸에 같은 규칙을 적용하여 다음 모양으로 변합니다. 일관된 규칙을 적용하면 다음 모양은 다음과 같습니다.

△○△

동그라미(○), 세모(△), 네모(□)를 각각 0, 1, 2에 대응하면 다음과 같이 쓸 수 있습니다.

000
001
002
010
011
012
020
021
022
100

이렇게 3개의 모양을 사용하여 나타낸 수를 3진수라고 합니다. 우리가 사용하는 수는 10진수인데, 수를 나타내는데 10개의 모양을 사용하기 때문입니다. 수로 표현된 진수에서 각 자리의 숫자는 다르게 해석해야 합니다. 각 자리의 숫자는 가중치

(weight)를 가집니다. 예를 들면 삼진수 022는 가중치를 적용하면 다음과 같은 십진수 8과 같습니다.

$$0 \times 3^2 + 2 \times 3^1 + 2 \times 3^0 = 0+6+2 = 8_{(10)}$$

컴퓨터는 여러 가지 이유로 해서 이진수를 사용합니다. 그리고 0과 1의 두 개의 기호를 사용합니다. 이진수 수 0111은 십진수 7인데, 왜냐하면 다음과 같은 가중치를 가지기 때문입니다.

$$0111 = 0 \times 2^3 + 1 \times 2^2 + 1 \times 2^1 + 1 \times 2^0 = 7_{(10)}$$

컴퓨터로 표현한 이진수에서 이진수 한 자리를 비트(bit)라고 합니다. 비트는 정보의 최소 단위가 되며, 표현할 수 있는 정보의 개수는 2개입니다. 그러면 4비트로 표현할 수 있는 정보의 개수는 몇 개일까요? 각 비트가 2개의 정보를 나타낼 수 있으므로, 4비트로 표현할 수 있는 정보의 개수는 16가지입니다.

$$2 \times 2 \times 2 \times 2 = 2^4 = 16$$

최초의 개인용 컴퓨터는 중앙처리장치(CPU, Central Processing Unit)가 한꺼번에 처리하는 정보의 단위는 8비트였습니다. 그것을 8비트 컴퓨터라고 합니다. 이것은 컴퓨터가 표현할 수 있는 정보의 개수가 7비트로 표현하기에 충분했기 때문입니다. 7비트는 128가지의 서로 다른 정보를 표현할 수 있고, 이것은 알파벳 대소문자, 숫자, 특수한 기호들을 포함합니다. 7비트로 서로 다른 정보를 모두 표현할 수 있었음에도 불구하고 1비트가 추가된 이유는, 내부적인 연산처리 특성상 에러를 검사하기 위해서 1비트가 추가되었기 때문입니다. 컴퓨터의 성능이 좋아지면서, 16비트, 32비트 그리고 64비트 CPU와 운영체제(OS, operating system)

가 등장하는데, 8의 배수로 비트가 이루어지는 이유는 하위 호환성과 정보 표현의 유용성 때문입니다.

컴퓨터는 이진수를 사용하기 때문에, 단위(unit)를 표현하는 데에도 이진수를 사용합니다. 킬로(Kilo)는 1,000에 해당하지만 컴퓨터에서 사용하는 단위의 1K는 $2^{10}=1,024$입니다. 예를 들어서 1킬로바이트라고 하면 1,024바이트를 의미합니다. 컴퓨터가 사용하는 단위와 정보의 크기는 다음과 같습니다.

$$킬로(Kilo)=2^{10}=1,024$$
$$메가(Mega)=2^{20}=약 \ 백만$$
$$기가(Giga)=2^{30}=약 \ 10억$$
$$테라(Tera)=2^{40}=약 \ 1조$$
$$페타(Peta)=2^{50}=약 \ 천조$$

영문 성경 한 글자를 1바이트로 인코딩(encoding)했을 때, 성경 전체 약 2,000페이지는 약 3메가로 표현할 수 있습니다. 그러면 컴퓨터 파일의 크기가 30메가라고 하면, 성경책 10권에 해당하는 분량이라고 생각하면 될 것입니다.

사진수와 DNA

아래와 같은 이진수를 고려해 봅시다.

0111001010…

이러한 이진수 연속을 이진열(binary sequence)이라고 합니다.

이진열을 꼭 숫자로 해석할 필요는 없습니다. 이진열은 해석에 따라 어떤 문자가 되거나, 숫자가 되거나 혹은 다른 정보를 표현할 수 있습니다. 이진열이 정보를 표현한다는 것은 이진열의 일부가 어떤 경우는 숫자로, 어떤 경우는 다른 의도로 해석된다는 의미입니다.

이진수를 2의 지수(exponent)승에 해당하는 4진수, 8진수, 16진수로 바꾸는 것은 쉽습니다. 이진수를 사진수로 바꾸기 위해서는 2비트를 각각의 사진수로 변환하면 됩니다. 이진수 00, 01, 10과 11을 사진수 0, 1, 2와 3으로 대응하는 사진수로 가정하면 위의 이진열은 다음과 같은 사진수 열로 바꿀 수 있습니다.

$$13022\cdots$$

이제 이진수에 대응하는 사진수 심벌을 다음과 같이 가정해 봅시다.

$$00 \to A$$
$$01 \to T$$
$$10 \to C$$
$$11 \to G$$

그러면 이진수 0111001010…에 해당하는 사진수는 다음과 같습니다.

$$TGACC\cdots$$

이렇게 이진열을 사진열로 가정하는 이유는 우리가 살펴볼 최종 목표를 위해서입니다. 우리 몸을 이루는 몸의 모든 세포(cell)

에는 염색체(chromosome)가 있으며, 염색체는 DNA라는 염기서열(Nucleic Sequence)을 가집니다. DNA를 구성하는 네 종류의 염기는 각각을 A, T, C와 G라고 부르는데, 이것을 이진수 00, 01, 10과 11에 대응하면 DNA는 컴퓨터가 표현하는 이진열로 표현할 수 있습니다.

컴퓨터의 이진열이 어떤 정보를 가집니다. 마찬가지로 DNA의 사진열(염기base서열)은 어떤 정보를 가집니다. 이제 우리는 이 두 가지가 얼마나 놀랍도록 유사한지 살펴보려고 합니다.

컴퓨터의 구조

우리의 주위에는 무수히 많은 컴퓨터가 있습니다. 냉장고에도 컴퓨터가 있고, 스마트폰 안에도 컴퓨터가 있습니다. 디지털 도어록(door lock) 안에도 컴퓨터가 있고, 자동차의 핵심 부품도 컴퓨터입니다.

[그림 7-50]은 일반적인 개인용 컴퓨터의 메인보드입니다. 여러 가지 부품으로 이루어져 있지만, 핵심적인 부품은 CPU와 메모리입니다. CPU는 메모리에 담긴 이진열을 읽어 와서 해석하는 장치입니다. 메모리는 CPU가 해석하는 이진열 정보를 담고 있는 장치입니다.

[그림 7-50] 컴퓨터 메인보드: 메인보드에는 중앙처리장치 CPU와 메모리를 장착하기 위한 슬럿(slot)이 있습니다.

컴퓨터가 운용되고 있을 때, 의미 있는 이진열은 메모리에 존재합니다. 이러한 이진열은 아무렇게나 구성된 것이 아니라, 프로그램을 설계한 사람의 의도에 맞게 정확한 정보로 구성되어 있습니다. [그림 7-51]은 메모리 슬럿에 장착된 메모리 카드 모습입니다. 메모리에는 이진열이 전기신호 형태로 담겨 있게 됩니다.

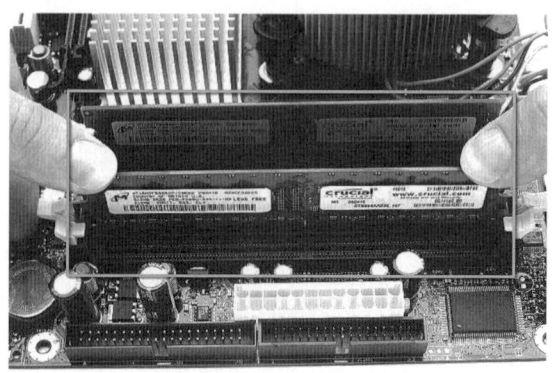

[그림 7-51] PC 메모리 카드: 메모리 카드는 이진열을 전기적인 형태로 가집니다.

컴퓨터가 운영되고 있을 때, 프로그램 설계자가 의도한 소프트웨어 구조물(software architecture)을 어디서 발견할 수 있을까요? 우리는 어디서도 소프트웨어 구조물을 발견할 수 없습니다. 메모리에서 소프트웨어 구조물을 이루는 이진열 정보를 발견할 수 있을 뿐입니다.

이진열 자체가 소프트웨어 구조물은 아닙니다. 소프트웨어 구조물은 이진열 자체가 아니라, 이진열로 표현된 설계자의 의도입니다. 사랑(love)을 어떤 특정한 행위로 정의할 수 없듯이, 소프트웨어 구조물은 분명히 메모리에 이진열로 표현되지만, 이진열 자체로 정의할 수 없습니다. 소프트웨어 구조물은 물질을 통해 표현되는 추상적인 개념입니다.

저는 동물에게도 이것이 있다고 말하고 싶습니다. 동물의 DNA열은 분명히 동물을 특성 짓는 어떤 의도가 표현되어 있습니다. 동물의 DNA로 표현되는 이러한 "동물 특성 의도"를 무엇이라고 불러야 할까요? 저는 그것을 이 책에서 '혼(soul)'이라고 부르도록 하겠습니다. 컴퓨터에는 하드웨어와 소프트웨어가 있듯이, 동물에게는 물질과 혼이 있다는 개념을 이렇게 이해하는 것이 바람직하다고 생각합니다. 이러한 정의에서, '혼'은 어떤 초자연적(super natural)인 상태를 말하는 것이 아니라, 물질로 표현되는 추상적인 개념이므로 과학의 범주에 속하는 것입니다.

소프트웨어 설계 의도를 구성하고, 이를 이진열로 변환하는 과정을 자세히 살펴보기 전에 세포의 구조에 대해서 살펴보도록 하겠습니다.

세포의 구조

동물의 몸은 세포로 구성되어 있습니다. 세포는 크게 세포핵(nucleus)과 세포질(protoplasm)로 구성되어 있습니다. 모든 세포의 세포핵에는 부모로부터 23개씩 물려받은 46개의 염색체(chromosome)가 있습니다. 그리고 이 염색체를 이루는 주요 구성물이 DNA(deoxyribonucleic acid)입니다.

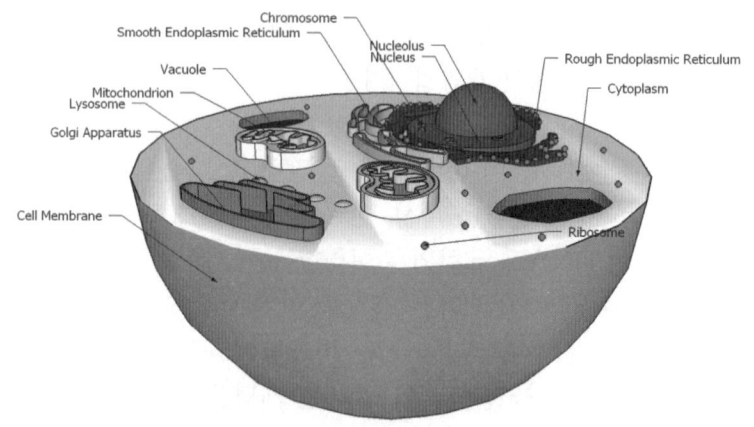

[그림 7-52] 세포: 세포에 있는 세포핵의 내부에는 46개의 염색체가 있습니다. 염색체의 주요 구성물은 DNA입니다.

세포의 DNA는 단백질(protein)을 생성하고, 단백질은 세포를 만듭니다. 각 세포는 조직(tissue)을 이루고, 조직은 심장(heart), 간(liver) 같은 각 기관(organ)을 이루고, 기관이 모여서 신체(body)를 이룹니다. 세포의 DNA는 이렇게 각 세포가 어떤 단백질을 생성해야 하며, 단백질이 어떻게 각 기관에 필요한 조직을 이루고, 조직이 기관을 생성하고, 기관이 어떻게 배치되어 신체를 이루는지에 대한 정보를 가지고 있습니다.

[그림 7-53]은 DNA의 일부를 나타낸 그림입니다. DNA는 4가지 염기 화학물질로 이루어져 있는데, 각각을 A, T, C와 G 라고 부릅니다. 그런데 A는 반드시 T와 짝을 이루고, C는 반드시 G와 짝을 이루어서 긴 나선 모양으로 구성되어 있습니다. 이런 나선형 DNA의 정보의 크기는 30억 염기쌍 정도입니다.

30억 염기쌍을 컴퓨터 정보의 단위로 표현하면, 약 843메가 바이트(Mega Byte)에 해당합니다. 각 염기쌍을 2비트로 표현할 수 있으므로, 30억은 70억 비트에 해당합니다. 이것을 8로 나누면 바이트에 해당하고, 다시 1024로 나누면 킬로, 다시 1024로 나누면 메가에 해당하는 값을 얻을 수 있습니다.

$$7,000,000,000 / 8 / 1024 / 1024 = 834.46$$

그러므로 각 세포는 약 834메가에 해당하는 운영정보를 가진 운영체제(OS, operating system)로 이루어진 컴퓨터라고 가정할 수 있습니다. 데스크탑 컴퓨터 운영체제인 윈도우7(Windows7)의 코어(core)의 크기를 약 4메가로 가정하면(리소스 메모리를 제외해야 하므로, 코어의 크기는 훨씬 더 작을 것이라 여겨집니다), 각 DNA는 산술적으로 윈도우7보다 약 200배 정도 더 크거나 복잡한 컴퓨터로 가정할 수 있습니다. 이것을 DNA OS(operating system)라고 부른다고 가정합시다. DNA OS는 윈도우7보다 200배 복잡합니다.

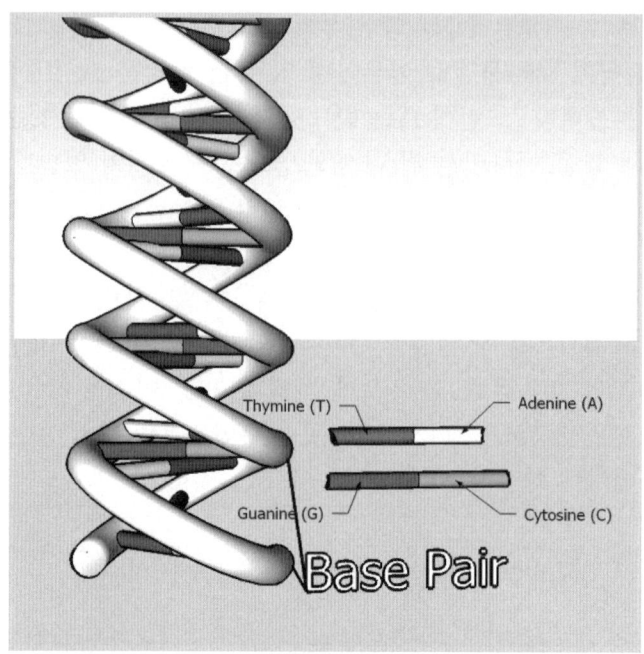

[그림 7-53] DNA: DNA를 이루는 의미 있는 부분열(partial sequence)을 유전자(gene)라고 합니다. 유전자는 단백질을 합성하는 정보로 사용됩니다.

DNA에서 어떤 부분열(sub sequence)은 단백질을 합성하는 정보를 가지는데, 이렇게 의미 있는 부분열을 유전자(gene)라고 합니다. DNA에서 유전자에 해당하는 부분은 2% 정도이며, 나머지 98%에 대해서는 처음에는 필요 없는 부분(junk DNA)이라고 알려졌으나, 최근에는 다른 의미를 가진다고 해석하고 있습니다.

우리 몸에는 약 50조 개의 세포가 있습니다. 그러므로 우리 몸은 DNA OS를 가지는 컴퓨터가 약 5테라바이트 병렬(parallel)로 연결된 거대한 컴퓨터라고 가정할 수 있습니다.

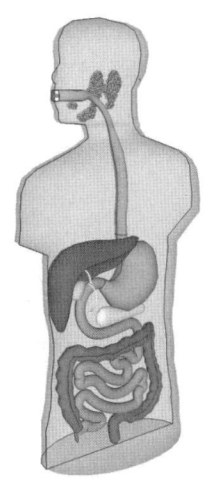

[그림 7-54] 몸(body): 세포는 조직을 이루고, 조직은 기관을 이룹니다. 기관이 모여서 우리 몸을 이룹니다.

모든 세포가 같은 DNA를 가지고 있지만, 어떻게 간(liver) 세포는 간을 만들고, 위장(stomach) 세포는 위장을 만들까요? 그것은 DNA를 둘러싼 세포 환경이 DNA에게 각각 자신에게 필요한 정보만을 전달하기 때문인데, 이러한 역할에 대한 정의도 DNA가 가지고 있습니다.

예를 들면, 세포 핵을 벗어난 DNA의 일부인 RNA를 해석해서, 단백질을 합성하는 장치인 리보좀(ribosome)이 세포 내부에 존재하는데, 이 리보좀을 생성하는 정보 역시 DNA가 가지고 있습니다. 즉 DNA 정보를 이용해서 DNA의 일부를 해석할 기관들을 만들고, 이 기관이 DNA의 유전자를 해석합니다. 즉 완전히 자기 스스로 동작하는 컴퓨터인 셈입니다.

더욱 놀라운 것은 50조 개의 DNA OS가 연결된 최종 결과물이 또한 완벽한 컴퓨터 구조를 만들어 낸다는 것입니다. 즉 어떤 세포는 뇌를 만들어 냅니다. 이것은 동물이라는 컴퓨터의 중앙처리장치에 해당하는 부분입니다. 어떤 부분은 기억세포를 만들어 냅니다. 이것은 동물이라는 컴퓨터의 메모리에 해당하는 부분입니다. 즉 DNA OS, 즉 세포는 컴퓨터를 만들어 내는 컴퓨터라고 생각할 수 있습니다. 이것을 메타(meta) 컴퓨터라고 부르도록 합시다.

동물의 몸은 50조 개의 메타 컴퓨터가 병렬로 연결된 구조입니다. 처음에는 단 한 개의 메타 컴퓨터로 시작하지만 분열을 거듭하면서 이 메타 컴퓨터는 동물이라는 컴퓨터를 완벽하게 만들어 냅니다.

유전자 조작

유전자의 의미와 유전자를 조작하는 방법을 설명하기 위해서 PC에서 실행되는 간단한 응용 프로그램(application program)을 만들어 보겠습니다. 이 앱(app)은 화면에 "Hello WithChurch"를 초록색(green)으로 출력합니다.

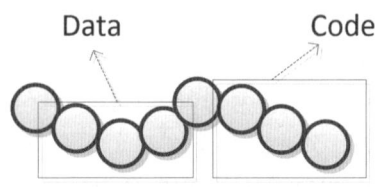

DNA(DeoxyriboNucleic Acid)

[그림 7-55] CRISPR 유전자 조작은 유전자에서 데이터에 해당하는 부분을 조작하는 것을 말합니다.[56]

---

56) CRISPR, https://en.wikipedia.org/wiki/CRISPR_gene_editing

프로그래밍 언어(programming language)는 C++을 사용했으며, 컴파일러(compiler)는 마이크로소프트 비주얼 스튜디오 2010(Microsoft Visual Studio 2010)을 사용했습니다. 앱 제작자의 의도는 화면에 초록색 문자열(string)을 출력하는 것입니다. 이러한 의도를 구현하는 도구가 프로그래밍 언어입니다. [그림 7-56]은 앱의 소스 코드(source code)입니다.

[그림 7-56] 프로그래밍 언어: 프로그래밍 언어는 크게 데이터와 코드로 구분된 소스 코드를 가집니다.

개발자의 의도를 프로그래밍 언어로 표현했을 때, 프로그래밍 언어의 표현은 크게 두 부분으로 나누어집니다. 하나는 데이터(data)라고 하는데, 대상(object)의 정적인(static) 특성을 결정짓는 부분을 의미합니다. 예로 구현한 앱에서는 Hello WithChurch 문자열 자체, 혹은 문자열의 색을 결정하는 부분은 데이터입니다. 또 다른 부분은 코드(code)라고 합니다. 코드는 개발자의 의도를 표현하는 동적인(dynamic) 부분입니다. 예로 구현한 앱에서는 문자열을 출력하는 부분 등입니다.

어떤 소스 코드는 정적인 부분과 동적인 부분이 긴밀하게 연관되어 있어서 엄격하게 분리하는 것 자체가 불가능하기도 합니다. [그림 7-56]의 프로그램 소스 코드에서 데이터로 구분된 네모에서 dwColor는 문자열의 색을 결정하는 데이터입니다. 코드로 구분된 네모는 이 정보를 이용해서 실제로 문자열을 출력하는 소스 코드입니다.

이렇게 작성된 프로그램 소스 코드는 컴퓨터가 이해할 수 있는 기계어로 번역하는 과정이 필요합니다. 이런 도구를 컴파일러라고 합니다. 이제 컴파일러를 사용해서 실제로 운영되는 앱을 생성하면 이 앱은 0과 1로 이루어진 이진열로 구성됩니다. 이 이진열은 메모리에 로드되어 개발자의 의도대로 동작하게 됩니다.

이 이진열을 실제로 한번 살펴보도록 하겠습니다. [그림 7-57]은 방금 구현한 앱의 이진열을 16진수로 나타낸 일부입니다.

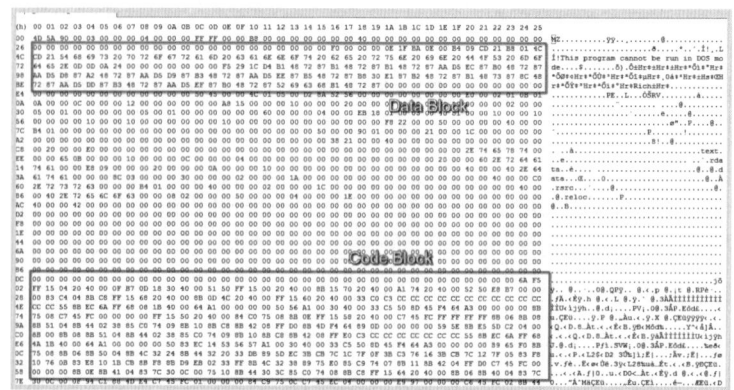

[그림 7-57] 앱의 이진열: 이진열의 일부는 데이터를 나타냅니다. 이진열의 또 다른 일부는 코드를 나타냅니다. 어떤 이진열은 이러한 부분들이 얽혀져 있습니다.

이진열로 변환된 앱에서 일부 이진열은 데이터를 나타내는 블록(block)입니다. 일부 이진열은 코드를 나타내는 블록입니다. 설계에 따라서 데이터 블록은 이진열의 곳곳에 흩어져서 존재합니다. 앱의 실행화면은 [그림 7-58]과 같습니다. 화면에 초록색으로 "Hello WithChurch"를 출력합니다.

[그림 7-58] 앱의 실행: 화면에 초록색 문자열을 출력합니다.

이제 이 이진열에서 글자의 색을 설정하는 이진열을 찾아서 그 부분을 조작한다면 어떻게 되는지 살펴보겠습니다.

이진열 데이터 조작

이진열에서 글자의 색을 결정하는 부분을 어떻게 찾을 수 있을까요? 이것은 아주 어렵습니다. 하지만 소스 코드를 가진 개발자의 입장에서는 기계어로 번역되는 과정의 정보를 알 수 있으므로, 비교적 쉽게 이 부분을 찾을 수 있습니다. 이 부분을 찾을 수 있는 이유는 이진열이 의미하는 원래 정보를 모두 파악할 수 있기 때문입니다.

예로 만든 앱에서 이 부분의 상대위치는 16진수로 00001A17에 해당하는 8비트 부분입니다. 이 부분을 조작하면, 글자의 색을 바꾸는 것이 가능합니다.

```
0000194B  72 65 73 65 6E 74 00 CA 00 44 65
00001964  51 75 65 72 79 50 65 72 66 6F 72
0000197D  02 47 65 74 54 69 63 6B 43 6F 75
00001996  6E 74 54 68 72 65 61 64 49 64 00
000019AF  72 6F 63 65 73 73 49 64 00 79 02
000019C8  73 46 69 6C 65 54 69 6D 65 00 3A
000019E1  64 6C 65 72 33 00 00 00 00 00 00
000019FA  00 00 00 00 00 00 4E E6 40 BB B1
00001A13  FF 01 00 00 00 0A 00 00 00 00 00
00001A2C  00 00 00 00 00 00 00 00 00 00 00
00001A45  00 00 00 00 00 00 00 00 00 00 00
00001A5E  00 00 00 00 00 00 00 00 00 00 00
00001A77  00 00 00 00 00 00 00 00 00 00 00
```

[그림 7-59] 글자의 색을 표현하는 이진열의 위치

원래 이진열은 00001010(16진수0A)입니다. 이 값을 00001110으로 바꾸면 글자색은 노란색으로 바뀌게 됩니다.

```
0000194B  72 65 73 65 6E 74 00 CA 00 44 65
00001964  51 75 65 72 79 50 65 72 66 6F 72
0000197D  02 47 65 74 54 69 63 6B 43 6F 75
00001996  6E 74 54 68 72 65 61 64 49 64 00
000019AF  72 6F 63 65 73 73 49 64 00 79 02
000019C8  73 46 69 6C 65 54 69 6D 65 00 3A
000019E1  64 6C 65 72 33 00 00 00 00 00 00
000019FA  00 00 00 00 00 00 4E E6 40 BB B1
00001A13  FF 01 00 00 00 0E 00 00 00 00 00
00001A2C  00 00 00 00 00 00 00 00 00 00 00
00001A45  00 00 00 00 00 00 00 00 00 00 00
00001A5E  00 00 00 00 00 00 00 00 00 00 00
00001A77  00 00 00 00 00 00 00 00 00 00 00
```

[그림 7-60] 글자의 색을 표현하는 이진열을 00001110(16진수0E)으로 바꾸면 글자색이 바뀌게 됩니다.

원래 값 0A를 0E로 바꾸어서 앱을 실행하면 다음과 같은 결과 화면을 볼 수 있습니다.

[그림 7-61] 이진열 조작: 앱을 구성하는 의미 있는 이진열을 조작하면 프로그램의 동작을 바꿀 수 있습니다. 그림에 명확하게 표현되지 않았지만 글자 색이 원래 초록색에서 노란색으로 바뀌었습니다.

이제 문자열은 노란색으로 출력됩니다. DNA에서 이처럼 의미 있는 데이터 이진열을 유전자(gene)라고 합니다. 유전자는 시작과 끝을 나타내는 특별한 열로 DNA에 존재하게 됩니다. 앱의 이진열을 바꾸면 특성을 바꿀 수 있듯이, DNA의 유전자를 조작하면, 개체의 특성을 조작하는 것이 가능합니다.

이 앱의 크기는 8,704바이트입니다. 개발자가 프로그램을 개발하지 않고, 랜덤값을 발생하여 이 간단한 프로그램을 우연하게 생성할 확률은 다음과 같습니다. 물론 랜덤하게 값을 발생하여, 파일을 생성하고 실행해서 의미가 있다고 판단하는 부분은 개발자가 개발해 주어야 합니다.

$$2^{8 \times 8704} \approx 10^{34816}$$

우주의 나이가 10^{18}초 정도이니, 이 프로그램을 우연하게 생성하려는 시도는 하지 않는 게 좋습니다.

이진열 코드 조작

 이제 이진열을 조작하여 문자열의 색이 아니라, 문자열을 10번 출력하도록 변경할 수 있을까요? 지금 앱에서는 거의 불가능합니다. 왜냐하면 처음 설계자의 의도에 그러한 설계의도가 포함되어 있지 않았기 때문입니다. 하지만 처음 앱을 설계할 때, 다음과 같은 for-문장을 사용했다면, 그러한 조작이 가능합니다.

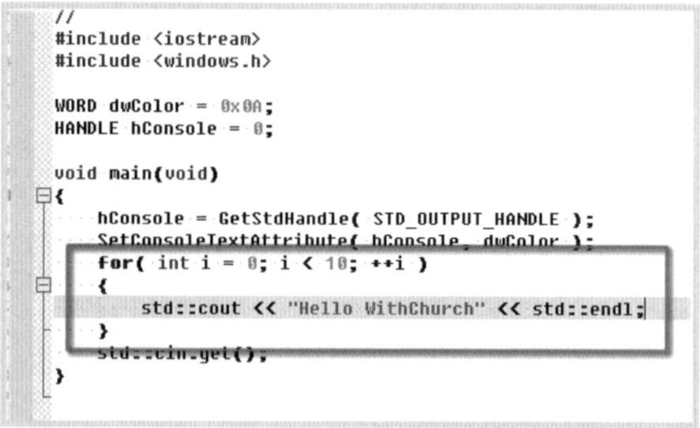

```cpp
//
#include <iostream>
#include <windows.h>

WORD dwColor = 0x0A;
HANDLE hConsole = 0;

void main(void)
{
    hConsole = GetStdHandle( STD_OUTPUT_HANDLE );
    SetConsoleTextAttribute( hConsole, dwColor );
    for( int i = 0; i < 10; ++i )
    {
        std::cout << "Hello WithChurch" << std::endl;
    }
    std::cin.get();
}
```

[그림 7-62] for-문장으로 문자열을 여러 번 출력: 처음 의도에 여러 번 출력하려는 의도가 있었다면, 이진열 조작으로 문자열의 출력 횟수를 조작할 수 있습니다.

 for-문장은 어떤 작업을 반복적으로 실행하라는 지시입니다. 원래 의도에 이러한 코드가 포함되어 있었다면, 이진열 조작으로 문자열의 출력 횟수를 조작하는 것이 가능합니다. 이 경우 어떤 이진열을 고쳐야 할까요? 답은 경우에 따라 다르다는 것입니다. 분명히 어떤 규칙은 존재합니다. 하지만 어떤 이진열 한 곳을 고치는 것으로는 거의 불가능합니다. 제어(control)하는 코드가 이진열의 형태로 여러 곳에 흩어져 존재하기 때문입니다.

 DNA를 해석할 때 유전자를 제외한 나머지 부분은 아마도 코드에 해당하는 정보를 담고 있을 것입니다. 실제로 DNA의 어떤 여러 곳을 조작하면 단백질 합성의 횟수가 조정된다는 결과가 있습니다. 하지만 정확하게 어떤 내부 정보가 있는지 파악하는 것은 거의 완전히 백지 상태입니다. 인간의 기술로 이것이 가능할까요?

우연히 만들어진 DNA OS

우리는 DNA열이 우연히 만들어진 것인지, 설계자가 있는 것인지 질문해 볼 필요가 있습니다. 아주 중요한 질문이라고 생각합니다. 우리가 흔히 우연을 가정할 때 다음과 같이 생각합니다.

"ATAC가 생기고 우연히 ATAC 다음에 G가 붙어서 ATACG가 생기고…"

하지만 세포가 제대로 동작하기 위해서는 이렇게 점진적으로 하나씩 염기가 늘어나는 것이 아니라, 어느 한순간 동시에 모든 DNA가 구성되어야 합니다. 즉 볼펜이 제대로 우연히 만들어지기 위해서는 어느 순간 잉크가 생기고, 다음에 볼(ball)이 생기고 이렇게 되어야 하는 것이 아니라, 어느 순간 동시에 볼펜을 구성하는 모든 것이 구성되어야 한다는 의미입니다. 생명체에 존재하는 이러한 환원 불가능한 복잡성이 우연한 진화의 결과일까요?

소프트웨어 개발자에게 DNA가 우연히 조합되었다고 생각하는 것은 완전히 불가능해 보입니다. 그것은 윈도우7 운영체제보다 최소 200배 이상 복잡한 소프트웨어가 우연히 만들어졌다고 믿는 것인데, 그것은 불가능한 일이기 때문입니다.

요약 및 DNA 해석 방향

흔히들 DNA를 인체의 설계도라고 이야기합니다. 하지만 DNA는 설계도라고 하기보다는 설계의 구현(implementation)입니다. 이제까지의 설명을 요약하고, DNA의 코드 부분을 해석하는 방향을 정리하면 다음과 같습니다.

* A, T, G와 C를 각각 00, 01, 10과 11에 매핑(mapping)하면, DNA는 이진열(binary sequence)이다.
* 2조~100조 개의 각 세포마다 DNA를 가진다.
* 세포 하나에 들어 있는 DNA에는 30억 개의 염기(base)가 있다.
* 그러므로 인체는 약 800Mega 코드 메모리의 CPU를 50조 개 병렬로 연결한 병렬 컴퓨터의 구조와 유사하다. 특이한 점은 모두 같은 내용을 가지는 각 CPU의 위치에 따라 수행되는 코드가 달라지는 병렬 컴퓨터라는 점이다.
* DNA의 완벽한 해석을 위해서는 데이터 블록뿐만 아니라 코드 블록(code block)을 찾아낼 필요가 있다.
* 컴퓨터의 이진 코드(binary code)를 언어셈블(unassemble)하듯이, DNA를 2진수라 가정하고 언어셈블하면 다음과 같은 정보가 있다고 가정할 수 있다.
  - 어떤 이진열(binary sequence)은 정보의 시작을 나타낸다.
  - 어떤 이진열은 정보의 끝을 나타낸다.
  - 이진열은 어떤 정보는 데이터(data)를, 어떤 정보는 코드(code)를 의미한다.
  - 이진열은 코드를 생성하는 코드를 포함할 수 있다.
  - 어떤 정보는 데이터가 아니라 데이터가 있는 곳을 가리키는 값(address)일 수 있다.

- 어떤 정보는 시작과 끝이 아니라, 정보의 시작과 길이를 가지고, 이어지는 길이만큼의 DNA에 의미 있는 정보가 담겨 있을 수 있다.
- 어떤 정보는 코드 DNA가 변조(modification)되는 것을 방지하기 위해 체크섬(checksum)을 포함할 수 있다. 체크섬은 정보가 정확하다는 것을 보장하는 DNA열이다.
- 어떤 정보는 다른 생명체의 DNA와 혼합되었을 때, DNA의 혼합을 방지하기 위해 암호화(encoding)되었을 가능성이 있다.
- 암호화된 DNA가 있다면, 복호화(decoding)를 위한 DNA 코드가 존재할 것이다.

동물과 구분할 수 없는 로봇을 만드는 것이 가능한가?

DNA의 AT와 GC는 분명히 물질에 존재하지만 설계 의도를 가진 의미 있는 소프트웨어 구조를 혼(soul)이라 부를 수 있습니다. 그런 의미에서 동물이 물질과 혼을 가지고 있다면, 사람은 동물과 거의 같거나 똑같은 로봇(robot)을 만드는 것이 가능합니다. 왜냐하면 로봇에는 물질이 존재하고, 로봇의 컴퓨터에는 소프트웨어 구조가 존재하기 때문입니다.

[그림 7-63] 사람은 동물과 구분할 수 없는 로봇을 만들 수 있을까요?

이 질문을 다음과 같이 사람에게 적용할 수 있습니다.

"사람은, 사람과 구분할 수 없는 로봇을 만드는 것이 가능한가?"

성경은 사람에게는 혼과 구분되는 하나님의 영(Spirit)이 있다고 이야기합니다. 그리고 이 영은 하나님께서 코에 생기를 불어넣는 방식으로 사람에게 존재하게 된 것이므로, 과학적인 방법으로 측정하거나 파악될 수 없는 초자연적(super natural)인 것일 것입니다. 사람은 사람과 구분할 수 없는 로봇을 만드는 것이 불가능합니다. 물론, 아주 헷갈리는 어떤 물체는 만들 수 있을 것입니다. 가치관에 혼동이 생기는 상황이 발생하게 되겠지요. 하지만 사람은 영혼을 만들 수 없습니다.

외계 생명체는 존재하는가?

지구의 생명이 하나님께서 창조한 것이라면 외계인은 존재하지 않습니다. 물론 하나님께서 지구 외의 다른 행성에 생명을 창조했을 가능성이 있습니다. 하지만 다른 행성도 지구와 같은 시간을 가지는 우리 우주에 속한 곳입니다. 그러면 성경의 예수님의 초림과 재림은 그 행성에도 적용되어야 합니다. 하지만 예수님이 여러 행성에 각각 임했다는 기록은 성경에 없습니다. 그리고 성경의 창세기는 지구의 에덴동산에 사람을 만들었다고 기록하고 있습니다.

물론 A를 만들었다는 기록이, B를 만들지 않았다는 것을 말해주는 것은 아닙니다. 성경에서 언급하는 천사와 같은 창조물에 대한 창조 기록이 없다는 것으로 다른 행성에 생명을 만들었을 가능성을 얘기하기도 합니다. 하지만 천사는 분명히 성경에서 언급하고 있습니다. 그러므로 창조에서 언급되지 않은 외계인은 존재하지 않는다고 결론 내리는 것입니다.

하지만 가끔 목격되었다고 주장하는 UFO(unidentified flying object)에 대해서는 어떻게 생각해야 할까요? UFO의 존재가 외계 생명체의 존재를 증명하는 것이 아닐까요? 아닙니다. 그것은 다음 중 한 가지에 해당할 것입니다.

1. 시간 여행이 가능해진 우리 인류일 것입니다.
2. 아직 밝혀지지 않은 과학적 현상일 것입니다.
3. 영의 세계(초자연)에서 일어나는 자연스러운 현상이, 법칙대로 자연에 변환(transformation)된 것입니다.

● 물질의 이중성

우리는 5장에서 복소평면에 위치한 두 복소수의 거리를 구하기 위해 복소수의 내적을 정의했습니다. 유클리드 공간에서 내적이 거리의 제곱을 나타내듯이, 복소수의 내적도 거리의 제곱을 나타냅니다. 다음의 식은 이차원 유클리드 공간에서 내적의 정의입니다.

$$\vec{v} \cdot \vec{w} = (a, b) \cdot (c, d) = ac + bd$$

내적의 정의를 이용하면, 유클리드 공간의 벡터 $\vec{v}$의 길이의 제곱을 다음과 같이 구할 수 있습니다.

$$\vec{v} \cdot \vec{v} = a^2 + b^2 = |\vec{v}|^2$$

이제 $\vec{v}$를 복소평면의 복소수 $v = a + bi$라고 가정해 봅시다. 그러면 복소평면의 원점과 복소수가 이루는 거리를 구하기 위해서는 켤레 복소수 $v^* = a - bi$와 복소수를 곱해야 하는데, 이것을 복소수의 내적으로 정의할 수 있습니다.

$$v^* v = (a - bi)(a + bi) = a^2 - b^2 i^2 = a^2 + b^2$$

우리는 이 개념을 복소 벡터공간(Complex vector space)의 두 점 사이의 거리를 구하기 위해 사용할 수 있습니다. 벡터의 모든 요소가 복소수인 n차원 복소 벡터 $\vec{\phi}$(phi, 파이 혹은 피)를 고려해 봅시다.

$$\vec{\emptyset} = \begin{bmatrix} \emptyset_0 \\ \emptyset_1 \\ \emptyset_2 \\ \cdots \\ \emptyset_{n-1} \end{bmatrix}$$

이 공간에서 벡터 $\vec{\emptyset}$가 의미하는 거리를 구하기 위해서는, 벡터의 각 요소에 내적을 취하고, 벡터 $\vec{\emptyset}$ 전체에 대해서도 내적을 취해 주어야 합니다. 그것을 다음과 같은 행렬과 행렬의 곱으로 나타낼 수 있습니다.

$$[\emptyset_0^*, \emptyset_1^*, \emptyset_2^*, \cdots, \emptyset_{n-1}^*] \begin{bmatrix} \emptyset_0 \\ \emptyset_1 \\ \emptyset_2 \\ \cdots \\ \emptyset_{n-1} \end{bmatrix}$$
$$= |\emptyset_0|^2 + |\emptyset_1|^2 + |\emptyset_2|^2 + \cdots + |\emptyset_{n-1}|^2$$

벡터 $\vec{\emptyset}$는 일반적인 유클리드 공간의 벡터가 아닙니다. $\emptyset$에 대해 무한에 대한 직관을 사용하여, 요소의 개수에 제한이 없고, 인접한 요소 값이 불연속인 제한도 없다고 가정한 특별한 벡터공간을 생각해 볼 수 있습니다. $\emptyset_i$에 해당하는 축을 $\vec{e_i}$라고 가정하고, 벡터의 각 요소 i를 x축상에 표시하고, 각 $\vec{e_i}$축을 y축과 평행하도록 그리면, [그림 7-63b]와 같이 그릴 수 있습니다.

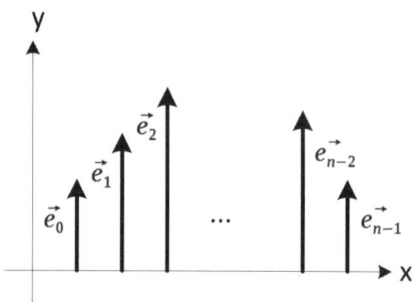

[그림 7-63b] 그림에서는 n개의 축이 존재하는데, x의 범위를 $-\infty < x < +\infty$로 가정하면 무한개의 축을 가정해 볼 수 있습니다. 이렇게 무한개의 축을 가지고, 각 축이 단위로 복소수를 쓰면서, 추가적인 특징을 가지는 공간을 힐베르트 공간이라고 합니다.

그림에서는 n개의 $\vec{e_i}$축을 나타내었지만, 무한에 대한 직관을 사용하여 축과 축 사이에 빈 공간이 없다고 가정해 볼 수 있습니다. 그러면 x의 범위 $-\infty < x < +\infty$에 대해 무한개의 축이 존재하는 공간을 생각해 볼 수 있습니다. 그리고 각 축은 단위 길이로 실수가 아닌 복소수를 사용합니다. 이러한 바탕으로 몇 가지 제약이 부과된 공간을 **힐베르트 공간**(Hilbert space)이라고 하며 다음과 같이 특별한 기호를 사용하여 나타냅니다.

$$|\emptyset> = \begin{bmatrix} \emptyset_0 \\ \emptyset_1 \\ \emptyset_2 \\ \cdots \\ \emptyset_{n-1} \end{bmatrix}$$

위 식에서 $|\emptyset>$ 부분을 **켓 벡터**(ket vector)라고 합니다. 힐베르트 공간에서 벡터 $\emptyset$의 길이를 구하기 위해서는 모든 요소에 대해서 켤레 복소수를 취하고, 그 행렬의 전치 행렬을 구성해서 $|\emptyset>$와 곱해 주어야 합니다. 모든 요소에 대해 켤레 복소수를 취한 전치 행렬을 다음과 같이 나타낼 수 있습니다.

$$<\emptyset| = [\emptyset_0^*, \emptyset_1^*, \emptyset_2^*, \cdots, \emptyset_{n-1}^*]$$

위 식에서 $<\emptyset|$ 부분을 **브라 벡터**(bra vector)라고 합니다. 그러면 힐베르트 공간에서 $\emptyset$의 길이는 다음과 같이 브라 벡터와 켓 벡터의 곱으로 나타낼 수 있는 것을 알 수 있습니다.

$$<\emptyset|\emptyset> = [\emptyset_0^*, \emptyset_1^*, \emptyset_2^*, \cdots, \emptyset_{n-1}^*] \begin{bmatrix} \emptyset_0 \\ \emptyset_1 \\ \emptyset_2 \\ \cdots \\ \emptyset_{n-1} \end{bmatrix}$$

브라켓 기호는 양자역학에서 물질의 상태를 기술하는 방정식인 슈레딩거 방정식에 나타납니다.

이 책에서 양자역학의 수학적인 내용은 다루지 못합니다. 하지만 양자역학의 기본적인 개념과 확률에 대한 이해는 필요하다고 생각합니다.

$$i\hbar \frac{d}{dt} |\Psi(t)> = \hat{H} |\Psi(t)>$$ (식 7-61, 슈레딩거 방정식)

슈레딩거 방정식(Schrödinger equation)은 양자역학(Quantum mechanics)적 관점에서 물질의 상태를 기술하는 방정식입니다. 빛이나 전자(electron) 등의 입자들이, 입자(particle)이기도 하면서 파동(wave)이기도 한 입자의 이중성을 기술하는 식입니다. 지금 이 책에서 언급한 정도의 지식만으로 위 함수를 이해해 보도록 하겠습니다.

(식 7-61)에서 i는 허수이고, $\hbar$는 플랑크 상수(Planck constant)입니다. $\frac{d}{dt}$는 t에 대한 미분을 의미합니다. 파동함수 Ψ(psi, 프

사이)는 시간 t에 대해 파동의 성질을 리턴하는 함수입니다. 코펜하겐 해석에 따르면, 파동함수의 절댓값의 제곱이 입자가 주어진 위치에 존재할 확률[57]이라고 합니다. $|\Psi(t)>$는 시간 t시점에서 파동의 성질을 힐베르트 공간에서 무한요소의 벡터로 나타낸 것을 의미합니다. $\hat{H}$는 해밀턴 연산자(Hamiltonian operator)라고 하는데, $\hat{H}|\Psi(t)>$ 힐베르트 공간의 벡터에 대해서 특별한 연산을 취한 것을 의미합니다.

빛에 대한 연구가 시작되고 나서, 빛이 입자인지 파동인지에 대한 논쟁이 있었습니다. (질문 7-62)를 고려해 봅시다.

빛이 입자인가? 파동인가? (질문 7-62)

질문이 제기되었을 때, 입자와 파동은 전혀 다른 물리적 대상이었기 때문에 물리학자들은 (질문 7-62)에 대해서 Yes 혹은 No의 대답을 찾으려는 많은 연구를 했습니다.[58] 하지만 놀랍게도 정답은 "질문이 틀렸다"는 것입니다. 빛은 입자이면서 동시에 파동이기 때문입니다. 토마스 영(Thomas Young)의 **이중 슬릿**(double slit) 실험은 잘 알려져 있습니다.[59] 길게 구멍을 두 개 만들어, 그곳으로 전자총(electron beam gun)에서 전자를 하나씩 발사합니다.

---

57) 슈레딩거 방정식, https://en.wikipedia.org/wiki/Schr%C3%B6dinger_equation
58) Newcomb, Simon (1911). "Light." In Chisholm, Hugh (ed.). Encyclopædia Britannica. Vol. 16 (11th ed.). Cambridge University Press. p. 624.
59) May 1801: Thomas Young and the Nature of Light, https://www.aps.org/publications/apsnews/200805/physicshistory.cfm, May 2008, Advanced Physics

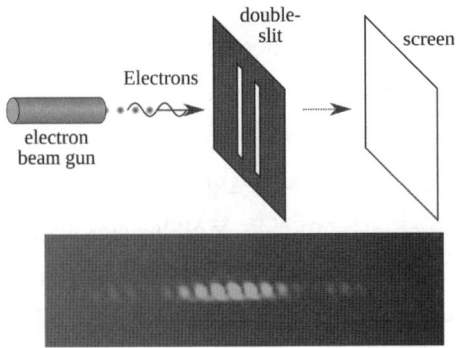

[그림 7-64] 토마스 영의 이중 슬릿 실험은 그 당시까지 알려진 빛의 입자 성질을 반증하는 결과를 보여주었습니다. (그림 출처: Double-slit.svg.png, 사진 출처: https://commons.wikimedia.org/wiki/File:Young%27s_slits.jpg)

그러면 전자는 두 개의 슬릿 중에서 한 곳을 지나 스크린과 충돌할 것입니다. 한 번의 전자를 발사할 때마다, 하나의 전자충돌 무늬가 스크린에 나타나는데, 이 작업을 많이 반복하면 스크린에는 두 개의 줄무늬가 나타나야 합니다. 그런데 두 개의 줄무늬가 아니라 **간섭무늬**(interference pattern)가 나타납니다. 이것은 파동이 가지는 성질인데, 문제는 전자총에서는 단 하나의 전자만 발사한다는 점입니다.

이렇게 간섭무늬가 나타나려면 하나의 전자가 이중 슬릿을 통과할 때, 파동처럼 동작해서 둘 모두를 통과할 때만 가능한 과학적 현상입니다. 그래서 하나의 전자가 이중 슬릿을 통과할 때 어떻게 동작하는지 확인하기 위해, 검지기를 설치해서 전자를 관측해 보았습니다.[60] 그러면 스크린에는 간섭무늬가 나타나지 않고

---

60) 어떤 사람들이 기도의 효과를 검증하기 위해, 환자 그룹에 대해서 기도를 받은 환자와 그렇지 않은 환자의 병세의 효과가 차이가 나는지 검증하는 실험을 진행할 수 있습니다. 저는 이러한 실험의 결과가 신뢰할 수 없다고 생각하는데 왜냐하면, 기도는 관측되는 순간, 기도를 하지 않은 것처럼 동작한다고 성경에서 예수님이 이야기하시기 때문입니다 (마태복음 6장 6절).

두 개의 줄무늬가 나타납니다. 관측을 당한 전자는 이제는 입자처럼 동작하는 것입니다. 이것을 물질의 이중성이라고 합니다.

기본 입자가 파동과 입자의 이중성을 가지기 때문에, 모든 물질은 파동의 성질을 가집니다. 프랑스의 이론 물리학자인 **루이 드 브로이**(Louis de Broglie)는 이것을 **물질파**(matter wave)라고 하고 물질의 운동량(momentum)과 파장의 길이가 반비례한다고 정의했습니다.[61] 운동량은 질량과 속도의 곱이므로, 파장의 길이 λ는 (식 7-63)처럼 쓸 수 있습니다.

$$p = mv$$

$$\lambda \propto \frac{1}{mv} \quad \text{(식 7-63)}$$

드 브로이는 비례상수로 플랑크 상수 h를 사용했습니다. 그러면 질량 m인 물체가 속도 v로 움직일 때, 그 물체가 나타내는 파동의 파장의 길이는 (식 7-65)와 같습니다.

$$h = 6.62607015 \times 10^{-34}$$

(식 7-64, Planck constant, 플랑크 상수)

$$\lambda \propto \frac{h}{mv} \quad \text{(식 7-65, 물질파, matter wave)}$$

아주 작은 미시세계에서는 m이 작아서 λ가 무시할 수 없을 정도로 커지기 때문에 파동성과 입자성이 동시에 관측되는 것입니다. 물질파 이론에서 이것을 **상보성**(complementarity)이라고 하는데, 물질은 입자인 동시에 파동이기 때문에 입자를 관측하려고 하면 입자를 관측하고, 파동을 관측하려고 하면 파동을 관측한

---

61) 물질파, https://en.wikipedia.org/wiki/Matter_wave

다는 이론입니다.

이러한 물질의 이중성을 교묘하게 과학철학(Philosophy of science)에 이용하면 의사과학(pseudoscience)이 됩니다. 사실 근본적인 물질이 이중성을 가지므로, 모든 물질은 이중성을 가질 수도 있다고 주장하면 틀린 것은 아닙니다. 하지만 성급한 일반화로 의사과학이 될 가능성이 높습니다.

물질의 이중성이 보여주는 모순이 현실의 개념에서 모순되어 보이는 것들의 존재를 인정하는 데 도움이 됩니다. 예를 들면 기독교 신앙에서 "믿음에 의한 구원"과 "구원에 필요한 행함"은 모순되어 보이지만, 하나의 물질에 이중성이 있듯이 같은 개념에도 이중성이 존재하는 것은 크게 거부감이 없습니다.

양자역학에서 양자 얽힘(quantum entanglement)은 신기한 현상입니다. 두 입자가 서로 얽혀 있다면 두 입자가 아무리 멀리 떨어져 있어도, 입자의 상태를 즉시 결정하는 것이 가능합니다. 빛보다 빠르게 정보가 전달되는 것처럼 보이는 것입니다. 여기에 대한 필자의 직관은 물질의 본질이 우리가 인식하는 사차원 시공간을 초월하는, 시간이 존재하지 않는 관성계의 존재이기 때문일 수 있다는 것입니다.[62]

---

62) 필자의 경우 양자역학을 수학적으로 이해한 상태는 아니기 때문에 이러한 직관이 터무니없는 일반화일 수 있습니다.

우주 진화와 생명 진화의 확률

 모든 물체가 파동의 성질을 가지므로, 떨어지는 사과를 수건으로 받으면 사과가 수건을 통과하는 것이 수학적으로 가능합니다. 소리(sound)는 파동이므로 수건을 통과하는 것과 같은 원리입니다. 하지만 실제로 수없이 많은 시행과 관측을 하더라도 사과가 수건을 통과하는 일은 발생하지 않는데, 왜냐하면 물질파 식에서 질량 m이 너무 커서 파장의 길이 λ가 거의 0이기 때문입니다. 하지만 이 시도를 무한히 계속하면 어떻게 될까요? λ가 0이 아니기 때문에, 사과는 수건을 통과하는 것이 수학적으로는 가능합니다. 하지만 실제로는 불가능합니다.

 일반적인 사람들이 확률에 대해서 이해할 때 오해하는 부분에 대해서 살펴볼 필요가 있습니다. 예를 들면 원숭이가 화살촉을 던져서 다트(Darts)의 중앙에 맞추는 시행(trial)에 대해서 생각해 봅시다. 원숭이는 화살촉을 다트에 던지는 훈련을 받았지만, 화살촉을 다트의 중앙에 맞추어야 한다는 것은 모릅니다.

[그림 7-65] 원숭이가 다트에 화살촉을 던지는 시도는 무한시간에 무한의 시도가 가능합니다.

 다트의 반지름의 길이를 $R=30\text{cm}$라고 하고, 다트의 중앙 눈의 반지름이 $r=1\text{cm}$라고 하면, 원숭이가 화살촉을 던져서 다트의 중앙에 던질 확률은 다음과 같이 구할 수 있습니다.

$$\frac{\pi \times r^2}{\pi \times R^2} = \frac{\pi \times 1^2}{\pi \times 30^2} = \frac{1}{900} = 0.00111 \text{ (식 7-66)}$$

원숭이가 화살촉을 던져서 다트의 중앙을 맞출 확률은 $\frac{1}{900}$ 입니다. 이제 다트의 중앙 부분이 아주 작다고 가정해 봅시다. 그 부분이 화살촉 하나가 겨우 들어갈 만한 0.01cm라고 가정해 봅시다. 그러면 확률은 다음과 같습니다.

$$\frac{\pi \times 0.01^2}{\pi \times 30^2} = \frac{0.0001}{900} \approx 1.1 \times 10^{-7}$$

시간이 더 많이 걸리긴 하겠지만, 원숭이가 언젠가는 다트의 중앙을 맞출 수 있을 것입니다. 화살촉이 다트를 벗어나는 경우 및 원숭이가 임의의 방향으로 화살촉을 던지는 경우를 고려하면, 확률은 더 낮아져서, 다트가 위치한 공간을 플랑크 상수 길이로 나눈 수에 반비례하는 확률을 가지는데 거의 0이 될 것입니다. 하지만 다트의 중앙 부분이 아무리 작아지더라도, 원숭이는 언젠가는 다트의 중앙을 맞출 수 있을 것입니다. 왜냐하면 화살촉을 던지는 시행을 무한히 계속하기 때문입니다.[63]

우리들 대부분은 확률을 생각할 때, 이처럼 원숭이가 화살촉을 던져서 다트를 맞추는 방식으로 시행이 이루어진다고 생각합니다. 그런데 확률에는 시행을 일반화하는 오류가 숨어 있습니다. 이것을 **시행 일반화의 오류**(Trial Generalization Error)[64]라고 하도록 하고 이 개념에 대해서 살펴보도록 하겠습니다.

---

[63] 이것이 가능하려면 원숭이가 다트를 향하여 화살촉을 던지는 시행을 인도할 관리자가 있어야 합니다. 그러면 그러한 관리자가 존재할 확률을 어떻게 구할 수 있을까요?
[64] 필자가 이름을 붙인 개념이며 표준 수학 용어가 아닙니다.

2021년 통계를 보면, 대한민국 50대의 평균키는 약 164cm입니다.[65] 그러면 이러한 통계를 이용하여 50대의 어떤 사람이 특정한 키를 가질 확률을 표준정규분포 곡선을 이용하여 나타낼 수 있습니다.

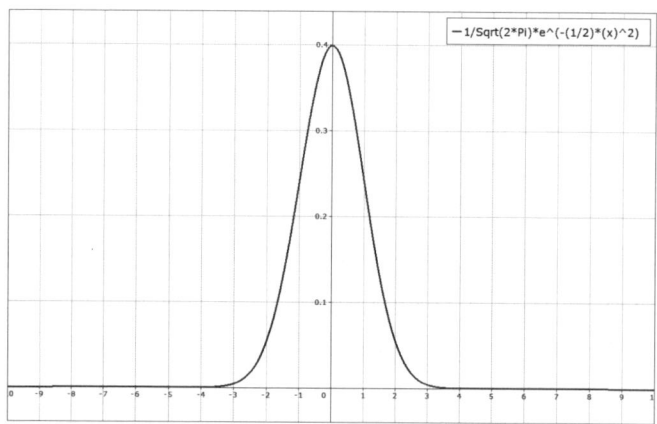

[그림 7-65b] 통계학에서 표준정규분포 곡선은 실수 값에 대한 확률변수(random variable)에 대해 연속확률분포의 유형입니다. 특정한 범위에서 곡선과 x축이 이루는 면적이 그 범위의 확률을 의미합니다.

표준정규분포 곡선은 종 형태의 곡선(bell curve)인데, 표준편차(standard deviation)를 σ(sigma, 시그마)라고 하고, 표본의 평균을 μ(mu, 뮤)라고 하면 다음과 같은 식입니다.

$$f(x) = \frac{1}{\sigma\sqrt{2\pi}} e^{-\frac{1}{2}\left(\frac{x-\mu}{\sigma}\right)^2}$$ **(식 7-67, 표준정규분포)**

이제 표준정규분포식에서 특정한 범위의 확률을 구하기 위해서는 곡선과 x축이 이루는 면적을 구합니다. 면적을 구하는 것은 적분을 취하는 것인데, 이처럼 함수의 면적이 확률을 나타낼 때, 그

---

65) 국가통계포털, https://kosis.kr/statHtml/statHtml.do?orgId=350&tblId=DT_35007_N130

함수를 확률밀도함수(probability density function)라고 합니다.

이제 이 함수를 이용하여 50대 남자의 키가 다음과 같이 아주 정밀한 유효자리를 가지는 경우를 고려해 봅시다.

$$키 = 164.111111111111$$

키가 약 164가 아니라, 소수점 이하 유효자리 12자리가 모두 1인 50대 남자의 존재 확률을 구하려는 것입니다. 이러한 키 측정장치가 존재한다고 가정하고, 50대 중에서 이러한 남자를 찾아보면, 아마도 찾지 못할 것입니다. 왜냐하면 그 확률이 $1/10^{12}$인데, 천억 명 중에 한 명이 존재할 확률이기 때문입니다.

하지만 무한히 많은 50대 남자가 존재한다고 가정하면 어떻게 될까요? 키가 164.111111111111가 되는 것은 극히 낮은 확률이지만, 표본의 개수가 무한이므로 그러한 사람을 분명히 발견할 수 있을 것입니다. 이처럼 확률이 0이 아니고, 시행이 무한으로 발생한다면, 그것은 필연적으로 일어날 것이라는 점이 확률을 이해하는 방식인데, 이것은 합리적이면 과학적입니다.

이제 같은 확률밀도함수를 이용해서 키가 100m(meter) 되는 사람을 찾을 확률을 구해 봅시다.

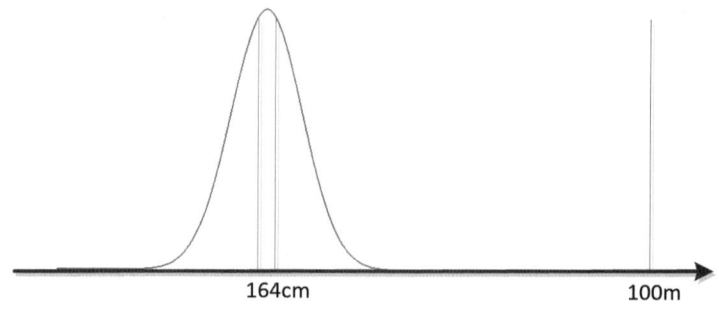

[그림 7-65c] 2021년 통계자료를 보면, 50대의 평균키는 164cm입니다. 해당 통계로 키가 100m 정도 될 사람의 확률을 구해 보면, 0은 아닙니다. 확률이 0이 아니므로, 무한의 시간이 흐르면 키가 100m 정도 되는 사람이 태어날 수 있을까요?

표준정규분포식에서 x가 100m보다는 크거나 같고, 101m보다는 작은 사람의 확률을 구해 보면 그 값은 분명히 0이 아닙니다. 이 두 가지 확률을 다음과 같이 나타내 봅시다.

$$P(키=164.111111111111\text{cm})^{66)} \quad \textbf{(확률 7-68)}$$
$$P(키=100\text{m}) \quad \textbf{(확률 7-69)}$$

우연의 법칙이란 확률이 극히 낮은 사건도 여러 번의 시행을 하면 일어날 수 있다는 것입니다. 그러므로 우연의 법칙에 따르면, 무한의 시간이 흐르면 인류 중에 누군가는 분명히 키가 100m 되는 사람이 존재하게 될 것입니다.

여러분은 지금까지의 논리 전개에서 허점을 발견했을 것이라 생각합니다. 프랑스 수학자 에밀 보렐(Émile Borel)[67]은 그의 책 《*Probabilites et la vie*》(확률과 삶)에서 "확률이 극히 낮은 사건은 현실에서 일어나지 않는다고 봐야 한다"고 했는데 이것을 **보렐의**

---

66) P(X=x)는 확률을 나타내는 변수 X가 특정한 시행에서 x가 될 확률을 의미합니다.
67) 에밀 보렐(Émile Borel), https://en.wikipedia.org/wiki/%C3%89mile_Borel

법칙(Borel's Law)이라고 합니다. 우연의 법칙과 보렐의 법칙은 모순되어 보입니다. 어느 것이 맞을까요? 저의 결론은 "둘 모두 맞다"는 것입니다. (확률 7-68)이 발생할 확률은 우연의 법칙에 의해서 참입니다. 반면에 (확률 7-69)가 발생할 확률은 우연의 법칙에 의해서 참이어야 하지만, (확률 7-69)에 대해서는 우연의 법칙을 적용하지 않고 보렐의 법칙을 적용해야 합니다. 보렐의 법칙에 의해서 (확률 7-69)는 확률이 너무 낮아서 발생하지 않습니다.

저는 확률함수를 모든 범위의 시행에 대해서 일반화해서 적용해서 확률을 구하는 것을 **"시행 일반화의 오류"**라고 부릅니다. 사람의 키를 다루는 확률에서 키의 정의 구역이 $-\infty$에서 $+\infty$ 의 범위를 가지는 것이 아닙니다. 하지만 확률함수는 모든 입력이 가능하다고 가정하므로, 키가 100m인 사람에 대해서도 0이 아닌 확률을 가지는 것입니다.

그러므로 먼저 어떤 확률 계산을 다룰 때는 그것이 우연의 법칙으로 설명이 가능한 확률인지, 보렐의 법칙으로 설명이 가능한 확률인지를 결정하는 단계를 거쳐야 합니다. 하지만 어떤 문제는 엄격하게 구분하는 것이 불가능합니다.

저는 우주의 빅뱅과 생명의 진화를 다루는 학문에서 계산하는 확률이 보렐의 법칙을 적용해야 함에도 불구하고, 일관되게 우연의 법칙만을 적용하고 있다고 생각합니다. 예를 들면, 원숭이가 화살촉을 다트에 던져서 다트의 중앙을 맞추는 확률 계산은 우연의 법칙을 따라야 한다고 생각하지만 원숭이가 화살촉을 던지는 시행을 계속하도록 누군가 지도해야 하고, 화살촉이 다트의 중앙에 명중했다는 것을 검증할 누군가를 가정해야 한다면, 그것은 우연의 법칙이 아니라 보렐의 법칙을 따라야 하는 확률 계산인 것입니다.

이제 보렐에 의해서 알려진 **무한 원숭이 정리**(Infinite monkey theorem) 문제를 고려해 봅시다.[68] 이것은 아무리 불가능해 보이는 문제라도 극히 작은 개연성의 확률을 가지면 이를 무한히 시도했을 때 이루어질 가능성을 부정할 수 없다는 이론입니다.

[그림 7-66] 원숭이가 책을 저술하는 시도는 무한시간이 주어지더라도 같은 수준의 무한의 시도는 불가능합니다.

프랑스의 **에밀 보렐**(Émile Borel)이 1913년 논문을 통해 "원숭이가 타자를 쳐서 임의로 두들기면 언젠가는 프랑스 국립도서관에 있는 모든 책과 동일한 내용을 쳐낼 수 있다는 확률을 부정할 수 없다"고 이야기했습니다. 정말 어마어마하게 낮은 확률이지만, 이것은 가능합니다. 왜냐하면 무한의 시도를 하기 때문입니다.

하지만 이 이야기에서 우리가 놓치고 있는 두 가지 부분이 있다고 생각합니다. 다음과 같은 경우를 생각해 봅시다. 원숭이가 백만(10^6) 년 만에 국립도서관에 있는 수십만 권의 책 중에서 1권을 정확하게 쳐 냈다고 합시다. 그리고 다음 타자를 치는 순간, 틀린 글자였기 때문에 새로 타자를 쳐야 합니다. 그러면 많은 사람들이 완성된 책 1권의 다음부터 타자를 친다고 생각하지만

---

68) Émile Borel (1913). "Mécanique Statistique et Irréversibilité." J. Phys. (Paris). Series 5. 3: 189-196.

아닙니다. 지금까지 타자를 쳐서 완성한 책이 제대로 된 책 1권이라는 것을 검증해줄 지적인 존재가 없기 때문에, 원숭이의 타자는 처음부터 새로 시작되어야 합니다. 즉 원숭이가 1억 년 동안 타자를 쳤다면 원숭이는 책 1권 정도를 완성할 수 있는 우연한 결과를 100번 정도 시도한 것이지, 무한에 가까운 시도를 한 것이 아닙니다.

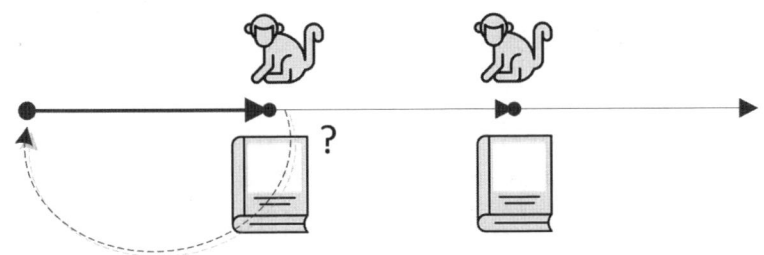

[그림 7-67] 백만 년 만에 책 1권을 완성한 원숭이가, 두 번째 책의 첫 글자를 잘못 타자 치는 순간, 원숭이는 첫 번째 책부터 다시 타자 쳐야 합니다.

무한 원숭이 정리에서 놓치고 있는 두 번째 부분은 원숭이가 모든 시간에 걸쳐서 항상 타자를 친다고 생각하는 것입니다. 그렇지 않습니다. 원숭이는 밥도 먹어야 하고, 화장실도 가야 하고, 타자 치는 것이 지쳐서 화를 낼 때도 있을 것입니다. 즉 1억 년이 흐르더라도 타자의 시도가 1억 년 동안 시도되지는 않았다는 것입니다.

그러므로 무한 원숭이 정리는 보렐의 법칙에 의해서 거짓이라고 생각합니다. 만약 책을 읽는 독자들이 합리적이고 과학적인 사람이라면, 무한 원숭이 정리에 대해서 최소한 다음의 두 가지 대답을 모두 정답의 후보로 두어야지 어느 하나로 결론 내려서는 안 된다고 생각합니다.

(대답1) 원숭이는 프랑스 국립도서관의 책을 언젠가는 완성할 수 있다. (우연의 법칙)

(대답2) 원숭이는 무한의 시간이 흘러도 프랑스 국립도서관의 책을 완성할 수 없다. (보렐의 법칙)

과학자들은 우주의 진화와 생명의 진화를 이야기하면서, 우리 우주가 138억 년 동안 지속되었으므로, 우주의 진화와 생명의 진화의 확률이 아무리 낮지만 그것은 가능하다고 이야기합니다. 생명의 진화에만 집중해서 이야기해 봅시다.

지구의 나이가 45억 년이므로 생명의 진화 시도가 45억 년 동안 무한히 있었을까요? 그렇지 않습니다. 특정한 조건에서만 진화를 위한 환경이 가능하므로 진화를 위한 시도는 겨우 몇 번만 일어날 수 있었을 것입니다. 백만 년에 한 번 진화를 위한 환경이 적절히 갖추어졌다고 가정하면, 45억년 지구 나이에 진화를 위한 환경은 450번 정도만 조성되었을 것입니다.

이제 수백 번 중에 한 번 진화가 성공해서 초기의 원시세포가 하나 만들어졌다고 합시다. 그런데 환경이 급변하면서 초기의 원시세포가 죽었다면, 진화는 원시세포의 생성부터 다시 시작해야 합니다. 사람들은 이 지점에서도 두 번째니까 첫 번째보다는 쉬운 것 아닌가라고 생각하지만 진화는 목적이 없으므로, 경험이 쌓이지 않습니다. 그러므로 초기의 원시세포를 하나 만드는 시간은 줄어들지 않습니다.

생명을 위한 어떤 재료들은 지구에만 존재하는 것이 아니라는 관측 증거가 있습니다. 예를 들면 아미노산(amino acid)은 생물의 몸을 구성하는 단백질(protein)의 기본 구성단위인데, 우주로부터 온 혜성(comet)에서도 발견되었습니다.[69] 하지만 정말 과학과 수학을 신뢰하는 사람이라면, 우주의 진화와 생명의 진화의 각 단계의 확률이 생명의 탄생을 목적으로 한 누군가의 검증이 있는 것처럼 보인다는 것에 동의할 것이라고 생각합니다.

마치 원숭이의 타이핑을 사람이 보고 있다가, 백만 년 만에 완성된 책 1권이 제대로 되었으므로, 다음 두 번째 책도 타이핑하도록 지시하는 것처럼 보인다는 말입니다.

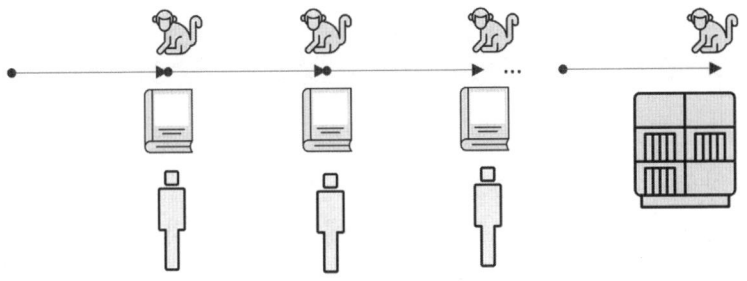

[그림 7-68] 우주의 진화와 생명의 진화를 보면, 원숭이의 타이핑을 지켜보던 사람이, 어떤 단계에서 우연히 완성된 책을 검증하고, 원숭이가 다음 책의 타이핑을 시작하도록 지도하는 것처럼 보입니다. 물론 그렇지 않을 수도 있습니다. 아무튼 우리는 책들이 모두 저술된 도서관을 보고 있습니다.

하나님은 인간을 위해서 온 우주를 창조하였습니다. 창조된 피조세계에서 살고 있는 인류가 창조주를 가정하지 않고 우주와 지구의 생명을 관측하면, 다음과 같이 관측할 수 있을 것입니다.

① 우주 138억 년 나이에 진화를 위한 환경은 여러 번 갖추어 지

---

69) Stephen Webb, "If the Universe Is Teeming with Aliens… Where Is Everybody?", 2015, Springer

지 않았고, 딱 한 번 진화를 위한 환경이 갖추어졌다.
② 이 환경에서 원시세포가 진화하고 이 원시세포를 이용한 다른 생명이 진화하는 것이 딱 한 번 발생했다.

저는 이것이 하나님의 창조를 기록한 자연을 인류가 해석하는 방식이라고 생각합니다. 하나님의 창조를 우리 관성계에서 충실히 관측한 결과가 진화로 관측되는 것[70]입니다.

창조자의 침묵

창조된 세계에서 살아가는 우리가 창조자를 우리 관성계에서 관측할 수 없다는 것은 창조주에게는 매우 위험한 선택입니다. 관측되지 않는 창조주를 잊어버리고 무시할 수 있기 때문입니다.

하지만 그러한 선택이 우리의 자유를 최대한 존중한 창조주의 선택이었다면, 우리가 이해할 수 없는 불가피한 상황이 있다면 우리는 어떻게 행동해야 할까요?

창조주는 이러한 위험을 알고서도 이러한 선택을 했으며, 성경을 통해 특별한 방법으로 창조주가 있음을, 우주를 통해 일반적인 방법으로 설계자가 있음을 알려주고 있습니다. 창조주는

---

70) 이것을 하나님이 창조의 방법으로 진화를 사용했다고 오해하지 않았으면 좋겠습니다. 즉 유신진화론(theistic evolution)을 이야기하는 것이 아니라, 그 반대입니다. 하나님의 창조가 절대자를 가정하지 않는 과학을 이용하면 진화로 관측될 수 있다는 것입니다.

직접 이렇게 이야기합니다.

"너희들이 눈을 들어 해와 달과 별들, 온 우주를 볼 때 그것은 너희를 위하여 내가 준비한 것들인데, 그것에 미혹되어 그것들을 설명하는 이론을 경배하지 말라."[71]

---

71) 신명기 4장 19절, 또 그리하여 네가 하늘을 향하여 눈을 들어 해와 달과 별들, 하늘 위의 모든 천체 곧 너희의 하나님 여호와께서 천하 만민을 위하여 배정하신 것을 보고 미혹하여 그것에 경배하며 섬기지 말라

3부의 내용은 기독교의 핵심을 설명하는 것입니다. 2부에서 우주의 시작을 다루었으니, 3부에서는 우주의 종말에 대해서 이야기하려고 합니다.

역사적 종말에 대해서는 마태복음 등의 복음서에서 예수님이 직접 말씀*하시며, 요한계시록에는 상징적인 언어를 사용하여 역사적 종말에 대해서 기술된 부분**이 있습니다. 그중 일부에 대해서 필자가 공학적인 방법으로 이해한 부분을 설명하고, 성경이 사실이라면 우리는 무엇을 해야 하는지 복음을 제시합니다.

요한계시록에 대한 저의 견해는 틀릴 가능성이 있으므로, 이 책에 기술된 내용을 맹목적으로 신뢰하는 것은 제가 원하는 바가 아닙니다. 다만, 성경이 사실이라면 우리가 해야 하는 행동들을 모두 인식하고 이 글을 읽는 독자들 모두 '복음'을 받아들였으면 좋겠습니다. 아버지가 같다면 당신과 나는 형제입니다.

---

* 마태복음 24장 31절, 그가 큰 나팔소리와 함께 천사들을 보내리니 그들이 그의 택하신 자들을 하늘 이 끝에서 저 끝까지 사방에서 모으리라
** 요한계시록 13장 18절, 지혜가 여기 있으니 총명한 자는 그 짐승의 수를 세어 보라 그것은 사람의 수니 그의 수는 육백육십육이니라

제3부

복음

8장 심판, 복음

인간이 겪는 세 단계 시험
4차 산업혁명과 메타버스
고대인의 미래에 대한 묘사
악한 목적으로 사용되는 컴퓨터
— 포르노 중독(Porn addiction)
부재반대와 존재반대(Absence Opposite vs. Existence Opposite)
— 본질적인 불가능
법칙과 규칙: 자연법
— 법칙(Law)과 규칙(Rule)
— 하나님께서 처하신 상황
초대

8장에서 필자가 의도하는 이야기의 흐름은 다음과 같습니다.

4차 산업혁명과 메타버스	인공지능과 컴퓨팅 장치의 발달은 현실과 구분이 힘든 가상세계 경험을 사람들에게 제공할 것이다.

↓

고대인의 미래에 대한 묘사	컴퓨팅 장치가 일반화된 미래인의 삶에 적그리스도가 숨어 있다.

↓

악한 목적으로 사용되는 컴퓨터	사탄은 자신의 악한 목적을 위해서 컴퓨팅 장치를 사용한다.

↓

부재반대와 존재반대	지옥의 존재에 대해서 우리는 하나님께 책임을 물을 수 없다.
본질적인 불가능	하나님께서는 본질적인 불가능의 속성을 가지신다.

↓

법칙과 규칙: 자연법	자연법을 지키지 못하는 우리는 모두 지옥에 가야 할 운명이다.
하나님께서 처하신 상황	하나님의 속성을 모두 유지하면서 우리의 죄를 대속할 유일한 방법은 하나님께서 사람이 되는 것이다.

↓

초대	하나님께서는 당신의 회개를 기다리고 있다.

● 인류가 겪는 세 단계의 시험

　과학적인 방법으로만은 관측되지 않는 영혼이 존재하며, 우리가 우주를 창조하신 창조주의 사랑을 받는 자이며, 우리가 결국 돌아가야 할 곳은 하나님의 품이라는 것을 받아들이는 일을 막아야 하는 악한 존재가 있다면, 그 악한 존재는 모든 수단을 동원해서 우리가 그것을 깨닫고 돌이키는 것을 방해할 것입니다.

　악한 존재가 제일 먼저 시도하는 것은 이 세상은 모두 물질로만 구성되어 있으며, 영적인 존재는 없다고 인류를 유혹할 것입니다. 우주는 인류를 위한 창조주의 선물이 아니라 빅뱅으로 우연히 시작되었다고 믿도록 할 것이고, 생명은 목적을 가지고 창조된 것이 아니라 진화를 통해 우연히 발생했다고 믿도록 할 것입니다.

　우리의 존재는 물질이므로, 우리는 죽음과 함께 물질이 소멸되듯이 소멸될 것이므로, 이 세상을 살면서 영적인 것을 생각하지 않도록 하고 살아 있는 동안, 몸에 유익이 되는 것들만을 추구하도록 할 것입니다.

　이 책이 여러분이 이 첫 번째 단계의 시험을 통과하는 데 도움이 되었으면 좋겠습니다. 우리의 본질은 물질이 아니라, 영원한 존재, 창조주이신 하나님께 무한한 사랑을 받는 존재들입니다. 하나님이신 예수님께서 이 세상에 오셔서 우리가 영원한 존재임을 알리는 사역을 시작할 때, 악한 존재는 예수님께도 첫 번째 단계의 시험을 시도하셨습니다. 시험 하는 자가 이렇게 시험했습니다.

"영혼은 없지. 인간은 그저 물질 덩어리야. 그러니까 살아 있는 동안 네 몸을 위해서만 최선을 다해서 살아. 그게 잘사는 방법이야."

예수님은 첫 번째 단계의 시험을 통과하는 방법을 우리에게 직접 말씀해 주셨습니다.

> "예수께서 대답하여 이르시되 기록되었으되 사람이 떡으로만 살 것이 아니요 하나님의 입으로부터 나오는 모든 말씀으로 살 것이라 하였느니라 하시니"(마태복음 4장 4절).

마태복음 4장 4절의 말씀에서 예수님은 우리가 물질로만 구성된 몸만 있는 것이 아니라, 영혼이 있으므로 떡으로만은 살 수 없고, 영혼을 배불리는 하나님의 말씀을 먹어야 한다고 가르치고 있습니다. 이 책을 읽는 모든 분이 이 첫 번째 단계의 시험을 모두 통과했으면 좋겠습니다. 정말 간절히 그랬으면 좋겠습니다.

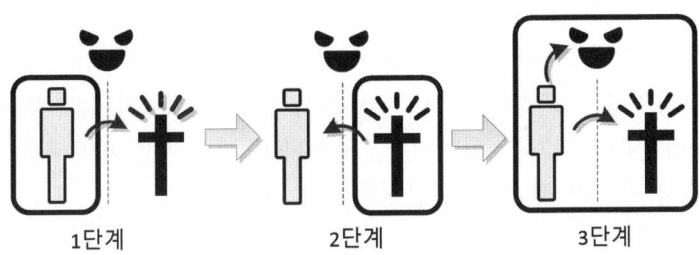

[그림 8-0] 우리 차원을 초월하는 영적인 실체가 있다는 것을 알게 되는 것을 방해하는 악한 존재가 있다면, 그들은 우리를 끊임없이 시험할 것입니다. 1단계) 그들은 육체는 오로지 물질로만 구성되어 있으며 영적인 실체는 없다고 우리가 믿도록 할 것입니다. 2단계) 1단계를 통과하더라도 그들은 우리가 끊임없이 영적인 실체의 증거를 보여 달라고 요구하도록 할 것입니다. 3단계) 2단계를 통과하더라도 그들은 영적인 실체가 있더라도 자신을 섬기는 것이 유리할 것이라고 끊임없이 시험할 것입니다.

이 첫 번째 단계의 시험을 통과하면 악한 존재는 두 번째 단계의 시험을 시도합니다. 그것은 끊임없이 하나님의 존재를 시험하도록 하는 것입니다.

"네가 물질로만 구성된 것이 아니라, 영적인 것을 믿는다고? 그렇다면 정말 하나님이 있는지 한번 테스트해 봐. 하나님이 영적인 존재이고 너를 사랑한다면 너의 부탁을 당연히 들어주지 않겠어?"

예수님은 두 번째 단계의 시험을 통과하는 방법도 우리에게 직접 말씀해 주셨습니다.

> "예수께서 이르시되 또 기록되었으되 주 너의 하나님을 시험하지 말라 하였느니라 하시니"(마태복음 4장 7절).

첫 번째 단계를 통과해 교회에 다니면서 하나님을 믿기로 작정한 사람에게 사탄은 끊임없이 하나님을 테스트해 보라고 요구합니다. 교회에 출석하면서도 두 번째 단계의 시험에 넘어지는 경우를 봅니다. 하나님이 계시다면 획기적인 방법으로 사업에 소생하기를 기도합니다. 하나님이 계시다면 병든 자신의 자녀가 기도로 낫게 되기를 원합니다. 하나님이 계시다면 이번 수능 시험에서 자녀가 좋은 곳에 합격하기를 기도합니다.

자신의 테스트에 하나님이 침묵하시면 교회를 떠납니다. 모든 소원 기도가 하나님을 테스트하는 것은 아닙니다. 하지만 하나님은 알고 계십니다. 하나님께서는 자신을 테스트하는 기도에 침묵하십니다. 이 책을 읽는 모든 분이 이 두 번째 단계의 시험을 모두 통과했으면 좋겠습니다. 정말 간절히 그랬으면 좋겠습니다.

두 번째 시험을 무사히 통과해도 악한 존재는 세 번째 단계의 시험을 시도합니다. 두 번째 단계의 시험을 통과한 사람들은 우리가 영원한 존재이며 하나님을 마음의 주인으로 받아들입니다. 그래서 악한 존재는 다음과 같이 시험합니다. 하나님과 자신을 동시에 섬기라고 시험합니다.

"네가 하나님을 믿는다고? 좋아. 하지만 나도 믿어 보는 게 어때? 네가 만약 나를 믿고 내게 경배하면, 내가 부귀와 명예를 줄게."

예수님은 세 번째 단계의 시험을 통과하는 방법도 우리에게 직접 말씀해 주셨습니다.

"이에 예수께서 말씀하시되 사탄아 물러가라 기록되었으되 주 너의 하나님께 경배하고 다만 그를 섬기라 하였느니라"(마태복음 4장 10절).

우리에게 닥치는 시험은 우리가 삶을 사는 동안 끊임없이 이어집니다. 하나님께 경배하면서도 여전히 돈과 명예를 경배합니다. 정말 하나님만 섬기고 있는지 돈과 명예를 함께 섬기고 있는지 자신을 끊임없이 돌아보아야 합니다. 이 책을 읽는 모든 분이 이 세 번째 단계의 시험을 모두 통과했으면 좋겠습니다. 정말 간절히 그랬으면 좋겠습니다.

이 책을 처음부터 지금까지 읽은 독자들은 첫 번째 단계의 시험을 통과할 준비를 거의 마친 것 같습니다. 정말 그랬으면 좋겠습니다. 그러면 우리가 어떠한 상태인지, 우주 만물을 창조하시고 창조주이신 분이 죽으면서까지 우리를 사랑하신다는 것이 무엇을 의미하는지, 나의 미래와 우주의 미래는 어떻게 될 것인지, 성경이 무엇을 이야기하고 있는지 살펴보도록 하겠습니다.

● 4차 산업혁명과 메타버스

현재(2023년)는 4차 산업혁명의 시대입니다. 인류는 지난 300여 년간 여러 산업혁명의 시대를 거쳤습니다. **제1차 산업혁명**은 1760년부터 시작된 방적기(spinning machine) 등의 기계에 의한 혁명이었습니다. 이후에 급격한 기계의 발달로 1870년대부터 신규산업이 발달하고, 전기를 사용하기 시작했으며, 미국의 포드(Ford) 자동차를 중심으로 대량생산이 가능해졌습니다. 이 시기를 **제2차 산업혁명** 시대라고 합니다.

약 100년간의 제2차 산업혁명의 시대를 거쳐, 1970년대부터 컴퓨터의 등장으로 **제3차 산업혁명**이 시작되었습니다. 개인용 컴퓨터, 인터넷 및 정보통신 기술(ICT, Information and Communication Technology)의 발달로 인류는 예전에 생각하지 못했던 혁명적인 정보화 시대를 거치게 되었습니다.

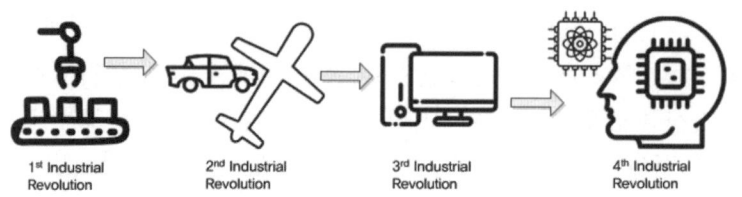

[그림 8-1] 산업혁명은 인류를 마침내 행성 간 이동이 가능하도록 했습니다. 과학기술은 계속 발달할 것이고 인류는 다른 행성을 개척하게 될 것입니다.

기술의 비약적인 발달로 산업혁명의 기간은 점점 단축되고 있습니다. 제3차 산업혁명이 시작되고 50여 년이 흐른, 2023년 현재는 **제4차 산업혁명의 시대**입니다. 로봇 공학, 나노(nano) 기술, 양자(quantum) 컴퓨터, 생명공학, IoT(Internet of Things) 등의 발달로 인류는 100년 전만 하더라도 공상과학 소설에서만 가능했던 기술을 현재 일상에서 사용하고 있습니다.

컴퓨터 그래픽의 발달과 실감형, 체감형 장치의 발달로 컴퓨터로 구축한 가상세계를 의미하는 **메타버스**(Metaverse)라는 개념이 미디어를 통해 알려지고 현대인의 일상에 자리 잡고 있습니다.

메타버스는 초월을 의미하는 '메타'(meta)와 우주를 의미하는 '유니버스'(universe)를 합성한 신조어입니다. 1992년 출간한 닐 스티븐슨의 소설 《스노 크래시》(Snow Crash)[1]에서 가장 먼저 사용했는데, 소설 속의 가상의 삼차원 세계를 의미합니다. 메타버스는 가상현실(Virtual Reality) 및 증강현실(Augmented Reality)을 포함한 개념으로서 현실을 디지털 기반의 가상세계로 확장해 현실에서 할 수 있는 모든 활동을 할 수 있게 만드는 시스템입니다. 현재는 정치와 경제, 사회, 문화 전반적 측면에서 현실과 비현실이 공존하는 생활형, 게임형 가상세계라는 의미로 폭넓게 사용하고 있습니다.

메타버스는 기존의 플랫폼이나 애플리케이션과 차별화되는 고유한 5가지 특징을 가집니다. 그것은 ① 세계관(Canon), ② 창작자(Creator), ③ 디지털통화(Currency), ④ 일상의 연장(Continuity), ⑤ 연결(Connectivity)입니다.[2] 디지털통화, 일상의 연장 및 연결은 이미 스마트폰의 대중화를 통해 보편화되었습니다. 이러한 보편화된 상황에 세계관과 창작자를 더하면 메타버스가 되는 것이므로, 가상과 현실세계를 혼동할 정도로 몰입할 수 있는 환경을 제공하고, 창작자의 활동이 디지털통화로 거래되는 경제시스템을 갖추도록 메타버스가 구성되고 있습니다.

---

1) Neal Stephenson, 《Snow Crash》, Penguin Books Australia, 2011.
2) O'Brian, Matt; Chan, Kelvin (October 28, 2021). "EXPLAINER: What is the metaverse and how will it work?". ABC News. Associated Press.

학자와 연구에 따라서 메타버스는 몇 가지 유형으로 구분되지만, 일반적으로 **가상현실, 증강현실 및 소셜네트워크 서비스**로 구분할 수 있습니다. 가상현실은 현실을 그대로 복제하는 시뮬레이션 유형, 현실과는 완전히 다른 가상세계 유형으로 구분할 수 있습니다. 증강현실은 현실세계에 가상세계를 결합해서 보여주는 형태이며, 소셜 네트워크 서비스는 현실의 일상을 공유하는 시스템입니다.

영화 〈매트릭스〉(The Matrix)와 〈레디 플레이어 원〉(Ready Player One)의 가상세계는 현실을 그대로 복제하는 시뮬레이션 유형의 메타버스의 대표적인 예입니다. 과연 이러한 기술적 발달이 가능할까요? **현실과 구분할 수 없는 메타버스 가상세계를 구현하는 것이 가능할까요?**

이 질문에 답하기 전에 제1차 산업혁명을 겪었던 1760년대 사람에게 다음과 같은 질문을 한다고 가정해 봅시다.

질문 ❶ 인류는 손에 들고 있는 작은 장치로 움직이는 사진을 보고, 금융거래를 하고, 이 세상의 모든 정보를 검색할 수 있을 것인가?
질문 ❷ 인류는 달(Moon)에 갈 수 있을 것인가?

1700년대를 살았던 그 누구도 쉽게 위의 **질문 ❶**과 **질문 ❷**에 대해서 "네"라고 답할 수 없었을 것입니다. 이제 현재로 돌아와서 **질문 ❸**과 **질문 ❹**를 고려해 봅시다.

질문 ❸ 인류는 사람과 구분할 수 없는 로봇을 만들 수 있을 것인가?
질문 ❹ 인류는 우주에서 지구 이외의 다른 행성을 개척할 수 있을 것인가?

많은 과학자들은 **질문 ❸**에 대해서 "네"라고 답할 것 같습니다. 저의 대답도 "네"입니다. 인류는 향후 100년 내로 사람과 구분할 수 없는 인공지능을 개발할 것으로 예상합니다.

Artificial neural networks are making strides towards consciousness, according to Blaise Agüera y Arcas

The Google engineer explains why

[그림 8-1b] 인류는 사람과 구분할 수 없는 AI를 만들게 될 것입니다. 2022년 이코노미스트에는 인공신경망이 의식의 영역으로 나아가고 있다는 글이 기고되었습니다. (출처: Wikimedia Commons, https://commons.wikimedia.org/wiki/File:PhotonQ-Demis_Hassabis_on_Artificial_Playful_Intelligence_(15366514658)_(2).jpg).

2022년 6월 구글의 블레이스 아르카스(Blaise Arcas)는 "인공지능이 의식의 영역으로 나아가고 있다"는 칼럼을 〈이코노미스트〉에 기고[3]했습니다. 인간의 의식은 '자기 자신이나 사물에 대하여 인식'하거나, '자신이 생각한다는 것을 인식'하는 것을 말합니다. 인공신경망의 구현은 거대한 정보의 덩어리이므로 우리가 '의식'이라고 부르는 것은 존재하지 않습니다. 하지만 인공지능과 대화하는 인간이 단순한 정보처리에 의해 대답하는 인공지능에서 그것이 정보처리의 결과인지 '의식'인지 구분할 수 없다면, 인공지능은 '의식'을 가졌다고 간주될 것입니다. 우리 인류는 사람과 구분할 수 없는 로봇을 만들 수 있게 될 것입니다.

질문 ❹에 대한 대답은 조금 어렵습니다. 아직 인류는 은하(Galaxy) 사이를 여행할 기술을 갖추지 못했습니다. 우리 은하 내부에서도 행성 간 이동 기술은 아직은 불가능합니다. 다른 행성을 개척하기 위해서는 먼저 대상 행성을 사람이 살 수 있도록 준비해야 하고,[4] 다음으로 합리적인 시간 안에 그 행성으로 사람

---

[3] https://www.economist.com/by-invitation/2022/06/09/artificial-neural-networks-are-making-strides-towards-consciousness-according-to-blaise-aguera-y-arcas

[4] 테라포밍, https://en.wikipedia.org/wiki/Terraforming

이 이동할 수 있는 기술을 갖추어야 합니다.

인류는 지구에서 삶을 지속할 수 없습니다. 향후 수천 년 내로 지자기(Geomagnetic)가 역전되면 환경에 어떤 변화가 일어날지 모릅니다. 인류 역사 10,000년 정도가 되어서 사하라 사막이 완전히 열대화가 되는 순간에도 인류가 여전히 멸종하지 않았다면, 그때 인류는 어떤 기술을 갖추고 있을까요? 빠르면 1,000년, 늦더라도 100,000년 이내로 인류가 다른 행성을 개척할 기술을 갖추지 못한다면, 이 우주에서 생명은 영원히 사라질 수도 있습니다.[5]

질문 ❹에 답하기 위해 우리는 하나님의 천지창조의 목적에 대해서 생각해 볼 수 있습니다. 하나님께서는 인류가 100,000년 정도 거주할 수 있도록만 우주를 창조하신 것일까요? 만약 그렇다면 인류가 사라진 이후에도 계속되는 생명이 없는 우주가 아름답다고 이야기할 수 있을까요?

그래서 저는 **질문 ❹**에 대해서 "네"라고 대답하고 싶어집니다. 하지만 하나님께서 100,000년 정도만 인류가 거주할 계획으로 우주를 만드신 것이라고 하더라도 우리가 어떤 불평을 하는 것은 그릇이 그릇을 만든 주인에게 불평하는 것과 같은 상황인 것 같습니다.[6] 그래서 **질문 ❹**에 대한 저의 대답은 "모른다"입니다.

이제 다시 메타버스 질문으로 돌아와 봅시다.

질문 ❺ 현실과 구분할 수 없는 메타버스 가상세계를 구현하는 것이 가능할까요?

---

5) Timelapse of the Future, https://www.youtube.com/watch?v=uD4izuDMUQA
6) 디모데후서 2장 20절

컴퓨터공학을 전공한 입장에서 **질문 ❺**에 대해, 시각적 품질이 현실과 구분할 수 없도록 가능할까에 대한 저의 대답은 "네"입니다. 하지만 현실과 구분할 수 없는 환경을 구축하기 위해서는, 감각과 뇌를 다루는 다른 공학적인 처리가 필요합니다. 그러므로 자신이 가상공간에 있다는 것을 인식하지만 정말 현실과 비슷한 메타버스는 구현 가능하겠지만, 정말 현실처럼 느끼는 메타버스는 구현이 거의 불가능할 것으로 생각됩니다.

이러한 가상환경이 일반화되면 그것은 믿음과 어떤 상관이 있을까요? 이러한 가상환경에서 누리는 즐거움은 가상환경에 접속한 자아의 선과 악에 어떤 영향을 미칠까요? 우리는 이 문제에 대답하기 위해 완벽한 메타버스가 아니라, 현재도 누구나 접속할 수 있는 게임, 이용 가능한 가상현실 같은 가상환경에서 어떤 일이 일어나는지를 보고, 영향력을 유추해 볼 수 있습니다. 게임의 가상환경에서 누군가를 죽이는 것이나, 가상현실에서 음란한 환경에 노출되는 것은 일반적인 상황입니다.[7] 완벽한 메타버스에서도 이러한 폭력과 음란은 허용이 될 것입니다. 우리는 우리가 행동하고 보는 대로 형성됩니다. 완벽한 메타버스 자체는 가치중립이지만, 악한 목적으로 사용하는 사람에게 어느 무엇보다도 최악의 악을 사용자에게 제공하게 될 것입니다.

성경의 요한계시록에는 표를 가져야만 매매가 가능한 미래인의 삶이 묘사된 부분[8]이 있습니다. 그 부분을 살펴보는 것은 우리가 메타버스와 다양한 컴퓨팅 장치가 주는 이로움을 어떻게 대해야 하는지 판단하는 데 도움이 됩니다.

---

7) 엄장진, 가상현실 내 성범죄적 행위의 처벌 가능성 및 개선방향 연구, 중앙대학교, 법제처
8) 요한계시록 13장 17절, 누구든지 이 표를 가진 자 외에는 매매를 못하게 하니 이 표는 곧 짐승의 이름이나 그 이름의 수라

● 고대인의 미래에 대한 묘사

제1차 산업혁명을 겪었던 1760년경의 사람이 미래를 볼 수 있어서, 현재의 ICT(Information and Communication Technology) 기술을 본다면 모두 꾸며낸 이야기라면서 믿지 못할 것이라고 생각해 봅니다.

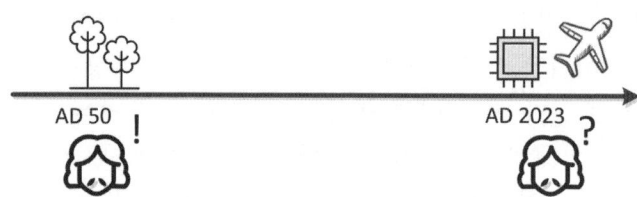

[그림 8-2] 기원후 50년경에 살았던 사람이 현재의 일상을 꿈에서 본다면, 당시의 지식으로 이해할 수 없는 현대인의 삶을 어떻게 묘사할까요?

더 과거 약 2,000년 전 AD 50년경에 살았던 사람이, 컴퓨터 장치를 일상에서 사용하며, 걸어 다니면서 휴대폰을 사용하여 친구들과 통화하며, 집에서 물건을 주문하는 것을 본다면 그 상황을 어떻게 묘사할까요? 과거 그때의 지식으로 지금 현재 상황을 표현하겠지만 무척 기이하게 생각할 것 같습니다.

[그림 8-3] 우리는 휴대용 스마트 장치를 사용하여 정보를 얻고, 경제활동을 하는 시대에 살고 있습니다.

지난 2019년 시작된 COVID-19로 인해 일상의 삶에서 디지털 장치의 사용과 온라인 환경에서의 활동은 더욱 가속화되었습니다. 바이러스의 확산 방지를 위해 거리두기는 일상화되었고, 사회활동이나 경제활동으로 특정한 장소를 방문하는 경우, 방역지침을 지키기 위해 주로 **오른손 손목의 열을 재거나, 이마의 열을 재는 것**이 당연한 일상[9]을 경험하였습니다.

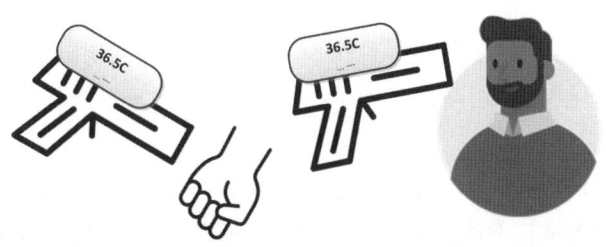

[그림 8-4] 방역지침을 지키기 위해, 공공장소 출입 시 손목이나 이마의 열을 재는 것이 일상화된 삶을 경험했습니다. 체온 측정기의 역할을 모르는 사람이 이 광경을 본다면, 손목이나 이마에 특정한 표식이 있다고 생각하지 않을까요?

현재 경제활동을 하는 많은 사람은 신용카드를 사용합니다. 혹은 휴대폰의 NFC(near field communication) **기술**을 이용하여 결제하거나, 헬스장 같은 시설에서는 **얼굴인식**(face recognition) 기술을 이용하여 출입을 통제하기도 합니다.[10] 암호화폐(Cryptocurrency)가 일상화된 근미래에서는 경제활동을 위해, 거의 대부분의 사람들이 손에든 **스마트 장치를 사용하거나, 얼굴 인식 혹은 홍채**(iris) **인식 등의 기술을 사용**할 것입니다.

---

9) 김진하, 김응곤, "기계학습을 활용한 얼굴 인식 및 체온 측정 출입관리 시스템", 2021, 한국전자통신학회 논문지
10) 강봉수, 오승근, 박승진, 박대희, "얼굴 인식 기반의 실시간 출입 관리 시스템", 제33회 한국정보처리학회 춘계학술발표대회 논문집 제17권 제1호 (2010. 4)

이러한 일상을 전혀 경험해 보지 못했던, AD 50년에 사는 어떤 사람이 손에 든 스마트폰으로 결제하고, 특정한 장소 출입을 위해 얼굴인식을 하는 이러한 미래인의 삶을 꿈에서 목격한다면 아마도 다음과 같이 묘사할 것 같습니다.

> "미래에 사는 사람들은 오른손이나 이마에 표가 있어서,
> 이것으로 물건을 사거나 파는데,
> 이 표가 없으면 경제활동을 하지 못한다."

실제로 AD 50년경에 살았던, **요한**(John)은 성경(Bible)에서 자신이 꿈에서 본 미래인들의 삶을 다음과 같이 묘사하고 있습니다.

> "그가 모든 자 곧 작은 자나 큰 자나 부자나 가난한 자나 자유인이나 종들에게 그 오른손에나 이마에 표를 받게 하고 누구든지 이 표를 가진 자 외에는 매매를 못하게 하니 이 표는 곧 짐승의 이름이나 그 이름의 수라 지혜가 여기 있으니 총명한 자는 그 짐승의 수를 세어 보라 그것은 사람의 수니 그의 수는 육백육십육이니라"(요한계시록 13:16~18).

요한계시록(The Revelation to John) 13장 16~18절은 오른손이나 이마에 표를 받은 사람만 경제활동을 할 수 있다고 적고 있습니다.

컴퓨터(컴퓨팅 장치)가 없는 현대의 삶은 상상해 볼 수 없습니다. 문서 작성, 냉장고, 세탁기, 자동차, 비행기, 신용카드, 휴대폰 등 현대의 많은 장치들은 컴퓨터가 있어야 동작합니다.

이러한 모든 장치에 공통으로 들어 있는 것, 그것은 컴퓨터 칩입니다. 최초의 개인용 컴퓨터 중 하나인 IBM-PC는 1981년 발표되었습니다. 컴퓨터는 내부적으로 **이진수**(binary number)를 사용하는데, 미국에서 발표된 컴퓨터는 정보의 표현을 위해서 **미국 표준**

코드(ASCII, American Standard Code for Information Interchange, 아스키)를 사용[11]합니다.

[그림 8-5] 컴퓨터 칩(computer chip)은 우리 일상의 곳곳에 존재합니다. 컴퓨터가 없으면 아무것도 할 수 없는 세상입니다.

ASCII 코드는 비록 미국에서 정의한 표준코드였지만, IBM-PC가 대중화되면서, 모든 나라에서도 이 코드를 사용하였고 지금도 모든 컴퓨팅 장치는 ASCII 코드를 사용하고 있습니다. 후에 여러 나라의 언어를 지원하기 위해 UTF-16(Unicode Transformation Format-16 bit) 등을 표준코드로 지정하였지만, 16비트 혹은 32비트 인코딩(encoding)에서도 하위 호환성을 위해, 모든 컴퓨팅 장치는 코드의 하위 7비트로 ASCII 코드를 사용하고 있습니다.[12]

필자의 경우는 컴퓨터 공학을 전공하였기 때문에, 중요한 ASCII 코드는 몇 개 외우고 있습니다. 그것은 다음 (코드 8-1)과 같습니다. 각 줄은 (문자, 십진수, 이진수) 형식으로 나타낸 것입니다.

---

11) 아스키 코드, https://en.wikipedia.org/wiki/ASCII
12) UTF-8, https://en.wikipedia.org/wiki/UTF-8

```
A, 65, 0100,0001
Enter, 13, 0000,1101
Space, 32, 0010,0000
0, 48, 0011,0000
1, 49, 0011,0001
```
(코드 8-1)

　(코드 8−1)을 보면, 문자 A의 아스키코드는 십진수로 65, 이진수로 01000001입니다. 그것은 우리가 키보드에서 문자 'A'를 입력하면, 'A'의 아스키코드 65의 이진수 표현인 01000001이 메모리에 저장된다는 것을 의미합니다.

　우리는 ASCII 코드를 윈도우 운영체제(Windows Operating System)에서 쉽게 확인해 볼 수 있습니다. 메모장(Notepad)을 실행해서 왼쪽 Alt키를 누른 상태에서 숫자 0, 6과 5를 차례대로 누른 다음 Alt키에서 손가락을 떼면 문자 'A'가 입력되는 것을 확인해 볼 수 있습니다. 이러한 방식으로 메모장을 실행해서 아래의 ASCII 코드를 입력해 보세요.

```
Alt+067
Alt+079
Alt+077
Alt+080
Alt+085
Alt+084
Alt+069
Alt+082
Alt+043
```
(코드 8-2)

　그러면 COMPUTER+가 입력될 것입니다. 마지막에 '+'기호는 수학에서 후위표기법(postfix notation) 연산자[13]라고 가정하면

---

13) Reverse Polish Notation, https://en.wikipedia.org/wiki/Reverse_Polish_notation

COMPUTER를 구성하는 각 문자를 모두 더하라(add)는 의미입니다.

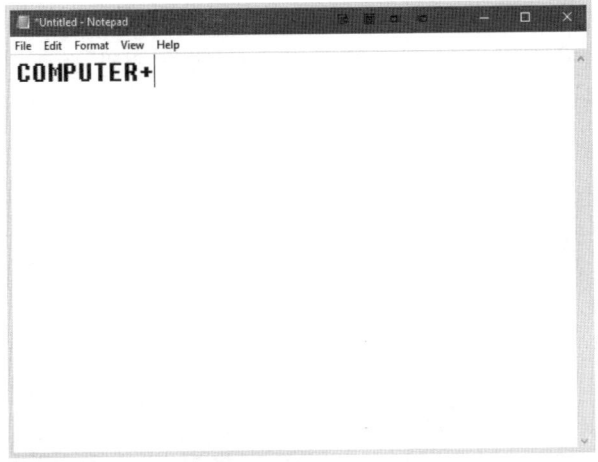

[그림 8-6] 메모장에서는 ASCII 코드를 직접 입력하여 문자를 입력할 수 있습니다.

COMPUTER+를 입력하기 위해 사용한 ASCII 코드를 모두 더하면 666, 요한복음 13장 18절이 말하는 **짐승의 수**(the number of the beast)가 됩니다.

$$67+79+77+80+85+84+69+82+43=666 \text{ (식 8-3)}$$

(식 8-3)은 혹시나 싶어 해 본 우연한 시도로 발견한 것입니다. **큰 의미를 둘 필요는 없다고 생각**합니다. 하지만 우리보다 더 미래 인류가 매매(경제활동)를 위해서 컴퓨팅 장치를 더 활발하게 이용할 것은 거의 확실해 보입니다.

성경의 요한계시록 13장에는 미래인들의 삶이 묘사되어 있습니다. 요한계시록 13장의 미래인의 삶의 내용을 현재 우리가 아는 과학지식으로 해석해 볼 수 있습니다. 컴퓨팅 장치와 AI(Artificial Intelligence)의 발달은 죽을 사람도 살리게 하고, 로봇이 사람처럼 말하게도 합니다. 이러한 것을 AD 50년의 요한이 목격한다면, 죽게 되었던 상처가 낫고, 생기가 없는 어떤 물체가 생기를 가진 것처럼 말한다[14]고 묘사하지 않을까요? 물론 요한은 2023년 인류의 삶이 아니라, "시간에 대한 직관"으로 지금보다 더 과학이 발달한 미래인의 삶을 목격했을 수도 있습니다.

[그림 8-6b] 로봇이 전원 공급을 받아 움직이기 시작한 것을 요한은 어떻게 인식했을까요? 생기를 받아 살아나는 것으로 이해하지 않았을까요? (출처: 현대모터스, https://tech.hyundaimotorgroup.com/wp-content/uploads/2022/01/boston_dynamics_01-1240x796.jpg)

미래의 일에 대한 기록을 해석하는 데 주의할 것은, 그것을 현재 일어나는 일이거나, 현재의 지식으로 모두 이해하려는 태도일 것입니다. 그러므로 현재의 이해는 틀릴 가능성이 있습니다. 아무튼 그러한 <u>과학의 발달이 우주에 창조주는 필요하지 않다는 것을 더 강조하게 될 것이라고</u> 요한은 목격한 것 같습니다.

---

14) 요한계시록 13장 15절

짐승을 특별한 객체나 특별한 인물로 해석하는 사람들이 있습니다.[15] 또 짐승의 표를 "몸에 심는 칩" 등 특정한 객체로 해석할 수 있습니다.[16] 이러한 해석이 가능은 하지만 이것이 사탄(Satan)의 전략이라면 참으로 어리석어 보입니다. 전투에서 자신의 위치와 무기를 모두 노출하고, 싸우려는 군인은 없습니다. 패배가 명확하기 때문입니다. 사탄은 우리가 평범한 일상을 사는 것처럼 느끼게 하면서, 그것이 사실은 짐승을 섬기는 것임을 모르도록 하는 교묘한 전략[17]을 취하지 않을까요?

짐승을 특별한 대상이 아니라, 물결(wave)과 문화로 해석하는 사람들이 있습니다. 이러한 해석의 유용함은 우리가 접하는 일상의 모든 곳에서 근신하며 깨어서 악에 대처해야 하기 때문입니다. 음악, 과학, 경제, 정치 등 모든 곳에서 짐승은 숨어 있으며, 그러한 모든 곳에서 악에 빠지는 행동이 "짐승의 표를 받는" 행동인 것이 아닐까요?

[그림 8-6c] 인류의 역사는 6,000여 년 만에 종말을 맞이할까요? (출처: Space Graphics Toolkit)

---

15) 적그리스도, https://en.wikipedia.org/wiki/Antichrist
16) 마이크로칩 이식, https://en.wikipedia.org/wiki/Microchip_implant_(human)
17) 스크루테이프의 편지, https://en.wikipedia.org/wiki/The_Screwtape_Letters

어떤 분들은 예수님의 재림과 이 세상의 종말을 이야기하면서, 우리 우주의 역사가 곧 끝날 것이라고 이야기합니다. 저도 나이가 들어가면서 이러한 임박함을 느낍니다. 우주의 역사는, 개인이 죽음을 맞이하고 창조주 앞에 섰을 때, 함께 끝나는 것(혹은 영원한 것)을 목격하게 될 것이기 때문입니다.

하지만 우리 사랑하는 자녀들과 후손들이 살아갈 지구와 우주가 정말 우리 역사에서 없어지는 것일까요? 절대자가 창조 후에 "좋았더라"고 하신 이 우주가 인류 역사 겨우 6,000년 만에 불타 없어져 버리는 것일까요? 우리는 아직 다른 행성을 개척하지도 못했고, 다른 은하로 이동하는 비행기술은 아직 발견하지 못했고, 우주의 비밀을 겨우 5%만 이해[18]하고 있을 뿐인데 아담(Adam)으로 인해 시작된 우리 역사가 종말을 맞는 것일까요?

상대론적 관점에서 개인의 종말이 우주의 종말이라는 것은 확실해 보입니다. 그리고 우리 우주는 시작이 있었으므로 끝이 있어야 하는 것도 확실해 보입니다. 하지만 자신이 죽음 후에 목격하게 될 종말이 지금 지구를 살아가고, 살아야 할 후손들이 모두 함께 경험할 종말이라는 주장은 정답의 후보를 하나 빠뜨린 주장 같습니다.

요한계시록은 미래 인류의 삶을 묘사하면서, 오른손이나 이마에 표를 받게 하고, 이 표가 없는 사람은 매매(buy or sell)를 못하게 한다고 이야기합니다. 그리고 표를 "**짐승의 이름이나 그 이름의 수**(the name of the beast, or the number of his name)"라고 묘사합니다. 요한계시록 13장 16~18절 자체는 우리 삶에 문제가 되지 않습니다. 이 부분이 문제가 되는 부분은 요한계시록 14장 9~11절

---

18) 암흑물질, https://en.wikipedia.org/wiki/Dark_matter

때문입니다.

"또 다른 천사 곧 셋째가 그 뒤를 따라 큰 음성으로 이르되 만일 누구든지 짐승과 그의 우상에게 경배하고 이마에나 손에 표를 받으면 그도 하나님의 진노의 포도주를 마시리니 그 진노의 잔에 섞인 것이 없이 부은 포도주라 거룩한 천사들 앞과 어린 양 앞에서 불과 유황으로 고난을 받으리니 그 고난의 연기가 세세토록 올라가리로다 짐승과 그의 우상에게 경배하고 그의 이름 표를 받는 자는 누구든지 밤낮 쉼을 얻지 못하리라 하더라"(요한계시록 14:9-11).

요한계시록 14장 9~11절은 "짐승과 그의 우상에게 경배"하고 그리고(AND) "이마에나 손에 표를 받는 것"이 악하다고 이야기합니다.

요한계시록 14장 9절에서 명시한 행동을 하면, 구원받지 못한다고 성경은 분명하게 이야기하고 있습니다.

9 …만일 누구든지 짐승과 그의 우상에게 경배하고 이마에나 손에 표를 받으면
10 …거룩한 천사들 앞과 어린 양 앞에서 불과 유황으로 고난을 받으리라

9절을 기록한 의도를 명확하게 파악하기 위해 영문 **킹제임스번역**(King James Version)을 확인해 보도록 하겠습니다.

"If any man worship the beast and his image, **AND** receive his mark in his forehead, or in his hand"(Revelation 14:9, King James Version).

문장을 자세히 보면, 14장 9절의 나쁜 행위는 다음과 같이 두 가지 조건이 AND(그리고)로 결합된 것을 확인할 수 있습니다.

① 짐승과 그의 우상에게 경배
② 이마나 손에 짐승의 표를 받음 (조건 8-4)

이러한 AND 조건은 성경에서 가끔 찾아볼 수 있는데, 예를 들면, 창세기(Genesis) 4장 4절에는 아담(Adam)의 아들인 가인(Cain)의 예배를 거부하는 하나님이 묘사됩니다.

> 4 아벨은 자기도 양의 첫 새끼와 그 기름으로 드렸더니 여호와께서 아벨과 그의 제물은 받으셨으나
> 5 가인과(AND) 그의 제물은 받지 아니하신지라 가인이 몹시 분하여 안색이 변하니

창세기 4장 5절을 보면 하나님은 가인의 제물을 거부한 것이 아니라, **"가인의 삶" AND "가인의 제물"**을 거부했다고 기록하고 있습니다. "가인의 제물"은 가치중립이었습니다. "가인"이 문제였지 "가인의 제물"에는 문제가 없었던 것 같습니다.

비슷한 방법을 요한계시록 14장 9절의 해석에도 적용할 수 있습니다. AND 조건이 참이 되기 위해서는 두 조건 모두가 참이어야 합니다. 먼저 **"짐승과 그의 우상에게 경배"** 하고, 그리고(AND) **"짐승의 표를 받는 행위"**가 따라야 합니다. 어떤 사람들이 "표를 받는 것" 자체가 구원 여부를 결정한다고 이야기하는데 그렇지는 않은 것 같습니다.[19] 만약 표가 컴퓨팅 장치이고, 표를 받는 행위

---

19) 예장합동, "베리칩과 666에 관련한 총회의 신학적 입장 정리의 건 최종보고서", 2013년 9월 24일, https://callingman.tistory.com/198

가 컴퓨터를 사용하는 행위를 말한다면, 컴퓨터를 전혀 사용해 보지 못한 일부를 제외하고 모두 구원받지 못하게 되기 때문입니다. 이것은 중요해서 다시 한번 더 적겠습니다.

"표(mark)" 자체는 가치중립입니다. (주장 8-5)

주의해야 할 것이 있습니다. 하나의 의미에 가치를 붙여서 같은 사실에 다른 가치를 부여하는 경우가 있습니다. 냄새는 가치중립이지만, "향기"는 좋은 가치가 붙여진 냄새를 말하고, "악취"는 나쁜 가치가 붙여진 냄새입니다. 하지만 가치가 붙여진 적절한 단어가 없을 때는 문맥이나 문장으로 표현됩니다.

요한계시록의 "짐승의 표"는 나쁜 가치가 붙여진 표(mark)를 말합니다. 그러므로 "짐승의 표를 받는 행위"는 악한 목적으로 컴퓨터를 사용하는 행위를 말합니다. 그러므로 "표"는 가치중립이지만, "짐승의 표"는 악한 가치가 부여되었으므로 거부해야 합니다.

사도 요한은 그의 다른 저서 요한1서에서 자신이 살던 때를 마지막 때라고 하면서 **적그리스도**(Antichrist)라는 용어를 사용하고 있습니다. 이미 많은 적그리스도가 일어났으며, 예수께서 그리스도이심을 부인하는 자, 예수님의 성육신을 부인하는 자가 적그리스도라고 칭하고 있습니다.[20] 요한이 문서를 기록할 당시에만 적그리스도가 존재한 것일까요? 그렇지 않습니다. 적그리스도는 과거에도 있었고, 현재에도 있으며 미래에도 우리 옆에 항상 존재할 것입니다. 적그리스도가 우리 옆에 항상 있다면, 짐승의 표도 우리 옆에 항상 존재하고 있습니다.

---

20) 요한일서 2장 22절

[그림 8-7] 컴퓨터를 악한 용도로 사용하고 있다면, 우리는 짐승의 표를 받고 그에게 경배하고 있는 것입니다.

많은 기독교인들이 자신은 결코 짐승의 표를 받지 않을 것이라고 생각합니다. 하지만 짐승의 표가 컴퓨팅 장치를 의미한다면, 우리 일상의 삶 주위에는 짐승의 표가 넘쳐납니다. 그리고 이러한 컴퓨팅 장치를 악한 목적으로 사용하는 모든 행위가 짐승의 표를 받는 행위라면, 악에 빠질 위험은 우리 주위에 항상 있습니다.

예배 시간에 폰이 울리고 얼굴을 숙여서 전화를 받습니다. 짐승과 그의 우상에게 경배하는 행위입니다. 온라인 예배를 귀로 들으면서, 온라인 뉴스나 웹툰(Web Toon)을 검색합니다. 짐승과 그의 우상에게 경배하는 행위입니다. 온라인 도박게임에 중독되어 일상생활을 제대로 하지 못합니다. 짐승과 그의 우상에게 경배하는 행위입니다.

힘을 들여야 하는 경제활동이나 학습활동을 전혀 하지 않으면서, 집이나 PC방에서 하루 종일 컴퓨터 게임을 합니다. 짐승과 그의 우상에게 경배하는 행위입니다. 짐승의 표는 우리 주위의 모든 곳에 있기에, 약간만 경계를 늦추면 우리는 우리도 모르게 짐승과 그의 우상에게 경배하고 있는 것입니다.

마지막으로 아주 중요한 사항이 있습니다. 지금까지 제시한 요한계시록 13장, 14장에 대한 필자의 견해가 틀릴 수 있다는 것입니다. 필자의 견해를 요약하면 (주장 8-5b)와 같습니다.

> 짐승은 컴퓨팅 장치를 악하게 사용하도록 하는 문화나 물결이다. 짐승의 표를 받는 것은 개인이 컴퓨팅 장치를 악하게 사용하는 모든 행위이다. (주장 8-5b)

정말 아주 중요합니다. (주장 8-5b)는 과거에 대한 기록이 아니라, 미래에 대한 해석이므로 완전히 틀렸을 수 있습니다. 예언을 말하면서, 기도를 통해서 계시를 받았으므로 참이라고 주장하는 사람이 있습니다. 하지만 사탄도 영적인 존재이며 진리를 방해합니다.[21] 그러므로 예언에 대해서 가장 기본은 말씀에 근거하는 것입니다. 성경의 베드로후서 3장 16절은 이렇게 말씀합니다.

> "또 그 모든 편지에도 이런 일에 관하여 말하였으되 그 중에 알기 어려운 것이 더러 있으니 무식한 자들과 굳세지 못한 자들이 다른 성경과 같이 그것도 억지로 풀다가 스스로 멸망에 이르느니라"
> (베드로후서 3장 16절).

누군가 미래에 대한 일을 말할 때, 그것을 받아들이는 기본적인 판단 기준은 "선을 추구하는가?"일 것입니다. (주장 8-5b)의 견해가 악을 추구하거나 선을 방해하는 것은 아니므로, 견해가 맞다고 가정하고 책의 내용을 전개하도록 하겠습니다.

---

21) 고린도후서 11장 14절

● 악한 목적으로 사용되는 컴퓨터

성경에서 가장 빈번하게 언급되는 악(Evil) 중 하나는 음란(adulterous, pornographic)입니다. 개역개정 성경에서 음란 54회, 음행 78회, 간음 51회, 행음 36회가 검색되는 것을 확인할 수 있습니다.

출애굽기 20장의 십계명을 보면, 7번째 계명으로 "간음"의 문제를 언급합니다. 마태복음 12장에서 예수님께서는 믿음의 대가로 표적(sign)을 요구하는 무리에게 "악하고 음란한 세대"라고 하셨습니다. 마가복음에서는 사람에게서 나오는 그것이 사람을 더럽게 한다고 하시면서 제일 먼저 '음란'을 언급합니다.[22] 요한계시록 17장에서는 음행하는 자에 대한 심판을 묘사하면서 "가증한 물건과 그의 음행의 더러운 것들"을 가진 큰 음녀가 받을 심판을 묘사합니다. 음란이 가장 빈번하게 언급되는 이유는 그것이 특별한 것이 아니라 일반적이기 때문일 것입니다.

라이나(LINA)생명과 연관 기관이 조사한 2016년 통계에 따르면, 평생 동안 한국 성인 남성의 53.7%가 외도(injustice) 경험이 있습니다.[23] 남성의 성매매 비율이 50%를 넘고,[24] 남성 대상의 통계조사에서 성매매는 일반적으로 외도로 인정하지 않으므로, 결혼 관계를 통한 성관계가 아닌 이성과의 성관계는 53.7%보다는 높을 것이라고 예측됩니다.

---

22) 마가복음 7장 20절~21절
23) "성인 남성 50.8% '외도 경험 있다', 40대에서 급증", 라이나생명, http://medicalworld-news.co.kr/m/view.php?idx=1470117922
24) 권지윤, "2018 성매매 리포트 ① 세계 6위 성매매 시장", SBS NEWS, https://news.sbs.co.kr/news/endPage.do?news_id=N1004676572

음란은 이성과의 직접적인 성관계가 아닌 안목의 정욕을 통해서도 발생합니다. 그중 컴퓨팅 장치를 통한 포르노 영상의 시청은 10대 이상의 연령대에 일반화되어 있으며, 스마트폰과 인터넷 이용이 가능한 컴퓨터가 개인에게 보급됨에 따라, 처음 포르노를 접하는 연령도 계속해서 낮아지고 있습니다. 한국리서치의 2019년 자료를 보면 지난 1년간 성인 음란물을 본 경험이 있다고 대답한 남자의 비율은 63%입니다.[25]

익스트림테크(Extreme Tech)의 2012년 분석한 자료에 따르면, 포르노를 통해 전송되는 데이터는 전 세계 인터넷 사용량의 30% 정도에 해당합니다. 영국 일간지 〈가디언〉의 2013년 자료를 보면 웹페이지 클릭 행위의 8.5%가 포르노그래피 사이트로 연결되었습니다.[26] 이것은 트위터(Twitter)와 아마존(Amazon)을 합친 클릭 수보다 많은데, 구글 유튜브(Google Youtube)가 9.5%인 것을 감안하면 포르노 사이트 연결이 얼마나 일반적인 상황인지 짐작할 수 있습니다.

성경에서는 결혼관계가 아닌 이성과의 성관계는 간음으로 간주하며, 예수님께서는 음욕을 품고 여자를 보는 것도 간음이라고 했으므로,[27] 십계명의 일곱 번째 계명에 자유로울 수 있는 남자는 매우 적은 수일 것입니다.

포르노 영상 시청이 일반적인 남자의 경험이므로, 하나님께서는 포르노 시청하는 것은 허용하시는 것일까요? 포르노 시청에

---

25) "대한민국 성인 음란물 접촉 실태 및 인식조사", 한국리서치, https://hrcopinion.co.kr/archives/11823
26) 임민철, "페북보다 포르노트래픽 더 많아", ZDNet, 2013년 7월 27일, https://zdnet.co.kr/view/?no=20130727042022
27) 마태복음 5장 28절

대한 사탄의 첫 번째 전략은 그것을 청소년 시기의 당연한 경험이나, 개그(Gag)의 소재로 사용하도록 하는 것 같습니다.[28] 많은 사람들은 포르노 시청을 당연한 것이나, 우스운 농담의 소재로 사용합니다. 아닙니다. 포르노 시청은 "짐승의 표"를 받는 행동입니다.

포르노 중독(Porn addiction)

필자가 "짐승과 그의 우상에게 경배"하고 "짐승의 표를 받음"으로 죄악에 빠졌던 경험을 이야기하려고 합니다.

저는 1988년 대학의 컴퓨터공학과에 진학했습니다. 그러다가 과(department)의 행사 후에 여관에서 같이 술을 마시면서 처음으로 포르노(pornography)를 보게 되었습니다. 처음 그 느낌이 너무 강렬해서 저는 곧 중독되었습니다. 컴퓨터공학을 전공한 저는 다른 사람들보다 쉽게 인터넷을 이용할 수 있었고, P2P(Peer to Peer) 관련 프로그램을 통해 포르노를 쉽게 다운로드(download)받을 수 있었습니다. 저는 일부러 "포르노"를 "야한 동영상(야동)" 혹은 "음란물"이라고 표현하지 않고 있습니다. 왜냐하면 "포르노"는 나쁜 가치가 부여된 음란한 영상을 의미하지만, "야동"은 나쁜 가치를 제거해서 죄라는 느낌을 주지 않기 때문입니다.

포르노 시청이 나쁜 짓이라는 것을 알면서도 이것을 보는 것을 멈출 수가 없었습니다. 길게는 6개월 정도 끊은 적도 있지만, 언제나 다시 사람들의 눈을 피해 저는 포르노를 보고 있었습니

---

28) 노컷뉴스, "'성범죄'가 유머코드? 페지론 힙싸인 예능들", 2019.3.17

다. 전날 시청한 포르노가 주일 예배 때 떠올라서 예배에 집중할 수 없는 경우도 있었습니다.

결혼을 하게 되면 괜찮아질 줄 알았습니다. 그러나 1998년 결혼 후에도 아내의 눈을 피해 언제나 포르노를 즐기고 있었습니다. 포르노에 대한 내성(resistant)이 생겨서 더 강렬한 자극을 주는 포르노를 찾게 되었습니다. '나는 간음하지는 않았잖아', '나는 다른 면에서는 정직하잖아'라고 스스로를 위로하였습니다.

성경의 다윗은 큰 위로가 되었습니다.

"다윗도 성범죄를 저질렀잖아. 이 정도는 범죄도 아니지."

로마서 1장 27절의 말씀도 큰 위로가 되었습니다.

"그와 같이 남자들도 순리대로 여자 쓰기를 버리고 서로 향하여 음욕이 불 일듯 하매 남자가 남자와 더불어 부끄러운 일을 행하여 그들의 그릇됨에 상당한 보응을 그들 자신이 받았느니라"(로마서 1장 27절).

"남자끼리 섹스하는 건 나쁜 짓이지. 하지만 나는 그 정도는 아니잖아."

로마서 1장 17절의 말씀도 큰 위로가 되었습니다.

"그래, 오직 믿음으로 구원받는다고 하잖아."

하지만 곧이어 나오는 로마서 2장 13절의 말씀에 좌절하고는 했습니다. 내 속에 있는 **바른 행동의 법칙**(Natural Law, **자연법**)은 나의 죄를 들추어내려고 시도했지만, 죄에 대한 감각은 점점 무뎌져 갔습니다. 그러던 제가 인천방주교회 목사님의 말씀을 들으면서, **"내가 저지르는 죄의 결과로 내가 받게 될 형벌"**을 직시하게 되었습니다.

"내가 받게 될 형벌"은 하나님께서 제게 원하는 결과가 전혀 아니었습니다. 나는 오직 믿음으로 구원받는 것을 나에게 나의 행동으로 증명할 필요가 있었습니다. 2015년 6월 일기에, 포르노를 끊고 2년이 지나서 감사하는 내용을 적었습니다. 약 25년간 중독되었던 포르노를 마침내 끊은 것입니다!

[그림 8-8] 포르노 시청은 사탄의 사업에 헌금하는 것입니다.

나는 완전히 포르노 중독을 벗어났다고 스스로에게 선언했습니다. 하지만 기도 생활을 하지 않고 아침 묵상(quiet time)을 하지 않는 시간이 길어지면서, 포르노 시청을 끊고, 5년 정도 지났을 때 "야한 동영상"을 다시 보고 싶었습니다. 나는 "포르노"와 "야동"을 구분하기 시작했습니다. 그래서 차마 포르노는 보지 못하고, 구글플레이 무비(Google Play Movie)에서 19금 영화를 구매해서 보고는 했습니다. 작은 돌에 걸려 넘어진 것이지요. 그러다가 유튜브에서 영상을 다운받기 위해서 방문한 사이트에서 광고를 클릭했을 때, 5년여 만에 처음으로 다시 포르노를 보게 되었습니다. 얼마나 짜릿하던지. 끈적끈적한 그 죄악은 왜 그렇게 달콤한지요.

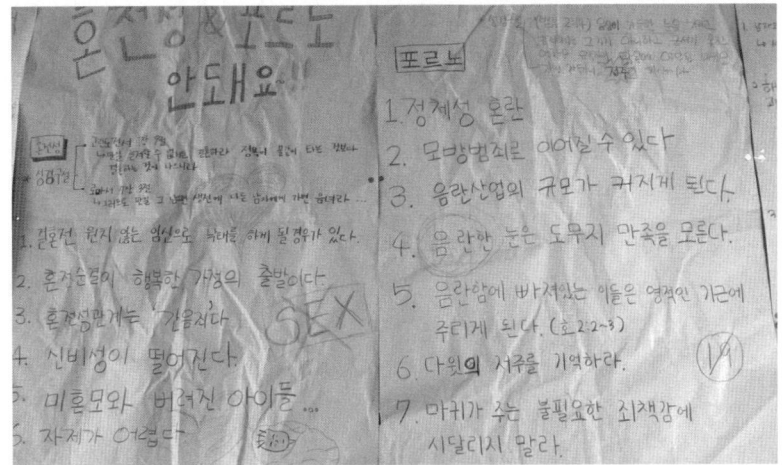

[그림 8-9] 2013년 다니던 교회의 중고등부 아이들이 포르노에 대한 생각을 적은 것입니다. 음란한 눈은 도무지 만족을 모른다고 아이들이 적어 놓았습니다.

지금 글을 적는 시점에서 포르노를 끊은 지 다시 3년 정도 되어 갑니다. 이제야 그러한 죄와의 싸움은 한 번의 선언으로 끝내는 것이 아니라, 평생을 싸워야 하는 것임을 알게 되었습니다.

지금 이 글을 읽는 어떤 사람이 컴퓨팅 장치를 통해서 포르노를 보고 있다면, "짐승과 그의 우상에게 경배"하고 "짐승의 표를 받는 행위"를 하고 있다는 것을 알아야 합니다. 컴퓨팅 장치를 이용한 사업에서 **"포르노 사업"은 사탄**(Satan)**이 직접 운영하는 사업**입니다. 그러므로 어떤 사람이 포르노를 시청하는 그 순간은 사탄에게 예배하고 헌금하는 순간임을 잊지 말아야 합니다.

"진리를 알지니 진리가 너희를 자유롭게 하리라"(요한복음 8장 32절).

우리는 하나님 앞에 서기 전까지 죄와 싸워야 합니다.[29] 선한 싸움을 마치고 하나님 앞에 서는 그날, 우리는 그 모든 것이 은혜(Grace)였음을 완전하게 이해하게 될 것입니다. 죄와 싸워 승리해 본 경험을 한 사람은 진정한 자유의 의미를 알게 되는 것 같습니다. 진리가 주는 자유는 내가 모든 것을 할 수 있는 자유가 아니라, 내가 모든 것을 할 수 있지만 하나님께서 싫어하는 것은 하지 않는 자유입니다.

---

[29] PMC필그림선교교회, "[미디어 칼럼-박보영 목사] #10_주님 저 끝난건가요?", YouTube, https://www.youtube.com/watch?v=p_t1F2Kwgvo

● 부재반대와 존재반대
(Absence Opposite vs. Existence Opposite)

우리는 이 절에서 부재반대(absence opposite)의 개념을 통해 창작자의 의도와는 상관없이 부가적으로 창작되는 것들이 필연적인 상황에 대해서 알아볼 것이고, 이 개념으로 인해 절대자에게도 본질적으로 불가능한 것들이 있음을 살펴볼 것입니다.

뜻이 서로 반대되는 말을 반대말이라고 합니다. 우리는 다양한 의미로 반대라는 말을 사용합니다. 왼쪽과 오른쪽, 많다와 적다, 밝다와 어둡다, 선과 악 등 일상에서 사용하는 용어들 중에는 의미가 명확한 반대의 개념과 단어들이 있습니다.

그러나 개념들 중에는, 반대가 존재하지 않거나, 반대의 구분이 명확하지 않은 경우도 있습니다.

반대가 존재하지 않는 예로 색(color)을 고려해 볼 수 있습니다. 색의 반대말은 없습니다. 색에는 여러 종류가 있지만, 만약 색이 단 두 종류로 흰색과 검은색이 있다면, 색의 반대말은 존재할까요? 그렇지 않습니다. 검은색의 반대말은 흰색이 되겠지만, "색"의 반대는 없습니다.

반대의 개념을 생각할 때 우리는 하나의 단어를 다른 의미로 사용하는 **다의성**(equivocation)의 오류에 빠지지 않도록 주의해야 합니다. 예를 들어 (주장 8-6)을 고려해 봅시다.

> "남성과 여성은 신체적으로 그리고 정서적으로 차이가 난다. 그러면 남성과 여성은 평등한 게 아니다. 그러므로 법은 남녀가 평등하다고 가정하지 말아야 할 것이다." **(주장 8-6)**

위 논증은 그럴듯해 보이지만, '평등'이라는 용어를 전제와 결론에서 아주 다른 의미로 사용하고 있습니다. 전제에서는 신체적, 정서적 차이가 없는 상태를 평등이라고 가정하지만, 결론에서는 법에서 주장하는 권리의 평등에 대해서 사용하기 때문입니다.

반대의 구분이 명확하지 않은 경우도 있습니다. "남자"와 "여자"는 성(sex)이 다릅니다. 그래서 남성과 여성이라는 단어를 사용하지만 같은 부분이 훨씬 더 많으므로, 남자와 여자를 반대로 구분하는 것은 논리적이지 않습니다.

의미가 명확한 반대의 예로 왼쪽과 오른쪽을 생각해 봅시다.

[그림 8-10] 왼쪽의 반대는 오른쪽입니다. 왼쪽의 부재 상태가 오른쪽을 결정하는 것은 아닙니다.

왼쪽(left)의 반대는 오른쪽(right)입니다. 반대의 의미를 이해하기 위해, 우리는 왼쪽이 존재하지 않는 상태를 생각해 볼 수 있습니다. 왼쪽이 존재하지 않는 것이 오른쪽을 결정하는 것은 아닙니다. 그러므로 왼쪽의 반대를 정의하기 위해서 오른쪽이 존재하도록 정의해 주어야 합니다. 이렇게 원 대상(original target)의 부재와 상관없이 정의해 주어야 하는 반대 개념을 **존재반대**(existence opposite)라고 하겠습니다.

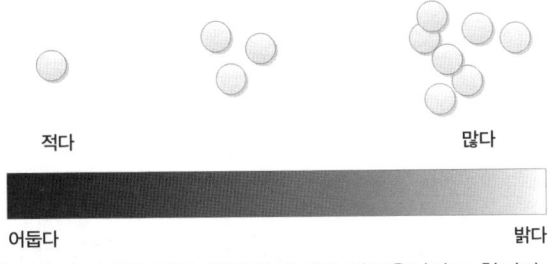

[그림 8-11] 많음의 반대를 적음, 밝음의 반대를 어두움이라고 합니다.

반대 개념의 두 번째 예로, 많다와 적다를 생각해 봅시다. 왼쪽, 오른쪽과는 다르게 "많음"의 반대인 "적음"은 "많음"의 부재 상태를 나타내는 반대입니다. [그림 8-11]에서 7개를 많다고 하고, 1개를 적다고 했습니다. 적음(1개)은 많음(7개)의 부재 상태(6개)를 나타냅니다. "밝음"과 "어두움"도 서로 반대인데, "어두움"은 밝음의 부재 상태, 즉 광자(photon)의 개수가 많고 적음에 따라 구분되는 반대인 것을 알 수 있습니다. 이러한 반대를 **부재반대(absence opposite)**라고 하겠습니다.

부재반대는 무언가를 정의하는 순간 필연적으로 생겨나는 반대이므로, 반대쪽을 무시하고 한쪽의 존재만 가능하도록 하는 방법은 없습니다.

[그림 8-12] 부재반대(absence opposite)는 필연적입니다. 있음의 부재상태가 없음 이므로, "없음"을 정의하지 않으면서 "있음"을 정의할 방법은 없습니다.

빛과 어두움은 대표적인 부재반대의 예입니다. 어두움은 빛과 상관없이 존재할 수 있는 개념이 아니라, "빛의 부재상태"를 어두움이라고 하는 것입니다.

선(good)과 악(evil)은 존재반대일까요? 부재반대일까요? 선과 악이 존재반대라는 것을 주장하기 위한 (주장 8-7)을 봅시다.

> "배고픈 어떤 사람에게 10,000원을 주는 것은 선하다. 배고픈 어떤 사람에게 100원을 주는 것도 선하다. 배고픈 사람에게 돈을 주지 않는 것은 선하지도 악하지도 않다. 배고픈 사람의 돈을 빼앗는 것은 악하다." **(주장 8-7)**

(주장 8-7)은 선도 악도 아닌 상태가 존재하므로, "악"은 존재반대라고 주장하는 것입니다. 하지만 [그림 8-11]을 보면 "많다"와 "적다"도 아닌 "적당하다"는 중간상태가 존재하고, "밝다"와 "어둡다" 사이에도 "희미하다"는 중간상태가 존재할 수 있습니다. 그러므로 중간상태가 존재하므로 존재반대라는 주장은 항상 참은 아닙니다.

사실 (주장 8-7)은 다의성의 오류에 빠진 문장입니다. 선과 악을 설명하지 않고, 돈을 주거나 뺏는 행위로 선과 악을 설명한 것입니다. 선은 돈을 주는 행위가 아니라 그것을 초월하는 무엇입니다. 어떤 상황에서는 돈을 뺏는 행위가 선(good)일 수 있고, 돈을 주는 행위가 악(evil)일 수 있습니다. 선과 악은 부재반대인 것 같습니다. 선의 부재상태가 악이 되는 것이지요. 악이 선의 부재반대라면, 다른 사람이 고통당할 때 선한 행동을 하지 않는 것은 악이 됩니다.[30]

---

30) 잠언 14장 31절(바른성경), 가난한 사람을 학대하는 자는 저들을 지으신 분을 멸시하는 것이나 궁핍한 자에게 호의를 베푸는 것은 그를 지으신 분을 공경하는 것이다.

누군가가 빵을 만든다면, 빵에는 반대가 없으므로 창작자는 빵의 존재 유무를 결정할 수 있습니다. 창작자는 빵을 존재하게 하거나, 존재하지 않게 하는 것의 결정권을 가집니다. 하지만 창작자가 부재반대를 가진 어떤 것을 만든다면, 창작자의 의도와는 상관없이 함께 창작되는 반대가 필연적으로 존재하게 됩니다.

어떤 창작자가 "빛"을 만들기로 결정하고 "빛"을 만들었습니다. 하지만 창작자의 의도와 상관없이 "빛의 부재상태"인 어두움이 같이 만들어지는 것입니다.

우주에 선과 악이 존재하고, 그 선과 악이 존재반대라고 가정해 봅시다. 그러면 선과 상관없이 악이 존재 가능해야 하므로, 악을 만든 창조자가 있어야 합니다. 악이 존재반대라고 믿는 사람은 우주의 두 힘을 설명하는 **이원론**(dualism)을 받아들이는 것입니다. 이원론을 주장하는 대표적인 종교가 조로아스터교(Zoroaster)입니다.[31] 선한 신과 동등한 악한 신의 대립과정으로 우주를 설명합니다.

악이 존재반대라고 믿으며 하나님을 믿는 사람들은 '하나님께서 악을 창조하셨는가?'라는 질문에 '그렇다'라고 대답해야 합니다. 하나님께서는 어떤 이유로 "선"과 "악"을 동시에 창조한 것이지요. 하지만 선과 악이 부재반대라면, 하나님께서는 "악"을 창조한 것이 아닙니다. 하나님께서는 오로지 "선"을 창조하셨지만, 창조자의 의도와는 상관없이 "선의 부재상태"인 악이 존재할 수밖에 없습니다.

---

31) 조로아스터교, https://en.wikipedia.org/wiki/Zoroaster

[그림 8-13] 신정론은 신의 정당함을 주장하는 이론입니다. 신이 선하고 전능하다면 왜 악이 존재하는가에 대한 답은 무엇일까요?

저는 부재반대가 **신정론(theodicy)**[32]의 질문에 대한 대답의 출발점이라고 생각합니다. 신정론에서는 (주장 8-8) 혹은 (주장 8-9)를 묻습니다.

> "선하신 하나님께서 왜 지옥을 만드셨는가?" **(주장 8-8)**
> "하나님은 선하신데 왜 고통이 존재하는가?" **(주장 8-9)**

지옥은 천국의 부재상태이며, 고통은 희락의 부재상태입니다. 이 대답은, 지옥과 고통은 하나님께서 의도하신 원래 계획에는 전혀 필요치 않았던 것이지만, 이 우주에 들어오게 된 것이라는 의미입니다.

하나님께서는 한 선(a goodness, instance, 인스턴스)이 아니라, 절대 선(class, 클래스)이십니다. 하나님께서 창조하신 우주는 절대 선이 '좋았더라'고 한 상태였습니다. 그런데 인간이 타락함으로 말미암아 이 우주에 선의 부재상태를 가져와 버렸다고 성경의 창세기는 기록하고 있습니다.

하나님께서는 지옥을 의도하고 만드신 것이 아닙니다. 하나님과 함께하는 천국을 누릴 수 없는 상태, 절대 선, 절대 사랑이신

---

32) 신정론, https://en.wikipedia.org/wiki/Theodicy

그분과의 부재상태를 지옥이라 부르는 것입니다. 지옥은 허튼소리가 아닙니다. 지옥은 하나님께서 전혀 의도하지 않은 것임에도 불구하고 생생한 실재입니다. 하나님께서 이 세상에 오셔서 회개를 촉구할 때, 가장 많이 중요하게 언급한 것이 천국의 놀라움과 지옥의 끔찍함입니다.[33] 천국은 우리를 소망하게 하고, 지옥은 우리를 전도하게 합니다.

본질적인 불가능

저의 자녀가 어릴 때 색(color)이라는 추상 명사를 이해하지 못했을 때, 저에게 이렇게 질문한 적이 있습니다.

> "아빠 네모는 무슨 색이야?" (질문 8-10)

대답 불가능한 질문입니다. 질문이 틀렸기 때문에 이러한 질문에 답하는 것은 본질적으로 불가능합니다. 우리의 질문들 중에는 이렇게 본질적으로 실행이나 대답이 불가능한 질문이 존재합니다.

부재반대를 가진 대상을 만들 때, 부재반대가 없이 원 창조물을 만드는 것은 불가능합니다. (요청 8-11)을 생각해 봅시다.

> "어두움 없이 빛만 만들어 주세요." (요청 8-11)

---

33) 마가복음 9장 48절

빛을 만드는 데 어두움 없이 빛만 창조하는 것이 가능할까요? 그것은 가능하지 않습니다. 어두움은 빛의 부재반대이기 때문입니다. 이러한 불가능을 **"본질적인 불가능(inherent impossibility)"**이라고 하겠습니다.

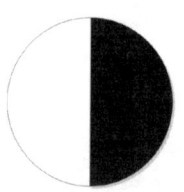

[그림 8-13b] 어두움 없는 빛의 창조는 본질적으로 불가능합니다.

우리는 지옥의 존재나 고통의 존재 앞에 힘들어합니다. 하나님께 "지옥 없이 천국만, 고통 없이 행복만 만들어 주세요"라고 요청하는 것은 본질적인 불가능에 대한 요청입니다. 하지만 하나님께서는 전지전능하시고, 절대 선이시기 때문에 인간들이 고통이 없도록, 지옥에 가지 않도록, 타락하지 않도록 하실 수 있지 않았을까요? 하나님께서 절대 선이시기만 하다면 그렇게 하셨을 것이고, 우리가 경험하는 인류의 역사는 시작되지 않았을 것입니다. 하지만 하나님은 절대 선(The Absolute Good)이시면서, 절대 사랑(The Absolute Love)이십니다.[34] 절대 사랑은 자유롭게 자신의 의지대로 사랑할 대상을 선택할 기회를 피조물에게 주어야 합니다. 우리는 그것을 부여받았고, 우리의 **"자유 의지(free will)"**로 사랑을 거부하고 타락을 선택했습니다. 그렇게 이 우주에서 인류의 역사는 시작되었습니다.

우리가 타락하지 않았다면, 우리가 지금 경험하는 역사는 시

---

34) 요한1서 4장 8절

작되지 않았고, 성경도 기록되지 않았을 것입니다. 하지만 우리는 인간의 타락이 시작된 역사 속에 살고 있습니다. 그러므로 "하나님이 선하시면 왜 고통이 존재하는가요?"라는 하나님께 책임을 전가하는 질문은 무효한 질문입니다. 하나님께서는 질문에 침묵하십니다. 하지만 하나님께서는 우리가 겪는 고통보다 더 아파하시며 고통당하는 사람과 함께하십니다. 우리가 당하는 고통을 안다고 말씀하십니다. 십자가가 그 증거입니다.[35]

---

35) 마태복음 27장 46절

● 법칙과 규칙: 자연법

우리는 이 절에서 우리가 항상 어떤 법칙을 어기고 있으며, 이러한 상태는 하나님께 대적하는 것이며, 우리의 노력으로는 이 법칙을 벗어날 어떤 방법도 없다는 것을 살펴보고자 합니다.

우리는 지금까지 우주를 만든 창조주가 선과 천국을 만드셨지만, 선을 끝까지 거부하는 사람은 창조주의 심판에 의해 천국의 부재상태를 영원히 경험하게 될 것이라는 것을 살펴보았습니다.

그러면 우리는 노력을 통해 선(the Good)을 수용하고 행동하면 천국을 영원히 경험하게 되는 것일까요? 안타깝게도 우리는 노력을 통해서 창조주의 분노의 심판을 피해갈 방법이 없습니다. 왜냐하면 인류의 타락 이후에 우주에 존재하게 된 법칙 때문입니다. 이 법칙이 무엇인지, 왜 우리에게는 가망이 없는지 살펴보도록 하겠습니다.

법칙(Law)과 규칙(Rule)

우리가 사는 사회에는 대부분의 구성원들이 동의하는 **규칙(rule)**들이 있습니다. 이러한 규범들은 법, 사회법, 사규, 개인원칙 등으로 나타납니다.

이러한 규칙은 사회 구성원 간의 합의이므로 문화와 시대에 따라 바뀔 수 있습니다. 예를 들면 제가 초등학교를 다닐 때는 학교에서 '좌측통행'을 가르쳤습니다. 하지만 요즈음은 '우측통행'을 가르칩니다.

반면에 우리가 사는 우주에는 **법칙(law)**들이 있습니다. 우리가 아는 대표적인 법칙에는 만유인력의 법칙(law of universal gravity)이 있습니다. 이 법칙은 사회 구성원의 합의로 얻어진 것도 아니고 시대에 따라서 바뀌는 것도 아닙니다. 우주에 존재하는 것을 사람들이 '발견'해 낸 것입니다. 중력의 법칙은 태어난 사람에게 작용했었고, 현재의 사람에도 작용하고 있으며, 앞으로 태어날 사람에게도 작용할 것입니다.

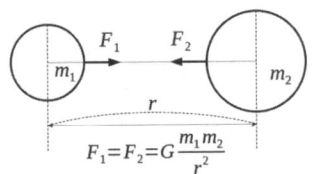

[그림 8-14] 만유인력의 법칙: 질량 m_1인 물체와 m_2인 물체가 서로 r만큼 떨어져 있을 때 두 물체는 서로를 끌어당깁니다.

질량 m_1인 물체와 m_2인 물체가 서로 r만큼 떨어져 있을 때, 두 물체는 질량의 곱에 비례하고, 거리의 제곱에 반비례하는 힘으로 서로를 끌어당깁니다. 우리가 물건을 집어던지거나, 로켓을 쏘아서 우주로 향할 때, 중력의 법칙을 극복하려는 노력을 합니다. 하지만 우주에 존재하는 어떤 물체도 만유인력의 법칙의 영향을 벗어날 방법은 없습니다. 법칙은 따라야 할 규칙이 아니라, 사실에 대한 기술이기 때문입니다.

만유인력의 법칙처럼 인간의 행동에 대해서 작용하는 법칙이 있을까요? 많은 사람들은 이러한 법칙이 있다고 믿으며, 굳이 따로 배우지 않아도 인간이라면 누구나 자연스럽게 안다고 생각했기 때문에, **"자연법(Law of Nature)"**이라고 이름을 붙였습니다.[36] 자연법은 **바른 행동의 법칙**이며 어떤 것이 바르며, 어떤 것이 나

---

36) 자연법, https://en.wikipedia.org/wiki/Natural_law

쁜 것인지의 판단기준이 됩니다. 우리가 아는 법률은 모두 자연법에 기초한 것입니다. 살인(murder)이 나쁜 것이므로, 모든 나라에서는 살인자에 대해서 처벌하는 법을 가지고 있습니다. (질문 8-12)를 생각해 봅시다.

> "살인이 왜 나쁜 것인가?" (질문 8-12)

모든 법률은 왜 살인자에 대해서 처벌하는 조항을 가지고 있을까요? 왜냐하면 살인은 나쁜 것이기 때문입니다. 그렇다면 왜 살인은 나쁜 것일까요? 여기에 대해서 법률은 답하지 못합니다. (질문 8-12)에 대한 대답은 우리의 양심과 도덕이 살인은 나쁜 것이다라고 말하기 때문이라고 답해야 합니다. 이렇게 우리의 내부에서 선과 악을 구분하는 기준으로 동작하는 법칙을 자연법이라고 합니다.

[그림 8-14b] 사과가 중력의 법칙의 영향을 받아 땅으로 떨어지듯, 우리의 행동을 지배하는 법칙을 자연법이라고 합니다.

자연법이 법칙이 아니라 규칙(rule)일 가능성이 있습니다. 문명이나 시대에 따라서 도덕도 크게 다른 경우가 있기 때문입니다.

어떤 사람들을 이기적이지 않은 태도로 대해야 하는지에 대해서는 사람들마다 생각이 다릅니다. 가족들한테만 그렇게 해야 하는지, 같은 나라 동포들이나 모든 인간들한테도 그렇게 해야 하는지 생각이 다를 수 있습니다. 그러나 어쨌든 자기 자신을 먼저 내세워서는 안 된다는 데에는 모든 사람이 늘 동의합니다.[37]

한 명의 아내하고만 살아야 하는지, 네 명의 아내와도 살 수 있는지에 대해서는 사람들마다 생각이 다릅니다. 그러나 자기 마음에 안 든다고 해서 모든 여자를 다 차지하려 해서는 안 된다는 데에는 모든 사람이 늘 동의합니다. 이렇게 자연법은 규칙을 초월하는 어떤 것이지 규칙이 아닙니다.

창조를 믿지 않는 사람들은 자연법은 본능(instinct)일 뿐이라고 생각합니다. 비버(beaver)가 댐을 만드는 것은 본능입니다. 우리 내부에도 이러한 본능이 존재합니다. 위험한 지경에 처한 어떤 사람이 도움을 요청하는 소리를 듣습니다. 집단 본능이 있어서 당장 달려가 도우려는 욕구가 있다고 합시다. 그런데 자기 보존 본능이 있어서 위험을 피하려는 욕구도 존재합니다. 이러한 본능들 사이에서 판단하는 무언가가 우리 내부에 있어서, 어떤 사람들은 위험을 무릅쓰고 달려가 도우며, 어떤 사람들은 자기 보존을 위해서 외면합니다.

여러 개의 행동 후보들 가운데, 어떤 하나를 확률적으로 선택한 것을 프로그래밍하는 일은 가능합니다. 그러므로 본능들 사이에 선택하는 것은 본능이 아니다는 주장은 설득력이 약해 보입니다. 하지만 도덕률이라고 부르는 이러한 설계가 왜 우리 내부에 존재하는 것일까요? 이 설계 철학은 어떤 때는 규칙을 어기고 행동하도록 하며, 어떤 때는 우리가 본능이라고 부르는 것을 무시하고 행동하도록 합니다. 이것을 **"바른 행동의 법칙", 자연**

---

[37] C. S. 루이스, 《순전한 기독교》(Mere Christianity), 장경철, 이종태 옮김 (홍성사, 2018)에서 인용

법(Law of Nature)이라고 합니다.

만유 인력의 법칙 등 물리 법칙은 "사실에 대한 기술"입니다. 즉 "질량을 가진 물체라면 항상 하는 일"을 만유인력의 법칙으로 기술하는 것입니다. 이와는 다르게, "자연법"은 인간이 실제로 늘 하는 일을 의미하지 않습니다. 그것이 아니라 "늘 해야 한다고 생각은 하지만 항상 하지 않는 일"이 자연법입니다. 인간들은 단 한 명의 인간도 "자연법"을 완전하게 따르지 못합니다. 따라야 하는 법칙이 있는데, 전혀 따르지 않는 법칙이 우주에 존재하는 것처럼 보입니다. 성경의 로마서 7장은 이 법칙을 "**죄의 법**(the law of sin)"이라고 정의하며, 내 속에는 하나님의 법과는 다른 한 다른 법이 있다고 이야기합니다.

> "그러므로 내가 한 법을 깨달았노니 곧 선을 행하기 원하는 나에게 악이 함께 있는 것이로다 내 속사람으로는 하나님의 법을 즐거워하되 내 지체 속에서 한 다른 법이 내 마음의 법과 싸워 내 지체 속에 있는 죄의 법으로 나를 사로잡는 것을 보는도다"(로마서 7:21-23).

하나님은 절대 선입니다. 하나님께서 절대 선이 아니라면, 우리는 어떤 노력을 한다 해도 가망이 없는 존재입니다. 반면에 절대 선이 다스리는 우주에서 우리는 매일 절대 선이 원하지 않는 반대 방향으로 이끄는 힘의 영향을 받습니다. "자연법"을 알지만, 매일 "죄의 법"의 영향을 받아 삶을 살아가는 것입니다.

"죄의 법의 영향을 받는 것"이 죄를 저지르는 일만 말하는 것은 아닙니다. 죄를 짓지 않기 위해서는 매 순간 의미 있는 노력을 해야 한다는 의미입니다. 만유인력의 법칙을 거스르는 노력을 매일 할 수는 있어도, 법칙의 영향을 벗어날 수는 없습니다. 이렇듯 죄의 법칙을 거스르는 노력을 매일 할 수는 있어도, 죄의 법의 영향을 벗어날 수는 없습니다.

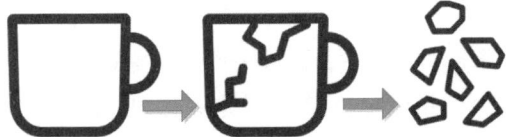

[그림 8-15] 가만히 둔 컵은 언젠가는 파괴되는데, 엔트로피 증가의 법칙의 영향을 받기 때문입니다.

우리가 죄의 법의 영향을 받고 있다는 것은, 경험을 통해서나 물리 법칙을 통해서도 변증이 가능합니다. 물리학에서 열역학 제2법칙(second law of thermodynamics)인 **엔트로피(entropy) 증가의 법칙**이 있습니다. 이 법칙은 시간이 지날수록 무질서도(엔트로피)가 증가한다는 "법칙"입니다. 엔트로피는 "무질서한 정도"를 나타내는 물리량이므로 이 법칙은 "무질서도 증가의 법칙"이라고 할 수 있습니다. 이 법칙이 사실이라는 것은 분자(molecule)의 운동으로 명확하게 설명이 가능합니다. 우리 몸도 분자로 이루어져 있으므로 이 법칙의 영향을 받는데, 법칙의 결과로 나타나는 행동양상이 "게으름" 같습니다. 우리 몸의 분자들은 평균 상태를 찾으려고 하고, 분자들이 평균 상태를 찾는다는 것은 의미 있는 노력을 하지 않는 상태를 말하기 때문입니다.

우리는 어떤 의미 있는 노력을 하지 않으면 게을러집니다. 죄를 짓지 않으려고 해도 항상 죄에 이끌리며, 교만하지 않은 척 보이려 하지만 내 속에 있는 교만, 시기와 탐욕을 누구보다도 내가 잘 압니다.

왜 우리는 힘들게 노력해야만 무언가를 이룰 수 있을까요? 왜 힘들게 공부해야만 시험 성적을 잘받을 수 있을까요? 악기를 잘 연주하기 위해서 왜 연습해야 할까요? 연습한 후에 연습을 소홀히 하면 왜 실력이 줄어들까요? 반대의 세상이 있다면 참 좋을 것 같습니다. 힘들게 노력하지 않아도 무언가를 이룰 수 있고, 힘들게 공부하지 않아도 시험 성적을 점점 더 잘받는 세상! 연습을 소홀히 해도 악기를 더 잘 연주할 수 있는 세상! 나보다 남이 더 잘되는 것이 무한히 기쁜 세상! 무한한 양의 일이 있어서 무한의 시간을 들여서 일해야 하지만 무한히 기쁜 세상!

[그림 8-16] 시간이 흐르지 않는다면, 엔트로피는 증가하지 않습니다.

이 우주에 죄의 법이 없다면, "엔트로피 감소의 법칙"이 작용하고 있다면 얼마나 좋을까요. 시간이 지날수록, 아무런 노력을 하지 않아도 점점 더 의미가 있어지고 행복해지는 세상. 그러한 세상이 되려면 우리가 현재 이해하는 방식으로는 시간이 흐르지 않아야 합니다. 성경은 우리가 가야 할 그곳이 그러한 곳이라고 이야기합니다.[38]

우리는 중력의 법칙을 거스르려고 노력은 할 수 있어도, 그 법칙의 영향을 벗어날 수 없습니다. 마찬가지로 죄의 법을 거스르려고 노력은 하지만 벗어날 수는 없습니다.

성경에서 말하는 인류의 원죄, 로마서 7장의 "죄의 법"은 이렇게 우리 우주에 존재하는 것 같습니다. 중력의 법칙이 실제이듯이 "죄의 법칙"은 실제입니다. 우주에 존재하는 어떤 것도 중력

---

38) 요한계시록 22장 5절

의 법칙을 피할 수 없듯이, 우주에 존재하는 어떤 생명도 "죄의 법"을 피할 방법은 없습니다.

하나님께서는 구원의 조건으로 죄의 법에 대항하는 우리의 노력을 보시는 것이 아닙니다. 하나님께서는 우리가 "죄의 법"의 영향을 벗어났는지를 보십니다. 성경의 하나님은 "절대 선"입니다. 우리가 그분께 "의롭다"는 인정을 받으려면 "죄의 법"의 영향 아래에 있으면 안 됩니다. 죄의 법의 영향을 완전히 벗어나야 하는 것입니다. 금방 태어난 아기도 중력의 법칙의 영향을 받듯이 "죄의 법"의 영향을 받습니다. 그러므로 이 우주에 태어나 살았던 누구라도, 살고 있는 누구라도, 살아갈 누구라도 하나님 앞에 의롭다 인정받을 사람은 아무도 없습니다.[39] 하나님께 의롭다 인정받지 못한 사람은 "하나님과 함께" 있을 수 없습니다.

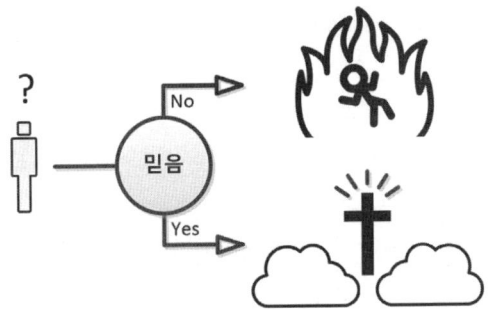

[그림 8-16b] 개인에게 주어진 삶을 사는 동안, 믿음의 선택이 천국과 지옥을 결정한다고 말하면 기독교 복음에 대한 오해의 소지가 있습니다.

---

39) 로마서 3장 23절

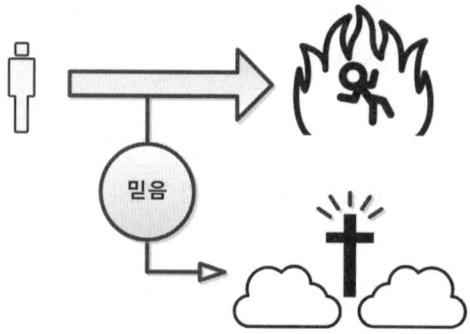

[그림 8-16c] 기독교 복음은 개인에게 주어진 삶에서 멸망은 당연한 것인데, 믿음이 당신을 멸망으로부터 건져낸다고 이야기하는 것입니다.

   성경이 우리가 죄인이라고 말할 때는, 우리가 죄를 지었기 때문에 죄인이 아니라, 우리가 "죄의 법" 아래에 있는 죄인이기 때문에 죄를 짓는다고 말하는 것입니다. 죄의 법을 거슬러 싸우는 훌륭한 사람들이 있습니다. 하지만 하나님께서는 "네가 얼마나 '죄의 법'을 거슬러 싸웠느냐?"를 보시는 것이 아니라, 네가 그 법칙의 영향을 벗어났느냐를 보십니다. 왜냐하면 하나님은 절대선이기 때문입니다. 우리가 가야 할 곳은 시간이 존재하지 않는 곳이기 때문에, 시간을 들인 노력으로는 성취할 수 없는 곳이기 때문입니다. 나의 노력으로는 불가능하다는 것, 그것을 인정하는 데서 기독교 신앙은 출발합니다. 나의 삶 자체가 하나님께 죄를 짓는 것이며, 나는 <u>전혀 가망이 없는 상태라는 것을 인정하는 데서 기독교 신앙은 출발</u>합니다.

하나님께서 처하신 상황

절대자이신 하나님께도 **본질적으로 불가능한 속성**이 있습니다. 먼저 하나님께서는 존재의 창조주이시므로, 사망(존재의 소멸)이 불가능합니다. 또 하나님께서는 절대 선이시므로, 죄지은 피조물을 대가(cost) 없이 용서하는 것은 불가능합니다. 그런데 하나님께서는 절대 사랑이시므로 피조물인 우리 인간을 사랑하지 않거나 용서해 주지 않는 것이 불가능합니다.

[표 8-1] 하나님께 본질적으로 불가능한 속성이 있습니다.

속성	결과	본질적인 불가능
창조주	존재의 창조	사망
절대 선	엄격한 심판	대가 없는 용서
절대 사랑	조건 없는 사랑	용서 없는 형벌

절대 선이신 하나님은 엄격한 심판으로 타락한 우리 인류를 심판하셔야 합니다. 죄의 대가는 사망이며, 사망은 하나님과의 영원한 관계단절의 상태인 지옥을 의미합니다.[40] 우리는 지옥에 갈 존재들입니다.

또 절대 사랑이신 하나님께서는 조건 없는 사랑으로 인류를 사랑하십니다. 그러므로 용서 없이 형벌만 내리시는 것은 불가능합니다. 하나님께서는 죄를 짓더라도 용서받을 수 있는 방법을 마련해 놓으셨는데, 그것을 **대속**(Redemption, Atonement, **구속**)이라고 합니다. 하나님께서 선택하셔서, 나라의 역사에 개입하신

---

40) 로마서 6장 23절

이스라엘에는 대속법이 존재했는데, 잘못한 사람 대신 누군가가 대가를 지불함으로써 죄지은 사람을 용서하고, 그 사람의 죄를 이제는 깨끗하다고 공식적으로 인정하는 제도입니다.[41]

대속법을 수행하려는 사람은 세 가지 조건을 갖추어야 합니다. 그것은 다음과 같습니다.

(1) 친족 (2) 자의(one's own will) (3) 대가(cost) (조건 8-13)

첫 번째 조건은 친족입니다. 죄지은 사람의 친족만이 대속이 가능합니다. 두 번째는 스스로 원해서 해야 합니다. 마지막으로 죄에 상응하는 대가를 반드시 지불해야 합니다.

우리 인류는 죄를 지어서, 영원한 심판에 처해져야 합니다. 절대 선이신 그분의 심판을 피해 갈 방법은 없습니다. 하지만 하나님께서는 절대 사랑이시므로 우리를 용서해 주시기를 원합니다. 하지만 **한 죄**(an instance sin)가 아니라 **죄의 법 자체**(the class sin)를 무효화할 대속자가 필요한데, 사람은 모두 죄인이므로 사람은 누구도 후보가 될 수 없습니다.

하지만 하나님은 후보가 될 수 있지 않을까요? 하나님은 죄가 없으시고, 우리의 아버지이시므로 친족이시고, 스스로 대속을 원하시므로, 유일한 후보입니다. 하지만 하나님께서는 본질상 죽을 수 없으므로, 죄의 삯인 사망의 대가를 지불하실 방법이 없습니다.

---

41) 대속, https://en.wikipedia.org/wiki/Atonement

[그림 8-17] 절대 선과 절대 사랑은 죄지은 인간에 대해서는 모순이 발생합니다.

이것이 하나님께서 처한 상황입니다. 우리를 사랑하셔서 대신 사망의 대가를 지불하시기를 원하시지만, 본질상 죽음이 불가능하시므로 하나님이 대속하시는 것은 불가능합니다.

[그림 8-18] 죄를 지은 인간을 사랑하시는 하나님께서 절대 선과 절대 사랑의 모순을 해결하는 유일한 방법은 하나님께서 사람이 되시는 것입니다.

그래서 **이러한 모순되는 문제를 해결하기 위해서 하나님은 인간이 되시기로 결심**하셨습니다. 하나님께서 인간이 되시면, 죄는 없으므로 대속이 가능하며, 인간이므로 죽으실 수 있는 것입니다. 그래서 하나님은 우리 인류의 죄를 대속하기 위하여, 죄의 법에 영향을 받는 우리를 대속하여 죄의 법에서 해방시키기 위하여 인류의 역사에 사람의 모습으로 오셨고, 죄의 대가인 사망을 지불하셨습니다.[42] 사람이 되신 하나님, 그분이 예수님(Jesus)이라고 성경은 기록하고 있습니다. 우주의 창조주가 그렇게 하셨다면, 이제 나는 어떻게 해야 할까요?

> 그러면 이제 나는 어떻게 해야 합니까? (질문 8-14)

---

42) "다 이루었다"(요한복음 19장 30절, 개역개정).

● 초대

병을 고치는 세 단계 방법이 있습니다. 그것은 다음과 같습니다.

> 1단계) 병이 발생했음을 인식한다.
> 2단계) 의사와 병원을 찾아간다.
> 3단계) 의사의 처방을 따라 행동한다.

첫 번째 단계는 자신이 병들었다는 것을 인지하는 단계입니다. 예전에는 조기 진단이 어려웠던 암 등에 대해서도 현대 과학의 발달로 이제는 조기 진단이 가능합니다. 암은 위험한 질병이지만, 조기 진단에서 발견되면 치료가 가능합니다. 하지만 병을 인지하지 못하면 병을 고칠 수 없습니다.

두 번째 단계는 병을 고쳐주는 의사를 찾아가는 단계입니다. 대부분의 병은 의사가 치료 방법과 치료약을 알고 있으므로, 치료를 위한 처방을 내릴 수가 있습니다.

세 번째 단계는 의사의 처방에 따라 행동하는 것입니다. 의사가 권하는 식이요법을 수행하거나, 몸에 해로운 섭취물을 끊거나, 적당한 운동으로 몸을 건강하게 만드는 것들이 필요합니다.

우리가 죽음 후에 받게 될 영원한 멸망의 심판에서 하나님께 의롭다는 인정을 받기 위해서는, 우리가 죄의 법 아래 있는 죄인이라는 것을 인지해야 합니다. 이 단계가 없다면 죄의 치료는 불가능합니다. 기독교가 '인간은 죄인이다'라고 할 때, 이것은 가볍게 취급되어서는 안 됩니다. 우리가 아무리 선한 일을 하더라도, 죄의 법의 영향을 벗어날 수 없으며 그러한 자에게 기다리는 것은 영원한 멸망이다라는 것을 시인하는 데서 기독교 신앙은 출발합니다.

[그림 8-19] 내가 병자라는 것을 깨닫지 못하면, 치료는 시작될 수 없습니다. 회개 없는 구원은 없습니다.

이것을 먼저 인정하면, 이제 교회를 찾아가고, 죄를 치료해주는 의사이신 그분이 처방해 놓은 처방전을 읽고, 처방에 따라 행동해야 합니다. 처방에 따라 행동하는 것을 **회개(repent)**라고 합니다.

어떤 분들은 하나님의 존재에 대한 시인(admission)만으로도 구원받을 수 있는 것이 아니냐고 묻습니다. 그렇지 않습니다. 사탄도 하나님의 존재를 시인합니다.[43] 죄에 대한 시인은 병을 고치는 1단계일 뿐입니다. 1단계에만 머물러 있다면, 사탄과 다를 바 없습니다. 병을 고치기 위해서는 2단계와 3단계가 이어져야 합니다. 말씀을 읽고 기도하는 2단계의 생활은 자신의 믿음을 하나님께 확인시켜주는 행동이 아니라, 자신의 믿음을 스스로 확인하는 방법입니다. 하나님께 나의 신앙을 확인시켜 줄 필요는 없습니다. 그분은 이미 알고 계시니까요.

---

43) 야고보서 2장 19절

말씀을 읽고 기도하는 단계에 머물러 있고, 3단계인 회개의 단계가 없다면, 의사의 처방을 듣고도 처방을 따르지 않는 것을 말합니다. 그러면 병을 고칠 수 없습니다. 현재 교회에 출석하는 많은 교인들이 2단계에만 머물러 있다고 성경은 여러 곳에서 경고하고 있습니다.[44] 우리는 3단계로 나가야 합니다.

사람을 창조하신 하나님께서 인간의 모습으로 이 세상에 오셨습니다. 그분 예수님께서 사탄에게 시험을 받은 후 처음으로 하신 말씀이 "회개하라 천국이 가까이 왔느니라"(마태복음 4:17)입니다. 회개가 없다면 하나님을 만날 수 없습니다. 회개는 양심의 가책(remorse)과는 다릅니다. 양심의 가책은 자신의 잘못을 깨닫게 합니다. 하지만 이것이 하나님에 대한 범죄임을 깨닫지 못한다면 이것은 회개가 아닙니다. 나는 전혀 가망이 없으며, 어떠한 변명과 구실도 하나님 앞에 통하지 않는다는 것을 인정하지 않는다면 회개는 시작될 수 없습니다.

어떤 분이 진정으로 회개했는지 어떤지를 어떻게 판단할 수 있을까요? 다른 사람의 회개 여부를 판단할 방법은 없습니다. 하지만 내가 진정한 회개의 단계를 거쳤는지 어떤지는 판단할 방법이 있습니다. 진정한 회개의 단계를 거친 사람은 나를 최악의 상태에 빠지게 한 상황, 나를 최악의 고통에 빠지게 한 그 사람, 모두 용서할 수 있어도 절대로 용서할 수 없는 그 사람을 정말 용서하고 사랑하게 됩니다. 최악의 상황에도 감사하게 됩니다. 단언컨대 회개가 없다면 구원도 없습니다.

하나님께서 당신을 초대하고 있습니다.

---

44) 마태복음 7장 21절

이 세상을 창조하신 창조주께서 이 세상을 이처럼 사랑해서 자신의 독생자를 주셨습니다. 이는 그분을 믿는 자마다 무한한 기쁨이 무한한 강도로 무한히 계속되는 선물을 얻게 하려 하심입니다. (초청 8–15, 요한복음 3장 16절, 저자의 의역)

하나님에 대한 수학적 확신

1판 1쇄 인쇄 _ 2023년 8월 11일
1판 1쇄 발행 _ 2023년 8월 18일

지은이 _ 서진택
펴낸이 _ 이형규
펴낸곳 _ 쿰란출판사

주소 _ 서울특별시 종로구 이화장길 6
편집부 _ 745-1007, 745-1301~2, 743-1300
영업부 _ 747-1004, FAX 745-8490
본사평생전화번호 _ 0502-756-1004
홈페이지 _ http://www.qumran.co.kr
E-mail _ qrbooks@daum.net / qrbooks@gmail.com
한글인터넷주소 _ 쿰란, 쿰란출판사
페이스북 _ www.facebook.com/qumranpeople
인스타그램 _ www.instagram.com/qrbooks
등록 _ 제1-670호(1988.2.27)
책임교열 _ 김유미·송지은

ⓒ 서진택 2023 ISBN 979-11-6143-867-2 93230

책값은 뒤표지에 있습니다.
이 출판물은 저작권법에 의해 보호를 받는 저작물이므로 무단 복제할 수 없습니다.
파본(破本)은 구입처에서 교환해 드립니다.